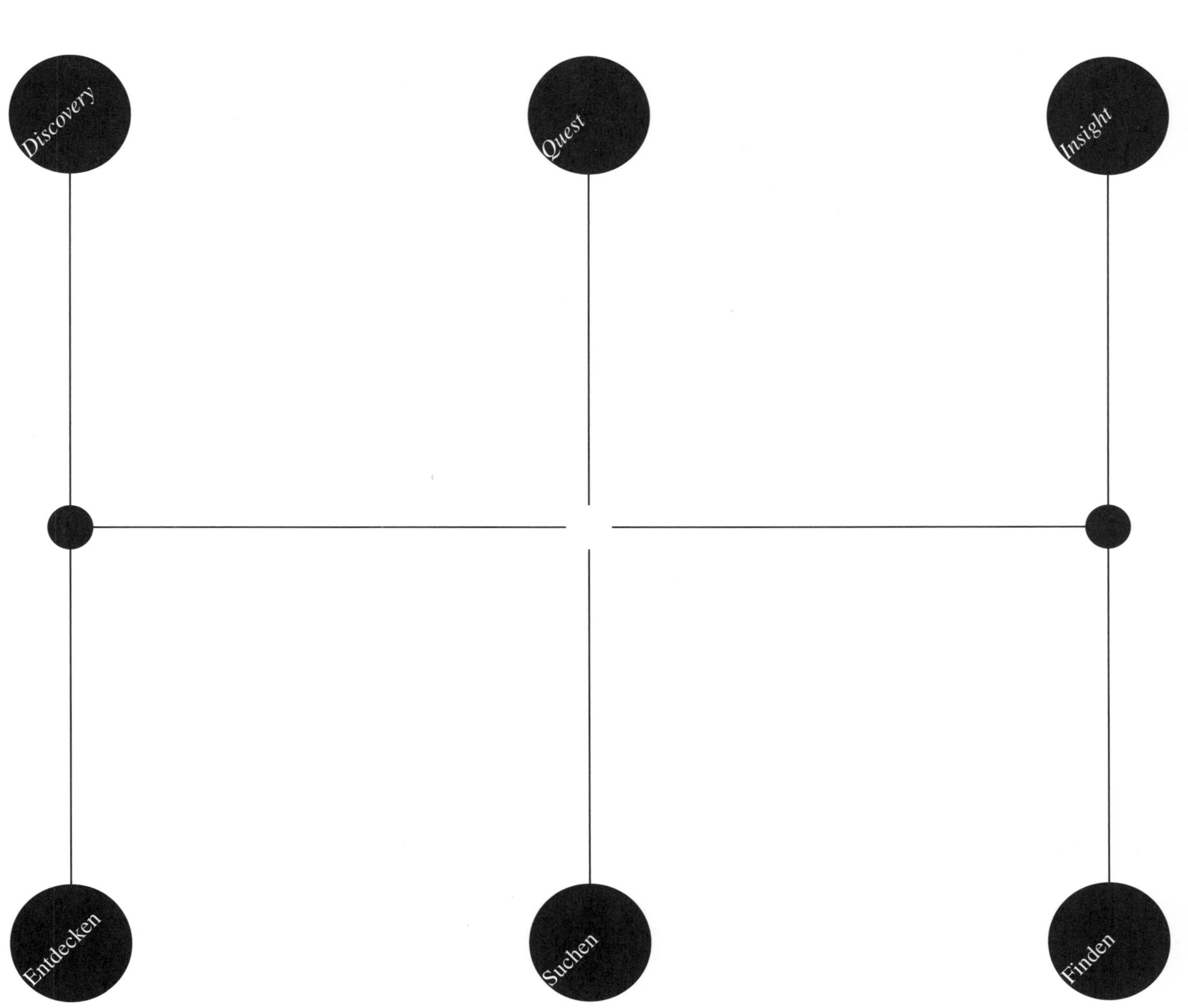
Discovery
Quest
Insight
Entdecken
Suchen
Finden

This book was generously supported by:

Printing:
Gremper AG
Basel

Digital Film Output:
LAC AG
Basel

Binding:
Grollimund AG
Reinach/BL

Photographic Work:
Max Mathys

Coordination and Production:
Urs Graf

Translation of the author's text into English:
Katharine Wolff assisted by Catherine Schelbert

Book Design and Photography:
Wolfgang Weingart

Distribution:
Birkhäuser AG
Basel/Switzerland
(excluding USA and Canada)

USA and Canada:
Princeton Architectural Press
New York/NY

Lars Müller Publishers
CH 5401 Baden/Switzerland
e-mail: books@lars-muller.ch
http:www.lars-muller.ch

Printed and bound in Switzerland

ISBN: 3-907044-86-X

Hochschule für Gestaltung
und Kunst Basel

Dedicated to
Dorothea and Armin Hofmann and
to the Deserts of the Near East.

In Acknowledgment

For the relationship that began in 1964 when I was first granted use of the facilities of the Typography Department, and for continued support, I owe the direction of the Basel School of Design my deepest gratitude. Within this exceptional environment, since the introduction of my course in the spring of 1968, it has been a privilege to share ideas and educational experiences with students from over thirty countries.

In November 1994 the concept of publishing a retrospective of my work began to take shape, a project that would evolve and develop over the next five years. I express my appreciation to all students, colleagues, and friends who gave me the encouragement to persevere, and also to Paul Rand, in remembrance of his tribute written in May 1995.

I extend a special thank you to Urs Graf, the publisher Lars Müller, the printing firm Gremper AG, Niels Hagenbuch, Peter von Kornatzki, and Katharine Wolff, whose help in realizing this 520-page book has been invaluable.

Dank

Mit einem besonderen Dank an alle, die mir Anregungen für die 520seitige Werkübersicht gaben. Sie entstand neben dem wöchentlichen Lehrauftrag an der Kunstgewerbeschule Basel von November 1994 bis Ende 1999.

Dankbar bin ich auch Paul Rand, der im Mai 1995 seine Gedanken zu meiner Tätigkeit beschrieb.

Gleiches richtet sich an die Leitung der Kunstgewerbeschule Basel, die es mir seit April 1964 ermöglichte, die Einrichtungen der Abteilung Schriftsatz als einen aussergewöhnlichen Entwicklungsort zu nutzen. Die daraus entstandenen Erfahrungen wurden ab 1968 mit Schülerinnen und Schülern aus über dreissig Ländern in den Unterricht einbezogen.

Urs Graf, die Druckerei Gremper AG, Niels Hagenbuch, Peter von Kornatzki, der Verleger Lars Müller und Katharine Wolff waren eine grosse Hilfe, um die vorliegende Werkübersicht im Spätherbst 1999 zu beenden.

TYPO GRAPHY

Lars Müller Publishers

The Ten Sections:
My Way to Typography

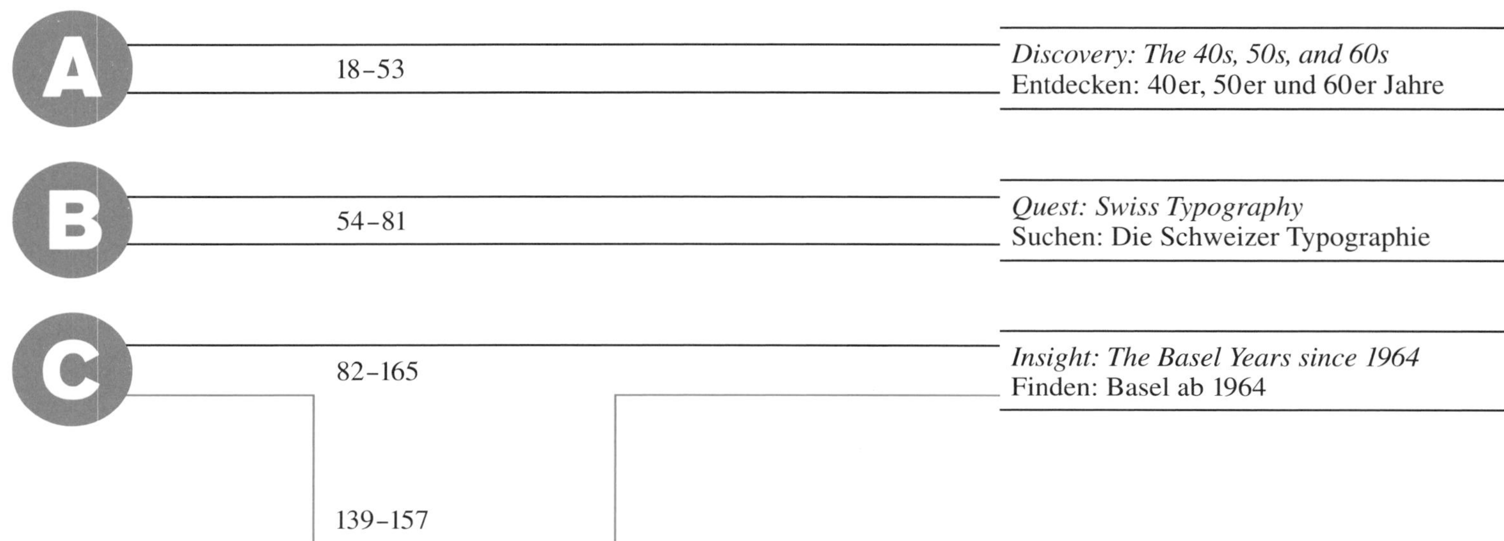

Die zehn Teile:
Wege zur Typographie

Table of Contents

Inhaltsverzeichnis

From Mainz to Basel

Thoughts by Paul Rand

He rides a bike.
He is a painter, a poet, an explorer, and an artist –
in the guise of a typographer.
His tools are a proof press, paper, ink, type, and film.
They provide the time for contemplation, the opportunity for invention, and the satisfaction of discovery.

He is a formalist.
Form is what makes content significant, gives it style, and elucidates meaning.
Indefatigable perseverance, and relentless discipline are the stuff of distinguished work.
His work is distinguished.

He is an artist.
His primary interest is not bread-and-butter typography, rather painting and collage, that is, painting with type and type material instead of linseed oil, paint, and canvas.
This aspect of his work is not designed for reading, but for musing – as pure abstraction.
His work is an assimilation of Picasso, Mallarmé, Marinetti, Malevich, Mondrian, Moholy-Nagy, Lissitzky, Schwitters, and the practitioners Piet Zwart, Walter Dexel, and Max Burchartz with more than a smattering of Gutenberg, and a sprinkling of humor.

Johannes Gensfleisch zum Gutenberg of Mainz, Germany is credited for having invented the complex system that enabled the development of book production in the mid-fifteenth century in Europe: including punch cutting, matrix fitting, typecasting, composing with individual movable metal letters, preparing ink and paper, and developing presses for printing.

He is original.
A quick perusal of this book will demonstrate the richness, variety, and originality of his designs, from the lyrical to the matter-of-fact.
Always interesting, always the result of a meaningful idea, without which form is mere decoration.
His work, abstract or concrete, though the product of trial and error, is never gratuitous, never decorative.
His form is always functional, full of meaning and rich possibilities …

Good work is always in style.
Those who claim that design as we know it is dead,
and that 'there are no longer conventional standards'
are wielding a big brush, confusing new forms
of communication and information with aesthetics.
Their frame of reference, it seems, is style, but style
is a reflection of the zeitgeist, not of aesthetics, which is as
immutable as H_2O.
The subject of social awareness is another favorite ploy
that is bandied about.
Good design, in a real sense, is social awareness and
has always implied morality, honesty, integrity,
imagination, originality, curiosity, quality, pride in
workmanship, joy in exploration, and not in exploitation.

May 1995,
Weston/Connecticut

He is a man with ideas.
Ideas are the heart of all creative work.
Ideas are the content of form and deal with sensations,
emotions, and feelings.
They also concern movement, rhythm, texture, action,
noise, silence, grace, and elegance.
These attributes are reflected in much of his work.
When he uses type rules, for example, even in his collages,
they always seem to belong, functionally and formally,
this, in marked contrast to the work of his many imitators
whose use of rules are almost invariably arbitrary…

The paucity of good design in the marketplace is due,
perhaps, less to the scarcity of a sympathetic client,
than to the abject dependence on consumer surveys.
This is, perhaps, one of the reasons that Weingart prefers
the artist's studio to the businessman's office.

Good Books

by Lars Müller

Good books have a message. Their point is to put something across. Good books seek like-minded spirits to share the authors's ideas, insights and knowledge. Good books reveal things unknown and hidden. In our area of particular interest – design and typography – good books set standards and define new directions.

Faced with the flood of books that we are drowning in today, would we still be able to spot Emil Ruder's Typography *(1967), Karl Gerstner's* Compendium for Literates *(1972), Paul Rand's* Thoughts on Design *(1947), Josef Müller-Brockmann's* The Graphic Artist and his Design Problems *(1961), or Armin Hofmann's* Graphic Design Manual *(1965)? At the time of their publication they captured the public's undivided attention. They were part of a moderately sized library of works on the rudiments and principles of contemporary graphic design. The authors had something to say, and the books themselves were proof enough of that.*

The good old days? No, it's not that simple. There are enough important, successful books being published today that put paid to the claim that the demands now being made on (design) books have changed radically in the face of developments in the modern media. The good ones defy the zeitgeist and hold up a shining example against the short-lived hodge-podge of profiles and annuals. The good ones are composed and structured, and line for line, image for image, they manifest the author's inner convictions. They convey the author's message.

The publisher's fond hope that there should be fewer – but better – books on design is shared by a growing proportion of the public, who have seen through the superficial attraction of superfluity and have reassessed their principles of selection. In doing so, they give the author and the publisher the opportunity to devote care and passion to attaining the highest standards of content and form, and thus to attract discriminating book lovers worldwide.

This book is a good book. In a full account of his life from the earliest beginnings right up to the present, Wolfgang Weingart makes lucid connections between the life he has lived and his typographic work. Glimpses of his origins and early experiences illuminate our understanding of his later, ground-breaking achievements.

Weingart's delight in contradicting and questioning is already evident in his very first typographic works. His crucial talent is the ability to draw conclusions from his experiences, and to clearly discern the relationship between typographic rules and their contravention. From out of this he has developed an inexhaustible potential for typographic design, as well as the pillars of his own work and exemplary teachings which are at the root of his undeniable influence on the evolution of typography. Weingart makes a stand against the widespread view that technological progress and the products of the software industry open up new possibilities for design. Instead he invites his readers to explore new ways of searching and finding, following up offbeat ideas and working towards applying these in practice.

Autobiographical chronicles by designers are rare. An encounter with one such sparks off a critical appraisal of one's own development and encourages one to measure one's attitudes and modus operandi against another person's ideals. The undisguised passion of Weingart's account welcomes readers into a typographical world of unprecedented creative potential and new dimensions in design. The book exemplifies the inventiveness of the designer as author.

Gute Bücher

von Lars Müller

Gute Bücher tragen eine Botschaft. Ihr Zweck ist die Übermittlung. Gute Bücher suchen Teilhaber an der Idee, der Erkenntnis und am Wissen des Autors. Gute Bücher eröffnen Einsichten in Unbekanntes und bisher Verborgenes. Sie fordern den Leser, die Betrachterin auf zur Stellungnahme, zu Zustimmung oder Ablehnung. In dem Bereich, der uns hier besonders interessiert – Design und Typographie –, haben gute Bücher die Eigenschaft, Masstäbe zu setzen und Richtungen zu weisen.

Würden wir Karl Gerstners *Kompendium für Alphabeten* (1972), Paul Rands *Thoughts on Design* (1947), Armin Hofmanns *Methodik der Form- und Bildgestaltung* (1965), Emil Ruders *Typographie* (1967) oder Josef Müller-Brockmanns *Gestaltungsprobleme des Grafikers* (1961) in der heutigen Flut von Publikationen erkennen? Zu den Zeiten ihres Erscheinens wurde diesen Büchern die ungeteilte Aufmerksamkeit des Publikums zuteil. Sie waren Bestandteile einer guten Bibliothek zu den Grundlagen und Prinzipien der zeitgenössischen Gestaltung. Die Autoren hatten etwas zu sagen, und die Buchgestaltung lieferte den Beweis dafür.

Vergangenheit? Nicht nur: Es gibt genug wichtige und erfolgreiche Publikationen aus aktueller Produktion, die die Behauptung widerlegen, wonach sich die an das (Design-) Buch gestellten Anforderungen angesichts der Medienentwicklung wesentlich verändert hätten. Die guten Beispiele trotzen dem Zeitgeist und halten dem kurzlebigen Sammelsurium der Werkschauen und Jahrbücher Exemplarisches entgegen. Sie sind komponiert und strukturiert und manifestieren Zeile für Zeile, Bild für Bild die Überzeugung des Autors. Sie tragen seine Botschaft.

Des Verlegers frommer Wunsch, es möge weniger, dafür bessere Fachbücher zu Themen der Gestaltung geben, wird von einem wachsenden Teil des Publikums geteilt, der die vordergründige Attraktion des Überflusses durchschaut hat und sich die Kriterien der Auswahl neu erarbeitet. Sie geben Autor und Verlag die Möglichkeit, sich mit Sorgfalt und Leidenschaft einem hohen inhaltlichen und gestalterischen Anspruch zu verschreiben und damit auf dem internationalen Buchmarkt erfolgreich zu sein.

Dieses Buch ist ein gutes Buch. Mit der lückenlosen Aufzeichnung von den frühen Lebensjahren bis in die Gegenwart stellt Weingart nachvollziehbare Zusammenhänge her zwischen seinem kontinuierlichen Lebensweg und seiner typographischen Arbeit.

Die Schilderungen von Herkunft und früher Lebenserfahrung erhellen den Blick und das Verständnis für die später bahnbrechenden Arbeiten.

Dass Weingart stets der Lust des Widerspruchs und des Fragens nachlebt, ist schon in frühen Arbeiten des Schriftsetzers erkennbar. Prägend ist die Begabung, aus Erfahrungen Schlüsse zu ziehen und Erkenntnisse zu gewinnen über das Verhältnis zwischen der typographischen Regel und ihrem Bruch. Daraus entwickelt er ein unerschöpfliches Potential für die typographische Gestaltung und die Grundlage für seine persönliche Arbeit und beispielhafte Lehre, die seinen unbestrittenen Einfluss auf die Entwicklung der Typographie begründet.

Weingart tritt der verbreiteten Meinung entgegen, in der technologischen Entwicklung und in den Angeboten der Softwareindustrie wäre eine Erweiterung der gestalterischen Möglichkeiten zu sehen. Er fordert die Leser und Betrachter statt dessen dazu auf, neue Möglichkeiten des Suchens und des Findens zu erproben, ausgefallene Ideen zu verfolgen und auf ihre Anwendung hinzuwirken.

Autobiographische Aufzeichnungen von Gestaltern sind selten. Ihre Lektüre regt an, die eigene Entwicklung einer kritischen Betrachtung zu unterziehen, und ermutigt, Haltung und Arbeitsweise an Idealen zu messen und zu korrigieren. Die Offenheit und Passion der Ausführungen und der grosszügige Einblick in die typographische Arbeit verleihen Weingarts Buch die besondere Ausstrahlung. Es weist über sich hinaus auf die erfinderische Kraft des Gestalters als Autor.

*Look and read,
understand
my World of Pictures
as reflecting the times
from whence they
arose.*

Sehen, lesen und verstehen Sie meine Bilderwelten im Zusammenhang mit ihrer jeweiligen Entstehungszeit.

Discovery: During the 40s, 50s, and 60s. Overview in three Sections

Entdecken: Die 40er, 50er und 60er Jahre. Rückblick in drei Teilen

I was born in a February. For the first thirteen years I lived in a beautiful valley near Lake Constance, the Salem Valley, in the southernmost part of Germany close to the Swiss border.

It was the most important time of my life, and I have come to understand how the earliest years of life are the most decisive ones for individual and professional development. They are made of the dreams and feelings only a child can experience. Memories of the last months of a prolonged war: gathering silvery ribbons in the countryside that were drifting down to the earth, waiting astonished for the next ones to appear in the sky. In actuality, the material we were collecting was an anti-communication device, released from Allied warplanes to effect the gradual destruction of the German air defense. We transformed the glittering silver bands into every sort of toy and sculpture.

One night in early spring of 1944, eleven months before the end of the Second World War, came the warning of another possible Allied attack. At the onset of the air raid my mother and I headed in a frenzy for the deep, dark vaulted cellar to hide once again among the familiar cupboards, crates, and other curious contraptions.

One of the most memorable ones was a wooden construction that was always in the same spot. It was the machine with which my mother made ice cream. The wooden tub held a cold mixture of natural ice and salt lick pieces that surrounded an internal steel vat with a built-in dasher to stir the cream. After thirty minutes of churning with the hand crank attached to the outside, the cream became cold and thick enough to eat.

Impressed on my memory are the endless rows of glass jars stored in the cellar filled with marmalade made from our own berries and fruits. Large vinegar jars lined up on the wooden shelves contained a colorful assortment of vegetables, sliced, layered, and carefully preserved. On the stone floor the wooden crates were stacked and packed with sweet smelling apples, pears and potatoes harvested from the Salem Valley.

Heavy stone pots filled to the brim contained up to one hundred eggs, suspended in a viscous, cloudy white liquid. This special gelatin, prepared from two ingredients cooked on the stove, served as a binder that inhibited oxidation and kept the eggs fresh in the cool cellar over many winter months. Traditional techniques of preservation enabled us and the other occupants of our house to survive severe food shortages during the war years. We were assured of having enough to eat for at least several months in advance.

In the middle of the same night on April 28, 1944, the air raid signaled a real attack. Eighteen miles away, British aircraft massively bombarded and virtually annihilated the small town of Friedrichshafen on the north coast of Lake Constance.

Besieged by airborne troops since 1943, the Americans by day and the British by night, this was by far the worst assault on Friedrichshafen ever.

Peering through our tiny basement window camouflaged with black paper, I witnessed the bombing as a silent picture. My childhood playground, the familiar countryside in the distance, distorted by the unnatural source of illumination, warped into an eerie dreamland. Beyond the peaceful, silhouetted forest of our valley, a great pillar of fire mounted upwards and turned the nighttime skies to glowing red. Although only three years old and not realizing what had happened, I remember the fear like a permanent scar.

That this small city on the lake was repeatedly attacked had several reasons. One hundred years ago Count Ferdinand von Zeppelin, a native of Constance, began building his first airships near Friedrichshafen. The royal family of Württemberg granted the Count their summer estate on Lake Constance in Manzell as a location for his first airship hanger.

A body of water was the most important geographical condition for the departure and landing of an airship. To best advantage its floating hanger could be rotated on the water's surface according to the direction of the wind. At eight o'clock in the evening on July 2, 1900, a multitude of excited spectators witnessed the premier ascent of Count Zeppelin's hydrogen-filled airship.

Crucial to the building of airships, Friedrichshafen became the hub of several pivotal manufacturing facilities. Zeppelin's requirements and ideology – safety, precision, and the use of first-rate raw materials – attracted distinguished entrepreneurs and industrialists. Maybach-Motorenbau built ship and airship motors, Zahnradfabrik Friedrichshafen produced gears and cog wheels. Claude Dornier, the experienced aviation engineer and inventor who pioneered the utilization of light metals in the development of aircraft technologies, also set up his operations in Friedrichshafen.

In 1909, five years before World War I, the first profitable enterprise for air transport in the world, Deutsche Luftschiffahrt, was established in Frankfurt.

The company offered flights between large German cities, and eventually, sightseeing flights to areas known for beautiful landscape. Following the war, the airline's commercial network was extended beyond German borders and included overseas routes to destinations around the world.

In 1936 after many test runs and numerous successful flights, the Hindenburg was approved for public transportation. By the next year round-trip flights were regularly scheduled twice a month with either the Graf Zeppelin or the Hindenburg, from Friedrichshafen or Frankfurt, to Recife in northern Brazil or to Rio de Janeiro.

The most dramatic disaster in the history of the Zeppelin occurred in 1937, when the famous LZ 129 Hindenburg, the 118th airship from a total of 119 built, crashed in an attempted landing south of New York near Lakehurst, and within seconds incinerated.

At the beginning of World War II in 1939, the Zeppelin manufacturing plants were abruptly converted by force. The German military appropriated all company facilities for its own purposes – for the production of over one hundred thousand engines for armored tanks. The dream of Count Zeppelin and the era of pleasure cruises in the silent, floating airships had come to an end. The remaining dirigibles were scrapped for raw material to build air weaponry.

Geboren wurde ich in einem Februar. Die ersten dreizehn Jahre verbrachte ich im Salemertal, einem der hügeligen Bodenseetäler im südlichsten Teil Deutschlands nahe der Schweizer Grenze. Es war eine wichtige Zeit, und diese ersten Lebensjahre blieben die entscheidendsten Jahre für meine eigene und berufliche Entwicklung.

Sie waren geprägt durch Träume, Erlebnisse und Erinnerungen an die letzten Monate eines langjährigen Krieges und das Suchen nach den glitzernden Silberstreifen, welche die Verbündeten aus ihren Kampfflugzeugen über unsere Dörfer, Wiesen und Wälder abwarfen. Die Einsätze halfen den Amerikanern und Engländern, die deutsche Flugabwehr zu stören und kampfunfähig zu machen. Als Kinder sammelten wir mit Begeisterung diese Silberfetzen und machten uns daraus mancherlei Spielzeuge.

Im Frühjahr 1944 war in der späten Nacht erneut Fliegeralarm: Ein Luftangriff auf Friedrichshafen stand wieder bevor. Überstürzt rannten wir in den gewölbeartigen Keller und versteckten uns verängstigt hinter Schränken und Holzkisten. Das in einen Holzbottich eingebaute Rührwerk, mit dem meine Mutter das Speiseeis herstellte, stand immer noch in der gleichen Ecke. In Erinnerung geblieben sind mir die Einmachgläser, gefüllt mit hausgemachter Marmelade aus einheimischen Beeren. Auf den Gestellen waren Essiggläser mit eingelegten Gemüsen und auf dem kalten Boden übereinander gestellte Obstkisten mit frisch duftenden Birnen, Äpfeln und Kartoffeln aus dem Salemertal.

Daneben standen die schweren Steintöpfe, gefüllt mit Eiern, die in einer weissen, klebrigen Masse lagen, die wir auf unserem Kochherd aus zwei verschiedenen Teilen zum Bindemittel *Wasserglas* zusammengeschmolzen hatten, um die frischen Eier in diesen für die Luft undurchlässigen Brei zu legen. Es war ein altes und bewährtes Verfahren, welches sie über die Winterzeit im kühlen Keller frisch hielt. Somit hatten wir während der Kriegsjahre in unserer ländlichen Gegend genügend Vorrat für die weiteren Monate, und in einer Notlage konnten wir unsere Hausbewohner mitversorgen.

In der gleichen Nacht, am 28sten April 1944, erlebte ich zum ersten Mal einen längeren Luftangriff: Die am Nordufer des Bodensees liegende Stadt Friedrichshafen mit ihren ausgedehnten Rüstungshallen wurde von britischen Kampfflugzeugen mit über tausend Tonnen Bomben nahezu zerstört.

Von unserem kleinen, mit schwarzem Papier abgedeckten Luftschutzkellerfenster aus sah ich, wie eine glühende Feuersäule hinter den Wäldern unseres weiten Tales am Himmel aufstieg.

Für diese Stadt war es seit Juni 1943 einer der schwersten Luftangriffe, die bei Tag von Amerikanern und bei Nacht von den Engländern geflogen wurden.

Vor hundert Jahren begann in der Nähe von Friedrichshafen Ferdinand von Zeppelin seine ersten Luftschiffe zu bauen, von denen eines, das Luftschiff Hindenburg, 1937 beim Landeversuch bei Lakehurst südlich von New York abstürzte und verbrannte – das schwerste Unglück in der Zeppelingeschichte. Es war das 118te von insgesamt 119 gebauten Luftschiffen und wurde Anfang 1936 nach mehreren Probefahrten in Betrieb genommen.

Dazu kamen die Maybach-Motorenbau GmbH mit ihren hochwertigen Motoren für Schiff- und Luftschiffbau, die Zahnradfabrik Friedrichshafen und die Flugzeugwerke von Claude Dornier, der, den Bedürfnissen des Grafen folgend, sich schon zu Beginn des Jahrhunderts in der Nähe der Zeppelinwerke angesiedelt hatte. Dornier war gebürtiger Franzose und ein erfahrener Flugzeugbauer. Seine Erfindungen wurden wegweisend bei der Verwendung von Leichtmetall für Flugzeuge.

Die Zeppelinsche Gesamtvorstellung von Sicherheit und die Genauigkeit in der Verarbeitung bester Rohstoffe im Luftschiffbau hatten durch die Jahre verschiedene Unternehmer in Friedrichshafen zusammengeführt.

Ferdinand von Zeppelin wurde 1838 in der Bodenseestadt Konstanz geboren. 1899 stellte das württembergische Königshaus, das einen am See gelegenen Sommersitz besass, ihm in Manzell bei Friedrichshafen einen Standort für die erste Luftschiffhalle zur Verfügung. Der See war ein gegebener Ausgangspunkt. Je nach der Windrichtung boten die drehbaren, schwimmenden Hallen gute Start- und Landebedingungen. Am 2ten Juli 1900, gegen acht Uhr abends, erhob sich unter dem Beifall begeisterter Zeugen der erste Zeppelin in den Himmel.

Neben anderen Tochtergesellschaften gründete das erfolgreiche Unternehmen 1909 in Frankfurt am Main die erste Luftverkehrsgesellschaft der Welt: Die Deutsche Luftschiff-fahrt AG. Sie diente zunächst dem Luftverkehr zwischen deutschen Grosstädten und veranstaltete zusätzlich Flüge über landschaftlich schönen Gegenden.

Vertreter einiger Grosstädte waren dazu bereit, notwendige Mittel zur Verfügung zu stellen. Der Wunsch, einen gewinnbringenden Luftschiffverkehr aufzubauen, konnte zunächst nicht weitergeführt werden. Es fehlten erfahrene Angestellte, und die technischen Mängel der Luftschiffe konnten erst mit den Jahren verbessert werden. Die schnelle Weiterentwicklung hatte Erfolg und die Reichsmarine entschied sich für den Kauf von Luftschiffen, die im Krieg zum Einsatz kamen.

Das Luftverkehrsnetz erweiterte sich nach dem Ersten Weltkrieg über die deutsche Landesgrenze hinaus und führte zur Einrichtung eines regelmässigen Überseeverkehrs in verschiedene Erdteile. Er reichte 1937, abwechselnd mit den Luftschiffen Graf Zeppelin und der Hindenburg, zweimal monatlich von Frankfurt oder Friedrichshafen über Recife bis nach Rio de Janeiro und zurück.

Zu Beginn des Zweiten Weltkrieges mussten alle Werke auf Befehl umgestellt werden. Für die Wehrmacht verliessen über hunderttausend Panzermotoren die Anlagen.

Die verbliebenen Luftschiffe, die für die Kriegsführung zu unbeweglich waren, wurden 1940 auf Anordnung der Reichsregierung verschrottet und die daraus gewonnenen Rohstoffe der Luftwaffe übergeben.

During the war, food was especially hard to come by in the cities. Because we lived in the countryside, we had access to the staples provided by the farmers in neighboring villages – flour, salt, and sugar. As the village doctor my mother was privileged. Occasionally, as a token of gratitude, she would receive a gift from the farmers – an egg, sometimes even a whole chicken. For us this was a luxury.

I was often permitted to go along with my mother on her rounds. Gasoline was stringently rationed, so instead of an automobile, she drove a cart powered by our horse named Schimmele. To replace gasoline another type of fuel was also utilized, which was distilled from burning wood. Our hilly landscape was filled with dense forests as far as the eye could see. Wood was abundant and five pounds of it would yield one quart of gas. Essentially a mixture of carbon monoxide, hydrogen, and methanol, the liquid fuel was produced by burning logs in a large, cumbersome, cast-iron cylinder mounted directly onto the back of the car. A common sight at the time, we nicknamed these cars the Woodburners.

The Duke of Baden had a garage where he employed a mechanic and driver who maintained his fleet of vehicles. All of his automobiles were uniformly black with one of them rigged up as a Woodburner. Owning many castles, the Duke preferred to live in his castle in Salem, but often traveled to the royal estate in Baden-Baden. In spite of its inefficiency, a Woodburner was faster than taking the train, and a familiar commotion signaled the imminent departure of the Duke. To prepare the generator, first the bin underneath the actual wood burner had to be filled with prepared wood coal. Then the driver put seasoned wood in a second shaft on top. The coal was ignited, the wooden logs caught fire, and combustion began – at some point, the engine would suddenly start up. The clang of the cylinder's hinged lid, the clapping valves and the smoking ventilators all had to be simultaneously adjusted by several assistants until the rumbling motor ceased to backfire. This pandemonium could be heard for miles away at any hour.

The neighboring farmers showed their appreciation for my mother's skills and her valued medical attention by occasionally inviting us to lunch. Once after a house call, along with the farmer's bacon and homemade bread, I was offered

So blieben für einen Dreijährigen die Erlebnisse vom 28sten April bis heute unvergessliche Augenblicke, ohne zu wissen, was damals in Wirklichkeit geschah. Diese Ereignisse liegen immer noch tief in meinem Herzen und beschäftigen mich bis zum heutigen Tag.

Wir bekamen die Nahrungsmittel von den Bauern der umliegenden Dörfer. Ich durfte meine Mutter im zweirädrigen Einspänner, gezogen von unserem Pferd *Schimmele*, auf ärztliche Krankenbesuche begleiten. Das Benzin wurde nur für Fahrten zugeteilt, die eine dringende Notwendigkeit waren. Einige Personenwagen wurden durch einen Kessel mit brennendem Holz darin angetrieben.

Die leicht hügelige Landschaft war mit den sich weit dahinziehenden Wäldern von Bäumen dicht überwachsen und das Holz war ein billiger Rohstoff. Wir nannten diese Wagen Holzvergaser. Es waren grosse, runde Eisenkessel, angebaut am hinteren Ende der Kraftfahrzeuge. Das entstandene Gas war hauptsächlich ein Gemisch aus Kohlenmonoxyd, Wasserstoff und Methanol, welches das fehlende Benzin notdürftig ersetzte. Es brauchte zweieinhalb Kilo trockenes Holz für einen Liter Benzin.

Der in Salem wohnende Markgraf von Baden besass in seiner Garage, mit eigener Autowerkstatt und einem Fahrer, mehrere Wagen. Sie waren einheitlich schwarz und einer von ihnen wurde während des Krieges mit einem Holzvergaser ausgerüstet, um die Fahrt zwischen Salem und dem zweiten Wohnsitz Baden-Baden schneller als mit dem Zug zurückzulegen. Wurde wieder eine Reise vorbereitet, hörten wir ein uns vertrautes Geräusch. Vor Inbetriebnahme des Gasgeneratorwagens musste der obere Teil des Ofens mit getrocknetem Holz aufgefüllt werden und der Fahrer legte die Scheite in einem zweiten Schacht darauf. Das Holz wurde angezündet und die Holzvergasung begann. Ventile, Klappen und Deckel, die zu Beginn der Reise reguliert werden mussten, hörten wir schon von weitem.

Einmal, nach einem Krankenbesuch meiner Mutter, wurden wir in einem der umliegenden Bauernhöfe zu einem Vesper eingeladen – vielleicht als Dank und Anerkennung des geschätzten ärztlichen Könnens meiner Mutter. Neben Bauernspeck und dem hausgebackenen Bauernbrot gab es Most, ein alkoholisches Getränk dieser Gegend. Es war dickflüssig, braun getrübt und machte mich mit sechs Jahren zum ersten Mal betrunken.

Die Wohnstuben der Bauern in diesem weiten Tal glichen einander in ihren Einrichtungen. Während der kalten Jahreszeiten wurden sie mit Holzklötzen geheizt. Die südbadischen Bauern nannten diese gespaltenen Holzstücke *Scheite*. Die grossen, meist grünen Kachelöfen waren eine Vielzweckeinrichtung und wichtigster Begegnungsort eines Hofes. In einer ausgekleideten Vertiefung, die durch ein Metallgitter verschlossen werden konnte, wurden nicht nur die Wäsche und das Geschirr getrocknet, auch das Wasser und die zubereitete Mahlzeit wurden warm gehalten. Frierende Kinder, die aus der Schule zurückkamen, konnten sich an den Öfen erwärmen, und die Familienmitglieder mit ihren Gästen hatten einen Ort der Begegnung. Sie tauschten Nachrichten, Freuden

a syrupy and cloudy brown beverage. Called Most, this local cider tasted like a sweet-sour fruit juice, but before long my mother noticed that her six-year-old was drunk.

Throughout our wide valley the most important room of the farmhouse was the kitchen-living room. Similar in every home, the central, multipurpose fixture was a ceramic-tiled stove, usually a deep green color. During the cold season the wood-fed stoves heated the rooms. A niche, lined with tiles and closed off with a metal gate, was used not only to dry clothes and dishes, but also served to keep water and meals hot. Children, frozen after a long walk home from school, could warm themselves around the green stove, and all members of the family had a place to welcome guests. Because most activities were shared here, the stove was the true heart of the farm. Even the characteristic smell that came from the adjoining stables and sties was an unavoidable, integral part of the atmosphere. When we were in the company of the farmers, my mother and I felt that we were under a peaceful, roof, sheltered by a people who radiated goodness, diligence, and their deep affinity with the earth.

In the spring of 1948 my mother and I moved into the Castle of Salem. Centuries ago it was the abbey of the Cistercian Order, a stricter branch of the Benedictine Order established in 1098. The abbey and the grounds were donated to the Cistercian monks by a knight of the Linzgau region in 1134. The extended buildings of the abbey were partially destroyed by a huge fire in 1697, and in 1706 the monastery complex was reconstructed in the Baroque style. During secularization the riches of the monastery, including its vast estate with forests and streams, were awarded to the Houses of Thurn and Taxis and Baden in 1803. As a result of the transition from church to state ownership, the abbey turned into a castle.

Continued on page 32

und Sorgen des täglichen Geschehens aus. Bei einem Besuch fühlten wir uns unter einem friedvollen Dach, das die Güte, den Fleiss und die Erdverbundenheit dieser Menschen ausstrahlte. Ein eigentümlicher Geruch in den Wohnstuben gehörte zu meinen unvergesslichen Erinnerungen. Er kam aus den Kuh- und Schweineställen, und die Bauern konnten ihn nicht verhindern, er gehörte dazu.

Meine Mutter und ich zogen im Frühjahr 1948 in ein nahe liegendes Schloss. Ursprünglich war es eine Abtei der Zisterzienser, die sich 1098 von den Benediktinern getrennt hatten. Im Jahre 1134 war die damalige Anlage das Geschenk eines Ritters aus dem Linzgau an den Zisterzienserorden. Die erweiterten Bauten wurden 1697 durch einen Grossbrand teilweise zerstört. 1706 war die barocke Klosteranlage wieder aufgebaut. Im Jahre 1803, im Zuge der Umwandlung vom kirchlichen zum weltlichen Besitz, ist die Klosteranlage mit ihren umliegenden Gütern, ausgedehnten Ländereien, Teichen und Wäldern zunächst den adeligen Häusern Thurn und Taxis und Baden zugesprochen worden. Die Anlage wurde somit zu einem Schloss. Sie erfüllte zwei unterschiedliche Aufgaben: 1920 gründeten Prinz Max von Baden – 1918 für wenige Wochen letzter deutscher Reichskanzler der Kaiserzeit –, der Politiker Karl Reinhardt und der Erzieher Kurt Hahn nach dem englischen Vorbild die Schule Schloss Salem. Der linke Teil der ehemaligen Klosteranlage wurde zu einem bekannten Landerziehungsheim. Der rechte Teil war dem markgräflichen Hause zugeordnet.

Fortsetzung Seite 32

30
31

32
33

Today, the castle fulfills two distinct functions. The entire grounds, the church, the castle and its annexed buildings are for the most part well-preserved and maintained. The right part of the former cloister serves as living quarters for the present-day aristocratic family. The other side is a boarding school modeled after the English educational system. Well-known in and around Germany, it was founded in 1920 by the politician Karl Reinhardt, the educator Kurt Hahn, and Prince Max of Baden.

When we lived there, my mother was the resident physician attending the aristocracy, their staff employees, and the teachers and students who lived in the complex. We lived in two rooms that were difficult to heat. Larger than monks' cells they were originally guest rooms for visitors who came to the abbey. One of my chores was to fetch our daily water from a common spigot in the castle and carry it carefully back to our rooms in heavy copper buckets through the endless stone hallways. Frugal out of necessity, secluded and lonesome, we lived this way for several years.

I was never admitted to the festive occasions nor allowed into the private chambers where the European nobility were received and entertained by the Duke, but my uninhibited curiosity was free to roam. The keyholes to our rooms were just large and low enough for a small boy to comfortably observe the comings and goings of the international princes, princesses, duchesses, ladies, barons, and other honorable guests. Even though I was not able to identify these known or lesser-known dignitaries when they happened to stroll or strut past my keyhole, spying on them was an endless source of amusement.

During the winter hunting season one of the courtyards of the castle served as a storage depot for game. I once went hunting with the Duke and his retinue, stalking, by the light of a full moon, the clever and fearsome wild pigs that inhabited our forest. For lack of refrigeration the carcasses were laid out in the cold snow for several days prior to preparation. Sometimes the castle cooks would treat us to a piece of fresh meat. My mother and I celebrated with a special dinner cooked on a hot plate in our room.

Wir lebten einsam über die Jahre hinweg in zwei grossen, schwer beheizbaren ehemaligen Klosterräumen. Das täglich notwendige Wasser mussten wir in einem kupfergetriebenen Eimer durch die langen Gänge herantragen.

Die festlichen Empfänge des europäischen Adels sah ich nicht, aber meine Neugierde war unbekümmert. Die Schlüssellöcher unserer beiden Wohnungstüren waren gross und niedrig genug, dass ich verschiedentlich bekannte und unbekannte adelige Hoheiten in den endlosen Gängen beobachten konnte.

Während der Jagdzeit lagen im Schlosshof wieder Wildschweine, die vom Markgrafen in den winterlichen Vollmondnächten erlegt wurden. Sie mussten im kalten Schnee einige Tage fachgerecht gelagert werden, und manchmal bekamen wir in den Wintermonaten ein grosses Stück Fleisch aus der markgräflichen Schlossküche.

Im Herbst 1947 begann die Volksschule. Ich fühlte mich selten in einer Schule glücklich. Zeugnishefte und Prüfungen, das Ab- und Ausfragen der Lehrer waren erniedrigend und machten mir Angst. Die Fächer Französisch, Deutsch, Physik, Rechnen und Algebra waren nicht fassbar, und der Chemie-Unterricht blieb für immer unverständlich. Das Aufstehen beim Eintreten der Lehrerin, das Beten zu Beginn des Unterrichtes und die angewandte Prügelstrafe haben mich vielleicht gerade deshalb zu einem glücklichen Einzelkämpfer gemacht.

Dazu kam die anhaltende Furcht, beim Abschreiben entdeckt oder von Mitschülern verraten zu werden. Ich bohrte mir verschieden grosse Löcher durch das Tischbrett und legte die Schulbücher darunter, um zu den versteckten Antworten zu kommen. Einmal entwickelte ich ein Abschreibegerät, angetrieben von einer kleinen Batterie. Das verbotene Hilfsmittel baute ich aus zwei Rollen zusammen, um die sich ein geschlossenes Band drehte. Wir wussten, welches Gebiet in dem jeweiligen Fach als Klassenarbeit abgefragt wurde. Ich bereitete mich in meinem Zimmer darauf vor und schrieb die möglichen Antworten auf das Papierband. Die Angst vor der Schule verfolgte mich bis zur letzten Klasse und die jährlichen Abschlusszeugnisse waren immer wieder vermerkt mit dem kurzen Beisatz: *Die Versetzung in die nächste Klasse ist gefährdet*.

Das alte Damenfahrrad, der Göppel, ein Tausch gegen den ausgedienten Kinderwagen, war eine meiner bevorzugten Beschäftigungen nach den Schulstunden. Eine wichtige Entdeckung war für mich, dass eine Arbeit nicht nur mit dem Kopf gemacht werden kann. Ich bemerkte, dass das Erleben mit den Händen, das Berühren und Fühlen mehr meinen Veranlagungen entsprach als das eigensinnige Schuldenken, verbunden mit den Belästigungen einiger Lehrerinnen und Lehrer. Immer mehr fühlte ich mich wie ein täglich verfolgter Aussenseiter, der sich nicht in die ländliche Gesellschaft einordnen konnte.

Eines meiner ersten Gestaltungserlebnisse wurde mir bewusst, als ich mit dem Motorrad zu einer nahe gelegenen eingleisigen Eisenbahnstrecke fuhr. Ich stürzte und fiel in einen

Late in 1947 I started primary school. Rarely have felt happy in any school. Report cards, examinations, and being called on by the teacher to recite or answer questions was demeaning. Subjects like French, German, arithmetic, physics, and algebra were beyond me, and the lessons in chemistry, completely incomprehensible. My misery was exacerbated by having to stand at attention when the teacher entered the classroom, being forced to pray at the beginning of class, and feeling terrorized under threat of corporal punishment. By comparison I was less afraid to be caught at cheating by the teacher, or to be betrayed by my classmates, so I devised various methods to procure correct answers. With a small hand drill, I discreetly bored holes of different sizes through the wooden surface of my desk and placed my schoolbooks underneath in order to glimpse the hidden text when necessary. I also designed a small battery-operated machine that powered two spindles around which a looped crib sheet was attached. Because we generally knew which area and what type of questions would be asked of us, I prepared beforehand in my room and transcribed the anticipated answers on the scroll. The anxiety of school plagued me until graduation with the same admonishing remark on almost every report card: 'The following subjects will require examination before pupil may continue to the next grade.' Suffering in school and not fitting in with the rural community were perhaps the very conflicts that roused my independence, and explains why I resorted to the challenge of competing with myself.

My solace was an old girl's bike, my Göppel, traded for an outgrown child's wagon. Favorite after-school projects involved taking the bicycle apart, remodeling it, and installing my homemade noise-and-rattle machines on the front wheel. The tactile adventure of building and making, touching and feeling, taught me more than my domineering, obstinate teachers did. I learned through my hands and made an important discovery: the intellect can be expressed and cultivated through handwork.

I made another discovery about myself when riding alongside a railroad track on my motorbike – after crashing into a wire fence. With as much strength as I could muster, I twisted the tangled wire of the broken fence until I could disengage long lengths of it. As I continued to bend the wire, the rough outlines of a house, a motorbike, and a landscape started to take shape. The material itself evoked my impulse to make pictures out of it. Both spontaneous and deliberate at the same time, the act and the idea became inseparable. Through the coincidence an aesthetic perception dawned and, for the first time, I understood my fascination for abstraction. That is, I became aware of my interest in visual design.

My bicycle and tinkering with household objects made me happy and kept me so occupied that I didn't have much time left for homework. With small rubberbands, wax, and wooden thread spools I built windup toys that crawled across the floor, and I became known in our small village for building maneuverable handcarts. Sometimes the sound effects of my noise-and-rattle machines irritated the neighbors, and they regarded me as somewhat weird, a very odd young boy.

Continued on page 38

Drahtzaun, der auseinanderbrach. Durch kräftiges Hin- und Herbiegen gelang es mir, mehrere lange Drahtstücke an den offenen Enden des Zaunes abzubrechen. Damit versuchte ich, ein Haus, ein Fahrzeug, eine Landschaft oder etwas anderes in groben Umrissen zu biegen.

Der Göppel – das alte Damenfahrrad – und die anderen Gebrauchsgegenstände machten mich glücklich und beschäftigt, so dass neben der Volksschule nicht mehr viel Zeit für die Hausaufgaben blieb. Mit kleinen Gummibändern, Wachs und ausgedienten Zwicky-Fadenspulen für Nähmaschinen baute ich aufziehbare Kriech- und Fortbewegungsmaschinen. Für den Umbau von lenkbaren Leiterwagen war ich bekannt im kleinen Dorf. Das Geräusch- und Rattergerät, das ich am Vorderrad des Göppels anbaute, machte die Bewohner wegen des Lärmes manchmal böse. Mein Verhalten als Junge war eigenwillig und etwas seltsam.

Fortsetzung Seite 38

34
35

36
37

ancke mich seher

packet. Ich freue mich

ch Salem komme.

er seher kros sein.

nsere schulansüge

lender ist seher schö

ben sehr schone he

echomen. Ich fer

das Zimmer ei

Re bitte die Brie

Wolfgang.

Wolfgang.

I was also known to sometimes steal money from my mother. In 1948, shortly after the currency reform in Germany, when I was seven years old, my stealing episodes came to an end. I took one hundred marks from my mother's hidden savings to buy myself ice cream and candies in our local grocery store. The storekeeper was astounded that I had so much money and notified my mother immediately. After the war one hundred marks was a whole week's income. Severely punished with the dreaded wooden kitchen spoon, I couldn't get out of bed for three days. Because I stole the money my mother assumed that I had also stolen her Montblanc fountain pen with the golden nib that had recently disappeared. She found it again with chagrin, a few days later in the pocket of her lab coat. Overriding my guilt or innocence, I learned of two things that had to be earned – money and trust.

My inability to adjust to a school environment reinforced my aversion to memorization and my suspicion of acquired knowledge. I had to find my own way to make sense of life, and so began to regard myself as a budding inventor.

Wondering about the future, the idea of being a gourmet chef appealed to me, or perhaps a bookbinder, even a stage designer. I had grown up with the music of Mozart, and even pretended to be the conductor of an orchestra.

Our collection of classical music was extensive. Bach and Beethoven were beyond my grasp as a child, but I loved Mozart. His music carried me into a dreamworld of pictures. Having missed the companionship of a brother or sister, my bicycle and my music were perhaps a compensation.

In our living room we had the latest model of a phonograph. At the end of the forties records were made of shellac and were played with a sapphire needle. Every few minutes, when one side was finished, the records had to be manually changed. Our new record player featured a steel rod extension in the turntable that automatically and consecutively dropped a stack of up to ten records, allowing over thirty minutes of uninterrupted music.

Intimidated by the French occupation and its surveillance of our rural area well after the war was over, many of our phonograph records remained buried in the garden. We'd never know when the French soldiers would search the house and take what they wanted. To prevent them from pirating our 1939 black BMW with its convertible top and luxurious, hand-upholstered seats in redolent red leather, my father completely dismantled the sportscar, scattering and hiding the pieces in the haystacks of nearby farms.

Ich war bekannt dafür, meiner Mutter gelegentlich Geld zu entwenden. 1948, kurz nach der Währungsreform, waren es einmal hundert Mark, und ich kaufte mir damit Eiskrem und andere Süssigkeiten. Die Lebensmittelhändlerin war erstaunt über das viele Geld, und als sich meine Mutter wieder einmal bei mir erkundigte, wurde ich dem hohen Geldbetrag entsprechend mit dem gefürchteten Holzkochlöffel bestraft: Ich lag danach für drei Tage im Bett. Dazu kam der verschwundene Montblanc-Füllhalter mit seiner goldenen Feder, den sie verlegt hatte und wenige Tage später in der Tasche ihres Kittels wiederfand. Aus diesen Erlebnissen hatte ich viel gelernt. Das Geld bekam für mich eine neue Bedeutung.

Manchmal bemerkte ich in mir einen kleinen, begeisterungsfähigen Entdecker. Vielleicht, weil das von der Schule angewandte sinnlose Auswendiglernen, das zu einem angelernten Wissen führen sollte, keinen Erfolg hatte und nur eine starke Abneigung bewirkte. Ich musste mich selbst finden und entwickeln, um dadurch Freude und Sinn am Leben zu bekommen.

Es war die Zeit, darüber nachzudenken, welcher Beruf für mich der richtige wäre. Koch war ein Wunsch, Dirigent eines Orchesters, vielleicht Buchbinder. Zuletzt wollte ich Bühnenbildner werden. Dirigent war naheliegend, mit der Musik Mozarts wuchs ich in den ersten Lebensjahren auf. In unserem Wohnzimmer stand die neueste Erfindung eines Plattenspielers. Zu dieser Zeit, Ende der vierziger Jahre, gab es noch die aus Schellack hergestellten Schallplatten. Mit Hilfe einer Saphirnadel war eine Seite in wenigen Minuten abgespielt, und man war fortlaufend dabei die Platten umzukehren.

Mit Hilfe eines langen Stahlstiftes, mit dem unser neues Gerät ausgerüstet war, konnten wir bis zu zehn Schallplatten übereinander legen. Am Ende einer Seite angelangt, fiel die nächste Platte selbständig auf die vorherige. Es wurde dadurch zum ersten Mal möglich, über eine halbe Stunde ungestört die Musik zu erleben.

Unsere Sammlung klassischer Musik war umfangreich. Mozart war mein Lieblingskomponist, Bach und Beethoven blieben mir lange Zeit unverständlich. Das Damenfahrrad und die Musik waren vielleicht ein Ersatz für das, was ich während meiner Kindheit nicht hatte, eine Schwester oder einen Bruder. Die Musik versetzte mich immer wieder in eine Traumwelt von Bildern.

Viele dieser Schallplatten waren noch in unserem Garten tief vergraben, aus Furcht vor den Soldaten der französischen Besatzungsmacht, die nach dem verlorenen Krieg unsere ländliche Gegend überwachten und dabei mitnahmen, was ihnen gefiel. Der schwarze BMW-Sportwagen aus dem Jahre 1939, mit den beiden unvergesslich wohlriechenden roten, handgenähten Ledersitzen und dem aufklappbaren schwarzen Dach, wurde in Einzelteile zerlegt und während des Krieges in den Heuschobern der umliegenden Bauernhöfe versteckt gehalten.

Wir machten kleinere Reisen in die nahe Umgebung. Einmal fuhren wir 1948 an die deutsch-schweizerische Grenze in Kreuzlingen. Am immer noch geschlossenen Grenz- und Zollschlagbaum trafen wir uns mit meiner Grossmutter, die

Once in 1948 we drove to Kreuzlingen, a small town in Switzerland on the German border. Although the five-year war had been over for three years, traffic between the two countries was still strictly controlled. We had to apply to the Swiss customs authorities for written permission in order to see my grandmother who came down from the Swiss Alps to meet us at the customs barrier; even the length of our visit was specified. I thought of independent and neutral Switzerland as a beautiful fairy-tale land with cozy chalets tucked away in snow-covered mountains. On a clear, bright day when I could see across to the other side of Lake Constance, the characteristic outline of the Säntis, the highest mountain peak of the region, seemed within reach.

My grandmother always brought small gifts for us, things I had never seen before. I couldn't wait for the surprise: an exotic fresh banana, an aluminum kickstand for my bicycle, the children's magazine Globi, or a small roll of transparent tape. Curiously, in the years to come, clear tape would prove to be the indispensable material of my daily work …

Years passed, schools and residences changed often. In April 1954 we moved to Portugal and lived in Lisbon for two years. In contrast to war-stricken Germany the foreign south embodied the fantasies of my childhood.

A turning point, it was through the ancient that a new world unfolded, a world that resonated with my inner life. Among the many lasting impressions, the most vivid one was that of a stone lion in the Archeological Museum of Córdoba, ascribed to Iberian art from the fifth century BC. Brought to expression in the artefact was a majestic sentinel power conveyed through the simplicity of its form.

On weekends and during school vacations my parents took me with them on their excursions. Our itineraries were organized around themes of study related to the many cities and regions where we lived. Because of my earlier unfruitful years in school, my parents endeavored to provide an alternative education. I absorbed everything, and in the process gleaned a cultural and visual education, plus a keen interest in geography. Spanish Mérida: a small town near the Portuguese border with a Roman bridge spanning the Guadiana River, and an immense outdoor theater from the reign of the emperor Hadrian. From hectic Tangier to the white-washed dwellings of Tetuán: the beginning of my enchantment with Arabian culture, its people, history landscape, and the desert. My feelings intensified and the experiences started to influence my work when my parents moved to the Syrian capital of Damascus.

The specific theme of this trip in 1954/55 over the Christmas holidays was the extraordinary cultural heritage of the southern region of Spain, in particular the influence of the Moors, a Muslim people from North Africa that invaded and occupied Spain in the eighth century, and the observable traces of Roman civilization both in the museums and in the environment. In Córdoba: the Islamic prayer house with its petrified forest of 850 interior marble pillars, converted into a church in the sixteenth century, and later into a cathedral.

in der Schweiz lebte. Meine Mutter und ich benötigten vom Schweizer Zoll eine schriftliche Erlaubnis. Der fünfjährige Krieg war seit drei Jahren vorüber. Für mich wurde die unabhängige, schöne Schweiz mit ihren hohen, schneebedeckten Bergen zu einem Märchenland. War es ein schöner Föhntag, konnte ich von unserer hügeligen Landschaft aus auf der gegenüberliegenden Seite des Bodensees die auffallenden Umrisse des Säntismassives greifbar nahe erkennen.

Ich war neugierig darauf, was meine Grossmutter mitbringen würde. Es waren Geschenke, die ich noch nicht gesehen hatte: Eine Banane, ein Fahrradständer aus Aluminium, die Kinderzeitschrift *Globi* des Zürcher Warenhauses Globus und eine Rolle durchsichtiges Klebband. Es wurde für mich später, nach vielen Jahren, das tägliche und meistgebrauchte Arbeitswerkzeug …

38
39

40
41

Or the Alhambra: the impressive palace of the Moorish kings, its daunting geometric perfection, lavish and highly decorative architecture, situated at the foot of the Sierra Nevada mountains in Granada, the economic center and capital city of the province.

We had driven from Lisbon to the southernmost tip of Spain in a black Volkswagen, and continued by ship, a three-hour journey, thirty miles to cross the Strait of Gibraltar, from Spanish Algeciras to Tangier on a foggy winter day. I was filled with suspense. How would an Arab look? What would an oriental market be like?

What I sought but did not find in Tangier, I discovered after an hour-long bus trip through a rolling, barren landscape, in the city of Tetuán, still part of Spanish Morocco at the time, nestled in the foothills of the Er-Rif mountain range. So densely embedded were the bleached walls of its housing cubicles that entering the town was like walking into a maze, into a pulsating turmoil under stone-vaulted archways and covered markets. Heavy wooden carts clattered through the dark, cobbled alleys, pulled by donkeys prodded to make their way through mobs of veiled people. Animals of all sorts

Die Jahre gingen vorüber, Schulen und Wohnorte wechselten. Von April 1954 an lebten wir für zwei Jahre in Lissabon. Es war ein neuer, entscheidender Lebensabschnitt, der in einer Welt begann, die meinem Eigenleben ganz entsprach. Der fremde Süden machte die alten Träume und Vorstellungen aus der Kindheit zu einer Wirklichkeit. Meine Eltern nahmen mich an Wochenenden und während der Schulferien in die nahe und weitere Umgebung auf Reisen mit.

Durch die Archäologie wurden mir neue Welten eröffnet. Die Museen begannen mich zu begeistern. Von den vielen Eindrücken blieb als ein ganz besonderer zurück: Das Standbild eines ausdrucksstarken Löwen im archäologischen Museum von Córdoba. Es wurde der iberischen Kunst zugeordnet und geht zurück auf das fünfte Jahrhundert vor Chr.

Oder Mérida, eine kleinere Stadt – nahe der portugiesischen Grenze – mit der eindrücklichen römischen Brücke über den Fluss Guadiana und dem gut erhaltenen Theater aus der Zeit des römischen Kaisers Hadrian. Die Reise nach Tanger bis zu den weiss getünchten Wohnhäusern von Tetuán blieb mir unvergesslich. Es war der Beginn einer Begeisterung und unaufhaltsamen Neugierde für die arabische Welt, die durch einen späteren Umzug meiner Eltern in die syrische Hauptstadt Damaskus noch verstärkt wurde.

Wenn auch die wenigen Jahre in Lissabon zu einer Wiederholung der früheren unerfreulichen Schulerfahrungen wurden, so halfen meine Eltern mir, die neue, ungewohnte Umgebung von unterschiedlichen Seiten her zu sehen und zu erleben: Die Geschichte im Allgemeinen und die römische im Besonderen, mit ihren erhaltenen Beispielen ausser- und innerhalb der Museen, die im achten Jahrhundert aus Nordafrika gekommenen Mauren und ihr in Córdoba erbautes islamisches Bethaus mit den 850 Säulen aus Marmor, das im sechzehnten Jahrhundert zunächst in eine Kirche und später in eine Kathedrale umgewandelt wurde. Oder die bekannte Alhambra, jener eindrucksvolle Palast der maurischen Könige am Fusse der schneebedeckten Sierra Nevada in der Provinzhauptstadt Granada.

Wir verbanden diese Eindrücke 1954/55 mit einer Weihnachts- und Neujahrsreise an den obersten, westlichen Teil Afrikas. Die fünfzig Kilometer lange, etwas mehr als dreistündige Überfahrt mit dem Schiff vom spanischen Algeciras nach Tanger an einem nebligen Wintertag waren angespannte Augenblicke: Wie wird eine Araberin, wie ein Araber, wie ein orientalischer Händlermarkt aussehen?

Was ich in Tanger suchte, fand ich nach einer einstündigen Busreise durch die hügelige und karge Landschaft. Es war die an den Ausläufern des Er-Rif-Gebirges gelegene Stadt Tetuán, die damals zu Spanisch-Marokko gehörte, der weit verzweigte und unübersichtliche, meist von Steingewölben überdachte Markt, eingebettet in die verschachtelten, würfelförmigen Häuserarchitekturen. Es waren alte Holzkar-

crossed my path – darting chickens, slinking cats, barking dogs, and lumbering camels. On display were bolts of colorful, richly patterned fabrics and carpets, lush fruits and open sacks bursting with strange and fragrant spices. Butchers who publicly slaughtered their ware and many craftsmen in their stalls echoed my fantasy of life during the Middle Ages. I was seized by a cryptic, irresistible world of sensation.

The lion in the museum of Córdoba, the view of Tetuán from one of its surrounding hills, and a covered street in the market of Tetuán were the first pictures I took with a small-format Zeiss-Ikon camera.

Many years later I returned to the Orient and documented my impressions with a thirty-year-old Rolleiflex camera. Intimately related to my typographic experiments, an influence on both personal work and commissions, these images have been an indelible source of inspiration. A selection of these photographs is included in the following sections.

In the mid-fifties people traveled less than they do today. My family and I were foreigners, but not tourists, so we experienced the everyday life of the village people. To irrigate their extremely dry fields the farmers drew precious groundwater from old wells using an archaic gearwheel system turned by mules. During the wheat harvest a heavy wooden sled upon which several farmers sat was dragged in circles all day long by the mules. This was a part of the threshing process which beat the grain out of its hull. With long pitchforks men and

ren, von Einheimischen gezogen, Esel, Hühner, Hunde, Katzen, Dromedare, farbenfrohe Stoffe, frische Früchte, Gewürze und die Fleischhändler, die mich neugierig machten, diese mir nicht vertraute neue Welt näher kennen zu lernen. Die im Dunkeln nicht endenden Strassen, von verschiedenen Handwerksberufen belebt, die noch ihr mittelalterliches Gepräge hatten, blieben mir für eine lange Zeit fremdartig.

Der morgendliche Ausflug auf einen der vielen Hügel von Tetuán ermöglichte mir einen Gesamtüberblick auf das kleine Städtchen. Die Aufnahmen der Löwenstatue aus dem archäologischen Museum in Córdoba, eine Aussicht auf das alte Araberviertel und die von Steingewölben überdachte Marktstrasse von Tetuán waren meine ersten Aufnahmen mit einer Zeiss-Ikon Kleinbildkamera.

Unvergessliche Eindrücke und Erlebnisse haben sich in der Arbeit wieder gefunden und sie nachhaltig beeinflusst. Viele Jahre danach entstanden im Vorderen Orient Bildreihen mit Hilfe meiner dreissigjährigen Rolleiflex. Sie standen in unmittelbarer Verbindung zu den verschiedenartigsten Arbeitsaufgaben und späteren Aufträgen. Eine Auswahl wurde in die vorliegende Werkübersicht mit einbezogen.

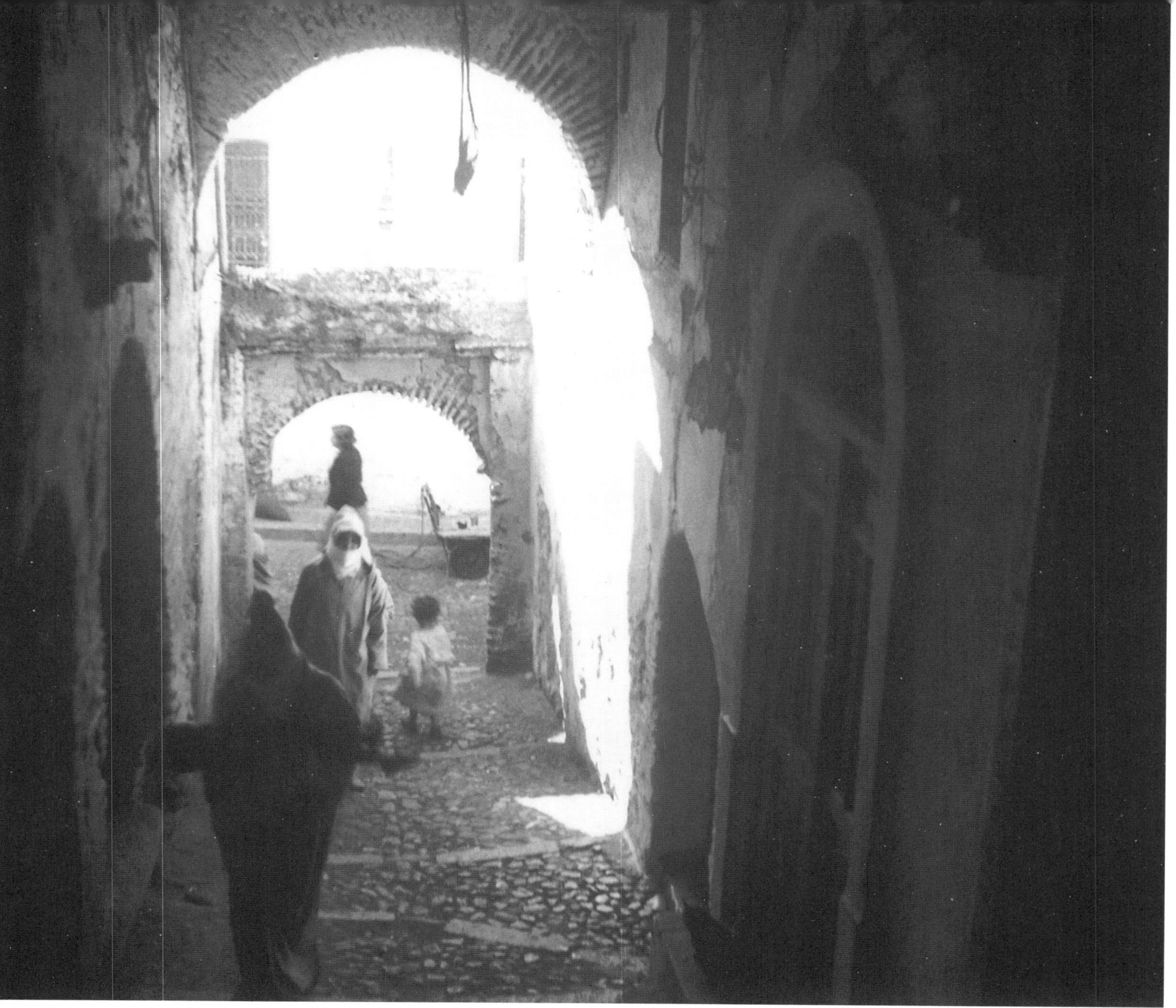

women tossed the trampled wheat high into the air to separate the grain from the chaff. The continuous and rhythmic motion was like dance, the golden whisking sound was hushed music in the arid silence of deep summer.

From May 1954 to July 1956 I was enrolled in the German school of Lisbon, but my personal experiences were an education that far surpassed my formal studies.

I was attracted to the vast urban territory of the beautiful Portuguese capital. In immeasurable contrast to my rural environment, its cosmopolitan atmosphere was reminiscent of an era when Portugal flourished as a world power. In the medieval quarters of Lisbon the names of the shops and signs were hand-lettered, mostly on glass or on wood. For over three centuries the interior architecture had remained

Zu dieser Zeit gab es wenige Reisende in den Städten und auf dem Land. Wir konnten miterleben, wie die Bauern mit ihren Maultieren und Schöpfrädern kostbares Grundwasser aus alten Brunnen für die ausgetrockneten Felder gewannen. Während der Getreideernten im heisstrockenen Sommer beobachteten wir die tägliche Arbeit der Dorfbewohner: Ein schwerer Holzschlitten mit darauf sitzenden Bauern wurde von Maultieren tagelang im Kreis umher gezogen, um den darunter liegenden Weizen zu dreschen. Mit langen Heugabeln wurde er in die Luft geschleudert und so die Spreu vom Weizen getrennt.

Die Jahre in Lissabon waren eine lehrreiche Zeit und ein Nachholen, was ich an anderen Schulen versäumt hatte. Von Mai 1954 bis Juli 1956 besuchte ich die Deutsche Schule und hatte, ausgenommen die Wochenenden und die Ferien, wenig

unchanged. Even the tradition of fine hand-tailoring was still evident in the contemporary dress of the people. This was not a hectic city. The tranquility of Lisbon attested to the slow economic development of Portugal since the dissipation of its riches and the distribution of the greater part of its overseas territories toward the end of the sixteenth century.

As they had done hundreds of years ago, the donkeys or oxen, the breed with enormous bent-up horns in teams or in tandem, hauled wagons with giant wheels of crudely hewn wood, creaking through fields and on country paths. A land of simple farmers, of agriculture, and of winegrowing, the people nurtured their animals and labored with them. Working with the stuff of survival, their ways had endured as an untainted expression of spirituality.

The Portuguese lived harmoniously. They loved good food and good wine, and enjoyed both city and country life. The relaxed ambience belied their history as adventurous and ruthless sea explorers who were instrumental in discovering the New World five hundred years ago.

The interesting guests we entertained in Lisbon were an indirect source of my education as well. One of them, the German ambassador to Portugal from 1952 to 1955, was the political activist Leo Wohleb who advocated the sovereignty of Baden and vehemently supported its struggle for independence from Württemberg. From 1947 to 1951 Leo Wohleb was State President of southern Baden. Another visitor was the staunch Catholic novelist, Reinhold Schneider of Freiburg, Germany. Musicians visited, like cellist August Wenzinger und flautist Gustav Scheck, known during the fifties and sixties for their recordings with the Deutsche Grammophon Gesellschaft and Archiv Produktion. Scheck was the director of the Scheck-Wenzinger chamber music ensemble, and Wenzinger was cofounder and also director of Schola Cantorum Basiliensis, a department of the Music Academy in Basel. Unforgettable was the visit from pianist Wilhelm Kempff.

Except for weekends and vacations, I had very little time to myself. After a few months in the German school the drawing teacher recognized my artistic inclination and agreed to give me private lessons in our apartment for two hours a week. For my parents, who were concerned about my lack of interest in academic subjects, this was a promising indication. Customary for their generation, the responsibility for career guidance was usually assumed by the mother, but neither of my parents were informed about the current possibilities for professions in art or design. They started to make a casual investigation among their friends and other German colleagues in Lisbon. Their acquaintances in the theater did not recommend a specific career in stage design, but rather the pursuit of an overall education in the visual arts. Someone knew of a reputable art academy in Stuttgart.

My mother arranged a personal interview with the director of the recommended school, the Merz Academy. Under her arm she carried a crayon drawing of orange tiger lilies that I had made for her, and left for Germany to inquire. With the hope that I would find an occupation that corresponded

Zeit für mich. Nach einigen Monaten stellte die Zeichenlehrerin eine künstlerische Begabung fest. Für mehrere Monate unterrichtete sie mich in unserer Wohnung für zwei Stunden in der Woche im Fach Zeichnen.

Portugals schöne Hauptstadt Lissabon war für mich eine unüberschaubare Anlage, und die Gegensätze zu meinen vorangegangenen ländlichen Verhältnissen waren unermesslich. Die alten Ladengeschäfte in der Innenstadt erinnerten an die einstmals wohlhabende Weltstadt. Ihre Beschriftungen, meist von Hand auf Holz oder Glas gepinselt, und ihre Inneneinrichtungen waren noch die gleichen wie vor vielen Jahrzehnten. Kleider und Anzüge liessen sich die Einwohner oftmals aus edlen Stoffen masschneidern.

Die Ruhe, die zu dieser Zeit über dem Land lag, deutete nicht auf eine schnelle Wirtschaftsentwicklung hin. Es war ein Land der einfachen Bauern, der grossen Ländereien und Weingebiete. Wie vor Hunderten von Jahren verkehrten täglich die Eselskarren oder Gespanne mit Zugtieren auf den Landstrassen, meist Ochsen mit langen, nach oben gebogenen dicken Hörnern. Sie zogen gemächlich ihre Fuhrwerke mit schweren, ächzenden Holzrädern durch die ländliche Gegend, in der fromme, mit der Religion eng verbundene Menschen lebten.

Die Portugiesen, mit ihren weitverzweigten Besitzungen in und ausserhalb Europas, wirkten ausgeglichen. Sie liebten das reichhaltige Essen, den Wein und das Leben in der Stadt und auf dem Land. Dass sie vor fünfhundert Jahren auf den Seewegen die Welt entscheidend mitentdeckt hatten, konnten wir an ihrer gutmütigen Lebensart nicht mehr erkennen.

Es kamen immer wieder besondere Gäste in unser Haus. Einer von ihnen war der Befürworter und Kämpfer für ein unabhängiges Land Baden, Leo Wohleb. Er war von 1947 bis 1951 Staatspräsident von Südbaden und von 1952 bis 1955 Gesandter in Lissabon. Ein anderer war der streng katholische Freiburger Schriftsteller Reinhold Schneider. Es kamen auch der Flötist und Leiter des Kammermusikkreises Scheck-Wenzinger, Gustav Scheck, zusammen mit seinem Freund und Cellisten August Wenzinger. Er war Mitbegründer und Leiter der Schola Cantorum Basiliensis, einer Abteilung der Musik-Akademie Basel. Unvergesslich war der Besuch des Pianisten Wilhelm Kempff. Sie waren alle bekannt für ihre Schallplattenaufnahmen in den fünfziger und sechziger Jahren für die Firmen *Deutsche Grammophon Gesellschaft* und *Archiv Produktion*.

to my natural abilities, my parents financed my enrollment and all living expenses at the Merz Academy in Stuttgart. In April 1958 when I was seventeen, I began a two-year course in the field of applied art and design.

The first assignment was to draw a self-portrait. The brief involvement with drawing in Lisbon was of negligible help. This was my first and last attempt in this class.

In other courses I was eager to learn about the art of reproduction: sketching and planning designs for linoleum and woodcuts, handsetting type, and printing. My early efforts resemble the work of Lyonel Feininger, although he and many other artists were unknown to me. For the benefit of my parents and to justify their expectations, I made watercolors and oil paintings after school.

The work of English and French graphic designers was often published in German magazines. Their airline posters that advertised flights to different countries and cities were surreal, the mysterious play between foreground and background, the contrast of colors. In the design of announcements and posters for the student union, I tried to emulate the style with a spray technique and cutout stencils.

Im April 1958 begann an der Merz-Akademie in Stuttgart meine zweijährige Ausbildung im Bereich der angewandten Graphik und Kunst. Es war ein grosszügiges elterliches Vorhaben, mich als Siebzehnjährigen nach vielen missglückten Schulerfahrungen vielleicht einen meinen Begabungen entsprechenden Beruf finden zu lassen.

Die erste Aufgabe war, ein Selbstbildnis zu zeichnen. Die wenigen Erfahrungen im Fach Zeichnen in Lissabon halfen mir dabei kaum. Es blieb der erste und zugleich letzte Versuch in dieser Klasse.

Das Kennenlernen des Entwerfens, Vervielfältigens, das Schriftsetzen und Drucken von Linol- und Holzschnitten in der Schuldruckerei begann mich zu begeistern. Das Malen mit Ölfarben und das Aquarellieren ausserhalb des Schulbesuches waren Ablenkungen, um die Ausbildung vor meinen Eltern rechtfertigen zu können. Die Ergebnisse erinnerten an die Ausdruckskunst von Lyonel Feininger, der mir zuvor, wie andere Künstler, unbekannt gewesen war. Es waren nicht beabsichtigte Nachempfindungen von etwas Bestehendem.

Ich fand in einer Fachzeitschrift Arbeiten englischer und französischer Gestalter. Ihre Plakate für Fluggesellschaften, die für verschiedene Länder und Städte warben, beeindruckten mich durch ihren geheimnisvollen Ausdruck, Gegensätze der Farben und des Vorder- und Hintergrundes.

Ich versuchte dieser Machart nachzugehen, und unabhängig vom Unterricht entstanden grossformatige Plakate für eine Schülerzeitschrift, hergestellt mit Hilfe der Spritztechnik und zugeschnittener Schablonen.

A constant concern was what my current school activities would have to do with my future life and career. Anticipating that I would discover what to do with myself, my parents had confidence in the Merz Academy. In the beginning I had no idea why I was there. The intensity of my parents' resolve prevented me from backing out of the commitment. Not until my pleasure and interests matured did I fully appreciate their foresight in sending me to an art school.

Inner restlessness and my determined though undefined quest was given free rein in my daily work. The feeling of accomplishment partially confirmed that I was headed in the right direction.

Areas of study included artistic disciplines like color and drawing, and other applied courses in typography, graphic design, and printing methods. Each week at the beginning of class a new project was introduced and discussed around a conference table. One practical assignment was to design a poster advertising a Lufthansa flight to Athens – due at the end of the day. I had no idea how to proceed. We received minimal instruction from our teachers throughout the two-year program; we attended school and produced designs, bought trade magazines, and imitated current trends.

Continued on page 50

Es beschäftigte mich immer wieder, welche Beziehung der eingeschlagene Weg zum damaligen und zukünftigen Leben hatte. Meine Eltern ermöglichten mir die Ausbildungsjahre an der Merz-Akademie, verbunden mit dem Wunsch einer von ihnen erhofften Selbstentdeckung. Das Bewusstsein, gerade in diese Schule zu gehen, verstärkt durch den elterlichen Entscheid, erzeugte in mir zu Beginn das Gefühl von einem Gehen-Müssen. Viele Monate später entwickelte sich eine allmähliche Freude, den Unterricht zu besuchen, und ich begann den elterlichen Entscheid zu verstehen.

Mein Wille zu arbeiten, verknüpft mit einer innerlichen Unruhe und dem Suchen nach etwas mir noch Unbekanntem, wurde in den Arbeitsergebnissen teilweise bestätigt.

Fortsetzung Seite 50

Except for one class taught by the school's founder, the courses were not structured to foster gradual development. This lack of sequence reminded me of how I had tried to memorize isolated facts in primary school. With no context I naively assumed that beautiful design would automatically result by employing the proper instruments: good quality brushes and paints, a decent pair of scissors and compass, precise rulers, and an orderly tool box.

Before he opened the Merz Academy in 1918, the year prior to the founding of the Bauhaus in Weimar, Albrecht Leo Merz studied architecture in Stuttgart and Berlin and worked for many years in the Berlin office of the Jugendstil architect Hermann Muthesius.

Merz based his educational philosophy on the central theme 'perception and design.' As the director, he taught the foundation course on Wednesdays. Underscoring his creed, his faithfulness to the principles of design found in nature, he brought branches, twigs, flowers, or stones, and a variety of scrap materials into the classroom. His teaching cultivated empathy with the environment, provoked a deeper perception of relationships through unexpected combinations of ordinary objects, and encouraged the students to find their own interpretations through the process of drawing.

In the typography course there was only one assignment that I remember: to design a series of newspaper ads using dummy text. We cut out lines of type, rules, headlines, shapes, and pictures from magazines and newspapers. I mistakenly believed that the sheer quantity of solutions would lead to quality – that the value of the exercise would become apparent as more and more variations were produced. In the end I had filled the pages of my notebook, but that was all.

During my free time I continued to work on projects that I devised myself. I had a friendly relationship with the head of the school press, so he allowed me to use the facilities to set type and to print under his direction. My first encounter with metal type, I could not foresee the potential, nor the creative freedom that awaited the typesetter with our twenty-six movable letters and their affiliated signs.

Initially my work in the school's printing shop excluded design. I assisted the manager by providing letterheads, invoices, application forms, and student identification cards for the school administration.

I also had the opportunity to learn how to print with a Boston Tiegel press from the last century. I was able to print larger editions of my linoleum and woodcuts and integrate colors. Easily accomplished with this particular press, I produced a second book of children's drawings from the Near East. My technical experience during the years at the Merz Academy contributed to a fundamental understanding of reproduction, which I later applied in my typography course at the Basel School of Design.

Neben den freieren Fächern hatten wir das Unterrichtsfach Typographie und angewandte Graphik. Die erste Aufgabe war das Entwerfen eines Plakates. Es sollte für einen Lufthansaflug nach Athen werben. Wir hatten einen Tag Zeit und gaben die Arbeit am Abend ab. In der kommenden Woche besprachen wir gemeinsam am Tisch die Tagesaufgabe. Gerade aus der Oberschule gekommen, hatte ich keine Vorstellungen, wie eine derartige Aufgabenstellung zu bewältigen gewesen wäre. Wir befanden uns in einer zweijährigen Ausbildung und es gab nur wenige Anweisungen von unseren Lehrern. Wir kamen in die Schule und entwarfen, kauften Fachzeitschriften und übernahmen von Vorbildern.

Einen entwicklungsaufbauenden Unterricht, ausgenommen an jedem Mittwoch, gab es nicht. Der Ablauf erinnerte mich an das eigensinnige Auswendiglernen während meiner früheren Schulzeit. Ich glaubte fest daran, dass wir zur Anfertigung schöner Entwürfe nur ausgewählte Werkzeuge wie Pinsel, Farbe, Schere und Zirkelkasten benötigten.

Den wöchentlichen Grundkurs führte Albrecht Leo Merz, der Begründer der Merz'schen Lehrvorstellungen und Leiter der Akademie. Er studierte Architektur in Stuttgart und Berlin und wurde zu einem langjährigen Mitarbeiter im Büro des Jugendstil-Architekten Hermann Muthesius in Berlin.

1918, ein Jahr bevor das Bauhaus in Weimar seinen Unterricht begann, eröffnete Leo Merz seine Schule mit dem Leitgedanken *Erkennen und Gestalten*. Der Mittwoch war sein Unterrichtstag. Der Auftritt war ein Bekenntnis zur Natur. Baumzweige, Blumen, Steine oder verschiedenartige Abfälle brachte Leo Merz mit in seinen Unterrichtssaal, um die Gegenstände von den Schülerinnen und Schülern nachempfinden und zeichnerisch umsetzen zu lassen.

Im Fach Typographie gab es eine Aufgabe, die mir in guter Erinnerung blieb: Mit Blindtext entwarfen wir eine Anzahl von Zeitungsanzeigen. Wir schnitten die Zeilen, Linien, Balken, Flächen und Bilder aus den Zeitschriften und Tageszeitungen. Ich hatte angenommen, dass der Umfang der Arbeiten auch ihrem Wert entsprechen würde. Die Schularbeit füllte aber nur meinen Ordner, und wir lernten während des Machens wenig.

In der freien Zeit arbeitete ich wieder an meinen selbstgestellten Aufgaben. Die Beziehung zu unserer Schuldruckerei wurde freundschaftlich, und die Möglichkeit, mit unserem Setzereileiter setzen und drucken zu dürfen, war gegeben. Es war die Werkstatt, in der ich die erste Begegnung mit dem aus Blei gegossenen beweglichen Buchstaben hatte. Mir war zu dieser Zeit nicht bewusst, welche unbeschränkten Freiheiten ein Schriftsetzer mit den sechsundzwanzig Buchstaben und den weiteren dazugehörenden Zeichen hatte.

Die gestalterische Arbeit stand zunächst nicht im Vordergrund. Es war das Mithelfen beim Erstellen von Briefbögen, Rechnungen, Anmeldescheinen oder Schülerausweisen für die Schulleitung. Daneben entwarf und schnitt ich Linol- und Holzschnitte. Es entstand in dieser Zeit der Wunsch, einen Beruf zu erlernen, der unmittelbar mit angewandter Graphik in Verbindung stehen sollte. Im Frühjahr 1960 begann ich die dreijährige Schriftsetzerlehre. Bei dieser Entscheidung ahnte

With the intention of learning a trade that was related to graphic design, I would begin a typesetting apprenticeship in the coming spring of 1960. Little did I know at the time of my decision, that this profession, which in principle had not changed for over five hundred years, would undergo radical transformation in the near future. The thoroughness of training during my apprenticeship, technically and aesthetically, the respect and awe that I developed for every letter and for every typeset line was confirmation that my calling had been answered. I was comforted and very happy.

ich nicht, wie schnell sich die Tätigkeit dieses über fünfhundert Jahre alten Berufes verändern würde. Die technische und gestalterische Gründlichkeit dieser drei Ausbildungsjahre und die Hochachtung und Ehrfurcht, die ich als Lehrling vor jedem gesetzten Buchstaben und jeder Zeile hatte, bestätigten die Richtigkeit der Berufswahl und machten mich während dieser Zeit glücklich und zufrieden.

Notes
for pages 23 to 51

Page

23

Around 1948
Me and Göppel, the first bicycle traded for an old children's wagon.

28 | 29

Around 1948
With my mother on her rounds in a cart driven by Schimmele. Heading in the direction of the Baroque church in Birnau on Prälatenweg.

Grounds and overview of the former abbey of the Cistercian Order in Salem near Lake Constance. (Photo reproduced with permission from the School of Salem)

Left part: The School of Salem founded in 1920. Dormitory, classrooms, and administration buildings.

Right part: Since 1803 the residential quarters of the Duke of Baden.

30 | 31

Parkway and southern entrance to the Castle of Salem. Windows to our rooms on the first floor.

33

Around 1948
Early Sunday morning ride on our Triumph motorcycle.

34 | 35

Around 1945
Building a crane with a Märklin erector set.

36 | 37

From 1950 to 1953
Details of letters written to my mother.

40 | 41

1954
Statue of a lion in the Archeological Museum of Córdoba, ascribed to Iberian art. (Fifth century BC)

1954
The old city of Tetuán in former Spanish Morocco.

My first photographs with a Zeiss-Ikon small-format camera.

42

1954
Stone-vaulted archways in the market streets of Tetuán.

44 | 45

1956
Crayon drawing. From an art class at the German School of Lisbon.

1958
Pencil drawing. From a drawing class at the Merz Academy of Stuttgart.

1960
Watercolor. Influenced by the painter and Bauhaus teacher, Lyonel Feininger.

46 | 47

1958
Woodcut. Windmill in a hilly landscape in Germany.

1961
Woodcut. Tree group from my first book Experiment 1962.

48 | 49

1960
Oil painting.

1960
Watercolor.

51

1959
Linocut. Ship on the ocean.

Angaben
zu den Seiten 23 bis 51

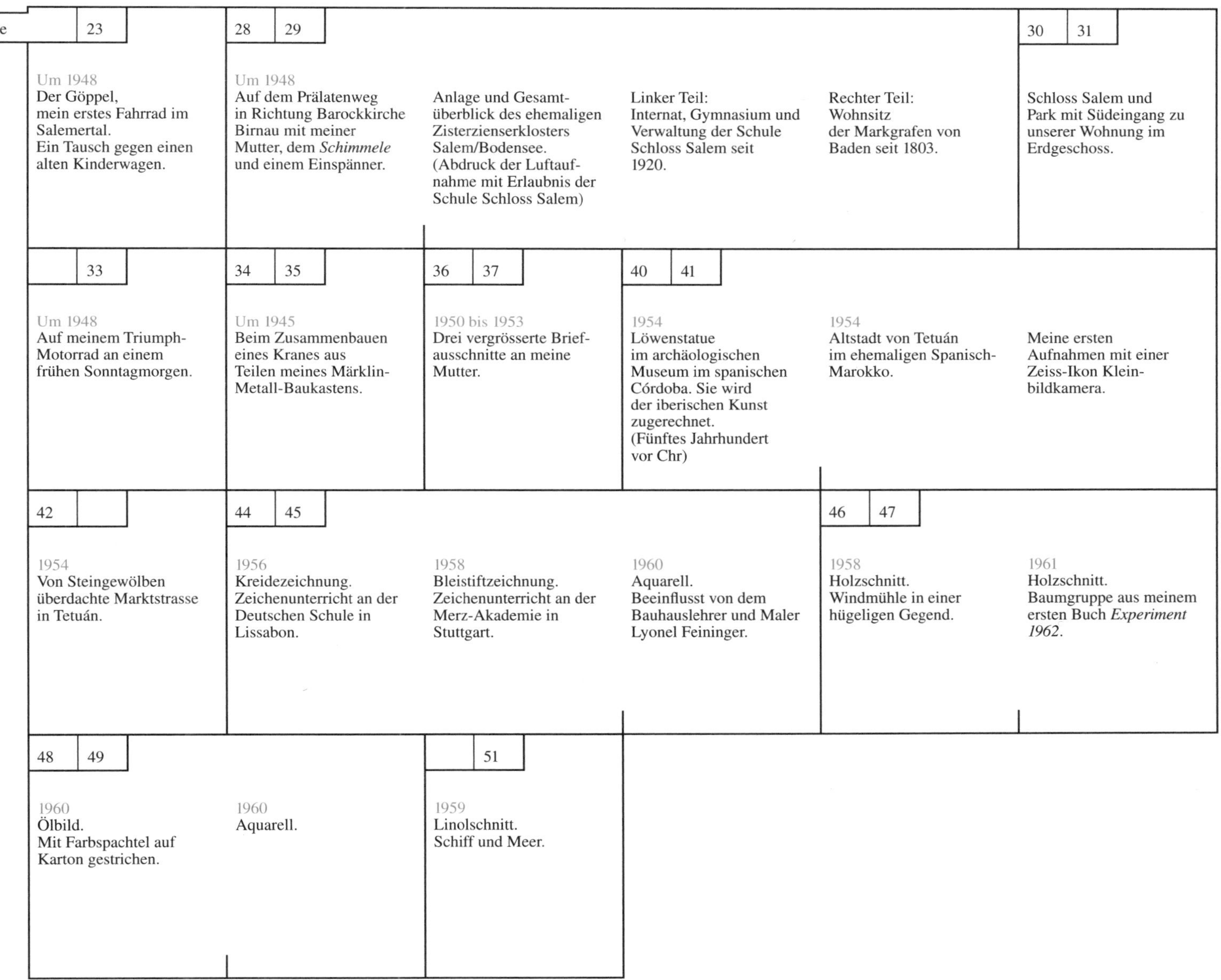

Seite

23
Um 1948
Der Göppel, mein erstes Fahrrad im Salemertal. Ein Tausch gegen einen alten Kinderwagen.

28 | 29
Um 1948
Auf dem Prälatenweg in Richtung Barockkirche Birnau mit meiner Mutter, dem *Schimmele* und einem Einspänner.

Anlage und Gesamtüberblick des ehemaligen Zisterzienserklosters Salem/Bodensee. (Abdruck der Luftaufnahme mit Erlaubnis der Schule Schloss Salem)

Linker Teil: Internat, Gymnasium und Verwaltung der Schule Schloss Salem seit 1920.

Rechter Teil: Wohnsitz der Markgrafen von Baden seit 1803.

30 | 31
Schloss Salem und Park mit Südeingang zu unserer Wohnung im Erdgeschoss.

33
Um 1948
Auf meinem Triumph-Motorrad an einem frühen Sonntagmorgen.

34 | 35
Um 1945
Beim Zusammenbauen eines Kranes aus Teilen meines Märklin-Metall-Baukastens.

36 | 37
1950 bis 1953
Drei vergrösserte Briefausschnitte an meine Mutter.

40 | 41
1954
Löwenstatue im archäologischen Museum im spanischen Córdoba. Sie wird der iberischen Kunst zugerechnet. (Fünftes Jahrhundert vor Chr)

1954
Altstadt von Tetuán im ehemaligen Spanisch-Marokko.

Meine ersten Aufnahmen mit einer Zeiss-Ikon Kleinbildkamera.

42
1954
Von Steingewölben überdachte Marktstrasse in Tetuán.

44 | 45
1956
Kreidezeichnung. Zeichenunterricht an der Deutschen Schule in Lissabon.

1958
Bleistiftzeichnung. Zeichenunterricht an der Merz-Akademie in Stuttgart.

1960
Aquarell. Beeinflusst von dem Bauhauslehrer und Maler Lyonel Feininger.

46 | 47
1958
Holzschnitt. Windmühle in einer hügeligen Gegend.

1961
Holzschnitt. Baumgruppe aus meinem ersten Buch *Experiment 1962*.

48 | 49
1960
Ölbild. Mit Farbspachtel auf Karton gestrichen.

1960
Aquarell.

51
1959
Linolschnitt. Schiff und Meer.

Quest: Beginning in 1960 with the Influence of Swiss Typography

1960: First Breakthrough

Suchen: Die Einflüsse der Schweizer Typographie ab 1960

1960: Erste entscheidende Veränderung

In May 1960 I began a three-year typesetting apprenticeship in Stuttgart. By this time typography in Switzerland – as represented by the names of Karl Gerstner, Emil Ruder, Armin Hofmann, Siegfried Odermatt, Carlo Vivarelli, the Basel school, and the design magazine Neue Grafik – had earned worldwide prominence.

In marked contrast to the extremely conventional approach to design and the worn-out practice of typography still prevalent in Germany, the vitality of Swiss Typography had launched a new international movement in the field of design. I was fortunate to have well-informed teachers who encouraged intense discussions and lively debate among their students and apprentices.

This was the first breakthrough for me: the promising alternative of Swiss Typography inspired and enlivened my years as an apprentice.

Around six months before my apprenticeship at Ruwe Printing actually began, I was introduced to the company's consulting designer, Karl-August Hanke, through whom I learned what was happening in the renowned school for art and design in Basel, the Kunstgewerbeschule. In as early as 1942, Emil Ruder began to teach typography to typesetting apprentices and designers, and in 1946, Armin Hofmann joined the staff. One of Hofmann's first students in the early fifties, Hanke worked for a short time in the design office of Dorothea and Armin Hofmann and Karl Gerstner. Adjacent to a residential apartment, they shared the studio space on the top floor of Petersgasse 40 in Basel.

From the day we met, Hanke became my mentor. I was a confused student without the slightest inkling of how design or typography could be rationally defined, but Hanke was able to formulate a concise explanation that allowed me to trust my intuition: 'Bearing in mind the purpose and form of communication, design means to organize a certain message within a certain context. By every measure as significant as the words or text to be printed, for typographers, the empty spaces of the page are active shapes that contribute to the expression of the whole. Because it is an integral relationship, we refer to this as 'unity' – in all creative fields, the essential quality of design. We have many techniques at our disposal and great potential for unlimited combinations.

Thirty years later I found a copy of the letter I wrote to my parents in January 1960 telling them about my first meeting with Karl-August Hanke: 'Four days ago I visited the consulting designer of Ruwe Printing. It was a decisive visit. I brought my work in a box, and opened it on the table. During my presentation, I noticed that Hanke's reaction was one of silence. After a long pause he revealed his disapproval. When I asked the reason for his negative opinion of my work, he opened a drawer filled with examples of his own current design work and past drawings. Karl-August Hanke told me that he had been a student at the Basel School of Design and, with few exceptions, renounced the graphic design practiced in Germany as antiquated, having shown no development for decades. His harsh appraisal of the art academies and his scorn for most designers in Stuttgart is justifiable. Hanke's

Im Mai 1960 begann meine dreijährige Lehrzeit als Schriftsetzer, eng verbunden mit dem bekannten Begriff *Schweizer Typographie*: Namen wie Basel, Karl Gerstner, Emil Ruder, Armin Hofmann, Siegfried Odermatt, Carlo Vivarelli und die Fachzeitschrift *Neue Grafik* wurden in unseren Lehrlingsgesprächen immer wieder mit einbezogen.

Diese Typographie wurde zu einem Neubeginn für alles das, was mich bisher begeistert und überzeugt hatte, woran ich glaubte, was ich liebte und erlernen wollte. Die *Schweizer Typographie* war für mich der richtige Weg bei der Suche nach etwas anderem.

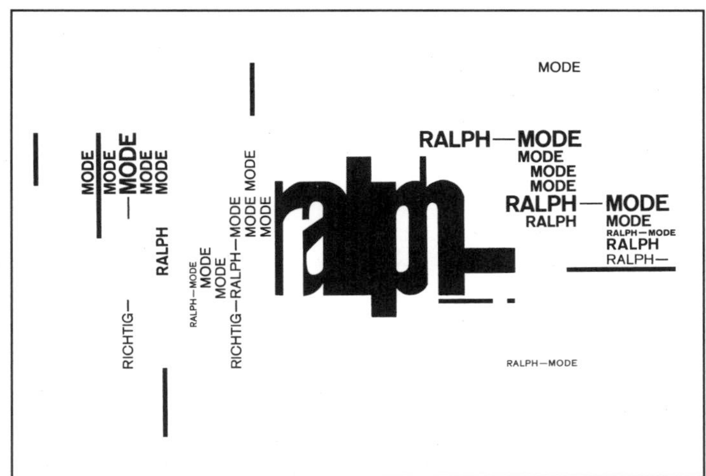

54
55
56
57

Basel mit seiner über die Grenzen hinaus angesehenen Kunstgewerbeschule wurde mir durch den Hausgraphiker meines zukünftigen Lehrbetriebes in Stuttgart, Karl-August Hanke, Ende 1959 bekannt gemacht. Zu Beginn der fünfziger Jahre war er einer der ersten Schüler von Hofmann und arbeitete danach für einige Zeit zusammen mit Karl Gerstner, Dorothea und Armin Hofmann in der Basler Altstadt an der Petersgasse 40, im obersten Stockwerk. Zuvor war es die Wohnung von Hofmann und Emil Ruder, später von Gerstner, Dorothea und Armin Hofmann. Ruder begann seinen Typographie-Unterricht in Basel für Schriftsetzerlehrlinge und Graphiker 1942, Armin Hofmann 1946.

Die erste Begegnung mit Karl-August Hanke war mit entscheidenden Ratschlägen und Empfehlungen verbunden. Er konnte mir zeigen und erklären, was angewandte Graphik und Typographie ist. Und er konnte mir verständlich machen, was mir zuvor nicht bewusst gewesen war: 'Gestalten heisst, bestimmte Zusammenhänge einer bestimmten Mitteilung in eine gegebene Fläche zu stellen, unter Berücksichtigung einer zweckmässigen Verständlichkeit. Der vorgegebene zu bedruckende Raum ist gleichbedeutend wie die typographische Anordnung der Mitteilung. Sie verbinden sich zu einer geschlossenen Einheit. Dabei stellt die Technik alle möglichen Teile bereit, die wir mit- und untereinander mischen und entsprechend einsetzen.'

engagement and his collection of amazing work from his teacher, Armin Hofmann, has left no doubt in my mind that the design ideas originating in Switzerland are revolutionary. Tonight I am both inspired, yet disheartened. The night after the meeting with Hanke, I threw most of my work in the trash. Everything that has made me happy over the last years now seems pointless; it's time to take stock of my uncertain future. When Hanke found out that I was about to begin my typesetting apprenticeship, he almost exploded. He has tried to convince me to go to Basel immediately and enroll in their strict program of study which includes typography, photography, and a foundation of other courses from portrait drawing to poster design.'

I was of a critical age, already nineteen and several years older than most German or Swiss apprentices entering the profession. Hanke caused me to doubt whether the investment of another three years to learn typesetting would be worth it. I was unprepared for his adamant attitude and tried to reason with him. Since I had already signed the contract with Ruwe Printing, I could not back out. Furthermore, to learn typesetting skills before attending the Basel School of Design could be a professional advantage. He chided me, 'If you go to the Basel School of Design, you'll have your choice of any design position that exists in or around Stuttgart.'

Not willing to give up, Hanke wanted to speak with my future master, Wilhelm Ruwe, to release me from my commitment. Vehemently opposed to Hanke's offer, my parents insisted that to relinquish the opportunity of learning a trade would be extremely unwise. I decided to go through with the planned apprenticeship, but resolved to model my work after Swiss Typography and, in my own way, endeavor to apply the ideas behind it. Hanke had opened my eyes, and I understood what typography could be.

One year before meeting Hanke, I had applied for apprenticeship to a large printing firm in Stuttgart, a well-known textbook publisher. At that time large numbers of candidates were in competition for a limited number of typesetting positions. The application procedure included a rigorous, all-day aptitude test followed by a written evaluation. Printers were selective; just to pass the exam was a mark of distinction.

Diese kurze Erklärung überzeugte mich und bestimmte meine gestalterische Haltung und Entwicklung. Nach über dreissig Jahren fand ich die Abschrift meines Briefes vom Januar 1960 an meine Eltern, welcher von weiteren Einzelheiten des Zusammentreffens mit Karl-August Hanke berichtet: 'Vor vier Tagen besuchte ich den Hausgraphiker der Druckerei Ruwe. Es war ein entscheidender Besuch. Ich brachte meine Arbeiten mit, öffnete die Schachtel und legte sie auf den Tisch. Er schwieg kurze Zeit. Wir trafen uns wieder zu einem Gespräch und er liess wissen, dass er diese Ergebnisse zurückweist. Meine berechtigte Frage weshalb, veranlasste ihn, eine Schublade zu öffnen, um Beispiele aus seiner täglichen Arbeit und Zeichnungen der letzten Jahre zu zeigen.

Karl-August Hanke erzählte mir, er habe mehrere Jahre in Basel als Schüler die Kunstgewerbeschule besucht und lehne, mit Ausnahmen, die angewandte Graphik in Deutschland ab, weil sie sich während vieler Jahre nicht weiterentwickelt habe. Zudem seien die Staatliche Kunstakademie in Stuttgart und die Gestalter in dieser Stadt nicht die besten.

Diese harte Beurteilung konnte er mit eigenen Arbeiten belegen. Es waren für mich unbekannte und überraschende Ergebnisse aus der Schweiz, seiner eigenen Tätigkeit, und einem Ausschnitt aus dem Werk von Armin Hofmann.

Die Arbeiten hatten mich beeindruckt. In der gleichen Nacht war ich verunsichert über den weiteren beruflichen Weg. Meine Gedanken und Entscheidungen wurden zu einer Abrechnung mit allem, was mich in den vergangenen Jahren beruflich glücklich gemacht hatte.

Als Hanke erfuhr, dass ich ab Mai 1960 eine Lehre als Schriftsetzer beginnen würde, war er aufgebracht. Er erklärte mir, ich solle umgehend nach Basel gehen, dort gebe es einen täglichen, geregelten Unterricht in Typographie, Grundlagen der Photographie, Kopfzeichnen bis hin zum Entwerfen von Plakaten.'

Auf diese Worte war ich nicht vorbereitet und erklärte ihm, dass ein Rückgängigmachen der vorgesehenen Lehre nicht mehr möglich und die Ausbildungszeit vertraglich abgeschlossen sei. Zudem sei dies als eine Ergänzung zu einem weiteren Besuch an einer Kunstgewerbeschule zu verstehen. Hanke gab nicht nach und bot sich an, mit meinem zukünftigen Lehrherrn zu sprechen.

Er wollte den Beginn der Lehre verhindern und bewirken, dass ich mich für Basel entscheide. Am Ende dieses Abends fügte er hinzu: 'Wenn Sie die Basler Kunstgewerbeschule besucht haben, können Sie sich einen Arbeitsplatz im Stuttgarter Raum auswählen.'

Ich fuhr noch am gleichen Abend nach Hause und warf viele meiner Arbeiten in den Abfalleimer. Die Arbeiten Hankes hatten mich beeindruckt, und ich begann die *Schweizer Typographie* nachzuahmen und anzuwenden. Ich habe nach diesem Besuch verstanden, was typographisches Gestalten sein kann.

Ein Jahr vor dieser Begegnung hatte ich mich bei einer namhaften Stuttgarter Grossdruckerei mit einem angeschlossenen Schulbuchverlag als Schriftsetzerlehrling beworben. Die An-

I failed the test. Old feelings of inferiority surfaced again as I read the rejection letter: 'Dear Wolfgang, the outcome of your application is now at hand. Most unfortunately we are obliged to inform you that the results of your examination do not favor employment with us. In particular your deficient knowledge of grammar indicates your unsuitability for the career of typesetter. A command of proper spelling is an essential qualification for this profession.' (Signed, Ernst Klett Printers, December 16, 1958.)

In spite of my apparent incompetence, the small printing firm of Ruwe was willing to take me on. Unlike Klett Printers, the typesetting department of Ruwe specialized in setting type by hand. Except for minor improvements made at the end of the nineteenth century, the craft of handsetting type had not changed over centuries. Our department, located in the same open room with the printing presses, was staffed by an experienced hand composer, a novice apprentice and me. If longer texts required more letters than we had in the typecases, we sent out for machine composition. Set in Linotype the type was returned to us in blocks of individual lines carried in metal trays, the galleys. With Monotype settings we could replace an afflicted line with one that we had composed by hand. Learning to work with movable type in the tradition of Gutenberg was invaluable training.

For four hundred years after the invention of printing, all type was set by hand. In a large type house more than a hundred composers would work together in a huge room, each one standing in front of a waist-high type cabinet. Not until the industrial era were numerous inventions from many countries proposed to increase the productivity of the hand composers. Rarely implemented, one such attempt was a twelve-syllable logotype system, invented by Leopold Weiss, and further developed in 1846 by Däniker of Zurich, in which frequently used words were cast as one complete unit. The obvious benefit in the speed of handsetting, however, did not offset the disadvantage of a greatly enlarged typecase, impossible for a single person to lift because of the additional leaden word-material.

The first commercially successful system for mechanical type composition was invented by Ottmar Mergenthaler of Baltimore, a German immigrant. His new Linotype machine, demonstrated to the New York Tribune on July 3, 1886, cast one line of type as a single piece of metal. After the introduction of Linotype, the type for nearly every newspaper in the world was cast and composed using this system, resulting in increased speed and ease in page makeup. Shortly afterwards in 1887, the American Tolbert Lanston received a patent on his composing machine, the Monotype. It cast and composed individual letters one by one, rather than as an entire line, and produced pieces of type that looked virtually identical to those used in handsetting. The Monotype system was employed chiefly for letterheads, stationery, and the printing of fine books. Many times faster than setting by hand, Linotype and Monotype were used worldwide for over a hundred years until the advent of phototypesetting.

meldung war verbunden mit einer eintägigen Eignungsprüfung und einer darauf folgenden schriftlichen Beurteilung. Es war die Zeit, als sich die Druckereien zukünftige Lehrlinge aussuchen konnten, bedingt durch ein Überangebot von Arbeitssuchenden. Fanden die Bewerber eine Lehrstelle, war die bestandene Prüfung eine besondere Auszeichnung.

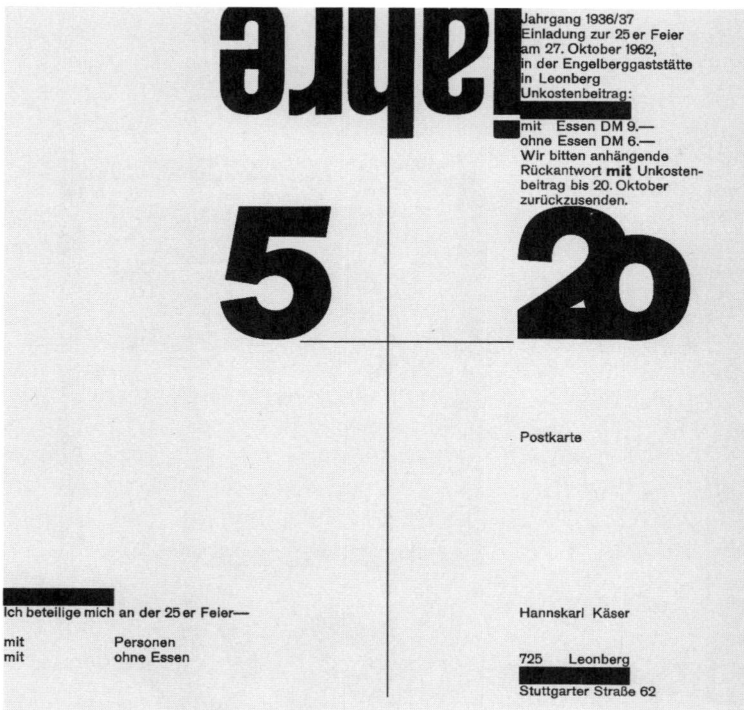

Ich bestand die Prüfung nicht. Das Gefühl eines erneuten Versagens wurde bestärkt durch die Bewertung meines unbrauchbaren Abschlusses: 'Lieber Wolfgang, das Ergebnis Deiner Eignungsprüfung liegt nun vor. Leider müssen wir Dir mitteilen, dass das Ergebnis der Prüfung nicht so ausgefallen ist, dass wir Dich einstellen können. Besonders Deine mangelnden Rechtschreibkenntnisse machen Dich zum Setzer ungeeignet, weil Rechtschreibkenntnisse für einen Setzer oder Drucker unerlässlich sind' (gez. Druckerei Ernst Klett, 16ten Dezember 1958).

Ungeachtet meiner angeblichen Unfähigkeit hatte ich die Möglichkeit, 1960 in der kleinen Stuttgarter Druckerei Ruwe eine Lehre zu beginnen und drei Jahre später mit einer staatlichen Prüfung abzuschliessen. Die Setzerei war nur auf den Handsatz beschränkt, grössere Satzmengen wurden an umliegende Maschinensetzereien verteilt und bei uns weiterverarbeitet. In dieser Abteilung, die ein offener Teil des Druckmaschinensaales war, arbeiteten ein erfahrener Schriftsetzer, ein weiterer Lehrling und ich. Es war eine vorbildliche Ausbildung, die sich seit langem bewährt hatte und immer noch auf der über fünfhundert Jahre alten Erfindung Gutenbergs beruhte: Der Erfindung des beweglichen Buchstabens. Neben wenigen Verbesserungen Ende des vergangenen Jahrhunderts zugunsten eines schnelleren Setzens veränderte sich dieser Arbeitsvorgang über die Jahrhunderte hinweg nicht.

Waren die Schriftsetzereien grösser, arbeiteten bis zu hundert Setzer in den unüberschaubaren Sälen. Um die Leistung des Handsetzers zu erhöhen, wurde das von Leopold Weiss und 1846 von dem Zürcher Däniker weiterentwickelte zwölfsilbige Logotypensystem angewendet. Immer wiederkehrende Wörter wurden zu einem Ganzen gegossen. Der Nachteil dieser Erfindung war die Vergrösserung der Setzkästen. Zur gleichen Zeit gab es in verschiedenen Ländern Erfindungen, die den über vierhundert Jahre alten Setzvorgang beschleunigen sollten.

Schriftsetzer
ein Lehrberuf für aufge-
weckte Jungen, die an
Gestaltung von Buchstaben
mit schönen Schriften Freude
und Sinn für schöne
Raumaufteilung haben.
Lehrstellen in Stuttgart und
Umgebung sind noch frei.
Die Berufsberatung beim
Arbeitsamt und das
Ausbildungsreferat im
Verband der grafischen Be-
triebe in Baden-Württemberg,
Stuttgart W, Schloßstraße 57
Ruf 6 41 51, geben
gerne Auskunft.

Die erste brauchbare Setzmaschine wurde 1884 von Ottmar Mergenthaler aus Baltimore der Fachwelt vorgestellt. Es war die Zeilen-Giessetzmaschine Linotype. Wenige Jahre danach kam 1887 die von dem Amerikaner Tolbert Lanston entwickelte Monotype, eine Einzelbuchstaben-Giessetzmaschine, in den Handel. Beide Setzsysteme wurden weltweit über hundert Jahre lang täglich eingesetzt. Ihre Arbeitsleistungen, verglichen mit denen der Schriftsetzer, waren um ein Vielfaches schneller.

Die Linotype-Setzmaschinen fanden ihren Platz in der Herstellung von Tageszeitungen. Ihre Zeilen wurden als ein Ganzes gegossen und verhalfen dadurch zu einer schnelleren Verarbeitung der Seiten. Monotype-Setzmaschinen eigneten sich für das Setzen von Akzidenzen, gepflegten Drucksachen und das Erstellen von Büchern. Die Zeilen wurden als Einzelbuchstaben gegossen und glichen im Aussehen der handgesetzten Zeile.

Erinnerungen an Erlebnisse aus der Kindheit wurden bei der täglichen Arbeit wieder wach. Das Wegnehmen und Anbringen von Teilen an meinem Damenfahrrad war mit dem Aneinanderreihen von Buchstabe an Buchstabe und dem Zurücklegen der handgesetzten Teile in die über hundert Fächer der Setzkästen nach dem Drucken vergleichbar.

Das erste Lehrjahr begrenzte sich auf das Erstellen einfacher Drucksachen und das Setzen von Entwürfen nach Angaben unseres Hausgraphikers. Manchmal durften wir einen Briefbogen oder Einladungskarten entwerfen und setzen. Es waren Ausnahmen, und wir empfanden diese Aufträge als eine besondere Auszeichnung unseres Lehrherrn.

Wöchentlich mussten wir neben der täglichen Ausbildung die gewerbliche Berufsfachschule besuchen. Unsere beiden Fachlehrer waren aufgeschlossen gegenüber allem Neuen im Bereich der typographischen Gestaltung und verhielten sich während der drei Ausbildungsjahre grosszügig.

In der Schulwerkstatt entstanden wenige Beispiele, die mir wichtig waren. Es waren Ergebnisse von Wettbewerben. Sie erschienen im Vergleich zur damaligen Gestaltungsauffassung in Deutschland ungewohnt und sachlich. In dieser

When I was at work setting type by hand, a childhood pleasure came back to me. Selecting the metal letters, composing them into words or lines, building paragraph blocks and pages, cleaning and returning the letters to their proper compartments in the typecase after printing – this methodical procedure reminded me of how I used to remove and add parts to my bicycle.

In the first year of apprenticeship I set and printed ordinary business forms. I also composed type for Karl-August Hanke according to his sketches and specifications. A specialist in linoleum etching, he occasionally requested that I make color proofs for him on the letterpress. Rarely were the apprentices given the responsibility for design. It was an exceptional privilege and compliment to be asked by Ruwe to design and typeset a letterhead or an invitation.

Our training included two weekly classes on technique and theory at a trade school for the graphic arts industry. Both of my teachers took a progressive and broad-minded approach to the varied ideologies then emerging in the profession. The school environment was an oasis.

It was there that I met two typesetting apprentices from different printing firms who were to become my lifelong colleagues. They were older than the other students and shared my passion and excitement. Class competitions gave us the incentive and the freedom to interpret typography in our own original ways, objective, reductive, and innovative, in contrast to the trite and heavy-handed design that was practiced in Germany at that time.

We were crazed with Swiss Typography, and bought the latest books published in Switzerland, including the trilingual magazine Neue Grafik, designed by Carlo Vivarelli and edited for distribution by a core group of Zurich designers. Walter-Verlag, a publisher in Olten, assumed the role of printer and distributor from the premier issue in September 1958 until the last double issue Number 17/18 in February 1965. The magazine focused on Switzerland; articles about designers in other countries were included only if they were relevant to Swiss design. Zurich designers were often featured, but scant mention was made of the designers teaching in Basel. We particularly admired the outstanding work of Siegfried Odermatt of Zurich. He represented our ideal.

In June 1961 the Design Institute of Baden-Württemberg in Stuttgart sponsored an exhibition of Swiss posters, a survey from 1955 to 1960, which was most likely the first exposition in Germany after the war to show work from Switzerland. The cumulative effect of these poster designs created an overwhelming presence – simple, bold, and grand in size. We had never seen this standard Swiss format in Germany, the Weltformat, nor experienced its true scale in reproductions.

I was in awe of the poster 'Giselle' designed in 1959 for the Basel outdoor theater in Rosenfeldpark, a timeless and pioneering work by Armin Hofmann. The vertical placement of the word Giselle, was unabashed and courageous. In this eloquent poster I perceived for the first time the meaning of unity between type and image.

Zeit traf ich meine zwei inzwischen ältesten Freunde, die in benachbarten Druckereien arbeiteten. Sie waren älter als die übrigen Schriftsetzerlehrlinge aus unserer Berufsfachschulklasse und nahmen wie ich lebhaften Anteil am Geschehen der unterschiedlichen Gestaltungsrichtungen.

Die *Schweizer Typographie* beeindruckte uns. Wir kauften die neuesten Bücher aus der Schweiz und lasen die dreisprachige Schweizer Fachzeitschrift *Neue Grafik*, die von Carlo Vivarelli gestaltet und von einem kleinen Kreis weiterer Zürcher Gestalter herausgegeben wurde. Das erste Heft erschien im September 1958 beim Walter-Verlag in Olten, der gleichzeitig den Druck und Versand übernahm. Im Februar 1965 wurde die letzte Ausgabe als ein Doppelheft 17/18 gedruckt. Es wurden vorwiegend die Arbeiten von Graphikern aus Zürich und vergleichbare Beispiele aus dem Ausland gezeigt. Berichte und Ergebnisse aus dem Umkreis der Basler Schule wurden kurz gehalten. Siegfried Odermatt aus Zürich war, neben anderen vorgestellten Gestaltern, mit seinen eindrücklichen Arbeitsergebnissen unser bevorzugter Meister und Vorbild während unserer Lehrzeit.

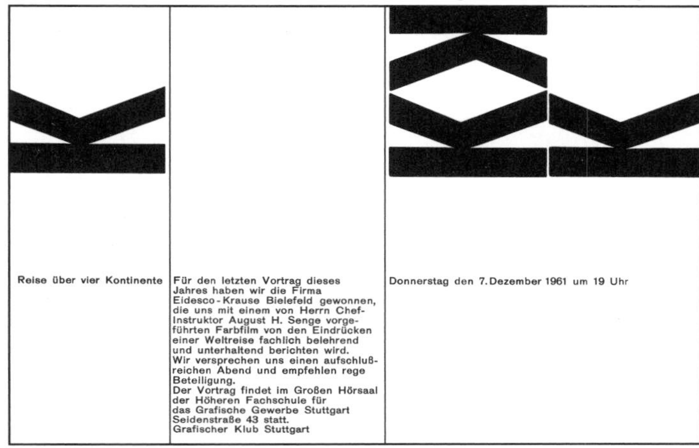
Reise über vier Kontinente

Für den letzten Vortrag dieses Jahres haben wir die Firma Eidesco-Krause Bielefeld gewonnen, die uns mit einem von Herrn Chef-Instruktor August H. Senge vorgeführten Farbfilm von den Eindrücken einer Weltreise fachlich belehrend und unterhaltend berichten wird.
Wir versprechen uns einen aufschlußreichen Abend und empfehlen rege Beteiligung.
Der Vortrag findet im Großen Hörsaal der Höheren Fachschule für das Grafische Gewerbe Stuttgart Seidenstraße 43 statt.
Grafischer Klub Stuttgart

Donnerstag den 7. Dezember 1961 um 19 Uhr

In den Juniwochen 1961 wurden im Landesgewerbeamt Stuttgart eine grössere Anzahl Schweizer Plakate ausgestellt. Es war ein unvergesslicher Überblick aus den Jahren 1955 bis 1960. Der einheitliche gestalterische Anspruch und die Einfachheit, die diese Arbeiten ausstrahlten, sowie die von der Allgemeinen Plakatgesellschaft (APG) vorgeschriebenen Formatgrössen von 90,5 cm mal 128 cm, dem Weltformat = B4, waren uns unbekannt.

Giselle, ein B4-Plakat für die Basler Freilichtspiele im Rosenfeldpark, 1959 von Armin Hofmann entworfen, empfand ich als bahnbrechend. Das senkrecht gestellte Wort *Giselle* wirkte frech und mutig. Die Einheit von Bild und Schrift war mir zuvor noch nie so eindrücklich und nachhaltig gezeigt worden. Es war wahrscheinlich die erste Zusammenfassung von Arbeiten verschiedener Schweizer Graphiker in einer grösseren Ausstellung in Deutschland nach dem Krieg.

Since our first meeting as young apprentices, my forty-year friendship with Peter von Kornatzki has always been more than a professional relationship. Starting in the fall of 1963 he continued his education in Ulm until 1967, one year before the school closed in the late summer of 1968. The Basel School of Design was my destination. Although the two schools upheld different philosophies for design education and typography, we found that as our respective viewpoints matured they complemented each other. Astute and sensitive, he advised, criticized, cajoled and supported me. Literate and intellectual, he wrote my texts and was able to give my visual language its verbal counterpart.

Peter von Kornatzki and I collaborated on articles published in two magazines: Druckspiegel, Number 7/1963, an essay that described our thoughts on typography with visual examples and, designed in German and English for Typographische Monatsblätter, Number 12/1976, 'Is this typography worth supporting, or do we live on the moon?'

Two type designers represented the conservatism of German typographic design from the end of the war until the beginning of the sixties: Georg Trump and Jan Tschichold. After the appearance of the avant-garde posters for the Munich theater, Phoebus Palace, and the publication in 1928 of his well-known polemic, The New Typography, *Jan Tschichold moved to Basel from Munich in 1933. To the shock and dismay of his avid followers he suddenly recanted his modernist manifesto of the late twenties and returned to classical typography. It took fifty years before Tschichold regained his former status. By the end of his career he was regarded as a hero by both professionals and amateurs, and became one of the most important teachers and critics on the aesthetics of typography. Jan Tschichold died in Locarno in 1974.*

Die Freundschaft mit Peter von Kornatzki war seit unserer gemeinsamen Lehrzeit nicht nur eine berufliche. Ab Herbst 1963 besuchte er nach seiner verkürzten Schriftsetzerlehre vier Jahre die Hochschule für Gestaltung in Ulm. 1968 gab die Direktion ihre Schliessung öffentlich bekannt. Ich entschied mich für Basel, ein Gegensatz zu Ulm. Vielleicht haben sich durch diese Wahl zweier unterschiedlicher Ausbildungsorte unsere Auffassungen immer wieder ergänzt und gefunden. Von ihm bekam ich wertvolle Hinweise, Anregungen und Anerkennung.

In zwei Fachzeitschriften haben wir gemeinsame Beiträge veröffentlicht: Der erste, *gedanken neben bildern für die typografie*, wurde im *Druckspiegel* 7/1963 veröffentlicht, der zweite, *Ist diese Typographie noch zu retten/Oder leben wir auf dem Mond?*, erschien im Heft 12/1976 der *Typographischen Monatsblätter*.

Bis zum Beginn der sechziger Jahre war Deutschland nach dem Krieg, mit wenigen Ausnahmen, in der angewandten Graphik und Typographie bedeutungslos. Jan Tschichold kam 1933 von München nach Basel. Früh beschloss er, sich von der Typographie der zwanziger Jahre abzuwenden. Seine Anhänger waren enttäuscht, und es brauchte fünfzig Jahre, bis Tschichold wieder diese Bedeutung gewann, die er 1928 mit seinem Buch *Die Neue Typographie* und mehreren Plakaten für das Münchener Kino Phoebus-Palast gehabt hatte. Er wurde zu einem wichtigen Lehrer und Mahner für die heutigen Satzhersteller. 1974 starb Tschichold in Locarno.

Schriftgiessereien gaben ihre bewährten typographischen Gestaltungsrichtlinien heraus und stellten gleichzeitig ihre neuesten Schriftschnitte vor. Einer dieser Hausdrucke wurde als ein Beispiel gepflegter Typographie an Druckereien und Setzer verschickt: *Anregungen und Beispiele zeitgemässer*

Weihnachten 1961

Wir verloben uns

Ruth Nörenberg

Endersbach
Beinsteiner Straße 23

William Kenny Daby

Fall River
Archer Street 274
Massachusetts

Type foundries regularly issued elaborate promotional brochures, mostly sent to printers, announcing their newest typeface and suggesting guidelines for the advancement of quality in typographic design. One of these brochures demonstrated what was considered exemplary typography in the mid-fifties. Although extremely conventional, it was entitled 'Inspiring Examples for Trendsetting Typography and Composition,' printed and issued by the type foundry C.E. Weber, and designed by Professor Georg Trump as a showcase for his type styles and decorative ornaments.

During our apprenticeships in the turbulent era of the 1960s, we hand composers were caught in a transitional period between old conventions and new conceptions, unsure which direction was tugging harder at our future. We persevered as dedicated craftsmen struggling to master the intractable rules of metal typesetting and letterpress printing, but we were also stimulated by the impact of changes in printing technology that affected the practice of graphic design.

Germany was slow to accept change, perhaps the consequence of its lost national identity and repressed cultural development during and after the Second World War. After the close of the Bauhaus, very few German design educators acknowledged 'European modernism' and the significance of its international role. The progressive educational ideals of the Ulm school were scoffed, and no recognition was given to the years of research by the experienced Stuttgart designer Anton Stankowski. Only a few practitioners attempted to assimilate the idiom of Swiss design, imitating it without understanding. Not until the summer of 1965 was a second exhibition organized in Stuttgart showing the work of the Swiss advertising agency, Gerstner, Gredinger and Kutter of Basel, a belated token credit to their widespread influence.

Continued on page 66

Satzgestaltung, gedruckt und herausgegeben Mitte der fünfziger Jahre von der Stuttgarter Schriftgiesserei C.E. Weber. Es waren Beispiele mit Schriften und Schmuckvignetten, entworfen von dem in München lebenden Georg Trump, der gleichzeitig die Gestaltung übernahm.

So wuchs ich zunächst – wie andere Schriftsetzerlehrlinge zu dieser Zeit – in der damaligen Gestalterwelt auf, immer mit einer typographischen Unsicherheit, zwischen neuen und alten Vorstellungen und Regeln leben zu müssen. Die Einflüsse aus der Schweiz, die gestalterischen Erkenntnisse aus der Hochschule für Gestaltung Ulm und die jahrzehntelangen Erfahrungen des einflussreichen Stuttgarter Gestalters Anton Stankowski fanden nur langsam Aufmerksamkeit und die verdiente Anerkennung in Deutschland. Wenige versuchten diese Typographie unverstanden zu übernehmen und anzuwenden. Eine Ausstellung im Landesgewerbeamt Stuttgart im Frühsommer 1965 über die Arbeit der Basler Werbeagentur Gerstner, Gredinger und Kutter bewies mir die Richtigkeit dieser Gestaltungsauffassung.

Die Zeit meiner Lehre war eine bewegte und vielseitige. Für das Berichtsheft des graphischen Gewerbes schrieb ich 1960 einen kurzen Aufsatz, *Der Schriftsetzerberuf und wie ich dazu kam*: 'Dies in wenigen Sätzen zu beantworten, wie es uns vorgeschrieben wird, fällt mir schwer. Als ich 1958 an der Merz-Akademie mit dem Bleisatz zu arbeiten begann, wurde der Gedanke wach, einmal in einer Druckerei unter fachkundiger Anleitung eine Schriftsetzerlehre zu beginnen.

Fortsetzung Seite 66

Hausanschlußkästen aus Isolierstoff	**BEG**	**Berliner Elektrizitäts-Gesellschaft**	
Hausanschlußsicherungen		**1000 Berlin**	
Berührungsschutz für den Netzanschluß		**Postfach 437**	
Steuerleitungsklemmen		**Fernruf**	**59 67 21**
Endverschlußrichter			
	BEG		

What
still Surprises
and
Inspires me
today:

To turn
Blank Paper into a
Printed Page.

Was mich
immer
von neuem
überrascht und
bewegt:

Aus einer
unbedruckten eine
bedruckte Seite
zu machen.

MoDE
MODE
MoDE

The Federal Trade Union monitored our apprenticeships and required that we keep a daily journal which included writing essays. In one of them we were asked to describe how we had decided on the profession of typesetter.

'May 1960: to answer this question in a few short sentences as requested is difficult for me. When I came into contact with metal type in 1958 at the Merz Academy, the idea occurred to me that at some time I would like to receive the expert instruction of a typesetter's apprenticeship in the hope of passing the difficult qualification exam at the end of three years. The desire to be a graphic designer has motivated me to learn this time-honored trade. I want to acquire a solid foundation in all methods of reproduction from typesetting to printing to bookbinding.'

My workday began at seven o'clock in the morning and ended after five o'clock in the evening. In the first year it was the duty of the apprentice to attend to everyone's general needs. During the cold months I started before dawn, responsible for kindling the fire with wood and coal to heat our section of the building before the employees arrived. Ruwe Printing was located in a small coach house on Mittelstrasse close to the outskirts of the old medieval section of Stuttgart. The type foundry C.E. Weber was our next-door neighbor. Miraculously, the industrial buildings in our area of the city were unscathed by the heavy Allied bombardment during the Second World War.

For half an hour around morning break time I also had the task of shopping for the employees. The list of requests was always the same. Ruwe and several others wanted the popular tabloids with large, bold headlines and colored pictures. The printers, typesetter and bookbinder ordered bread, cheese, ham, sausages, and beer. The first time I went on my round of errands I brought back the wrong beer. The bottle was green instead of brown. Apparently beer from a brown bottle tasted better, so I was sent back to the store to make the exchange. To this day I drink only brown-bottled beer.

Promptly at five o'clock when the official workday was over, everyone went home – except for the apprentice. Every evening after hours, Monday through Friday, the workplace had to be cleaned. Thursday nights were reserved for the tedious job of sorting through large stacks of accumulated wastepaper. By using a simple handpress, I compressed the scraps into disposable balls according to color.

A part of my education during apprenticeship were these routine obligations from which I learned the joy of giving. I performed every task in dedication to the success of a small family operation, a privilege that filled me with profound satisfaction. The owner, Wilhelm Ruwe, also my master, had been a student of Georg Trump, trained in the thirties as a type composer in Bielefeld. An extraordinary person, generous and disciplined, Ruwe's trust in me was unwavering.

I had one long-standing desire: to design and print a book on my own. Allowing me access to the press in the typeshop so I could work on the typography and layout, Ruwe gave me his key on the weekends. In my dormitory room I

Dies war verbunden mit der Erwartung, die nicht einfache Abschlussprüfung nach drei Jahren bestehen zu können. Die Absicht, Graphiker zu werden, hat mich zu diesem damals angesehenen Beruf geführt. Ich wünschte mir, gut und umfassend ausgebildet zu werden. Auf den erlernten Kenntnissen und Erfahrungen der Druckweiterverarbeitung wollte ich später aufbauen, um damit die fachliche Verständigung zwischen den Setzereien und Druckereien zu vereinfachen.'

Der Arbeitstag begann um sieben Uhr morgens und endete nach fünf Uhr abends. Im ersten Lehrjahr war es für uns eine Pflicht, bei allem mitzuhelfen. In der kalten Jahreszeit begann der Tag oft vor sieben Uhr, weil wir mit Holz und Kohle Feuer machen mussten. Die Druckerei war in einem kleineren Hinterhaus am Rande der Stuttgarter Altstadt, an der Mittelstrasse 11, untergebracht. Die Schriftgiesserei Weber, für die auch Professor Georg Trump mehrere Schriften entwarf, war unmittelbarer Nachbar. Wie durch einen Zufall blieb unser Industriebau im Weltkrieg von den heftigen Luftangriffen der Verbündeten unzerstört.

Zu den Vesperzeiten musste der Lehrling im ersten Lehrjahr für die Mitarbeiter eine halbe Stunde einkaufen gehen. Die Wünsche blieben die gleichen. Die beliebten Massenzeitungen, mehrheitlich mit bunten Bildern und grossen, fetten Überschriften als eigentlicher Text gedruckt, waren auch auf der Einkaufsliste meines Druckereibesitzers und gleichzeitigen Lehrherrn Wilhelm Ruwe. Anfangs wurde ich wieder zurückgeschickt, um eine Flasche Bier gegen eine andere auszutauschen. Sie durfte nicht grün sein, weil angeblich das Bier aus braunen Flaschen anders und frischer schmeckte. Nach der täglichen Arbeit konnte ich nur noch aus braunen Flaschen Bier trinken.

Pünktlich um fünf Uhr war die vorgeschriebene Arbeitszeit für die Setzergehilfen zu Ende. Für die Lehrlinge ging die Arbeit weiter: Von Montag bis Freitag, ausser donnerstags, musste unser Betrieb geputzt werden. Am Donnerstag nach der Arbeit wurde das Altpapier, das sich angesammelt hatte, nach Farben geordnet und mit Hilfe einer einfachen Handpresse zu grossen Papierballen gepresst.

Die Lehrjahre waren eine Zeit des Dienens, Lernens und Gebens, verbunden mit der Hingabe an einen Gedanken: Die Genugtuung, Teil eines kleinen Familienbetriebes zu sein und an dessen Erfolg mitzuwirken. Mein Lehrherr, ausgebildet in den dreissiger Jahren an der Kunstgewerbeschule Bielefeld, war für mich ein aussergewöhnlicher und grosszügiger Mensch. Sein Vertrauen zu mir war unverrückbar. Der Zugang zu unserer Setzerei mit seinem Hausschlüssel war über die vielen Wochenenden hinweg gesichert.

Es war mein Wunsch, einmal ein Buch zu entwerfen und zu drucken. Die einzelnen Seiten entwarf und schnitt ich in Linoleum und Holz in meinem Wohnzimmer. Die Bekanntschaft mit dem Künstler Hap Grieshaber hatte mich angeregt, seine grossformatigen Holzschnitte, die ich bewunderte, nachzuempfinden. Wir besuchten ihn zweimal in seinem Haus auf der Achalm, das auf einem Hügel lag, oberhalb der kleinen schwäbischen Stadt Reutlingen.

made the linoleum and woodcut illustrations. I was inspired by the work of an artist by the name of Hap Grieshaber who lived in the region of Stuttgart on the Achalm, a hill near the small city of Reutlingen. Peter von Kornatzki and I visited him once in his studio. Never had I seen such large-scale woodcuts, some as big as a dining table.

Years later when I was an independent student at the Basel School of Design, a group of students organized a small revolt. Because of my brief acquaintance with this crazy, headstrong artist, and on my initiative, we invited Hap Grieshaber to give a lecture – we wanted to demonstrate our

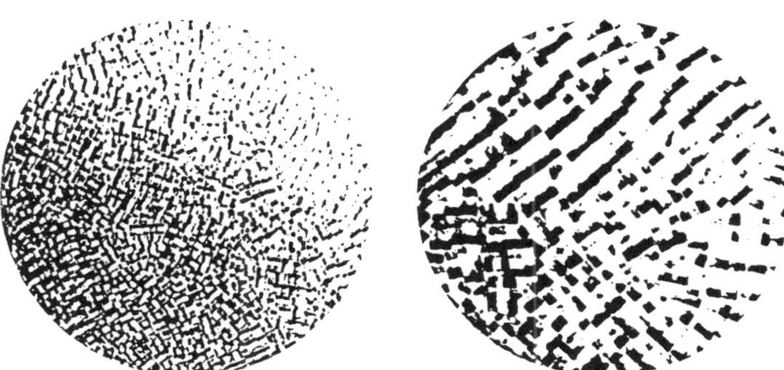

66
67

68
69

aversion to attending regular classes. During this phase in conjunction with the student magazine K, the student committee invited other provocative designers, such as Anton Stankowski and Günter Gerhard Lange, the design director of the type foundry H. Berthold AG. Our intention was to agitate the complacent students by exposing them to challenging speakers who had viewpoints that were different, but clearly as relevant and valid as the graphic design and typography professed in Basel.

As I learned to master the techniques of letterpress printing, my work with typography became more experimental. It started with letters and type elements composed in a circular ring, the Round Compositions.

Actually, the compositions came about as the result of a mishap. One morning I lost my grip on a heavy type drawer and it fell to the floor. It was filled with the smallest type we had in the shop, a six-point, semi-bold Berthold Akzidenz-Grotesk. Unforeseen and unpaid work for the weekend was assured. To distribute and replace every character back into the typecase, including punctuation and numbers, would take two full days. While gathering up the letters I had a strange idea: to fill a cardboard ring with the type standing on end, letter surface positioned upwards, until it was packed solid. One such round composition yielded two printable surfaces: the customary face of the letters and, by carefully turning the composed ring upside down, the underside of the type. Most foundry letters and word spaces have a characteristic groove and feet on the bottom of the metal body. Looking like an equal sign, it was a revelation that this structure repeatedly left its unmistakable 'tracks' in every printing trial. A printed impression from the bottom of the type composition is shown above in three steps of increased enlargement.

Continued on page 70

Jahre danach konnten wir diesen eigenwilligen Künstler zu einem Vortrag an die Kunstgewerbeschule Basel einladen. Zur Zeit dieser Einladung hatte ich einen Widerwillen, die Schule regelmässig besuchen zu müssen. Zusammen mit der *Schülerzeitschrift K* versuchten wir nicht nur nach Vortragenden zu suchen, welche die Basler Graphik und Typographie in Frage stellen sollten. Es kamen der Graphiker Anton Stankowski aus Stuttgart und der künstlerische Leiter der Schriftgiesserei H. Berthold, Günter Gerhard Lange. Wir hatten mit einigen Einladungen die Absicht verfolgt, den Schülern zu zeigen, dass es auch neben der Kunstgewerbeschule Basel gestalterische Möglichkeiten gab, die andere Wege suchten.

Im Verlaufe der Lehrzeit entstanden in der Setzerei an den Wochenenden Handdrucke, typographische Entwürfe und die Untersuchung mit einem kreisförmigen, zusammengesetzten Schriftsatz. An einem Morgen fiel mir ein Setzkasten auf den Boden. Er war gefüllt mit der kleinsten Schrift unserer Setzerei, einer 6 Punkt halbfetten Berthold Akzidenz-Grotesk. Die unvorhergesehene Wochenendarbeit war mir gesichert. Das Zurücklegen der Buchstaben in den Setzkasten benötigte zwei Wochenendtage.

Beim Zusammensuchen der Schrift kam mir ein berufsfremder Einfall: Die Buchstaben in einen angefertigten Kartonring zu stellen, bis dieser gefüllt war. Das Schriftbild war nach oben gestellt, der untere Teil der Buchstaben nach unten. Ich konnte aus einem Schriftsatz zwei Druckflächen erhalten: Den oberen Teil und durch vorsichtiges Umdrehen den unteren Teil. Der ungewohnte Abdruck dieser Satzrückseite ergab sich durch den Giessvorgang der Einzelbuchstaben. Es entstanden die Schriftkreise.

Die drei Ausschnitte zeigen eine ansteigende Vergrösserung nebeneinander gestellter Buchstaben. Aufschlussreich war die Entdeckung, dass der Abdruck eine unverkennbare, eigene Werkspur hinterliess, die sich bei allen Druckversuchen in der Handdruckpresse wiederholte.

Fortsetzung Seite 70

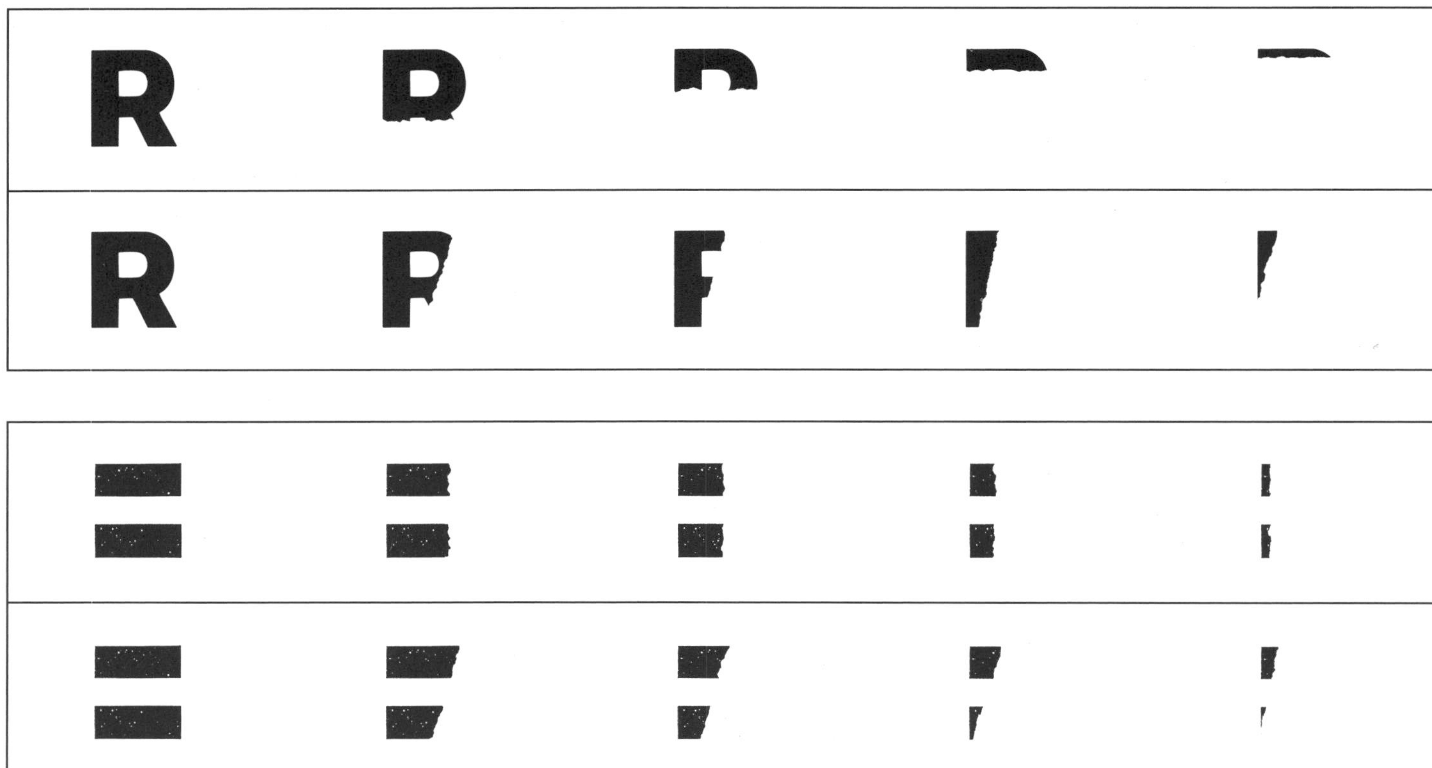

Several projects that I worked on during my free time as an apprentice sparked ideas that would develop into long-term themes. The lucky accident when I dropped the typecase led to rewarding discoveries that encouraged me to risk further experiments with the Round Compositions.

In letterpress printing there is metal material of two main categories: that which prints and that which does not print. Intended to print are letters, punctuation, ornaments, and rules. Not intended to print are the standard spacing units of metal type composition, proportionate pieces of lead, copper, brass, and iron that are word spaces, leading, and lockup furniture. Also not intended to print is obviously the bottom surface of a metal letter, and this is precisely the reason why I became fascinated with it.

The dormant elements of letterpress typography, those traces of the mechanical process invisible to the reader, revealed a mysterious underworld of abstract marks and signs. I compacted the scattered six-point type within a cardboard ring – over one thousand characters standing on end – until it was packed solid enough to keep the type upright, but not entirely immovable. Under pressure of the moving cylinder while printing, the upright letters started to shunt at an angle within the fixed ring in the direction of the rolling cylinder, progressively leaning in one direction and jamming together. The consequence was a gradual reduction of the printable surface. The diminishing printed impression of both the top and underside of a single letter – disappearing from bottom to top, and diagonally from right to left – is demonstrated above in five steps.

Eine vergleichbare Entdeckung dieser unverkennbaren Werkspuren machte ich in den siebziger Jahren mit photolithographischen Untersuchungen in der Dunkelkammer und auf dem Leuchttisch mit der Technik des Übereinanderlegens unterschiedlicher Rasterwinkel, deren Träger eine Montagefolie war. Die Ergebnisse fanden ihre Anwendungen in den B4-Weltformatplakaten.

Die Abläufe von links nach rechts der vier Reihen zeigen den langsamen Entstehungsvorgang dieser Werkspuren. Der Rundsatz war während des Druckens in der Handdruckpresse leicht beweglich und verschob sich schrittweise in eine Richtung. Die Buchstaben begannen langsam zu stürzen, wie es die vier Beispiele des oberen und unteren Teils des Buchstaben R zeigen: Der obere Teil zeigt das Schriftbild, stürzend von unten nach oben, und: Schräg von links nach rechts. Der untere Teil (Fuss) gerade, und: Schräg stürzend von links nach rechts.

Arbeiten, die im Hochdruck (=Buchdruck) gedruckt wurden, hatten ihre eigenen Merkmale. Der Text und die Bilder standen räumlich auf dem Papier. Durch das Hineinpressen der druckenden Teile eines Schriftsatzes während des Druckvorgangs entstanden im Hochdruckverfahren kaum wahrnehmbare Vertiefungen im Papier. Wir wurden in eine Landschaft mit Erhöhungen und Vertiefungen versetzt. Die Farbflächen standen bestechend auf dem Papier, und ihre Leuchtkraft konnte nur schwerlich durch ein anderes Druckverfahren ersetzt werden. Der Leser entdeckte die von den Druckern und Setzern gefürchteten *Spiesse*. Es waren die nicht mitdrucken-

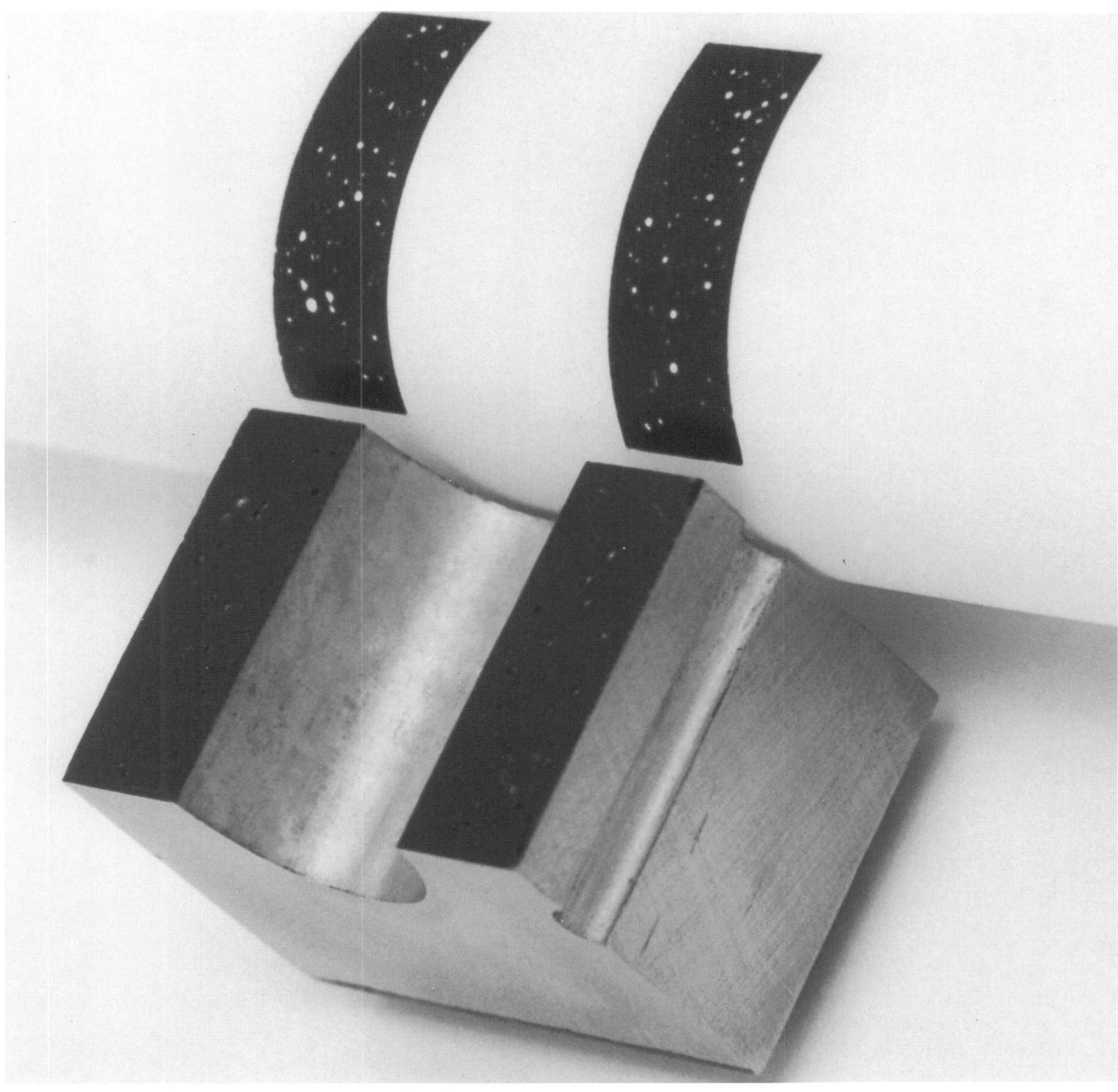

The next challenge was to enhance the light-to-dark gradation in the Round Compositions. With stencils, a series of precise circles cut out of paper with a compass, I was able to mask parts of the composition for each consecutive printing pass. Starting with the smallest diameter covering all but the very center of the composition, I made the first print. Exposing more of the type with the next largest circular stencil, I ran the first print through the press a second time; the lighter ring appeared, like the growth rings of a tree. I continued to

den Wortabstände, die etwas weniger hoch gegossen wurden als die druckenden Teile eines Satzes, und die an einem Ende das gleiche Bild wie der untere Teil des Buchstabens hatten. Sie verschoben sich langsam durch die Belastung eines Satzes während des Druckens nach oben und wurden von den Farbwalzen miteingefärbt. Es waren nicht nur Wortabstände, die sichtbar wurden. Stege, Regletten und Stückdurchschuss

im Lichtbild

Assuan
Tempelversetzungen
Staudamm
Philae
Kom Ombo
Edfu
El Gizeh

Antilibanon
Damaskus
Seid-Naya
Maloula
Homs
Hama
Dscherasch
Qirbet Qumran
Totes Meer
Jericho
Wadi Kelt
Judäa
Jerusalem
Bethlehem
Hebron
Samaria

Erlebnisse
Berichte
Erzählungen
WWeingart Stuttgart

Freitag, 9. November 1962
20 Uhr
CVJM Stuttgart
Büchsenstraße 37

Libanon
Syrien
Jordanien
Ägypten
Beirut
Baalbek
Libanon
Antilibanon
Damaskus
Seid-Naya
Maloula
Homs
Hama
Dscherasch
Qirbet Qumran
Totes Meer
Jericho
Wadi Kelt
Judäa
Jerusalem
Bethlehem
Hebron
Samaria
Assuan
Tempelversetzungen
Staudamm
Philae
Kom Ombo
Edfu
El Gizeh

overprint about eight times until the paper lost its resiliency. The effect was a vignette: a dark core that gradually faded away at the outermost ring. I made other light-to-dark experiments with free-form stencils by overprinting in the same manner. Twenty-eight years later in 1990, I returned to the Round Compositions and tried color variations. The series is shown in Section 1.

Letterpress printing is an art. To achieve a smooth printed result, the craftsman must overcome the inherent physical irregularity of individual metal components locked up within a frame: the printing form. Precise makeready for the composition of a single page of type up to the final meticulous corrections requires hours before the form is ready to proof. If clichés are included, that is, blocks of pictorial material in relief, it may take days to adjust the unevenness of the printing form to the impression cylinder.

The beauty of well-crafted relief printing stems from its subtlety. Under a magnifying glass the three-dimensionality is perceptible; the page is a landscape of textures, letters rise from the surface and color fields have a luminosity unsurpassed by most other printing processes.

The quality of letterpress printing is also distinguished by its foibles. One technical horror for any scrupulous printer is dubbed a fly's head, the impression of a metal letter that has been set bottom side up. Sometimes word spaces are also inadvertently set bottoms up. A word space is not type high so it won't print in any case – unless the rest of the typesetter's

kamen ebenso auf die zu bedruckenden Papierbögen, aber seltener. Einer der Gründe dafür war die schlechte Handarbeit eines Schriftsetzers, der seinen Satz nicht sauber zusammenstellte und die Zeilen zu wenig genau ausschloss.

Das Hochdruckverfahren war eine Kunst. Die feinen Ungleichmässigkeiten einer zusammengestellten Druckform bereiteten dem Fachmann Schwierigkeiten, eine ausgeglichene und glatte Oberfläche auf dem Druckbogen zu bekommen. Das Zurichten einer Druckform zog sich neben den letzten Korrekturen über mehrere Stunden hin. Wurden Abbildungen mit in den Satz eingebaut, benötigte der Drucker manchmal Tage, um die Unebenheiten dem Druckzylinder anzupassen. Es gab neue, bewährte Erfindungen, um eine Zurichtung im Buchdruck handwerklich schneller bearbeiten zu können.

Die Entwicklung in den fünfziger Jahren ging vermehrt zum indirekten Flachdruckverfahren über: Dem Offsetdruck. Er wurde 1904 von dem Amerikaner Ira Rubel aus New Jersey erfunden, und die erste deutsche Druckmaschine wurde 72 73
1907 in Leipzig aufgestellt. Der Druck einer Form, bestehend
aus einer Zink- oder Aluminiumplatte, konnte oft in wenigen 74
Minuten beginnen. 75

Diese *Spiesse* wurden für mich zu einer neuen Werkspur. Sie öffnete eine seltsame Welt von Zeichen im Umfeld meiner Lehrwerkstatt und ermöglichte es, die Druckversuche mit dem rund gesetzten Satz für Monate weiterzuführen.

Um zu einem Verlauf von hell nach dunkel zu kommen, schnitt ich mit dem Zirkel verschieden grosse Kreise in Papiere, die mir während des Druckens als Schablone dienten. Ich konnte beim mehrmaligen Übereinanderdrucken und Abdecken bestimmter Teile des Rundsatzes mit der jeweiligen Kreisgrösse der Schablone eine Hell-Dunkel-Wirkung erhalten: Von dunkel nach hell, mit dem kleinsten Durchmesser beginnend, bei den weiteren Druckgängen war es ein grösserer Durchmesser. Bis zu acht Überdrucke waren so möglich, dann wurde das Papier zu wenig widerstandsfähig. Versuche mit farbigen Drucken habe ich 1990, nach achtundzwanzig Jahren, nachgeholt. Sie sind im ersten Teil des Buches abgebildet.

Immer wieder war ich im Widerspruch zwischen typographischem Gestalten und einem offeneren Umgang mit Hilfsmitteln wie Bleistift, Holz oder Linoleum. Es entstanden Arbeiten aus Eindrücken der ersten Reisen in den Vorderen Orient. Sie bezogen sich auf Tagebuchaufzeichnungen, die ich mitgebracht hatte. Es waren die Jahre, als Reisende aus anderen Ländern in diesen Gegenden immer willkommen waren, und nur wenige angelernte arabische Wörter genügten, um sich

handwork is careless. If the type has been too loosely composed, the word space could work its way up to type height and come into contact with the ink roller. Having the same relief structure on the bottom as a letter does, the word space leaves a cornered fleck of ink that mars the page, and looks like the so-called fly's head.

All spacing materials – the large furniture, the reglets or clumps, the ens and ems, the hairline spaces – are shorter, that is, lower, than the type material that prints. Subjected to extreme pressure as the cylinder rolls over the printing form, they too can inch upwards during printing.

By the 1950s several successful techniques had been implemented to facilitate letterpress makeready, but the process itself was becoming less viable on the commercial market. The simplification of prepress operations was solved with the combination of two advanced technologies, phototypesetting and indirect lithography. Adapted from stone lithography, offset printing was invented in 1904 by Ira Rubel of New Jersey and introduced several years later in Leipzig, Germany. In comparison to letterpress printing, the photochemical transfer of text matter and images to a thin, flexible metal plate shortened makeready time considerably.

mit den Einheimischen zu verständigen und zu befreunden. Wusste man sich gegenüber dieser gastfreundlichen Bevölkerung richtig zu verhalten, war die Zuneigung spürbar.

Manchmal wurden wir von Beduinen angehalten, um deren *Chay*, einen stark gesüssten Tee, in ihren Zelten mitzutrinken. Bei einem Besuch war es einmal der Stolz der Kinder, uns einen jungen Fuchs zu zeigen, den sie in ihrem Zelt für wenige Monate gefangen hielten.

Auf dem Weg von Hebron nach Jerusalem schrieb ich in mein Tagebuch: 'Freitag, 4ter Oktober 1963. Der Freitag ist hier der Sonntag, es gab Hammelkeulen und mit Safran vermischten Reis. Mit den Scheichs aus der Wüste, Verwandte von Mohammad Ibraheem Ramadan, waren wir sechzehn Gäste. Wir assen mit den Händen, wie es die Beduinen in ihren Zelten tun. Ihre Frauen durften das seltene Ereignis nur durch einen kleinen Türspalt miterleben, aber nicht mit dabei sein. Israel und das Mittelmeer lagen uns von Halhul aus, dem Wohnort von Ibraheem, gegenüber. Die Grenze war nur wenige Kilometer entfernt.'

Zu Beginn der sechziger Jahre versuchte ich, einen alten Wunsch zu verwirklichen. Ich malte für mehrere Tage Moscheen und Sonnen mit Schulkindern in der Jerusalemer Umgebung und druckte mit den Ergebnissen ein Buch.

The transition from metal to photomechanical reproduction of type signaled a new realm in which I could expand my experiments beyond letterpress typography. In the darkroom and while working on the light table, I played with the effect of layering multiple film screens and discovered the intrinsic aesthetic of a new process. Overlapping the screens created different patterns of angled movements – moirés, rosettes, gradations – to name only a few of the countless dot structures. I later applied this research with transparent films and self-made screens to my posters.

Time and again I was torn between the inherent constraint of typographic design and the spontaneity of making linocuts, woodcuts, and rough pencil drawings in my sketchbooks from trips through Lebanon, Syria, Jordan, and Egypt in the early sixties – a time when foreign travelers were welcomed in the Near East.

I knew only a few words in Arabic but it was enough to communicate, and my efforts were rewarded with affection. I found it easy to make friends on solitary journeys. Often hailed by the Bedouins in the desert, I was invited to drink Chay with them, a strong sweetened tea. One time the children showed off their pet held captive in the tent, a young fox they had captured a few months before.

On the way back from Jerusalem I wrote in my journal: 'Friday, October 4, 1963. Here, Fridays are like Sundays. We ate roast leg of lamb and yellow saffron rice with our fingers as the Bedouins do in their tents. Along with the sheiks of the desert, relatives of Mohammad Ibraheem Ramadan, there were sixteen guests for dinner. The wives of the sheiks were forbidden to dine with us but, because it was a rare event, they were allowed to watch through a crack in the door. Halhul, Jordan, the residence of our host, Ibraheem, is near Hebron due east of the Mediterranean and only miles away from the border of Israel.'

In Jerusalem I worked with school children for several weeks, planning to use their drawings of the sun and of mosques to realize the long-cherished dream of making a book. The children painted directly on pieces of linoleum with a self-made tool, reminiscent of a baker's frosting tool. We formed a thick piece of paper into a conical shape and adjusted the round opening at the bottom to a certain size. The cone was filled with tar and squeezed out while drawing. After a day or two the tar became dry, so I was able to transport the drawings back to Damascus where my parents were living at the time. The twenty-some plates were ready for etching in a nitric acid bath. The parts of the linoleum that were covered with the tar remained protected; the rest of the linoleum was eaten away to the base. After removing the tar with benzene, the drawing stood in relief, directly printable in letterpress. I produced two hundred books, intending to raise funds for the local schools; sadly, the proceeds from this small edition barely covered our costs. The design and typography of this children's book is one of the most telling examples of my early work, clearly demonstrating the strong influence of Swiss Typography.

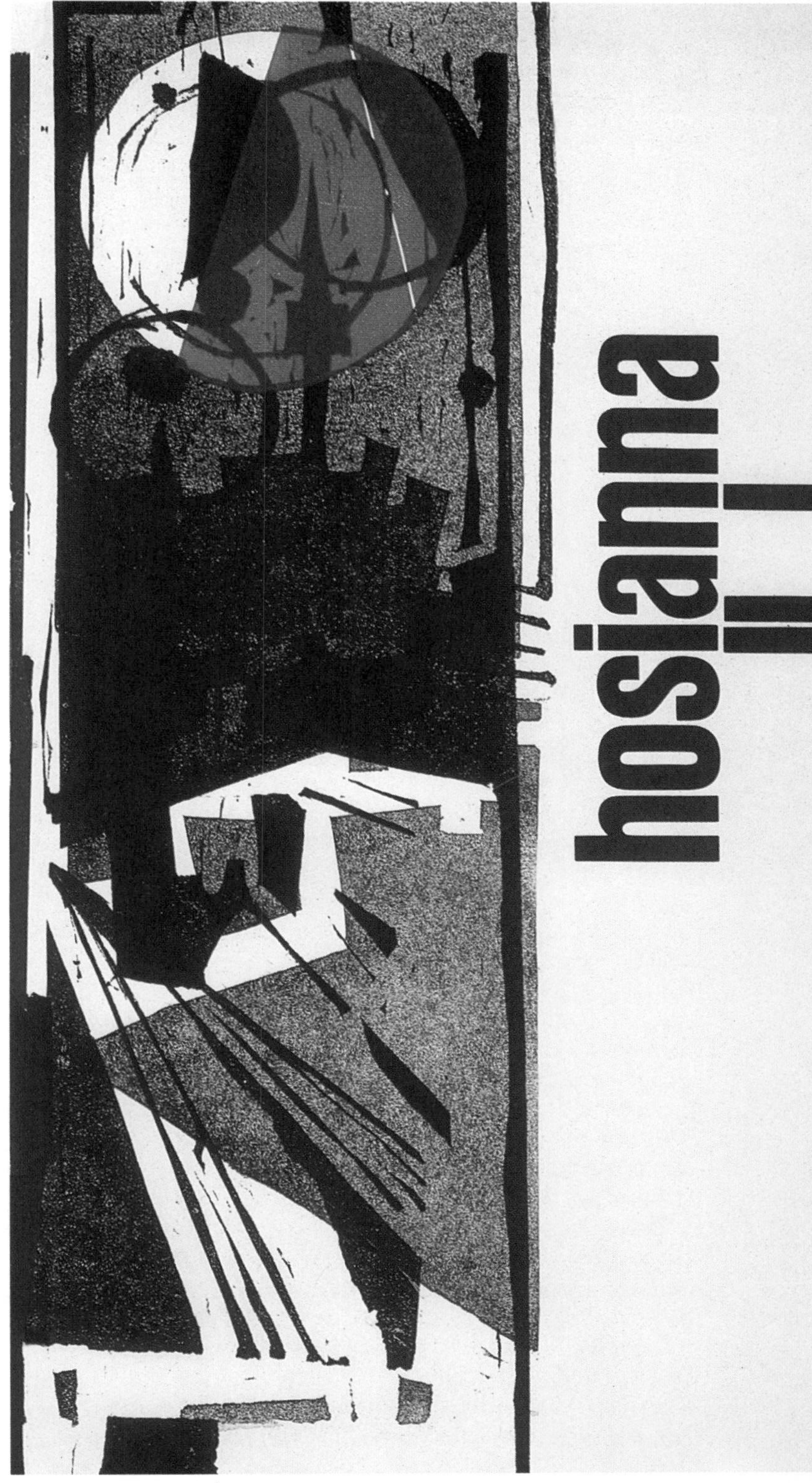

On the twenty-second of March in 1963, an extraordinary day, I went to Basel to meet Armin Hofmann, and applied in person to become a student for the following year. The interview was scheduled for eleven o'clock in his apartment on Nadelberg 19. Twenty-two years old, still an apprentice, I was punctual, but nervous. An elegant, statuesque woman answered the door and graciously welcomed me. This was when I first met Dorothea Hofmann. During the meeting with Armin Hofmann, just after showing him my work, he spontaneously suggested that we visit Emil Ruder in his classroom during the lunch break. As we drove across town in a rickety Volkswagen, I thought the mode of transportation incongruous – 'surely famous people drove fancy cars' was obviously a misconception from my childhood.

I had only seen photographs of the new Kunstgewerbeschule relocated two years previously to an area of Basel near the German railway station. The architecture of the school, originally designed by Hermann Baur in 1938, was still dramatically modern. Enormous glass windows, freestanding and relief concrete sculptures by Jean Arp and Armin Hofmann graced the open courtyard and the foyer of the building. In his immaculate typeshop Ruder had recently installed state-of-the-art facilities. In contrast to bleak and dreary postwar Germany, it all seemed incredible.

With a portfolio of sorts wrapped in a colorful fabric from Damascus, I presented the examples of my work again, this time to Ruder. His surprise and Hofmann's enthusiasm led me to believe that I would be accepted as a student, but instead, Hofmann asked me if I would like to teach at the Basel school. I felt honored but bewildered.

Several months later, I visited Emil Ruder a second time in the typeshop with my colleague Peter von Kornatzki. Ruder asked him what he did, and Peter answered, 'I study Visual Communication at the Ulm School of Design.' Ruder's unforgettable and terse remark was, that this was an arrogant designation for quite an ordinary subject of study. The term 'Visuelle Kommunikation' was originally coined in Ulm to describe its progressive design curriculum introduced under the direction of Max Bill in the 1950s. Eventually, design schools worldwide adopted the title, thus positioning their graphic design programs to encompass a broader field.

Armin Hofmann and Emil Ruder envisioned an advanced program at the Basel school for postgraduate professionals who wanted to deepen their understanding of graphic design. In Switzerland and Europe there was no such model. Partly through the relationship that began with Yale University in the mid-fifties, the idea evolved as Hofmann experienced the needs of students and practicing designers abroad.

Yale University in New Haven, Connecticut was the first school to establish a graduate program for graphic design in 1950. The director of the Department of Art and Architecture, Charles Sawyer, gave the directorship of the Graphic Design Department to the former Bauhaus teacher Josef Albers, and later appointed Alvin Eisenman. Guest teachers or lecturers

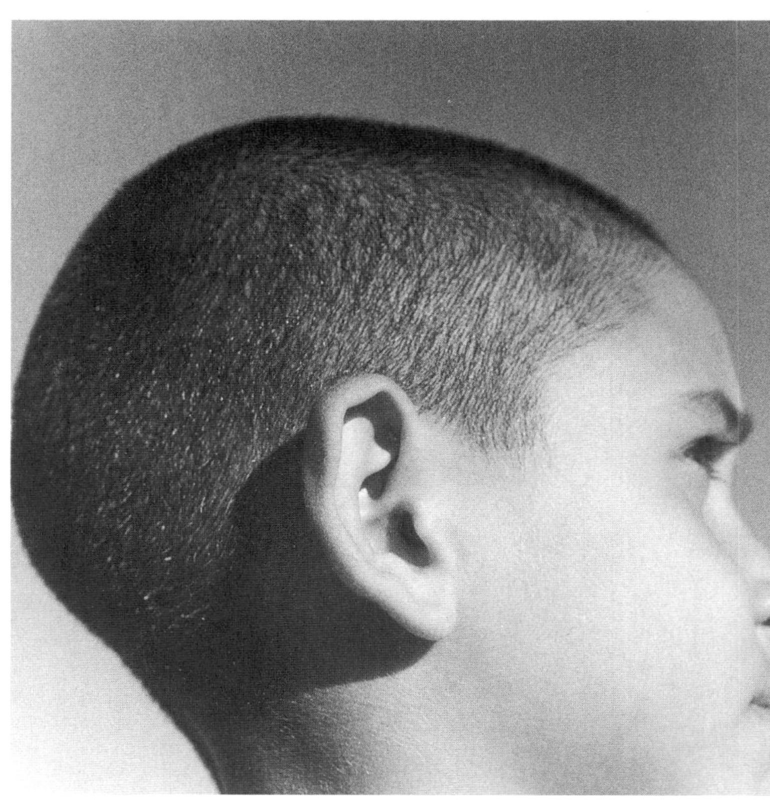

Seite 2 3	Moschee Stuttgart	8 Jahre Mädchen
	Sonne Beit Jala	6 Jahre Junge
Seite 5 6	Sonne Karatchi	5 Jahre Junge
Seite 10 11	Sonne Moschee Karatchi	6 Jahre Junge
	Jerusalem Stuttgart	9 Jahre Mädchen
Seite 13	Moschee Karatchi	6 Jahre Junge
Seite 14	Sonne Karatchi	6 Jahre Junge
Seite 16	Moschee Karatchi	5 Jahre Junge
Seite 19	Moschee Karatchi	6 Jahre Mädchen
Seite 20 21	Sonne Jerusalem	5 Jahre Junge
	Moschee Stuttgart	9 Jahre Junge
	Sonne Karatchi	5 Jahre Mädchen
Seite 22 23	Moschee Karatchi	5 Jahre Junge
	Moschee Huhn Karatchi	6 Jahre Junge
Seite 24 25(3)	Sonnen Bethlehem	7 Jahre Junge
	Jerusalem rechts oben	5 Jahre Junge
	Moschee Stuttgart	9 Jahre Mädchen
Seite 26 27	Sonne Jerusalem	5 Jahre Junge
	Moschee Stuttgart	9 Jahre Mädchen
	Bäume Bethlehem	7 Jahre Junge
Seite 28 29(3)	Moschee Bäume Bethlehem	8 Jahre Junge
Seite 30 31	Sonne Moschee Karatchi	6 Jahre Junge
Seite 33	Moschee Bethlehem	7 Jahre Junge
Seite 34(2) 35	Sonnen Bethlehem	7 Jahre Junge
Seite 36(35) 37	Moschee Karatchi	6 Jahre Mädchen
Seite 38 39	Sonne Karatchi	10 Jahre Junge
	Moschee Karatchi	5 Jahre Junge
Seite 40 41	Sonne Moschee Karatchi	6 Jahre Junge
Seite 43	Sonne Moschee Karatchi	6 Jahre Junge

Kinder sind nichts
außerordentliches. Und
Kinder sind nichts
ordentliches.
Sie träumen und fantasieren
und freuen sich, daß sie da sind,
auch die arabischen Kinder.
Und wenn man ihnen sagt:
'male eine Sonne, eine Moschee,
einen Baum, ein Tier',
dann reflektieren sie nicht,
sondern sie malen ihre Träume.
Sie ahmen die Welt nach.
Das Außergewöhnliche
geschieht durch die Einzelnen.
1851 begann ein Deutscher
hier im Heiligen Land im Auftrag
des Jerusalemsvereins
sich um Kinder zu kümmern.
Er wollte sie prägen
nach seinem Vorbild.
Er, und nach ihm eine Kette
von Pfarrern und Erziehern,
von Diakonissen und Lehrern.
Über 100 Jahre
deutsche Erziehungsarbeit
im Heiligen Land
sind vergangen.
Beinahe 1000 Kinder
sind uns heute in 5 Schulen
von arabischen Eltern
anvertraut.
Die 5—8jährigen hat wW
mit seiner fremden Farbe
und dem Linoleum
zu ungewohnter
Tat herausgefordert.
Herausgefordert, um zu helfen.
Der Verkauf des Buches
Kinder1 Orient Zeichnen
geschieht, um Kindern Freiplätze
in den Schulen
des Jerusalemsvereins
zu ermöglichen.
Hier ist sie, die arabische Welt,
nicht anders als die Welt
anderer Kinder,
oder doch?
1000 Kinder bilden wir aus.
Wir bilden sie.
Vielleicht versuchen wir sogar,
sie nach unserem Bilde
zu schaffen.
Bilden wir etwas um,
verbilden wir sie?
Ihr Lebensraum ist
nicht die technische Welt.

Ihr Lebensraum ist bestimmt
von der engen Wohnung,
von der heißen Sonne,
von dem täglichen Hunger
und von der täglichen Lust
am Leben.
Morgen sieht ihre Welt
anders aus.
Schaut die Bilder an,
erkennt ihre Welt. Erkennt
mit dem, der dieses Buch
zusammenstellte,
die Grundformen wie die Kinder
sie lieben.
Die Technik,
wie die Kinder sie beherrschen.
Seid nicht anspruchsvoll.
Dies sind die ersten Formen.
Die Kinder müssen
in einer neuen Welt der Formen
ihren Weg finden.
Wir helfen ihnen dazu
und nicht nur dazu.
Eines Tages sind ihre Träume
genauso wie ihre
Unmittelbarkeit zu Ende.
Dann hat die Welt
der Technik
und der Reflexion sie erfaßt,
und sie werden wie wir.
Hier im Heiligen Land
wie in Deutschland. Kinder
bleiben sich gleich. Aber
sie werden uns
gleich:
Gewachsene, Erwachsene,
Umgeformte, Gebildete.

Carl Malsch
Propst in Jerusalem

2 3
4 5
6 7
8 9

Allzu häufig wird der Sinn eines
Tuns an dem Grade
seiner Nützlichkeit gemessen.
Dem versunkenen, scheinbar
völlig abgekehrten,
ja absurden Treiben des Kindes
wird nur selten
die verständnisvolle
Aufmerksamkeit der Eltern
zuteil.
Man übersieht den Ernst und die
Hingabe des Kindes
beim Spielen und Bilden
und kritisiert seine
zweckfreien Ergebnisse
mit utilitaristischen Maßstäben.
Dabei ist das schöpferische
Spiel — und
nicht nur für das
Kind — elementar notwendig.
Es gehorcht zunächst dem
gleichen Drange wie die Natur
selbst: unsichtbaren
Anlässen Gestalt zu geben,
'in Erscheinung zu treten',
den Sinnen faßbare,
Bedeutung tragende Gebilde
zu schaffen.
Das Kind gewahrt während
seiner Entwicklung die großen
Regeln des
menschlichen Seins:
Geburt, Tod, die Bedingungen
des familiären Lebens,
die Liebe von Mutter und Vater;
es entdeckt die Unterschiede
und Bestimmungen der
Geschlechter, die Gewohnheiten
und Gegenstände des
menschlichen Alltags.
Es erfährt Wandel und
Wiederkehr des
Naturgeschehens, Tag und
Nacht,
Kommen und Gehen des Jahres,
die Wetter und ihre Willkür.
Es erlebt ein Verhältnis
zur Pflanze, zum Tier,
zum Gestirn.
Es gewinnt Vorstellungen
von jenseitigen Mächten, vom
göttlichen Zentrum
des Seins . . .

Verwirrende Eindrücke, die
bewältigt sein wollen,
bewältigt — das heißt,
sie müssen geordnet und
gewertet sein;
der sichere Ort innerhalb
der Wandlungen ist
einzunehmen,
jener Ort, von dem aus das Bild
der Welt in seiner Gesamtheit
und in seinen Zusammenhängen
überschaubar
und verständlich wird.
Die Erscheinungen indessen
sind flüchtig,
die Dinge wechseln ihren Platz,
Zustände sind veränderlich.
Ihre Beziehungen
zu anderen Erscheinungen,
zum Betrachter selbst,
klären sich beim Anordnen
auf der Fläche.
Der schöpferische Vorgang
ist ein Akt sowohl des
Ergreifens als auch des
Begreifens, ein fortschreitendes
Erfassen der Welt
und ihrer Bezüge, eine Arbeit
am eigenen Weltbilde,
ohne das der Mensch sich nicht
zurechtfinden würde.
Eigenschaften,
die dem Kinde verboten sind,
realisieren sich dennoch,
treten verkleidet zutage,
gleichsam entschärft, harmlos
geworden und dennoch
lebendig.
Und endlich ist der erzieherische
Aspekt schöpferischen Tuns
zu bedenken:
die Gegebenheiten, mit welchen
sich das Kind
auseinanderzusetzen hat,
die Widerstände der Mittel
und der eigenen Person,
Ablenkungen, die zu
überwinden sind, Auswahl
und Entscheidungen,
die dauernd
zu vollziehen sind.
Seine Vorstellungskraft reift an
den Eigenschaften des
Materials, deren Anwendbarkeit
zu erproben ist.
Es lernt, Einfall an Einfall
zu fügen.

Das bildende Kind schafft an
seiner eigenen Vollendung.
Es ist ihm gegeben,
Übergewichte in seinem Innern
auszugleichen,
die Gefährdungen unserer Zeit
von sich abzulenken.
Es verwirklicht sich selbst
bis in die Tiefen hinein.
Deshalb seine vollständige
Hingabe,
und deshalb auch sein Bedürfnis,
mit dem fertigen
Gebilde Anerkennung zu
erlangen
bei jenen Erwachsenen,
die seinem
Leben bedeutsam sind.
Sie haben nicht über ein Bild
zu urteilen, sondern über
einen Menschen, der sich darin
zu erkennen gibt,
und sie erfahren — wenn sie es
zu deuten vermögen — wie
sie sich diesem Menschen
gegenüber zu verhalten haben.
Dieses Buch mit seinen
zuweilen recht kühnen Montagen
könnte den Eindruck entstehen
lassen, es wolle
auf den Kunstcharakter
kindlichen Schaffens hinweisen.
Das Kind macht keine Kunst,
wohl aber läßt das
Werden seiner Dinge uns
den künstlerischen Prozeß
besser verstehen.
In der vorliegenden
Veröffentlichung begegnen uns
zwei Hauptmotive orientalischen
Erlebens.
Diese Liniengefüge deutscher
und orientalischer
Kinder sind einander verwandt.
Die Welt des Kindes ist
einheitlich.

Klaus Basset
Jugendhausleiter

44 45

Die Druckstöcke konnte ich einfach und preiswert mit dem Verfahren des Linolätzens herstellen. Die Kinder malten unmittelbar auf zugeschnittene Linolplatten und benutzten dazu ihre selbst gemachten Arbeitswerkzeuge, die an kegelförmige Papiertüten erinnerten. Sie hatten unten eine kleine, runde Öffnung und waren mit dickflüssigem Teerlack gefüllt. Der Lack war nach einem Tag trocken und die Druckplatten wurden in einem chemischen Bad geätzt. Die Teile, die mit dem Teerlack abgedeckt waren, blieben stehen. Nachdem Entfernen des Lackes mit Benzin begann ich mit einer Handdruckpresse die Linolplatten in einer Auflage von zweihundert Büchern zu vervielfältigen.

Wir druckten aus Geldgründen eine kleinere Auflage. Die Einnahmen waren kostendeckend, aber die Absicht, mit dem Verkauf ein dortiges Schulhaus zu unterstützen, konnte ich nicht verwirklichen. Die Typographie und Gestaltung dieses Kinderbuches blieb ein bezeichnendes Beispiel meiner damaligen typographischen Auffassung, die immer noch stark von der *Schweizer Typographie* beeinflusst war.

In meiner Lehrzeit kam der Wunsch hinzu, mir eigene Aufgaben zu stellen, um während einer längeren Zeitspanne daran zu arbeiten. Einige dieser Untersuchungen waren die Auseinandersetzung mit den Schriftkreisen und dem Buchstaben M. Die Ausdrucksstärke seiner Umrisse hatte mich angeregt: Es waren die beiden links und rechts pfeilartig zusammengehenden Winkel. Einige in Holz geschnittene Beispiele habe ich in meinem ersten Buch 1962 mit einbezogen. Mehrere Jahre später, ab Ostern 1965 in Basel, wurde das M nochmals zu einer längeren Auseinandersetzung. Sie war verbunden mit der photographischen Weiterverarbeitung in meiner behelfsmässigen Dunkelkammer und während des Unterrichtsbesuches bei Emil Ruder. Die Ergebnisse dieser Untersuchungen sind im dritten Teil abgebildet.

Im Frühjahr 1963 hatte ich für Armin Hofmann und Emil Ruder Arbeiten zusammengestellt, die ich in farbige Tücher aus Damaskus wickelte. Ich wollte mich in Basel als Schüler für das Frühjahrssemester 1964 bewerben. Es war an einem Freitag, dem 22sten März. Der Besuch begann um elf Uhr morgens in Hofmanns Wohnung am Nadelberg 19 und endete während der Mittagspause in Emil Ruders Klassenzimmer in der neuen Kunstgewerbeschule. Der Neubau wurde im Herbst 1961 eröffnet und befand sich unmittelbar neben dem Badischen Bahnhof.

Die offene und grosszügige Schulanlage und die zeitgemässe Schriftsetzerei mit ihrer neuen Einrichtung empfand ich als einzigartig. Die freistehenden oder in Beton eingelassenen plastischen Bildwerke von Jean Arp und Armin Hofmann und die auffallenden, übergrossen Fenster der Gebäude beeindruckten mich.

Was mich nachhaltig verunsicherte, war die Fahrt vom Nadelberg zur Schule am anderen Ende der Stadt: Ein weitbekannter Lehrer steuerte einen ausgedienten Volkswagen. Ich war im Glauben aufgewachsen, dass bekannte Persönlichkeiten auch gediegene Wagen fahren würden.

included Norman Ives, Walker Evans, Bradbury Thompson, Paul Rand, and the Swiss photographer Herbert Matter. Once a year both Armin and Dorothea Hofmann regularly taught courses in design, color, composition, and drawing until 1991. In conjunction with the university, an intensive four-week workshop in Brissago, Switzerland, the annual Yale Summer Program in Graphic Design was established by Hofmann in 1974, and continued until 1996.

In the spring of 1963 I had completed my apprenticeship and passed the final state qualification examination. My overall score was not particularly good, but in the practical part of the exam I achieved the highest rank for speed and accuracy. In a ten-point serif type I had to compose 1500 characters by hand (about twenty-five lines of this text) in less than an hour with no more than three mistakes.

Within a year I left Germany and moved to Switzerland to enroll in the Kunstgewerbeschule Basel as an independent student. During Ruder's typography classes I worked on a personal project which had started in 1962 as a series of woodcuts. I was intrigued by the letter M – the power of its inner shapes, points and angles, and stubborn symmetry. As with the Round Compositions I now had time to expand my themes, investigating and combining several techniques in the darkroom and in the typeshop. The final results of the M experiments are illustrated in Section 3.

Meanwhile, applications to study in Basel from Swiss and foreign designers were increasing, and Hofmann and Ruder were arduously negotiating with the Swiss Department of Education for political support to inaugurate and subsidize an official international graduate design program.

In April of 1968 their vision was finally realized. The first Weiterbildungsklasse für Graphik opened with seven new students – and I became a teacher.

zeichnen kinder1 orient?
es existiert ein buch:
'die sonne':
eine sammlung
von verschiedenen
standpunkten —
also von verschiedenen
sehweisen,
von verschiedenen deutungen,
von verschiedenen wertungen
des objekts 'sonne':
biologisch, metafysisch,
fysikalisch, religiös, fysiologisch
und astronomisch.
eine sammlung von fotografien,
zeichnerischen darstellungen,
anmerkungen und aufsätzen:
ein lehrbuch? ein lexikon?
eine unterhaltungslektüre?
oder ein 'kunstbuch'?
ww zeigt in seinem dritten buch
eine sammlung
von kinderzeichnungen
und kindertexten
und er versucht die lebenssfäre
der (orientalischen) kinder
mit eigenen fotografien
spürbar zu machen:
eine folge von konstellationen
dreier elemente,
zeichnung, text und foto —
geformt für die temen
'sonne' und 'moschee' —
soll ein objekt und einen begriff
sichtbar machen: den orient.
sind 'sonne' und 'moschee'
der orient?
ww hat in seinem dritten buch
kinder zu wort kommen lassen.
er hat die motive aufgezeigt.
aber es bleibt zu sagen,
daß er das naive,
unbewußte erleben der kinder
und ihre von bewußten
reflexionen
ungetrübten äußerungen
sehr stark bewertet.

besonders auch im hinblick
auf die grafischen ergebnisse,
denn er ist grafiker
und auf der suche
nach dem originellen strich
und seiner
ungewöhnlichen komposition.
die fantasie der kinder
zeigt beide —
und so hilft sie die,
natürlich auch aus ökonomischen
gründen getroffene,
temenbeschränkung
zu rechtfertigen.
ww hat nicht nur
einfach zeichnen lassen.
er hat in gewisser weise,
auf grund seiner
parallellaufenden erkenntnisse
diesen vorgang gesteuert.
er hat untersucht.
und diese untersuchungen
sind für uns genauso interessant
wie die zeichnung.
ich meine die relationen,
die verhältnisse:
das alter, die vorbildung,
die nationalität,
die sozialen situationen,
das temperament der kinder.
die relationen,
die verschiedene 'sonnen'
und 'moscheen' bedingen:
welche sind schöner?
echter?
von denen, die sie fantasieren
oder von denen,
die sie täglich vor augen haben?
hier empfinden wir:
wir möchten beim arbeiten
der kinder
dabeigewesen sein.
wir möchten sehen,
wie sie dieses ungewöhnliche
werkzeug halten:
eine tüte, aus deren öffnung
in der spitze
eine dicke 'farbe' fließt,
auf das linoleum,
schnell und langsam.
ein ungewöhnliches verfahren —
auch für uns neu:
das linolätzen.
ww benutzt es seit einiger
zeit. aus wirtschaftlichen motiven,
weil das schneiden
entfällt und eine zeichnung

nicht auf billigere art zu einem
druckstock gemacht werden
kann. und wegen der dabei
entstehenden ganz spezifischen
grafischen formen,
die durch veränderung
von ätzkonzentration
und ätzdauer
gesteuert werden können.
gesteuert: also verändert.
und so müssen
wir wieder fragen:
wie stark verändert ww
die originalität
und die, in jedem falle,
ganz besondere autentizität?
wo und wann werden striche
dünner und wo haben sich
flächen aufgelöst?
werden die zeichnungen
interessanter?
ist nachträgliches spiel
und bewußte formung
ein 'vergehen'?
und auch die weingartsche
zusammenstellung
verschiedener zeichnungen,
nachträglich auch farbig,
zu einem 'skizzenblatt' —
wie verträgt sie sich
mit der bekannten naivität
der kindlichen
flächenorganisation?

5	6	11	34
31	34	35	
	20	21	34
5	6	21	34
	10	11	14
	24	31	38
25	32	33	34
11	26	27	
21	30	31	
	14	19	
	10	21	
5	6	31	34
25	30	31	34
21	34	39	
	16	21	
25	28	33	34
	20	31	38
31	32	33	
25	40	41	
	14	21	34
	14	27	28
5	6	25	34
	14	39	
25	28	29	38
25	28	35	38
	14	31	38
	20	31	34
	14	21	
25	34	41	
5	10	25	34
21	22	23	38
25	26	27	
11	14	21	34
21	26	27	34
5	6	31	
	22	25	
11	16	21	
	22	25	
21	24	25	38
	14	27	34
21	24	25	28
	10	25	38
	14	33	
	14	31	34
	14	25	28

Möglichkeiten — selbst Seitenteile zusammenzustellen. Die rotgedruckten Ziffern müssen über mehrere Seiten gelegt werden.

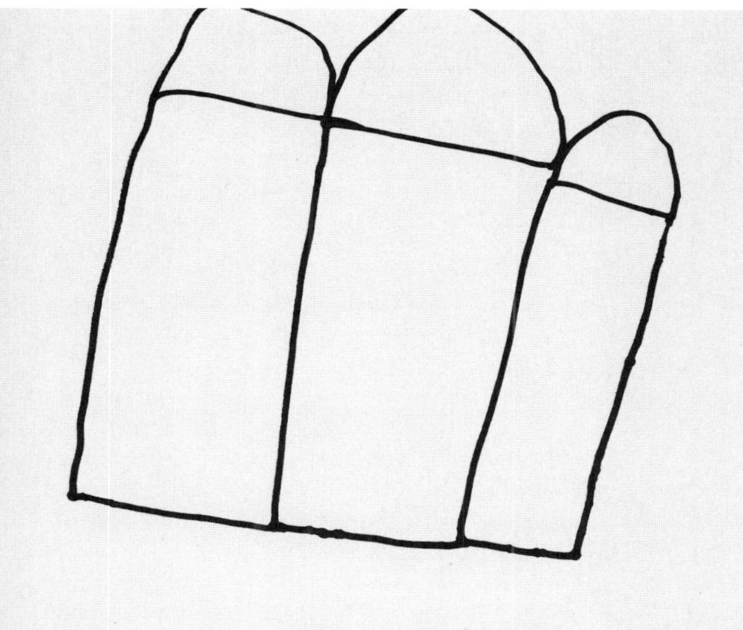

Offensichtlich waren beide überrascht über meine mitgebrachten Entwürfe. Als mich Armin Hofmann in seiner Wohnung fragte, ob ich in naher Zukunft einmal Lust hätte, bei ihm Typographie zu unterrichten, war ich als zweiundzwanzigjähriger Schriftsetzerlehrling überrascht und zugleich verwirrt. Später erfuhr ich, dass schon zu dieser Zeit der Gedanke bestand, ein Weiterbildungsprogramm für ausgebildete Gestalter einzurichten. Wegen zunehmender Nachfrage, überwiegend aus dem Ausland, wurde Mitte April 1968 die erste Klasse mit zunächst sieben Schülern eröffnet.

Für die Schweiz und das übrige Europa war dies ein nicht vergleichbares Vorbild für ein Nachdiplomstudium für ausgebildete Gestalter. Vielleicht waren dabei Armin Hofmanns Erfahrungen aus den Vereinigten Staaten mit einbezogen worden. Im Herbst 1950 hatte der erste Weiterbildungskurs für Graphic Design an der Yale University in New Haven begonnen. Der Leiter der Abteilung School of Art and Architecture, Charles Sawyer, übergab die Leitung der Graphikabteilung 1950 an den ehemaligen Bauhauslehrer Josef Albers und wenige Jahre später an Alvin Eisenman.

Weitere Lehrer waren Alvin Lustig, Bradbury Thompson, Norman Ives, Paul Rand, Walker Evans, der Schweizer Photograph Herbert Matter und andere erfahrene Persönlichkeiten. Ab 1957 kam Armin Hofmann als Gastlehrer hinzu, später auch Dorothea Hofmann. Die beiden regelmässigen Lehraufträge endeten 1991.

Mitte 1963 besuchte ich zusammen mit Peter von Kornatzki ein zweites Mal Emil Ruder in seiner Schulsetzerei. Die Frage Ruders an meinen Freund, was er tue, bleibt mir unvergessen. Kornatzki antwortete: *ich studiere an der hochschule für gestaltung ulm visuelle kommunikation.* Ruders natürliche, selbstsichere und kurz gehaltene Bemerkung war, dass dies eine überhebliche Bezeichnung für ein Unterrichtsfach sei.

Für Ulm war es die Bezeichnung für eine Fachrichtung, die Max Bill in den fünfziger Jahren neu für die Hochschule Ulm eingeführt hatte. Sie konnte sich weltweit durchsetzen, auch Jahre später in Basel.

Im Mai 1963 wurde das Ergebnis der Lehrabschlussprüfung bekannt gegeben. Für mich war die Benotung nicht gut ausgefallen, mit Ausnahme der Fertigkeitsprüfung. Das Angebot, vielleicht einmal an der Basler Kunstgewerbeschule unterrichten zu dürfen, war nicht vergessen. Im April 1964 zog ich von Stuttgart nach Basel, besuchte dort als Hospitant unregelmässig die Schule und begann im April 1968, vier Jahre später, zu unterrichten.

Notes
for pages 55 to 79

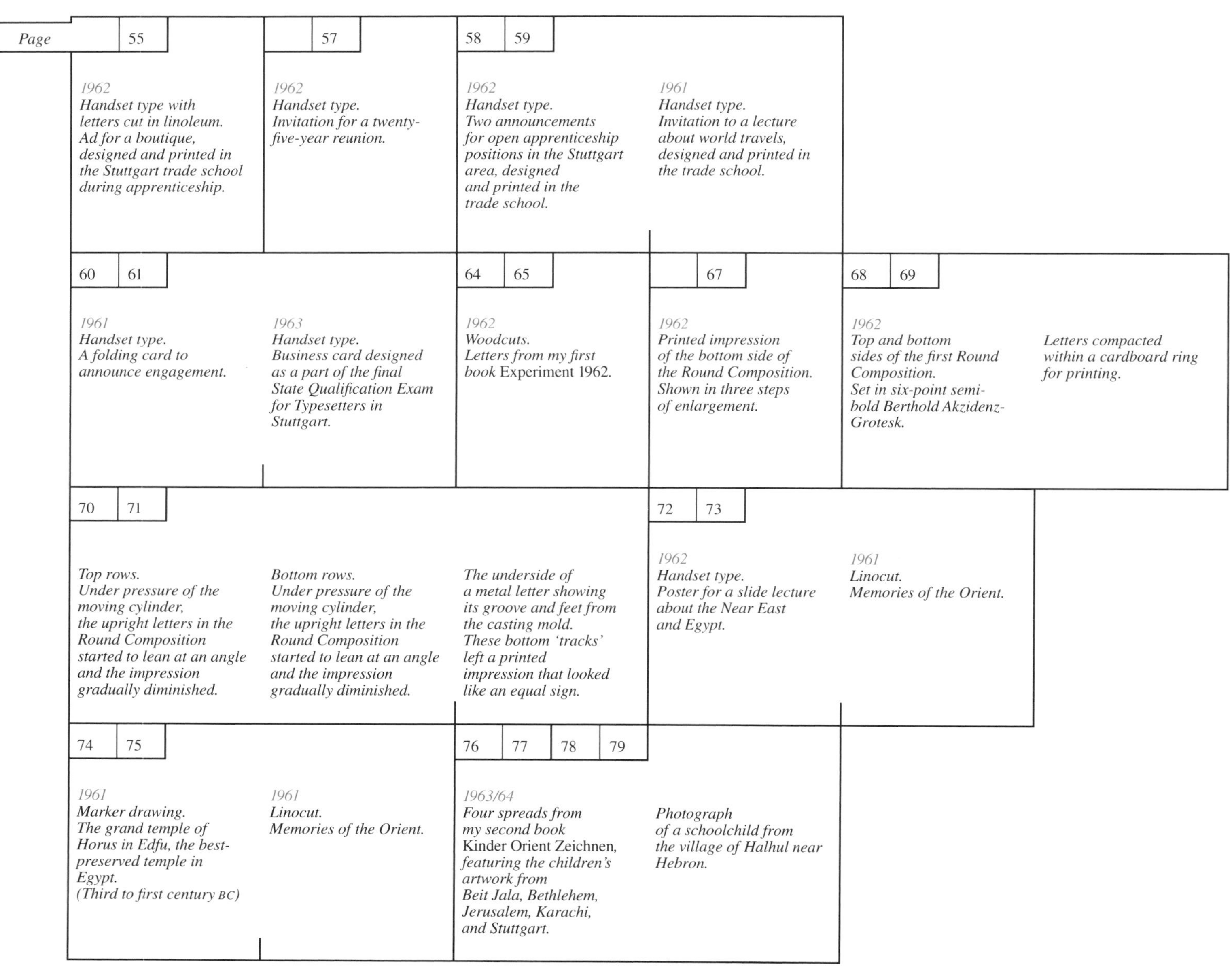

Page

55

1962
Handset type with letters cut in linoleum. Ad for a boutique, designed and printed in the Stuttgart trade school during apprenticeship.

57

1962
Handset type. Invitation for a twenty-five-year reunion.

58 59

1962
Handset type. Two announcements for open apprenticeship positions in the Stuttgart area, designed and printed in the trade school.

1961
Handset type. Invitation to a lecture about world travels, designed and printed in the trade school.

60 61

1961
Handset type. A folding card to announce engagement.

1963
Handset type. Business card designed as a part of the final State Qualification Exam for Typesetters in Stuttgart.

64 65

1962
Woodcuts. Letters from my first book Experiment 1962.

67

1962
Printed impression of the bottom side of the Round Composition. Shown in three steps of enlargement.

68 69

1962
Top and bottom sides of the first Round Composition. Set in six-point semi-bold Berthold Akzidenz-Grotesk.

Letters compacted within a cardboard ring for printing.

70 71

Top rows. Under pressure of the moving cylinder, the upright letters in the Round Composition started to lean at an angle and the impression gradually diminished.

Bottom rows. Under pressure of the moving cylinder, the upright letters in the Round Composition started to lean at an angle and the impression gradually diminished.

The underside of a metal letter showing its groove and feet from the casting mold. These bottom 'tracks' left a printed impression that looked like an equal sign.

72 73

1962
Handset type. Poster for a slide lecture about the Near East and Egypt.

1961
Linocut. Memories of the Orient.

74 75

1961
Marker drawing. The grand temple of Horus in Edfu, the best-preserved temple in Egypt. (Third to first century BC)

1961
Linocut. Memories of the Orient.

76 77 78 79

1963/64
Four spreads from my second book Kinder Orient Zeichnen, *featuring the children's artwork from Beit Jala, Bethlehem, Jerusalem, Karachi, and Stuttgart.*

Photograph of a schoolchild from the village of Halhul near Hebron.

Angaben zu den Seiten 55 bis 79

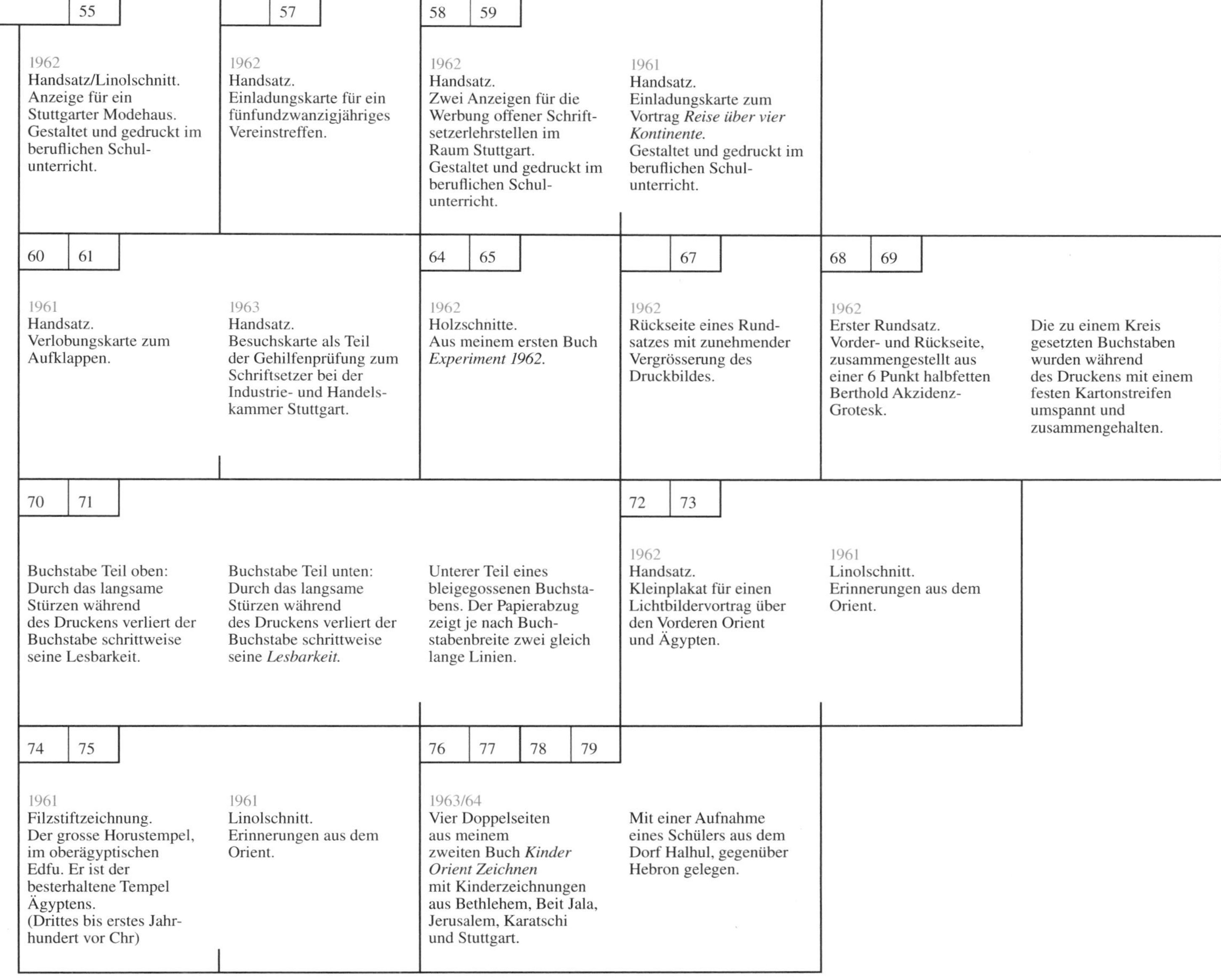

Seite

55

1962
Handsatz/Linolschnitt.
Anzeige für ein Stuttgarter Modehaus.
Gestaltet und gedruckt im beruflichen Schulunterricht.

57

1962
Handsatz.
Einladungskarte für ein fünfundzwanzigjähriges Vereinstreffen.

58 59

1962
Handsatz.
Zwei Anzeigen für die Werbung offener Schriftsetzerlehrstellen im Raum Stuttgart.
Gestaltet und gedruckt im beruflichen Schulunterricht.

1961
Handsatz.
Einladungskarte zum Vortrag *Reise über vier Kontinente.*
Gestaltet und gedruckt im beruflichen Schulunterricht.

60 61

1961
Handsatz.
Verlobungskarte zum Aufklappen.

1963
Handsatz.
Besuchskarte als Teil der Gehilfenprüfung zum Schriftsetzer bei der Industrie- und Handelskammer Stuttgart.

64 65

1962
Holzschnitte.
Aus meinem ersten Buch *Experiment 1962.*

67

1962
Rückseite eines Rundsatzes mit zunehmender Vergrösserung des Druckbildes.

68 69

1962
Erster Rundsatz.
Vorder- und Rückseite, zusammengestellt aus einer 6 Punkt halbfetten Berthold Akzidenz-Grotesk.

Die zu einem Kreis gesetzten Buchstaben wurden während des Druckens mit einem festen Kartonstreifen umspannt und zusammengehalten.

70 71

Buchstabe Teil oben:
Durch das langsame Stürzen während des Druckens verliert der Buchstabe schrittweise seine Lesbarkeit.

Buchstabe Teil unten:
Durch das langsame Stürzen während des Druckens verliert der Buchstabe schrittweise seine *Lesbarkeit.*

Unterer Teil eines bleigegossenen Buchstabens. Der Papierabzug zeigt je nach Buchstabenbreite zwei gleich lange Linien.

72 73

1962
Handsatz.
Kleinplakat für einen Lichtbildervortrag über den Vorderen Orient und Ägypten.

1961
Linolschnitt.
Erinnerungen aus dem Orient.

74 75

1961
Filzstiftzeichnung.
Der grosse Horustempel, im oberägyptischen Edfu. Er ist der besterhaltene Tempel Ägyptens.
(Drittes bis erstes Jahrhundert vor Chr)

1961
Linolschnitt.
Erinnerungen aus dem Orient.

76 77 78 79

1963/64
Vier Doppelseiten aus meinem zweiten Buch *Kinder Orient Zeichnen* mit Kinderzeichnungen aus Bethlehem, Beit Jala, Jerusalem, Karatschi und Stuttgart.

Mit einer Aufnahme eines Schülers aus dem Dorf Halhul, gegenüber Hebron gelegen.

Insight: Self-education in the Spirit of Protest. The Basel Years since 1964

Finden: Erlerntes im Widerspruch. Der eigene Weg in Basel ab 1964

I started attending school in Basel on a Monday in April of 1964. The first exercise assigned by Armin Hofmann seemed very abstract. A common subject in basic design courses, it entailed working with pairs of opposites, such as dark-light, scattered-dense, horizontal-vertical.

We were to express these contrasts in the design of our compositions by using one graphic mark: the Line. Instilling respect for the smallest detail through what Hofmann called 'finger exercises,' the students painstakingly executed their final drawings with utmost precision. The challenge of the assignment was its reduction; any deviation or extraneous line would have contradicted the objective. Under the guidance of such an experienced and well-known teacher, I attempted to complete the exercise with the attitude to which I was accustomed, that of the dutiful apprentice. But it was not the kind of work I had expected to find in Basel.

Not able to sit still during Hofmann's class for an entire day, and to avoid having to draw lines with a ruling pen, I found refuge in the typeshop. Here I was in my element. In a thin, square slab of wood I drilled one hundred holes, a grid of ten by ten, into which I then screwed one hundred L-hooks. With this construction it was easy to turn and twist the hooks into any desired direction or pattern. The technical problem of designing the Line Pictures for Hofmann was solved. By securing my construction in the bed of the letterpress, I could print many variations by adjusting the height of selected hooks to the exact height of standard metal type. The hooks of the grid not intended to print were screwed deeper into the wood, too low to be inked by the rollers.

In another course where the students learned to draw ordinary objects, from simple to more intricate ones, the beginners started with a cube. During a group critique my rendition was singled out as the worst one in the class. After that first morning I did not return to the drawing course.

I had always dreamed of coming to Basel to learn about design from Hofmann and Ruder, and to eventually integrate their insights into my own visual vocabulary. Gradually, however, I began to regard the school as an impenetrable, cloister-like fortress. The disappointment was a haunting recollection of my previous ambivalence, pursuing 'what I knew to be my calling,' but uncertain about every step.

Not until the beginning of the seventies, seven years after Hofmann's Graphic Design Manual *was published in 1965, did I fully realize why this cloister-like fortress in Basel had earned its international reputation as a bastion of quality in graphic design. I began to understand the profound implications of Hofmann's teaching, as the forward written by George Nelson describes:*

'Hofmann has quite clearly chosen to assume the responsibilites of citizenship in the new world, but because he is a genuinely humble man and a totally dedicated worker, the significance of his modest book may be overlooked. If his words fail to receive the consideration they deserve, however, it would take the most dull and unperceptive of individuals to miss the extraordinary sensitivity and beauty of the drawings he has made to serve as demonstrations.

Der Schulbeginn an der Kunstgewerbeschule Basel war an einem Montag im April 1964. Die erste Grundübung bei Armin Hofmann war mir ungewohnt und eine Verbindung zum angewandten Arbeiten konnte ich nicht finden. Die erteilte Aufgabenstellung erinnerte mich an bewährte Form- und Gestaltungslehren von Hell/Dunkel, Streuung/Verdichtung oder Waagrecht/Senkrecht und war ergänzbar.

Die erste Schulaufgabe wurde von Hofmann mit einer bewussten Einschränkung gemacht: Eine mehrwöchige Grundübung war die Linie, eine Denk- und Fingerübung. Ein Ausbrechen aus derartigen Begrenzungen war nicht denkbar. Ich versuchte unter der Anweisung eines erfahrenen und bekannten Lehrers die Aufgabe ordnungsgemäss auszuführen, so wie es ein Lehrling während seiner Lehrzeit gewöhnt war. Diese Aufgabenstellung entsprach nicht der Vorstellung von Basel, auch wenn mir die Schule zuvor bekannt gewesen war.

Das Unterrichtsfach Gegenstandszeichnen besuchte ich einen Vormittag. Während einer Klassenbesprechung wurde mein Blatt mit dem gezeichneten Würfel derart schlecht beurteilt, dass ich den Unterricht nicht mehr fortsetzte.

Ich versuchte in Verbindung mit der Schulsetzerei einen Ausweg zu finden, um den Unterricht bei Armin Hofmann nicht den ganzen Tag besuchen zu müssen. Ich bohrte in eine Holzplatte hundert Löcher, um verstellbare, rechtwinklig gebogene Haken einzuschrauben. Mit dieser Vorrichtung, die ich leicht verändern konnte, wurde es mir möglich, Linienbilder zu entwerfen, die durch das Drehen der einzelnen Haken ihre jeweiligen Richtungen änderten. Nicht druckende

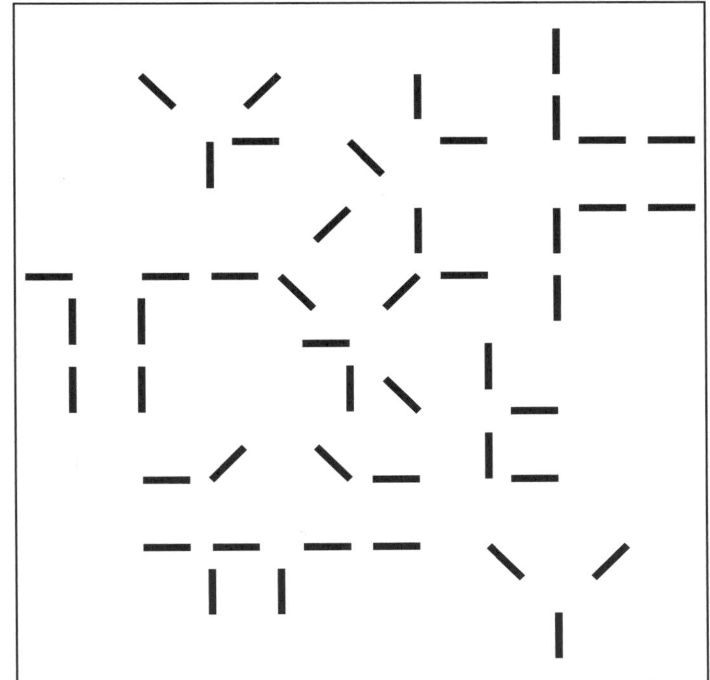

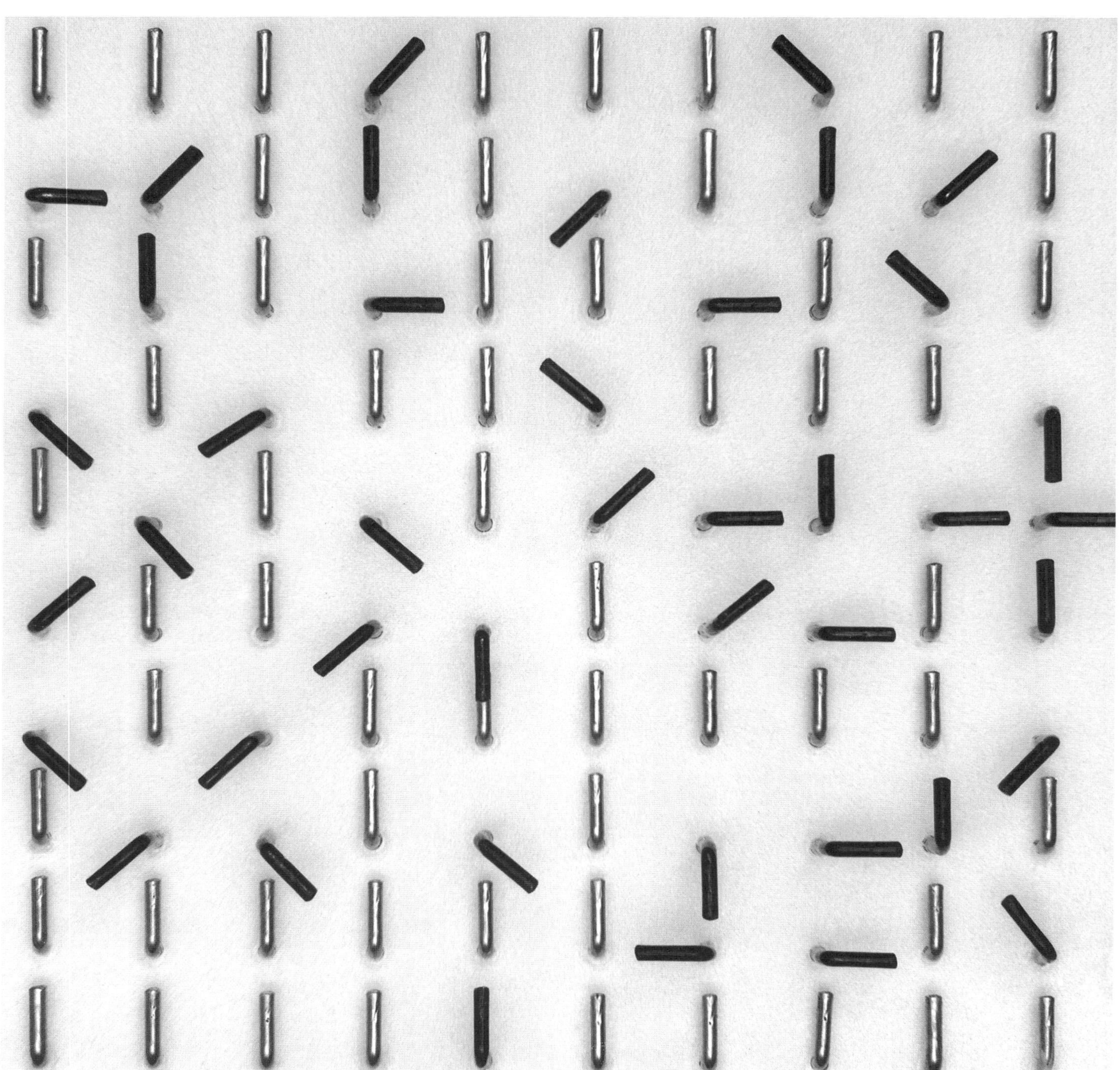

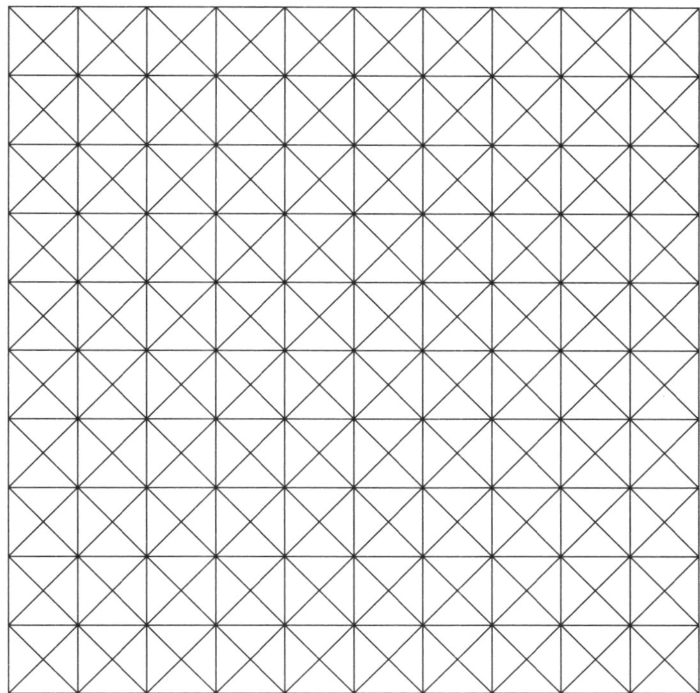

'These lovely illustrations recall to mind that even Bach did not consider the writing of finger exercises below his dignity and that, because he wrote them, they are more than mere exercises. The answers to many of the vexing problems which plague art education and training today might be easier to come by if there were more teachers with the artistic integrity, broad intelligence and deep responsibility of Armin Hofmann.'

It took time before I became conscious of how Hofmann's basic assignment with the Line would affect my own work in the future. Hofmann pruned his ingenious curriculum back to fundamentals. He was convinced that the more elementary the exercise, the more it would stimulate and empower the imagination of the student. As I observed the work of his experienced students and saw how it progressed over several semesters, I understood how Hofmann's teaching method had inspired their remarkable solutions.

One of his advanced students, for example, was working on the theme of expressing the characteristic sounds of the city, a kind of pictorial onomatopoeia, which gave rise to an unexpected visual vocabulary for a traffic poster. Through the combination of his abstract studies with an image of a child on a bicycle, another level of meaning was communicated, a symbolic association to noise, speed, danger. During my three-year apprenticeship I had not learned any means of structuring the development of an idea to final application. I wondered if it was too late, or if this was a process that I could teach to myself.

A friendship ensued with the above-mentioned student through our shared interest in modern and classical music, Stockhausen, Webern, Mozart, and Bach. It was rewarding to meet someone in the school whose ideas were unpredictable,

Continued on page 88

Haken konnten durch die auf eine vorgegebene Schrifthöhe gebrachte Platte heruntergeschraubt werden und wurden von den Farbwalzen nicht eingefärbt.

Es war ein alter Wunsch, nach Basel zu kommen, um die ungewöhnlichen Gestaltungsvorstellungen der beiden Lehrer Hofmann und Ruder kennen zu lernen, und ich hatte die Absicht, die gewonnenen Erfahrungen später zu einem eigenen Ausdruck umzusetzen. Die Schule wurde für mich zu einer klösterlichen Festungsanlage. Eine Weiterentwicklung war zunächst von hier aus nicht möglich. Die anhaltende Verunsicherung gegenüber meinen unterschiedlichsten beruflichen Wunschvorstellungen, die schon vor Basel bestanden hatten, liess eine ständig wachsende Unschlüssigkeit zurück, die zu dieser Zeit verständlich war.

Erst in den siebziger Jahren wurde mir bewusst, dass diese klösterliche Festung eine weltliche war, und ich begann nach über sieben Jahren das im Jahre 1965 erschienene Lehrbuch von Armin Hofmann zu lesen und zu verstehen. Das Vorwort des Amerikaners George Nelson gab mir eine zusätzliche Erkenntnis: 'Ganz eindeutig hat Hofmann sich dazu entschlossen, die Verantwortungen eines Bürgers der neuen Welt auf sich zu nehmen. Weil er ein wahrhaft bescheidener und ganz seiner Arbeit hingegebener Mensch ist, wäre es leicht möglich, dass die Bedeutung seines schlichten Buches übersehen wird. Wenn man seinen Worten nicht die ihnen gebührende Beachtung schenkte, würde nur ein abgestumpfter Mensch die ausserordentliche Schönheit und Feinheit des Bildmaterials nicht wahrnehmen, mit dem Armin Hofmann seine Gedanken veranschaulicht. Diese ansprechenden Beispiele rufen uns in Erinnerung, dass auch Johann Sebastian Bach es nicht für unter seiner Würde hielt, Fingerübungen zu schreiben, und dass, weil er sie schrieb, sie mehr sind als nur Fingerübungen. Hätten wir nur mehr Lehrer mit der künstlerischen Integrität, der umfassenden Intelligenz und dem tiefen Verantwortungsbewusstsein, wie Hofmann sie aufweist: Die Lösung all der schwierigen Probleme der künstlerischen Erziehung und Ausbildung wäre um vieles leichter.'

Seine Aufgabenstellungen waren nicht nur unerlässliche Grundübungen. Er hatte in den älteren Jahrgängen eine Anzahl von Schülerinnen und Schülern, deren Arbeiten mich begeisterten. Ich kam zu der Erkenntnis, dass diese Übungen unvermeidlich und notwendig waren, um mit den erlernten Erkenntnissen und Erfahrungen darauf weiter aufbauen zu können.

Eine bemerkenswerte Arbeit eines Schülers hatte die Aufgabe, den täglichen Stadtverkehr in eine eigentümliche Lautmalerei, in ein Geräuscheplakat, umzusetzen. An diesem für mich neuartigen Arbeitsbeispiel konnte ich erkennen, dass Hofmanns Grundübungen die dazu erforderliche Voraussetzung waren. Während der dreijährigen Lehrzeit hatte ich die notwendigen Grundlagen nicht erlernt, um derartige Bildgefüge entwickeln, entwerfen und anwenden zu können. Dieses Wissen erschien mir zunächst unerreichbar.

Durch die neue und alte Musik, wie Stockhausen, Webern, Mozart und Bach, entstand eine freundschaftliche Verbindung mit dem erwähnten Schüler. Die neuen Versuche, auch Musik

Fortsetzung Seite 88

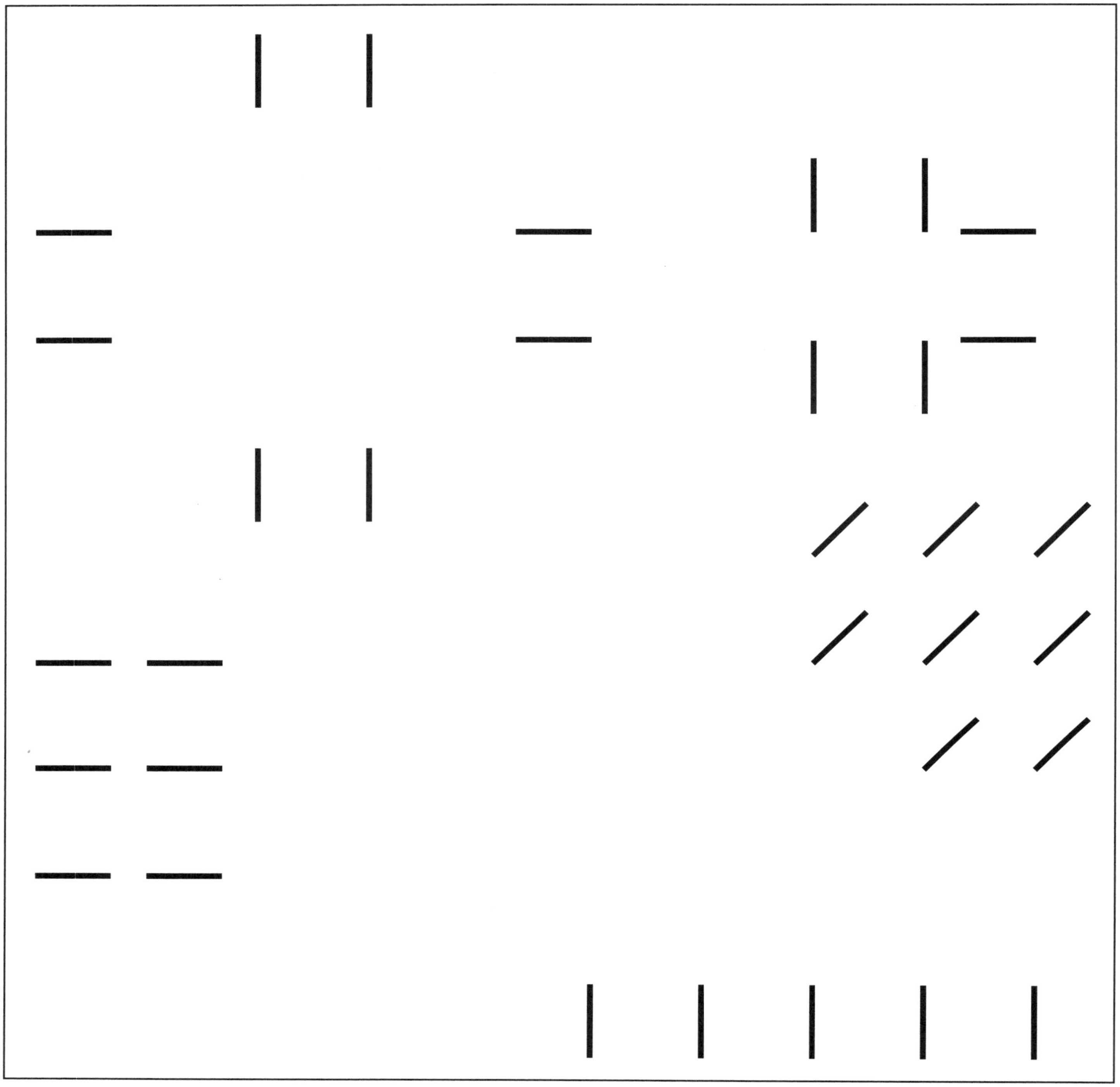

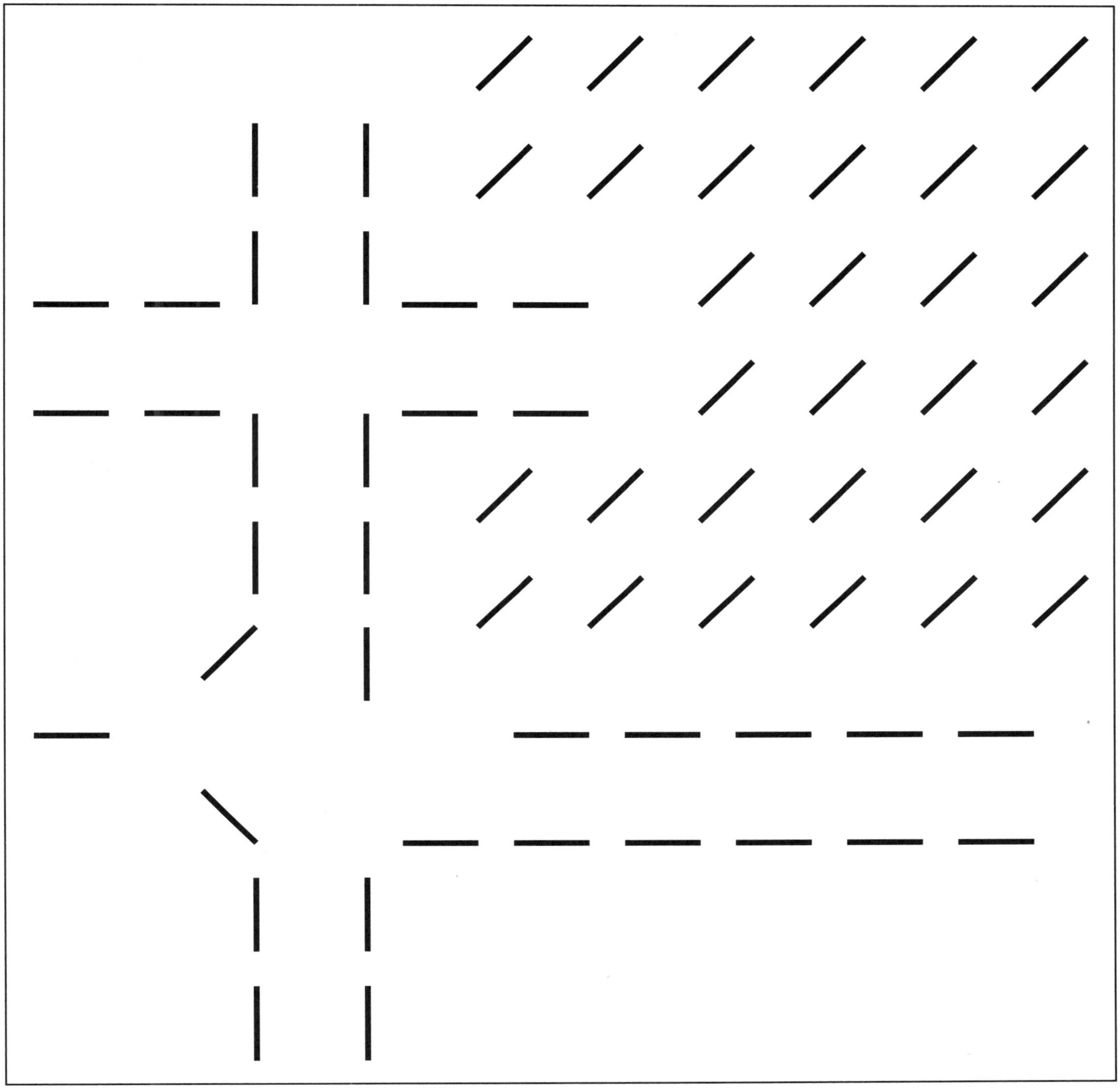

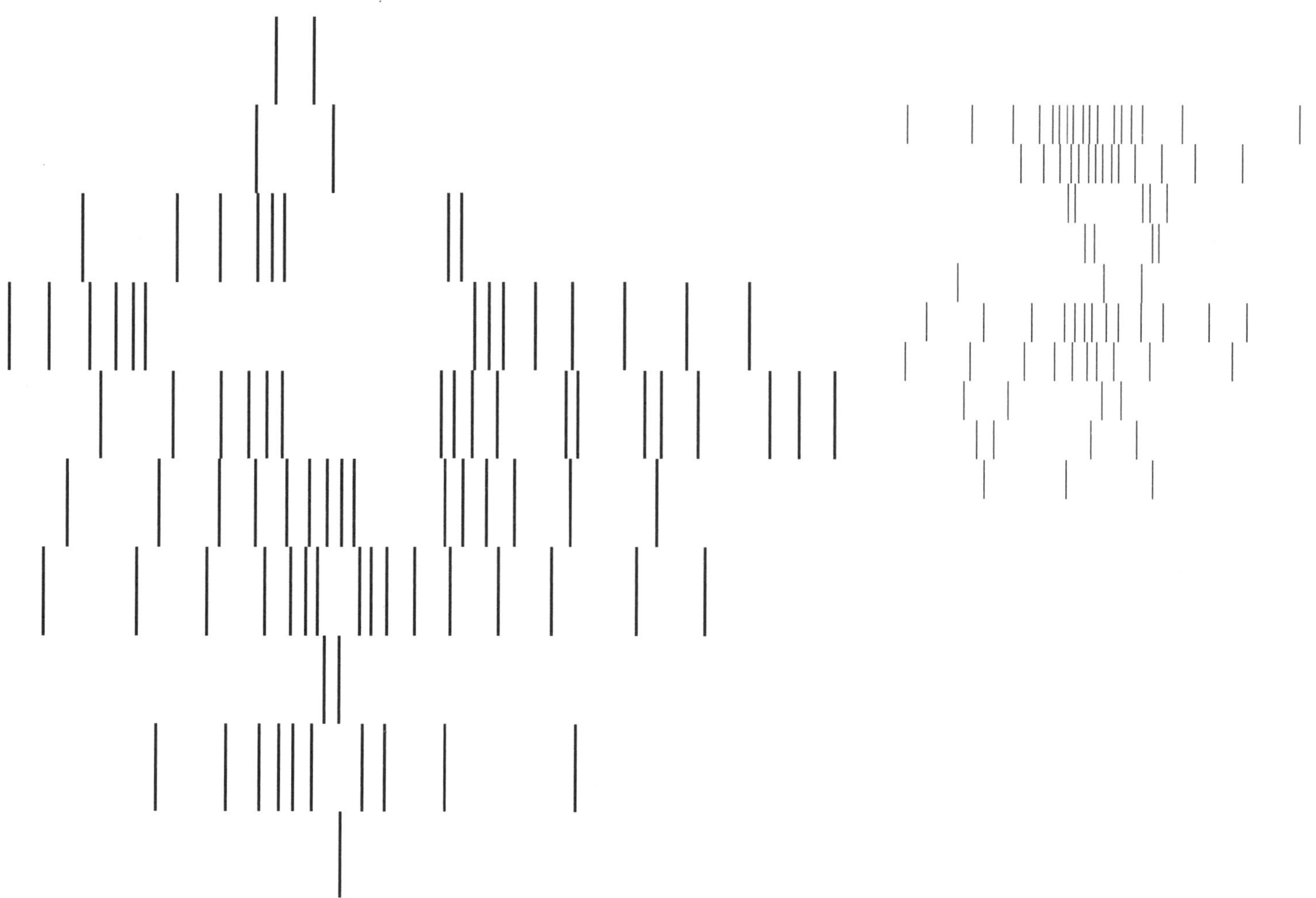

and who conceived of typography as illustrated music. One of the first reformers of Swiss Typography, his approach was in sync with mine. As we refined our ideas together, both of us resolved that a word or line of text would interact with the white space of the page by increasing the space between the letters, thereby enhancing the rhythm of the whole. These manipulations with text were an unusual departure from the way typography was taught in Basel.

In Emil Ruder's typography classes most students were enamored with the typeface Univers. It was designed for the type foundry Deberny & Peignot in Paris in the late fifties by Ruder's colleague, Adrian Frutiger; its neutral character perfectly coincided with Ruder's concept of typography. He encouraged his students to explore the potential of this new, popular typeface with its twenty-one streamlined variations. Too slick for my taste, I respected the design of Univers, but preferred the ruggedness of Akzidenz-Grotesk.

In doubt about my decision to study in Basel, I resorted to cutting and etching pictures in linoleum, and printed color variations in small editions on the letterpress. I also persevered with the Line Pictures, and became more enthusiastic about this basic exercise. Using lengths and widths of metal

bildhaft umzusetzen, gaben mir Einblick in eine Welt, die von der Basler Schule abwich, und ich wurde ermutigt, meine Vorstellungen zu verfeinern. Er wurde für mich zu einem der ersten Veränderer der *Schweizer Typographie*. Seine Auffassung von typographischer Gestaltung deckte sich mit meinen Überlegungen und weiteren Vorhaben. Wir waren davon überzeugt, dass sich ein gesetztes Wort durch Sperren – das Erweitern der Buchstabenabstände – besser in einen gegebenen Raum einfügen würde.

Eingriffe in Wörter, Zeilen oder Satzblöcke waren zur damaligen Zeit an der Schule ungewöhnlich. In Emil Ruders Typographie-Klassen beschäftigten sich viele mit den neuen Gestaltungsmöglichkeiten der erfolgreichen Schrift Univers mit ihren einundzwanzig Schnitten, die von seinem Freund Adrian Frutiger in den fünfziger Jahren für die Schriftgiesserei Deberny & Peignot in Paris entworfen wurde.

Zweifelte ich an meinem Entscheid für Basel, schnitt und ätzte ich wieder Bilder in Linoleum, um sie schwarz oder mehrfarbig in einer kleinen Auflage auf der Handdruckpresse zu drucken. Die Schulsetzerei wurde zu einem zweiten Heimatort. Hier entdeckte ich, dass die Grundübungen aus dem

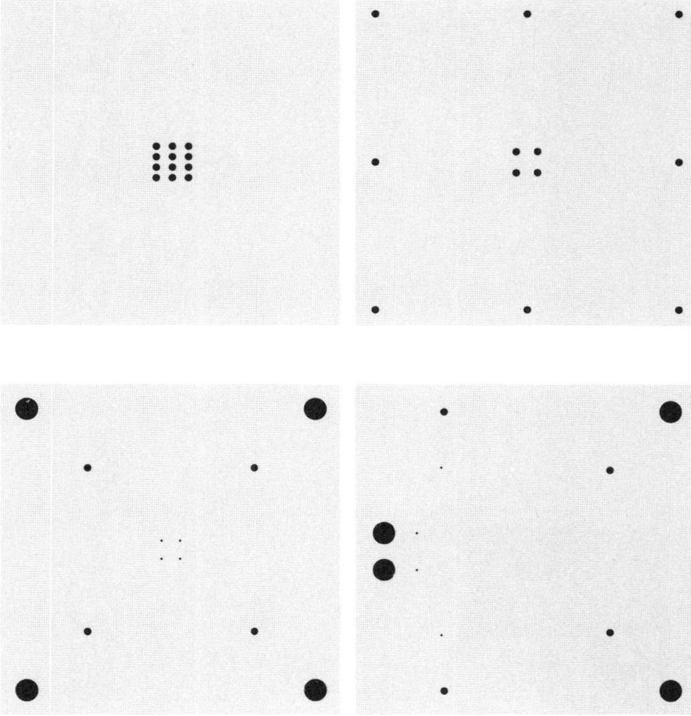

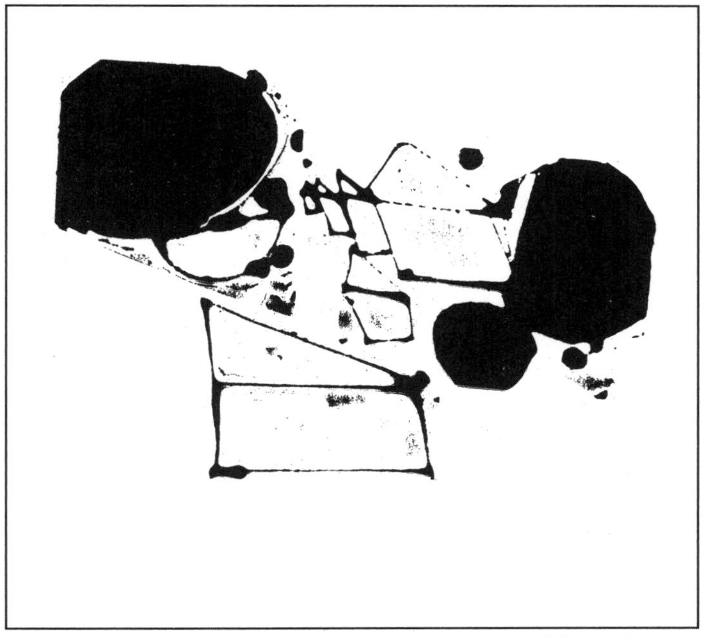

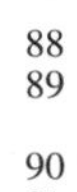

rules and lines, locking up the handset compositions with the usual type furniture and material, I refined my technique and ideas beyond the initial rudimentary L-hook compositions. I was not Ruder's official student, but he generously allowed me to work in the typeshop under his observation and make frequent use of the facilities at any time. I sensed a growing rapport with the master, when with characteristic reserve, he expressed his astonishment over my printed results.

In 1961 Gautam and Gira Sarabhai, the well-to-do owners of textile factories and chemical dye plants in India, initiated the idea of establishing a school for design in Ahmedabad. Supported by the Indian government their intention was to effect cooperation between education and industry, in the belief that a training program in design would benefit the small industries of India. Regulated funds which financed the plan came from the city, private industry, the federal government, the government of Gujarat, and from the American Ford Foundation.

Over the years the National Institute of Design, as the school was named, invited an impressive roster of international experts from an unusually wide variety of fields to complement a newly developing design program. Professors in residence and guest lecturers included designers Hans Gugelot, Herbert Lindinger, and filmmaker Christian Staub from the Ulm school; Ray and Charles Eames, Saul Bass, Ivan Chermayeff, and Leo Leonni from America; architects Frei Otto and Louis Kahn, the type designer Adrian Frutiger, the composer John Cage, the painter Robert Rauschenberg, and engineer-architect-inventor Buckminster Fuller.

Continued on page 92

Unterricht von Armin Hofmann mit Hilfe verschieden langer und fetter Messinglinien und dem notwendigen Satzmaterial auch technisch nachvollziehbar waren: Es entstanden die Linienbilder. Emil Ruder war von diesen gedruckten Blättern überrascht. Es ergab sich daraus eine zurückhaltende Annäherung, verbunden mit seiner Grosszügigkeit, die Schulsetzerei und ihre Handdruckpressen jederzeit benützen zu dürfen.

Armin und Dorothea Hofmann gingen im Januar 1965 für ein halbes Jahr nach Indien an das National Institute of Design in Ahmedabad, um mit Unterstützung der amerikanischen Ford Foundation die Graphik-Abteilung aufzubauen. Während seiner Beurlaubung, die mit einer Reise durch Persien endete, konnte ich die Linienbilder verfeinern und ergänzen.

In der Zeit von Hofmanns Abwesenheit übernahm Kurt Hauert seinen Unterricht, und er stellte mir die zweite Grundübung als Aufgabe: Den Punkt. In dieser Klasse fühlte ich mich nicht unter Druck und versuchte, seinen Unterricht regelmässig einmal in der Woche zu besuchen.

Die Schule in Ahmedabad lud aus verschiedensten Ländern bekannte Fachkräfte zu Vorlesungen oder für einen befristeten Lehrauftrag ein. Sie kamen aus den Gebieten der Graphik, der Produktgestaltung und der Architektur. Es waren darunter Hans Gugelot, Herbert Lindinger und der Filmer Christian Staub von der Hochschule für Gestaltung in Ulm, Ray und Charles Eames, Ivan Chermayeff, Saul Bass, Leo Lionni aus Amerika. Die Architekten Frei Otto und Louis Kahn, der Schriftentwerfer Adrian Frutiger, der Komponist John Cage, Robert Rauschenberg und Buckminster Fuller waren ebenso auf der Besucherliste zu finden.

Es hatte sich während dieser kurzen Zeit zwischen Christian Staub, Dorothea und Armin Hofmann eine freundschaftliche Verbindung entwickelt. Die Berührungspunkte zwischen Basel und der Ulmer Schule waren in der Gestaltung für Aussenstehende ähnlich und unverkennbar, nach den

Fortsetzung Seite 92

The Simpler the Assignment, the more Difficult the Solution.

Je einfacher die Aufgabenstellung,
um so grösser ihr Schwierigkeitsgrad.

eine Veranstaltung der Schülerzeitschrift **K**

Montag 11. Januar 1965, 19.30 Uhr,
in der Aula der Gewerbeschule

Typographie
des Holzschneiders
hap Grieshaber

hap Grieshaber erzählt aus
dem stegreif, diskutiert mit den
Schülern, liest sein Essay
über die Gebrauchsgraphik,
zeigt einen Film, den seine Schüler
gedreht und gespielt haben,

Ausstellung ab 6. Januar 1965
täglich im Foyer
vor der Aula der Gewerbeschule

stellt mit Dias die Arbeit
und Begabung junger deutscher
Graphiker zur Diskussion.

h a p
Grieshaber

hap Grieshaber
zu Gast bei den Basler
Gewerbeschülern

Active in Ahmedabad were representatives from both the Basel and Ulm schools. The two schools are often undifferentiated by outsiders who believe that they shared a common philosophy of design education. In my opinion, they were ideologically opposed. The curricula of both institutions emphasized typography, but with one important difference. The teaching of typography in Basel was the result of long-

jeweiligen Auffassungen für mich jedoch gegensätzlich. Ulm arbeitete mit zwei Schriftfamilien und die Kleinschreibung wurde eingehalten. Die typographische Haltung der Lehrer war eine offensichtliche Anlehnung an die Typographie, ähnlich wie sie in Basel gelehrt wurde. Mit dem deutlichen Unterschied, dass diese nicht übernommen wurde: Sie hatte sich über Jahre hin schrittweise an unserer Schule entwickelt.

term development, based in traditions advanced over many decades, while in Ulm a stance on typography was adopted as an artificial creation that served to reflect an intellectual image. Often based on arbitrary restrictions the typographic design in Ulm was limited to the use of two typefaces, and capital letters were considered superfluous. This altered the appearance of the language substantially – in German, all nouns are capitalized.

The strict and rigorous dogma of the Ulm school found resonance in Zurich, significantly with the designer and architect Max Bill. At the beginning of the fifties Bill designed the new buildings for the institution and became its first director. Max Bill was a central figure among a group of artists and designers in Switzerland and Germany involved with the movement of Concrete Art that advocated a purist aesthetic without emotional bias. The approach taken by Armin Hofmann and Emil Ruder may have been considered too intuitive in Ulm. In any case, the school's respective ideals for design education and training did not coincide.

In January of 1965 Dorothea and Armin Hofmann were invited to Ahmedabad to organize a foundation course. In April of that year, I had the opportunity to visit them there for two days. At that time, the National Institute of Design in India was temporarily housed in makeshift quarters in the upper part of a museum designed by Le Corbusier in the mid-fifties while the new building just opposite the museum was under construction.

Once I had returned to Basel, while the Hofmanns were in India and on a journey through Persia, I had time to refine and complete the Line Pictures on my own. Substituting for

Durch die unverrückbaren und streng gehaltenen Ulmer Lehrvorstellungen haben sich deren Verbindungen mehrheitlich nach Zürich ausgerichtet. Verstärkt durch den Zürcher Architekten und Gestalter Max Bill, der die Gebäude der Ulmer Hochschule zu Beginn der fünfziger Jahre entwarf und während der ersten Jahre ihr Schulleiter war. Es waren Gestalter und Künstler, die sich zur konkreten Malerei bekannten und für die das unmittelbare Mitteilen von vertraulichen Gefühlen nicht im Vordergrund stand. Armin Hofmann und Emil Ruder waren vielleicht für die Ulmer Hochschule zu empfindsame Gestalter, die möglicherweise ihren Vorstellungen von Unterricht und Ausbildung widersprachen.

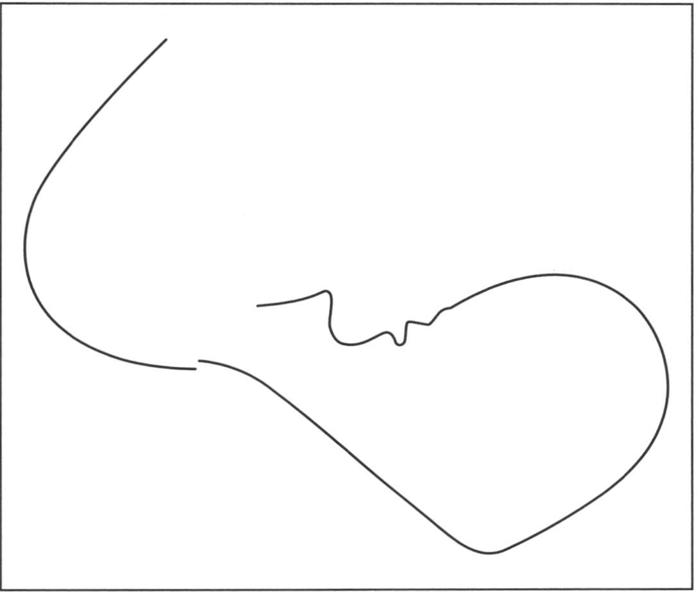

92
93

94
95

Im April 1965 besuchte ich Dorothea und Armin Hofmann für zwei Tage in Ahmedabad. Das National Institute of Design war für einige Jahre behelfsmässig im oberen Teil eines Museums untergebracht. Das Gebäude wurde in den fünfziger Jahren von Le Corbusier entworfen, und die Schule zog wenige Jahre später in eine gegenüberliegende Anlage, die während meines Besuches noch im Bau war.

Der Wunsch, 1961 in Ahmedabad ein National Institute of Design zu eröffnen, kam von der wohlhabenden indischen Familie der dort ansässigen Textil- und Farbchemiefabriken, Gautam und Gira Sarabhai, und der Regierung Indiens. Sie beabsichtigten eine Zusammenarbeit zwischen der Industrie und einer Hochschule für Gestaltung. Die Gelder zu einer regelmässigen Unterstützung kamen damals von der Stadt, der Privatindustrie, der indischen Regierung, der Regierung des Gujarats und von der amerikanischen Ford Foundation.

Die Schulsetzerei als mein beständiger Standort und das Arbeiten in diesen Räumlichkeiten lagen mir näher und waren ungerechterweise wichtiger als die anderen Schulstunden. Ich entwarf, setzte und druckte im Auftrag der Schülervereinigung Plakate für Vorträge, die in unserer Aula stattfanden, und versuchte gleichzeitig mit den vorhandenen Satzlinien

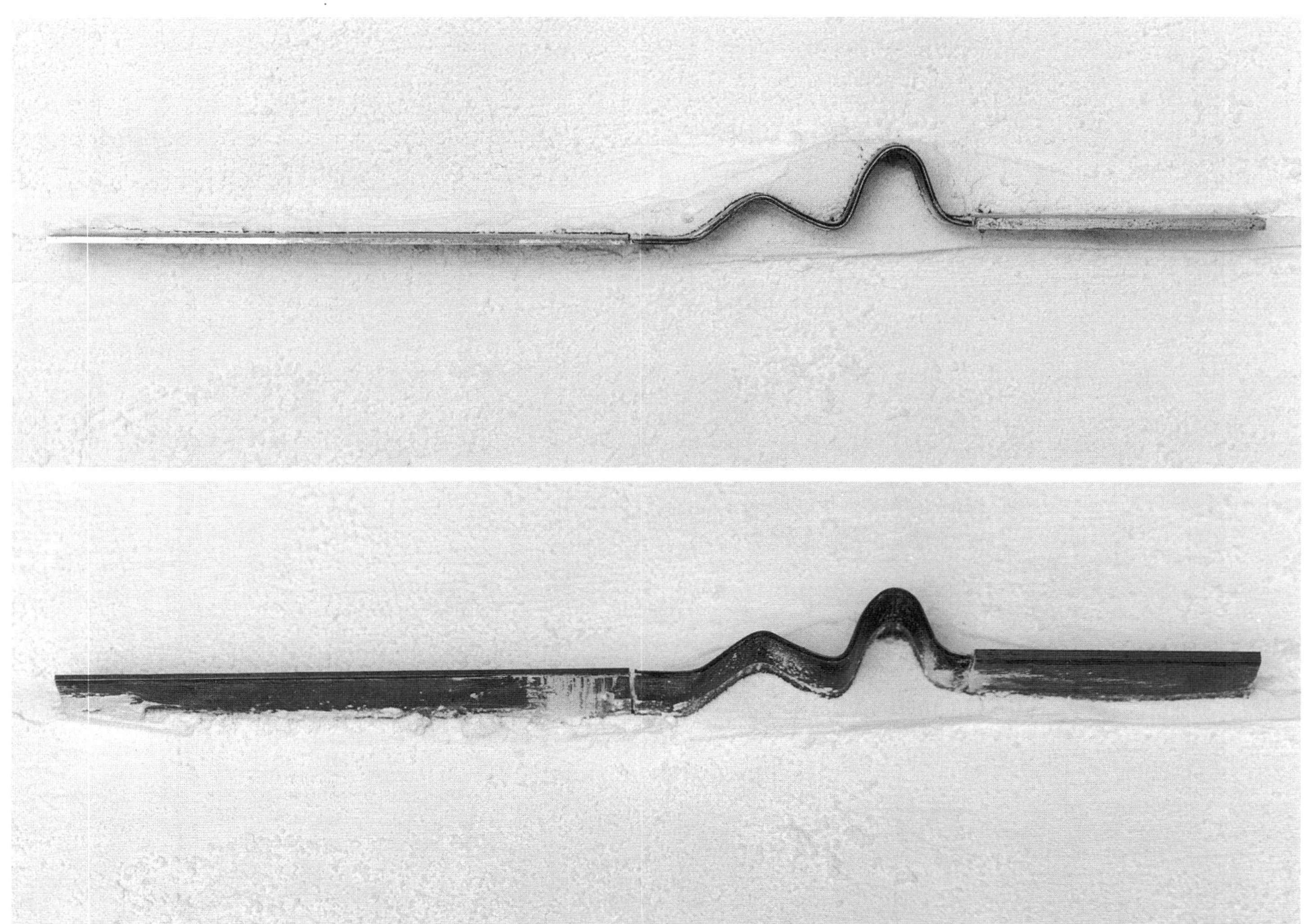

Hofmann while he was away, Kurt Hauert assigned us the second basic exercise: the Point. Not feeling under pressure, I tried to attend Hauert's weekly class regularly. Perhaps unfairly, I considered my independent work in the typeshop and designing posters for the student union to be more important than attending classes every day.

The next series of Line Pictures completed within the same year took yet another turn. The type material I was working with, the strips of metal that had a specific function in typesetting as leading or rules, presupposed that lines are straight and perpendicular, as is all hardware in letterpress printing. It occurred to me, why not bend the lead and copper lines into curved shapes or other contours? To ensure that these configurations would stand up and remain stationary in the bed of the letterpress without the aid of standard right-angled type furniture, I had to come up with various unconventional solutions. Within a frame I embedded the upright metal rules in liquid plaster, or secured them with blocks of lead either glued or taped to a platform in such a way that they remained fixed during printing. The next step in defying long-standing convention was inevitable: I felt limited by the standard sizes of metal and wood type.

Continued on page 100

die Linienbilder weiter zu entwickeln. Ich entdeckte dabei, dass Linien nicht nur für angewandte Arbeiten einsetzbar waren: Warum nicht einmal Blei- oder Messinglinien zu verschiedenartigen Umrissen biegen? Um die handgebogenen Linien während des Druckens auf dem Druckfundament zu befestigen, konnte ich verschiedene Hilfsmittel anwenden. Mit flüssigem Gips füllte ich die Leerräume oder umstellte die gebogenen Linien mit einzelnen aufgeklebten Bleiklötzchen. Sie blieben im Druckfundament unverrückbar. Nicht veränderbar waren die durch die Schriftgiessereien festgelegten Schriftgrössen. Diese ausgefallenen Versuche haben dazu beigetragen, dass ich mich Ende der sechziger Jahre, für eine unbestimmte Zeit, von der *Schweizer Typographie* getrennt habe.

Nach einem Jahr in Basel bestand ein zerstrittenes Verhältnis zur Schule. Auf Emil Ruders Drängen hin musste ich mich für eine Jahresaufgabe entscheiden oder die Schule im Frühjahr 1965 verlassen. Die Auseinandersetzung mit dem Buchstaben M war seit 1962 nicht abgeschlossen. Ein weiterer Versuch, eine Dunkelkammer in die Untersuchungen mit einzubeziehen, wurde Wirklichkeit.

Fortsetzung Seite 100

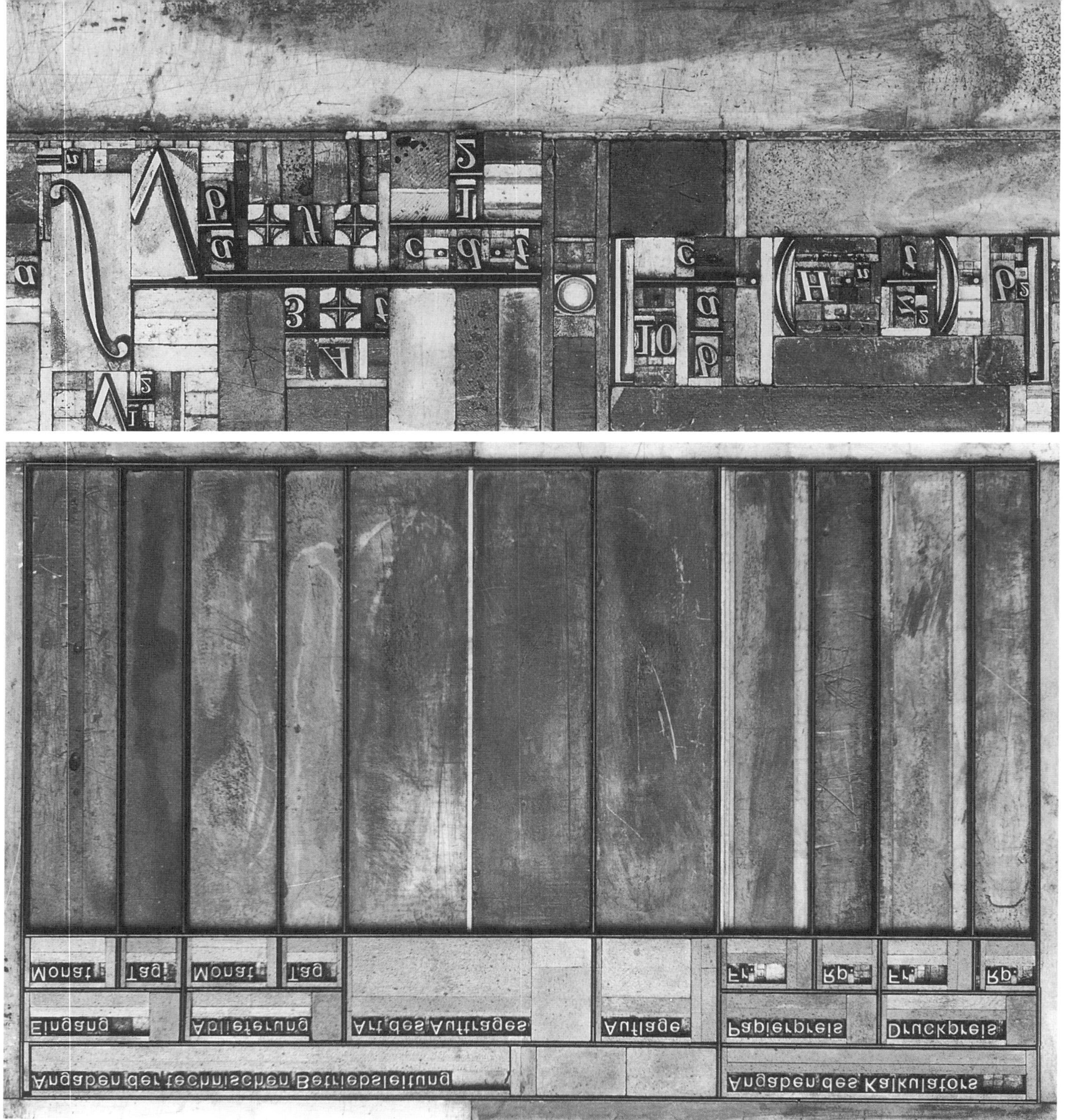

By the mid-sixties my irreverence for Swiss Typography had jeopardized my relationship to the Basel school. I had officially registered in the school with permission to stay for two years until spring of 1966, but Ruder was fed up with my troublemaking. I was stirring up a rebellion with a group of students by inviting controversial artists to give lectures; Hap Grieshaber was one of them. Ruder gave me the ultimatum: either I commit myself to a year-long project for the duration of my enrollment, or leave school by the next semester.

Einige dieser Arbeiten, waren eine unerlässliche Bereicherung, verglichen mit den festgelegten Schriftgrössen, die im Handsatz erhältlich waren.

Ich konnte Ruder von diesem Vorhaben überzeugen und den Versuch beginnen. Dabei war er, wie im vorangegangenen Jahr, der Beobachter im gefürchteten weissen Arbeitskittel. Seine gebräuchliche Bemerkung auf schweizerdeutsch zu meiner Arbeit, *Es hat etwas Schönes*, gab mir Mut und die bestimmte Gewissheit, auf dem richtigen Weg zu sein.

I hadn't come to terms with the Letter M project, begun in 1962, and decided to take it up again and complete it. To free myself from the standard sizes of letters in the typecase, I photographed letterpress proof prints of the capital M, and made enlargements and reductions in the darkroom. The new possibilities seemed endless.

Ruder, intimidating in his white lab coat, reacted to my preliminary designs with an understated remark in his Swiss dialect, 'has something nice about it.' Coming from Ruder it was enough to give me the courage to continue, indicating as it did, that my work was interesting. Having proved my sincerity and discipline, and probably because Ruder was curious about the direction that the M project would take, I was not prematurely expelled from school.

By the end of a two-year term as an independent student, I had become so engaged with my work that I didn't want to leave. Hofmann extended my permission to stay and Ruder extended privileges in the typeshop. This mutual commitment was the chance to crystallize something in my work, which was as yet undefined.

Between 1966 and 1968 I worked part-time as an assistant typesetter in a Basel printing firm. After standard forms for a chemical company had been printed, it was my job to return the type to the typecase. I compensated for this monotonous work by continuing with my Line Pictures during the lunch break, printing many design variations directly on a handpress without preplanning.

With my earnings I was able to rent a room in the heart of the old town on Imbergässlein 9. In many ways this two-year interim in Basel was a time of great personal transition. I wasn't counting on being offered a teaching position, and even contemplated other career possibilities. My only consistent thought came in the form of a nagging question: how Swiss Typography would or could change. Its influence on the international design scene was still strong, but it seemed to me a dead end. I had the feeling that the time had come to breathe new life into such a rational form of typography, but could not imagine in what context.

Dissatisfied with the grim standard of living in postwar Europe, the nonsense and futility of the Vietnam war, and the indifference displayed in daily life, the young people of my generation were irreconcilable and unrelenting in their quest to redefine the ideals of our society. Many believed it would take a violent countermovement to effect change. The student protests and ensuing social controversy led to the inevitable consequence of sharply curtailed funding for many schools, including the Ulm School of Design. It closed down at the end of 1968.

In schools and universities activist groups goaded and stirred up the students, raising doubts about the credentials of their professors. Underground flyers were produced and distributed. The typography was snipped out, pasted down, and quick-printed. It signaled that a fresh, exciting new era was brewing out of authentic creative motivation, and not out of aesthetic formalism.

Er war offensichtlich von meiner M Untersuchung beeindruckt, ich blieb weiterhin in Basel und konnte ungestört die selbstgestellte Aufgabe in seiner Setzerei weiterführen. Emil Ruder wurde ab dem Frühjahrssemester 1965 Direktor.

Meine beiden Schuljahre waren an Ostern 1966 vorüber und die Sondererlaubnis blieb für mich bestehen. Ich durfte die Einrichtungen jederzeit weiter benutzen. Das grosszügige Angebot war eine verbindliche Herausforderung. Zugleich war es eine einmalige Gelegenheit, das Suchen nach etwas noch Unbestimmten fortsetzen zu dürfen.

Zwischen 1966 und 1968 arbeitete ich als Hilfssetzer in einer Basler Verlagsdruckerei. Meine Arbeit bestand im Ablegen von handgesetzten Formeln für eine Chemiefachzeitschrift sowie Vordrucken mit eingebauten Linien und Büchern. Als Ausgleich entwarf und druckte ich während der Mittagszeit unmittelbar auf einer Handdruckpresse Linienbilder.

Mit dem verdienten Geld mietete ich einen Arbeits- und 100 101
Wohnraum inmitten der Altstadt, im Imbergässlein 9. Es war
die Zeit, über weitere Entwicklungen nachzudenken. Dies 102 103
war eng verbunden mit der Suche nach anderen beruflichen Möglichkeiten und mit der Vorstellung, die *Schweizer Typographie* zu verändern. Sie hatte immer noch einen gewichtigen, grenzüberschreitenden Ruf innerhalb der Gestalterwelt. Doch schien mir, dass sie für die kommenden Jahre zu wenig entwicklungsfähig war. Ich glaubte daran, dass es der richtige Zeitpunkt sei, den sachlichen Ausdruck dieser Typographie zu verändern und zu erneuern.

Die aufkommenden Studentenunruhen, das Suchen nach etwas Neuem, die Unzufriedenheit, die mit dem Nachkriegswohlstand einherging, der immer rücksichtsloser werdende Krieg in Vietnam, die weit verbreitete Gleichgültigkeit den täglichen Gewohnheiten gegenüber machten die Menschen reizbar, unruhig und unaufhaltbar. Viele glaubten an eine gewaltsame Veränderung. Dass die Hochschule für Gestaltung Ulm Ende 1968 ihren Unterricht aus ähnlichen Gründen und wegen Geldschwierigkeiten schliessen musste, war ein Beispiel von vielen.

An den Schulen und Universitäten wurden im Geheimen Flugblätter vervielfältigt und verteilt. Bestimmte Kreise versuchten junge Menschen aufzustacheln, um das Können und Wissen von Hochschullehrern mit langjähriger Erfahrung in Frage zu stellen. Die typographischen Anordnungen auf den Flugblättern wurden mit der Schere zusammengeschnipselt, aufgeklebt und kopiert. Vielleicht war es auch die Typographie einer Aufbruchstimmung in eine andere Welt des Gestaltens: Beispiele, von denen alle etwas lernen konnten. Sie waren anregend und erfrischend in ihrem Ausdruck.

Die Studenten entdeckten, dass ein Wort oder eine Zeile nicht nur gesetzt werden musste, um sie danach drucken zu können. Sie schnitten Unwichtiges weg und unterstrichen Wichtiges mit verschieden fetten Linien. Sie stellten Zeilen schräg von oben nach unten, setzten den Satz rund. Der Umgang mit mehreren Schriftgrössen wurde wieder entdeckt. Es war 1968, das Jahr, in dem ich begann, an der Basler Kunstgewerbeschule Typographie zu unterrichten.

The students knew that words or phrases did not have to be typeset in order to be reproduced. Using magazine or newspaper print, they cut away unimportant words or letters and emphasized their new message with bold underlines. Type running diagonally across the page, from bottom to top, positioned in a circle, in many styles, in every size, and in any combination that communicated what there was to say, led to an expression that reinvented typography.

During these two years I took two extended journeys through Lebanon, Syria, and Jordan. Intertwined with my work, they had two main purposes. I was consciously seeking the creative connection between the intense emotions experienced on my trips and the passion for my profession. Secondly, with the help of my old Rolleiflex, I wanted to document my impressions. The resulting series would transform my typography into pictures.

A regular service between Damascus and Palmyra in a small, two-engine airplane ran on Fridays and Sundays. The low-altitude flights afforded an ever-changing perspective of the landscape: the hard-edged contours of the mountain ranges, the barren gorges that were once river beds, the dry, red-toned plains, and the stepped, indescribably austere desert. Although the military forbade photography for strategic reasons, the view was so riveting that I photographed from the airplane window despite the risk.

Another series included close-ups of buildings and walls in the old city of Jerusalem and of settlement houses in the southern area of Damascus. I also photographed Bosra, which has the best-preserved Roman theater of the ancient world, and Baalbek in Lebanon.

Baalbek is situated on the vast Beqaa plateau between Damascus and Beirut. After Alexander's conquest the region was settled by the Greeks and the city was named Heliopolis. Under the reign of Augustus, a popular cult worshipped the Sun god, Jupiter Heliopolitan. When Heliopolis became a Roman colony, the emperors erected great monuments in honor of their trinity: a temple to Jupiter, another temple to Venus, and a sanctuary to Mercury. The ancient ruins offer eloquent testimony to their former splendor.

In 1957 an open-air theater was built on the archeological site for an international audience. When the opera by Christoph Willibald Gluck, 'Orpheus and Eurydice' and a play by Jean Cocteau were performed in the early sixties, my own entertainment was the evening sky.

Founded in the second century BC the city of Palmyra developed into the most important trading center between the Syrian coast of the Mediterranean and Mesopotamia. Later it became an independent province under the Roman Empire reaching as far as Asia Minor and Egypt. As its commerce flourished, Palmyra amassed magnificent treasures, and was regarded as the richest city of the ancient world.

Continued on page 106

Zwei Jahre zuvor unternahm ich meine beiden vorläufig letzten Reisen durch den Libanon, Syrien und Jordanien. Sie waren für meine weitere Entwicklung unerlässlich.

Zweierlei war für diese langwöchige und aufwendige Unternehmung entscheidend. Durch ein bewusstes Reisen beabsichtigte ich, das Erlebte und Gesehene mit meinem Beruf in Einklang zu bringen, und mit Hilfe meiner alten Rolleiflex wollte ich Bilder festhalten, die, hintereinander gereiht, Bildgeschichten ergäben und somit in einer engen Beziehung zu meinen typographischen Vorstellungen stehen könnten. Diese beiden Gründe sind zu einem Wechselspiel zwischen unersetzbaren Erinnerungen und meiner Arbeit geworden.

Diese wie auch die früheren Reisen gaben mir Gelegenheit, die syrische Wüste besser kennenzulernen. Es waren Eindrücke der Weite und Kargheit: Von der Luft aus gesehen spitze Felsblöcke, Gebirgszüge, ausgetrocknete Flussbecken und rot getönte Felder.

Herr Weingart hat die Erlaubnis bis 21 h an der Presse zu arbeiten

10. 2. 65
Ruder

Die regelmässigen Flüge freitags und sonntags von Damaskus nach Palmyra und zurück wurden mit zweimotorigen Kleinflugzeugen durchgeführt. Ihrer niederen Flughöhe wegen wurden diese Unternehmungen immer wieder zu einem neuen und einzigartigen Erlebnis. Meine Flugaufnahmen entstanden ungeachtet des strengen Photographierverbotes aus militärstrategischen Gründen. Diese Eindrücke machten mir Mut und regten mich an, sie in eine unmittelbare Beziehung zu meiner typographischen Arbeit zu stellen.

Hinzu kamen Bilder aus dem libanesischen Baalbek und dem in Syrien gelegenen Bosra, mit einem der besterhaltenen römischen Theater aus der alten Welt. Sie wurden ergänzt mit Gebäuden und Gemäuern aus der Altstadt von Jerusalem und Abbruchhäusern im südlichen Bereich von Damaskus.

Baalbek, zwischen Damaskus und Beirut in der weiten Beqaa-Ebene gelegen, wurde unter Augustus zu einer römischen Kolonie und zu einem wichtigen Kulturmittelpunkt des Vorderen Orients. Die Kaiser liessen für den Sonnengott

Fortsetzung Seite 106

104
105

In 260AD the city was the center of the kingdom of Queen Zenobia, who defied Roman rule, was captured, and as the story goes, sent back to Rome as a prisoner in golden chains. The opulent oasis city of Palmyra was eventually pillaged and destroyed by Emperor Aurelian in 273AD.

In 634AD Palmyra was occupied by Khalid Ibn el Walid, and in 745AD the last of the Ommayad caliphs, Marwan II, captured the city, which was in revolt, and razed its fortification walls. For centuries Palmyra was forgotten until two British merchants discovered its ruins in 1678. Seventy-three years later two Englishmen, Wood and Dawkins, drew up a plan of the city and made drawings of the old monuments. Supported by the Syrian Department of Antiquities and Swiss and Polish archeologists, intensive research was resumed in 1945 as more and more travelers began to visit Palmyra. I wandered for days exploring the site and its museum filled with gravestones, inscriptions, mosaics, sculptures, bronze work, and ceramics, all unearthed from the great, desolate plains of the desert.

Inspiration also came from an earlier trip in India to the cities of Pushkar and Nathdwara in the state of Rajasthan. The immense murals that I saw there gave me the incentive to try large-format linocuts. The facades of the houses were visual narratives. In the palace of a maharajah, elephants were painted larger-than-life. Soldiers on white, prancing horses with elaborately decorated harnesses, female and male servants balancing costly jugs and incense burners, shepherds with their herds of cows, and costumed villagers all crowded together in scenes of daily life. I was moved by the gaiety of their gestures and the beauty of the colors.

Preparing to return to Switzerland, I discovered that I had only five American dollars to last me for the one-week train journey from Aleppo via Adana, Kayseri, Ankara, Istanbul, Sofia, Belgrad, Kufstein, and Innsbruck back to Basel. In 1966, my round-trip ticket between Basel and Aleppo, a city in northern Syria near the border of Turkey, cost 379 Swiss francs. I had the ticket but not enough extra money to buy food or film. I considered hocking my Rolleiflex in Palmyra for twenty dollars to a Bedouin I met in Hotel Zenobia, but luckily managed to avoid having to part with my irreplaceable companion by borrowing one hundred German marks from the German Consulate in Istanbul.

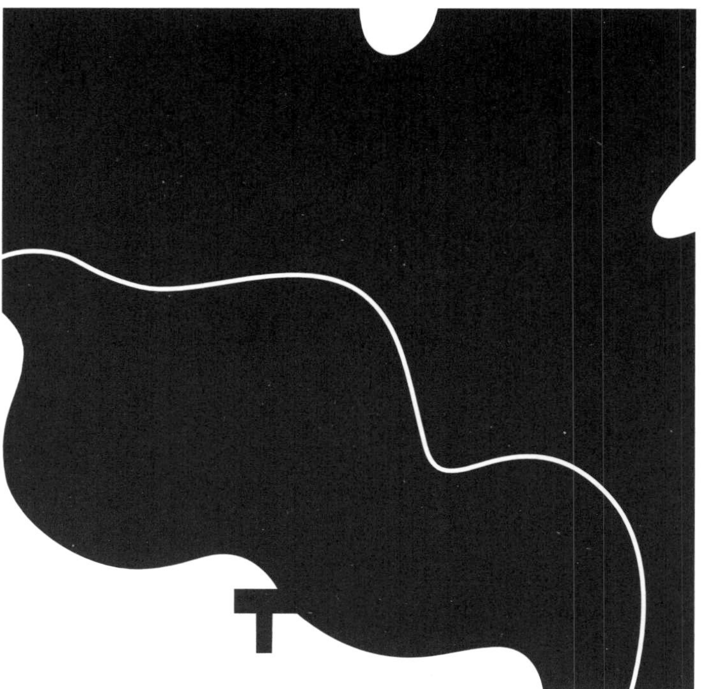

Jupiter Heliopolitanus einen Tempel errichten, dem weitere folgten. Seit 1957 dienten im Sommer die Grabungsanlagen für internationale Festspiele mit Theater und Musik. Zu Beginn der sechziger Jahre konnte ich die Oper *Orpheus und Eurydike* von Christoph Willibald Gluck mit französischen Musikern und ein Theaterstück von Jean Cocteau unter dem nächtlichen Himmel miterleben.

Im zweiten Jahrhundert vor Chr wurde Palmyra gegründet. Die Stadt entwickelte sich zu einem wichtigen Handelsplatz zwischen der syrischen Mittelmeerküste und Mesopotamien. Später wurde Palmyra ein selbständiges, für einige Zeit römisches Reich, welches sich vorübergehend bis nach Kleinasien und Ägypten ausdehnte. Im Jahre 260 nach Chr wurde die Stadt zum Mittelpunkt des Reiches der Königin Zenobia. Diese machte aus Palmyra eine der prunkvollsten und reichsten Anlagen der damals bekannten Welt. Sie nahm den Kampf gegen Rom auf, wurde aber 273 von Kaiser Aurelian geschlagen, der die Karawanenstadt zerstören liess.

Palmyra wurde 634 von Khalid Ibn el Walid besetzt und 745 nahm der letzte Omaijadenkalif Marwan der Zweite die aufrührerische Stadt ein und liess die Mauern schleifen.

1678 entdeckten zwei englische Kaufleute die Ruinenanlagen von Palmyra. Die Engländer Wood und Dawkins fertigten 1751 die ersten Pläne und Zeichnungen des Geländes an und ab 1945 begannen die Ausgrabungen durch den Staatlichen Syrischen Altertümerdienst, unterstützt durch schweizerische und polnische Archäologen. Die weit ausgedehnten Anlagen und die in einem behelfsmässigen Museum ausgestellten Grabplatten, Inschriften, Mosaiken, Bronzearbeiten, Skulpturen, Keramiken und weiteren Fundgegenstände der Ausgrabungsarbeiten liessen mich für mehrere Tage in dieser einsamen und leicht hügeligen Steppenlandschaft verweilen.

The timing was right to push typography in a new direction. Not only did I experiment with unusual letterspacing, I was also curious about the effect of repeating the same word again and again on the same page. The spontaneous act of cutting out linoleum pictures with a knife led to further letter-shape abstractions. One of the first students in our graduate program, Philip Burton, discovered that warming a sheet of linoleum with a hair dryer made it softer and easier to cut

Ich hatte vor meiner Rückfahrt in die Schweiz noch fünf amerikanische Dollars, um mich während einer einwöchigen Zugfahrt von Aleppo über Adana, Kayseri, Ankara, Istanbul, Sofia, Belgrad, Kufstein und Innsbruck nach Basel zu verpflegen. Die Fahrkarte vom November 1966 für die Hin- und Rückfahrt Basel–Aleppo, der nördlichsten Stadt Syriens zur Türkei hin, kostete 379 Schweizer Franken. Meine Absicht, die dreissig Jahre alte Rolleiflex in Palmyra im Hotel Zenobia

Himmelblau
Blau
Beige
hingestreuter
hingetupfter
weisser Punkt
weisse Kapelle
Kaktus
Steinödendistel
Steinöde
langsames Drehen
Windmühlensegel
Windmühlenkegel
weisse Treppe
sanfter Anstieg
in Grün
roter Hibiskus
schwarze Gestalt
winklige Gassen
blauer Schatten
weisses Licht
Schatten
Licht
trunken von Weiss
Kubenhäuser
Kuben
Steinplattenplatz
Mykonos
Oktober 1961
wartendes Boot
Millionenkörner
beiger Sand
atmendes Meer

with increased precision. Adaptable for letterpress we were able to produce our own printing plates in linoleum and print the images together with metal type. I used this technique for a (typo)graphic interpretation of poetry by Elsbeth Bornoz, an artist from Zurich, who wrote about her feelings and impressions of the Greek island Mykonos.

As a part of our training as typesetting apprentices, we were obliged to memorize 'correct' answers to a host of itemized questions. Hundreds of absurd questions and answers were set forth in teaching manuals for typography. One book was entitled, Preparing for the Typesetters' Qualification Exam. *In addition to plain facts involving mathematical calculations, the most varied and often confounding rules for design were prescribed. For example:*
1. What should a typographer take into consideration when designing a business card? The name is the most important

für zwanzig Dollars an einen dort lebenden Beduinen zu verkaufen, konnten wir abwenden. Ich behielt den unersetzbaren Begleiter, musste mir aber in Istanbul beim deutschen Konsulat hundert Mark ausleihen, um das Notwendigste für die Weiterfahrt kaufen zu können.

Es war der Ausgangspunkt und richtige Augenblick, meine Typographie-Vorstellungen in eine neue Richtung zu führen. Ich suchte nicht nur nach ungewohnten Wort- und Buchstabenabständen, die Untereinanderreihungen gleicher Worte machten mich ebenso neugierig wie die mit dem Messer in Linoleum geschnittenen Bilder.

Philip Burton, einer der ersten Schüler unserer Weiterbildungsklasse für Graphik, hatte ein Verfahren gefunden, das ermöglichte, mit einem Föhn das Linoleum zu erwärmen, um die Platten genauer und einfacher schneiden zu können. Es waren erfundene, dahingeschnittene Druckplatten und Bild-Text-Zusammensetzungen wie das Gedicht von der in Zürich

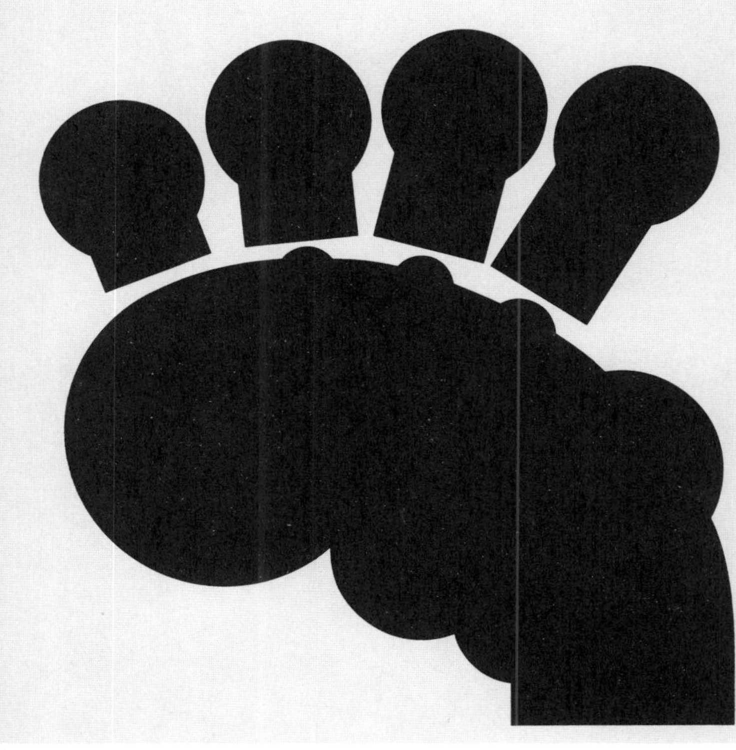

information and may be set in a medium or bold typeface. References to profession and address are to be set in six-point type. If the business card has only one line, it must be placed in the middle. Any additional information should then appear in the lower right- or left-hand corners.
2. Why should the typesetter avoid the use of underlining for emphasis? Because it destroys the beauty of a printed piece.
3. How does a typesetter design an invitation for a family gathering? The selected typeface should be of a neutral character; conspicuous type styles should be avoided. Do not set the type too large. A slightly larger type size is acceptable only for the salutation, the date, the occasion, or the name of the host and hostess.

Jan Tschichold was a master in setting forth standards for classical typography. At the beginning of the seventies he sent me a document which confirmed his standpoint on these matters: 'Good typography is not loud. A reasonably applied and readable type style is the first ingredient of good composition. Today, asymmetric composition is certainly feasible, however, typography is intrinsically symmetrical. A text block without indents is unclear. Indents help the reader by reinforcing the logical order of the text. The best typography is invisible to the reader and serves to transmit the thoughts
Continued on page 112

wohnenden Künstlerin Elsbeth Bornoz, die uns ihre Gefühle und Erlebnisse über die griechische Insel Mykonos mitteilte.

Dazu kamen Erinnerungen an frühere Reisen. Die haushohen, mächtigen Wandbilder in den indischen Radschasthanstädtchen Pushkar und Nathdwara gaben mir die Anregung für grossflächige Linolschnitte. Ich entdeckte an den Hauswänden meterhohe Sinnbilder, Elefanten und Reiter auf ihren weissen trabenden Pferden mit schmückendem Beiwerk an einem Maharadschapalast in Nathwara, Dienerinnen und Diener, die kostbare Krüge und Räuchergefässe trugen, Kuhherden von grüssenden Hirten begleitet und Einheimische in fröhlichem Beisammensein. Ich erlebte Bildgeschichten des täglichen Lebens aus dem nördlichen Teil Indiens, erfüllt von einer beeindruckenden Farbenpracht.

Bis zu meinem Unterrichtsbeginn im Frühjahr 1968 hatte ich Zeit, die verschiedenartigen Erlebnisse und Eindrücke in der
Dunkelkammer oder in der Setzerei der Basler Schule umzu- 108
setzen. Sie wurden während dieser Arbeit zu einem Wechsel- 109
spiel zwischen den mitgebrachten Bildern und dem Erlebten. 110
Weitere Untersuchungen, mit handgesetztem Satz zu entwer- 111
fen und andersartig damit umzugehen, als es während meiner Lehrzeit in Stuttgart oder an anderen Schulen gelehrt wurde, kamen hinzu.

In Lehrbüchern zur Typographie waren die unterschiedlichsten Regeln der Gestaltung beschrieben. Fragen und die dazu gehörenden Antworten mussten wir aus dem Buch *Die Gehilfenprüfung als Schriftsetzer* während unserer Lehrzeit befolgen und erlernen. Viele dieser Lehrsätze brachten uns immer wieder in einen Zwiespalt von richtig und unrichtig. Es blieben mir einige Fragen während der Abschlussprüfung in Erinnerung:
1. Was ist bei einem Satz einer Besuchskarte zu beachten: Der Name ist das Wichtigste und darf in einer halbfetten oder fetten Schrift nicht zu gross gesetzt werden. Angaben über den Beruf und Adresse sind in 6 Punkt, keinesfalls grösser als 8 Punkt zu setzen. Hat die Besuchskarte nur eine Zeile, muss sie auf Mitte gestellt werden. Weitere Angaben erfolgen darunter oder in der rechten oder linken unteren Ecke.
2. Warum sollte der Schriftsetzer auf die Unterstreichung als Mittel zur Hervorhebung verzichten: Weil es der schönen Gestaltung einer Drucksache schadet.
3. Wie gestaltet der Schriftsetzer den Satz von Einladungskarten für ein Familienfest: Die ausgewählten Schriften müssen von ruhiger Wirkung sein. Auszeichnungen in kräftiger Schrift sind zu vermeiden. Der Text ist nicht zu gross zu setzen. Nur für eine Anrede, Datum und Art der Veranstaltung und Namen des Gastgebers ist ein etwas grösserer Schriftgrad für Einladungskarten zu verwenden.
Fortsetzung Seite 115

and intent of the author. Beautiful text, a text well-composed, is legible. One of the highest virtues of good typography is its subtle elegance. It is not the duty of the typographer to consciously display or emulate the style of current trends, nor to reflect the spirit of the times. Typography must be itself. It must be pleasing to the eye and not tiring. Good typography has absolutely nothing to do with remarkable or exotic type styles. This is the opinion of amateurs. The essence of letterform is not modernity, but readability.'

It seemed as if everything that made me curious was forbidden: to question established typographic practice, change the rules, and to reevaluate its potential. I was motivated to provoke this stodgy profession and to stretch the typeshop's capabilities to the breaking point, and finally, to prove once again that typography is an art.

I intended to build a curriculum in typography that would challenge revered conventions and still respect the traditions and philosophy of our school – although, it seemed even to me, that this notion held a contradiction. What I did know for sure was that I had no alternative but to develop my course in a direction different from that of my colleagues. At the onset of my course, many teachers and several students within the school who were concerned with the subject of typography found my extreme viewpoint difficult to accept.

Outside of the school, a certain circle of designers were downright annoyed. To support their position they argued that such typography was unreadable, and therefore of no value. No client in their right mind would ever accept such ludicrous typography for any practical application.

In March 1964 I wrote an article for the trade journal Druckspiegel, with accompanying examples of my work from the preceding three years. It was supposed to be printed in Number 3/1966, but the publisher had reservations. The editorial staff maintained that if they published my ideas in full, they would lose their readership; as a result, a drastically revised version was printed. The original manuscript:

'The relationship between the graphic arts industry and design education cannot be ignored. Innovation in design is commensurate with advances in technology; this fact must be acknowledged and addressed by educators.

'Phototypesetting with its technical possibilities is leading today's typography into a game without game rules. Such technology will forever transfigure the craft of typography and its aesthetic basis, namely, the correspondence between hand skills and physical material. Many designers who make a public display of their work prey upon those uninformed readers who are easily swayed by novelty. They believe that smug demonstrations of technique will raise the quality of design without realizing that technical tricks will in time marginalize the professional practice of typography.

Continued on page 118

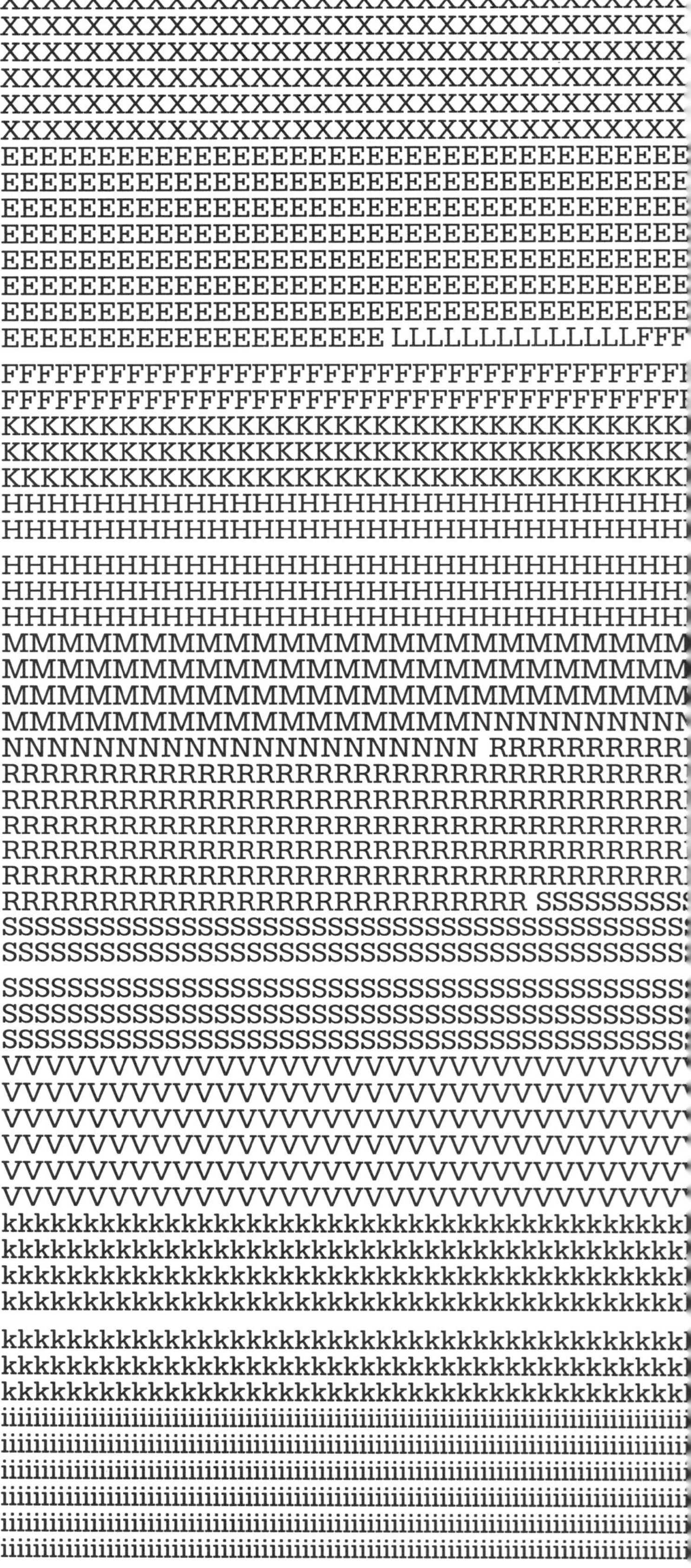

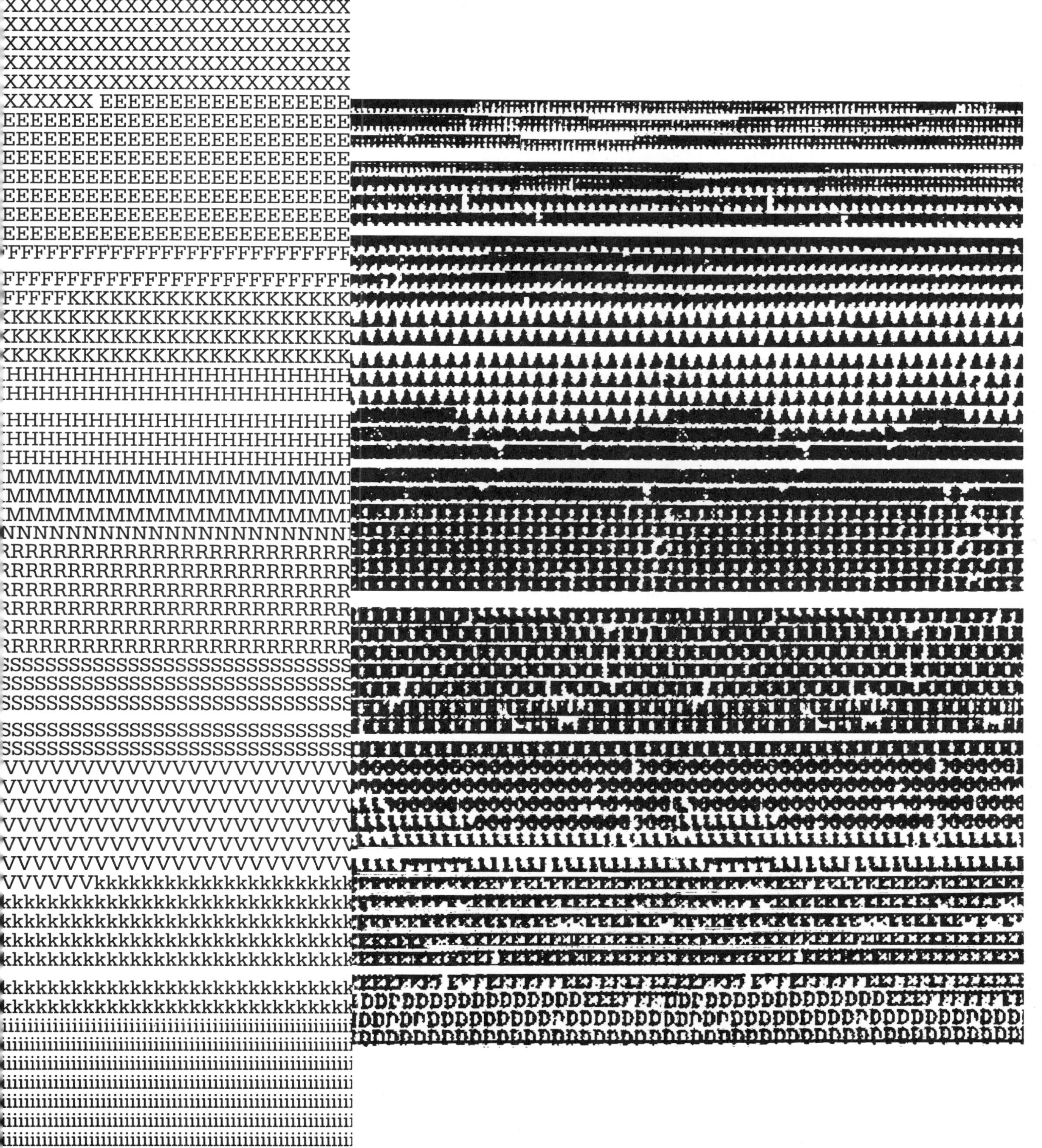

mitteilung

an die schüler und studenten

ab oktober 1968 hat der kurs

einführung in das räumliche gestalten

von mary vieira wieder begonnen.

thema 'raum und form als grundlegende begriffe der bildenden künste, des industrial design und des graphic design. wechselseitige beziehung von denken und handeln dieser drei gebiete'.

1. kolloquium propädeutik: 'der raumbegriff auf dem gebiet der kunst und der begriff des funktionell-gestalteten raumes.'

der charakter des kolloquiums dieses kurses erlaubt spontane teilnahme an der freien diskussion über die vielschichtigkeit der gegebenen themen von seiten aller besucher.

jeden dienstag 19 - 21 uhr.
raum g 505.

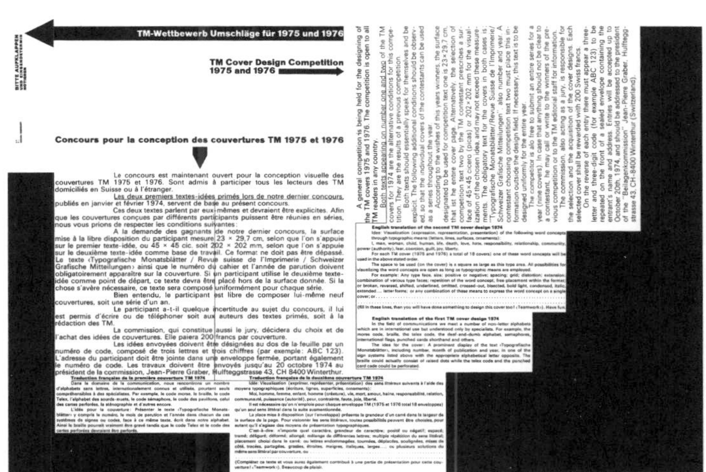

Jan Tschichold war ein Meister typographischer Richtlinien. Er schickte mir zu Beginn der siebziger Jahre ein Papier, welches auf seinem umfassenden Wissen beruhte: 'Gute Typographie lärmt nicht – Die gut leserliche Schrift und ein vernünftiger Umgang mit ihr sind oberste Erfordernisse einer guten Satzarbeit – Asymmetrie ist heute oft durchaus angezeigt. Aber die eigentliche Form der Typographie ist Symmetrie – Satz ohne Einzüge ist undeutlich. Einzüge helfen dem Leser und sichern die Ordnung des Textes – Nur schöner Satz, das heisst sehr gut gesetzter Satz, ist leicht leserlich – Der Dienst der Typographie am Leser ist die Übermittlung von gut und mühelos leserlicher Mitteilungen und Gedankengefügen – Eine der höchsten Tugenden guter Typographie ist unaufdringliche Eleganz – Es ist die Aufgabe der Typographie nicht, absichtlich Gleichnisse ihres Zeitalters zu bilden. Typographie muss sie selbst sein. Sie muss unseren Augen entsprechen, ihnen wohltun – Gute Typographie ist ganz und gar nicht von auffälligen und sonderbaren Schriften ab- 114
hängig. Dies meint nur der Unerfahrene – Wir verlangen von 115
der Schrift nicht Modernität, sondern Leserlichkeit.'

Wiederholt wurde verboten, was mich neugierig machte: Anerkannte typographische Regeln in Frage zu stellen, sie zu verändern und dabei die Berufswelt ein wenig zu verwirren, zugleich aber auch die Beweglichkeit und Austauschbarkeit einer Setzereieinrichtung bis zum Äussersten zu nutzen, um ihre begrenzten Möglichkeiten neu zu überprüfen.

Das Vorhaben, einen Unterricht aufzubauen, der die ehrwürdigen Typographie-Gesetze in Frage stellen sollte, ohne das Vorangegangene an der Basler Kunstgewerbeschule zu missachten, kam aus der Überzeugung und dem Bedürfnis heraus, den Unterricht anders als meine Vorgänger zu führen. Der Mehrheit, die an unserer Schule mit dem Fach Typographie verbunden war, fiel es zu Beginn schwer, dieses noch unbekannte Umgehen mit Schrift anzuerkennen.

Ein bestimmter Kreis von Gestaltern ausserhalb unserer Schule fühlte sich verärgert. Sie versuchten ihre Haltung damit zu begründen, dass dieses Typographie-Machen schlecht lesbar und zudem wirklichkeitsfremd sei. Die Auftraggeber würden nicht bereit sein, diese ausgefallenen und für das Auge ungewohnten Arbeiten in den Alltag einzubeziehen.

Im März 1964 schrieb ich einen Beitrag für die Fachzeitschrift *Druckspiegel*, verbunden mit Arbeiten aus den letzten drei Jahren. Er wurde vom Verleger in der Nummer 3/1966 überarbeitet abgedruckt. Die Schriftleitung war der Überzeugung, Leser zu verlieren, falls sie meine Fassung veröffentlichen würde: 'Die Vereinheitlichung technischer Abläufe in Schulen und graphischen Betrieben kann nicht getrennt von gestalterischen Abläufen verlangt werden. Die Mustergültigkeit auf der einen Seite (Einsatz einer heutigen Setzereieinrichtung und die dazu gehörenden technischen Geräte) muss der Mustergültigkeit der anderen Seite (Einsatz der typographischen Gestaltung) gegenüberstehen.

Die technischen Möglichkeiten der heutigen Typographie mit Hilfe des aufkommenden Photosatzes verleiten zu einem Spiel ohne Spielregeln. Sie verbilden mehr und nachhaltiger

Fortsetzung Seite 118

Warum und wie

Why and how

Comment et pourquoi

EL
GIZEH

EL
GIZEH

EL
GIZEH

EL
GIZEH

EL
GIZEH

EL
GIZEH

EL
GIZEH

'With the advent of phototypesetting we confront a new potential for cooperation among the professionally trained typesetters and designers. As the diversity of communication increases, so will the demand for faster type production. In the future, typography will not only be empowered by a more exacting technology, but will be defined by it.'

The photographs from India, the Near East, southern France, the Iberian peninsula, Italy, and Greece were my sketches for typographic pictures, and served as the basis for translating aspects of architecture and landscape into type.

In addition to using the typical letters and signs of a typeshop as individual elements, I was searching for the means to emphasize the planar areas of a composition, in other words, to consider text blocks as shapes. The ruins of Baalbek in Lebanon, in particular the staircases leading up to the grounds of a temple, were compelling. I noticed similar stepped patterns on the surfaces of stone walls. Observations of two- and three-dimensional structures were the sources of many (typo)graphic variations and a very significant influence during a brief period: the Step Typography. To the far right is an example of how text blocks were used as shapes and texture, the building blocks of the composition.

My contention was that the concept of Swiss Typography needed a fresh impulse. Based as it was on a reductionist philosophy, even the indent of a paragraph for instance, was suspect and considered to be a noisy extravagance. An exaggeratedly long paragraph indent would have been regarded as decoration. The preferred solution was an additional line space because it maintained a flush left-hand margin.

In order to break down such rigid concepts, it was helpful to have a practical knowledge of typesetting. This I had gained as an apprentice, obediently and willingly entrusting myself to the reliable guidance of the master typographer of our printing firm, Wilhelm Ruwe.

During the working day a typesetter would set type properly; letterspacing was fixed by the individual pieces of type or optically adjusted with tiny slivers of metal or paper. After hours, however, a typesetter could have set a word according to fantasy, but not many trained in the craft had the interest, or maybe they considered it inappropriate.

To me visual rules in typography were not inviolable. My challenge was to renew a fascination with basic design relationships through the medium of typography: slant, weight, size, the expression of various types, the limits of readability, and most interesting, the effects of letterspacing.

als die materialbedingte handwerkliche Arbeit mit dem Blei. Viele Gestalter, die ihre Arbeiten veröffentlichen, nützen die Unwissenheit der Leser aus, um mit ihren noch ungewohnten Ergebnissen zu überraschen. Sie glauben, dass dieses Vorgehen der Selbstgefälligkeit mit Buchstabennegativ, Licht und Photopapier beispielhaft sei, um einen besseren Gestaltungsweg gehen zu können. Sie vergessen dabei, dass durch diese einseitige Auseinandersetzung mit anderen, noch neuen technischen Möglichkeiten das gestalterische Abseits vergrössert wird. Mit dem Photosatz stehen die Gestalter und die Setzer der Zukunft gegenüber: Schnellere und genauere Herstellung der verschiedenen Aufgabenbereiche, mit anderen Möglichkeiten, die von den neuen Grenzen technischer Voraussetzungen bestimmt werden.'

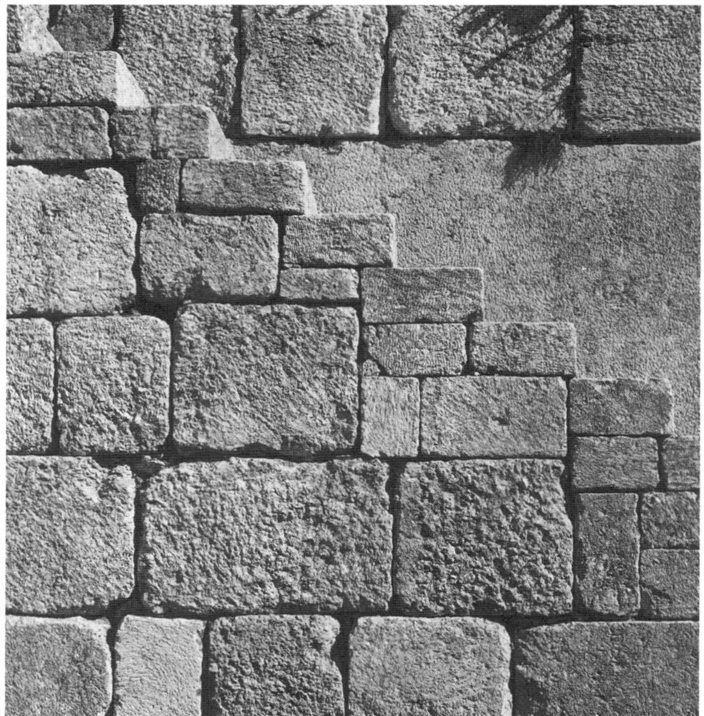

Zahlreiche Vorbilder fand ich auf den erwähnten Reisen, aber auch in Südfrankreich, auf der iberischen Halbinsel, Italien oder in Griechenland, die mich anregten und mir zu unterschiedlichen typographischen Entwürfen verhalfen.

Neben den einzelnen, verschiedenen Zeichen in einer herkömmlichen Schriftsetzerei suchte ich nach Möglichkeiten, die typographische Bildfläche mit einzubeziehen. Im libanesischen Baalbek beeindruckte mich 1966 eine Treppe zum Tempelbezirk. Ähnliche Stufen fand ich dort an einem anderen Mauerwerk. Die beiden Eindrücke wurden entscheidend für meine Gestaltung während eines kurzen Zeitabschnittes. Diese kamen erkennbar zum Ausdruck in einer Anzahl typographischer Arbeiten: Die Stufentypographie.

Der rechte Entwurf war ein bezeichnendes Beispiel dafür, wie sich die unterschiedlichen Satzflächen in ein (typo)graphisches Bild verwandelten, als ich versuchte, die neuen Satzabschnitte verschiedenartig auszulegen.

Typographisches Bewußtsein ist engagiertes Experimentieren und kritische Distanz.

Oder: Unter welchen Umständen diese Publikation zustande kam.

Beobachtungen Feststellungen Forderungen

1 **Zur Verfügung stand eine typographische Werkstatt.** Meine dringlichste Aufgabe, Typographie zu zeigen und weiterzugeben, sehe ich darin, dem Interessierten relativ alle Möglichkeiten zu zeigen, die in einer Werkstatt stecken. Das sind Materialien und technische Möglichkeiten. Besonders diejenigen, welche sich aus der wechselseitigen Beeinflussung gestalterischer Ideen, typographischer Elemente und technischer Verfahren ergeben. In diesem Zusammenhang ist es von Notwendigkeit, auf die weite Variabilität des typographischen Materials und die Dehnbarkeit seiner Bedeutungsfunktionen hinzuweisen. Leider bleiben entsprechende Untersuchungen meist auf das syntaktische, auf die Beziehung unterschiedlicher gestalterischer Elemente beschränkt. Es wäre daher von Notwendigkeit, die semantischen und pragmatischen Funktionen der Typographie, also die Bedeutung typographischer Zeichen und ihr Funktionieren in Kommunikationsprozessen stärker zu untersuchen und zu behandeln. Doch bereits jetzt reicht die Zeit nicht, mit gründlicher Methodik beizubringen, wie der Schüler mit den gegebenen Möglichkeiten fertig werden kann.

2 **Die ‹Typographen› waren Schüler mit verschiedenartigen Interessen. Und mit unterschiedlichem Niveau und Ausbildungsstand.** Die erste Aufgabe im vorliegenden Heft wurde ausschließlich von Schülern gelöst, die am Anfang ihres Typographie-Unterrichtes standen. Dabei zeigte sich, daß größte Schwierigkeiten beim logischen Gliedern eines Textes auftraten. Diese Erfahrung machte ich mit Klassen der letzten Jahre ebenfalls. Das zeigt, welche komplexe Materie im Fach ‹Typographie› vermittelt wird und wie langwierig dieser Prozeß verläuft. Daher drängt sich immer stärker die Frage auf: Wie kann man Typographie innerhalb von zwei Jahren so vermitteln, daß der Schüler selbständig entscheiden lernt, ein gegebenes Manuskript in einen typographischen Entwurf umzusetzen? **Erste Voraussetzung** dafür scheint mir das Gefühl absoluter Entscheidungsfreiheit zu sein. Freilich eine Freiheit, unter der mehr die Verfügbarkeit der typographischen Möglichkeiten zu verstehen ist. Und Entscheidungen, die aus der Aufgabe **und** diesen Möglichkeiten abgeleitet werden. Da jede Entscheidung, die weitgehend durch Vorlieben, Unkenntnis und Unverständnis bestimmt wird, die also weitgehend schon zuvor feststeht, kann beim Umsetzen eines Textes in Typographie eine Fehlentscheidung sein. Auch das muß der Schüler lernen zu erkennen, um daraus vielleicht einen neuen Ansatzpunkt für seine Arbeit zu gewinnen. Deshalb wird in meinem Unterricht nicht skizziert. Die typographische Realität ist das abgesetzte Wort. Und nur die zeigt seine Länge, sein Verhältnis zu anderen Wörtern, zum gesamten Text und zum ihn umgebenden Raum mit seinen Begrenzungen. Wenn der Schüler diese didaktischen Motive verstanden und die vermittelten Kriterien begriffen hat, wird er im Sinne der oben geforderten ‹Freiheit› entscheiden können. Und nur wenn er die Funktion dieser Entscheidungsfreiheit in der typographischen Gestaltung verstanden hat, wird er auch die Grundfunktionen der Typographie begreifen. (Im Idealfall, muß ich einschränken). Ich bin überzeugt, daß wir die Ausbildung an diesen Idealen orientieren müssen.

3 **Zur Verfügung stand jedem Schüler ein maschinengeschriebenes Manuskript.** Unsere Schule kennt keinen Unterricht im Texten. Und auch keine Lehrfächer, in denen Textprobleme behandelt werden. Die Schüler können aus diesem Grund keine selbstkonzipierten Texte in die Typographie-Werkstatt mitbringen. Das wäre zum Beispiel deshalb sinnvoll, damit die solchem Texte zugrunde liegende Konzeption auch für die Konzeption der Typographie verwendet werden kann. Was eine ausgezeichnete Hilfe für die logische Strukturierung des Textes und für die Bestimmung von Schrift und Satzart wäre. Ohne diese Kenntnis der textlichen Konzeption – also ohne Kenntnis der praktischen Aufgabe und geplanten Bedeutung eines Textes – bleibt die Typographie auf ihren syntaktischen Möglichkeiten beschränkt. Also: Wenn die semantische und pragmatische Funktion eines Textes erkannt und verstanden sind, können die vielfältigen syntaktischen Möglichkeiten sinnvoll eingesetzt werden. Ich betone das deshalb, weil ich mir davon eine entscheidende Objektivierung des Lehrprozesses verspreche. Einfacher ausgedrückt: Ein bißchen weniger auf Lehrmeinungen und Gefühlen gegründeten und damit letztlich für Schüler und Lehrer noch produktiveren Unterricht.

4 **Zur Verfügung standen dem Schüler 4 Wochenstunden, um in der Typographie-Werkstatt zu arbeiten.** Für das immer wichtiger werdende Kommunikationsmedium ‹Typographie› sind 4 Wochenstunden anachronistisch. Sie reichen kaum für die Vermittlung handwerklicher Fertigkeiten. Der vorliegende Druck entstand zwischen November 1970 und März 1971. Daran ist abzulesen, daß ein Viertel der Schulzeit dieser Aufgabe geopfert werden mußte. Nicht aus Ignoranz gegenüber anderen Aufgaben, sondern aus Gründen zeitlicher und didaktischer Not. Daran ist weiterhin abzulesen, daß andere dringende Probleme überhaupt nicht behandelt werden konnten. Ich denke beispielsweise an die Aufarbeitung der verschiedenen typographischen Theorien. An nicht-werbliche, sogenannte ‹technische Typographie›. An komplexe Typographie-Projekte als Teil visueller Erscheinungsbilder oder Orientierungssysteme. Oder, zum Beispiel weniger anspruchsvoll: Rasterprobleme und typographische Programme im Verlagswesen. Die Liste ließe sich beliebig fortsetzen.

5 **Zur Verfügung stand ein Lehrer, der (bei 20 Schülern) pro Schüler und Woche 10 Minuten investieren kann.** Mit 10 Minuten pro Schüler und Woche ist es unmöglich, auf die natürlichen individuellen Probleme jedes Schülers einzugehen. Was im Hinblick auf die Probleme ‹kreativer› Gestaltung und die wirksame Vermittlung von Fertigkeiten mir unbedingt notwendig erscheint. Zudem waren die Klassen überfüllt, wodurch das Niveau der Ausbildung nicht verbessert wurde. Eine Beobachtung, die durch die Arbeiten in dieser Publikation teilweise bestätigt wird. Einheitsware entsteht, wenn die Möglichkeiten für Differenzierungen knapp sind. Das soll nicht heißen, daß das Niveau dieser Arbeiten hier ausschließlich von der Überfüllung der Klassen beeinflußt ist. Aber eine größere Variationsbreite von zeitlicher und thematischer Ausbildung hätte sich sicher positiver auf die Schüler und den hier gezeigten Arbeiten ausgewirkt.

6 **Diese Publikation sollte vor allem zur Diskussion beitragen.** Arbeiten einfach abzubilden, um sie kommentarlos sich selbst zu überlassen — dazu ist der vorliegende Druck nicht gedacht. Er soll vielmehr Probleme zeigen, die bei der Reflexion über einen bestimmten Ausbildungszeitraum und die darin entstandenen Arbeiten aufgetaucht sind. Deshalb erlaube ich mir diese Beobachtungen, Feststellungen und Forderungen. Sie sollten im Einzelnen noch konkretisiert und diskutiert werden. Der Prozeß einer breiten Meinungsbildung erscheint mir hier wichtiger als die Vorstellung fertiger Meinungen. **W. Weingart, Basel im März 1971.**

Meine Unterrichts-Konzepte für die Typographie: **1. Versuch** einer Definition

Separatdruck aus ‹Beiträge zum typographischen Design› B 10. AGS Basel | Schweiz 1971

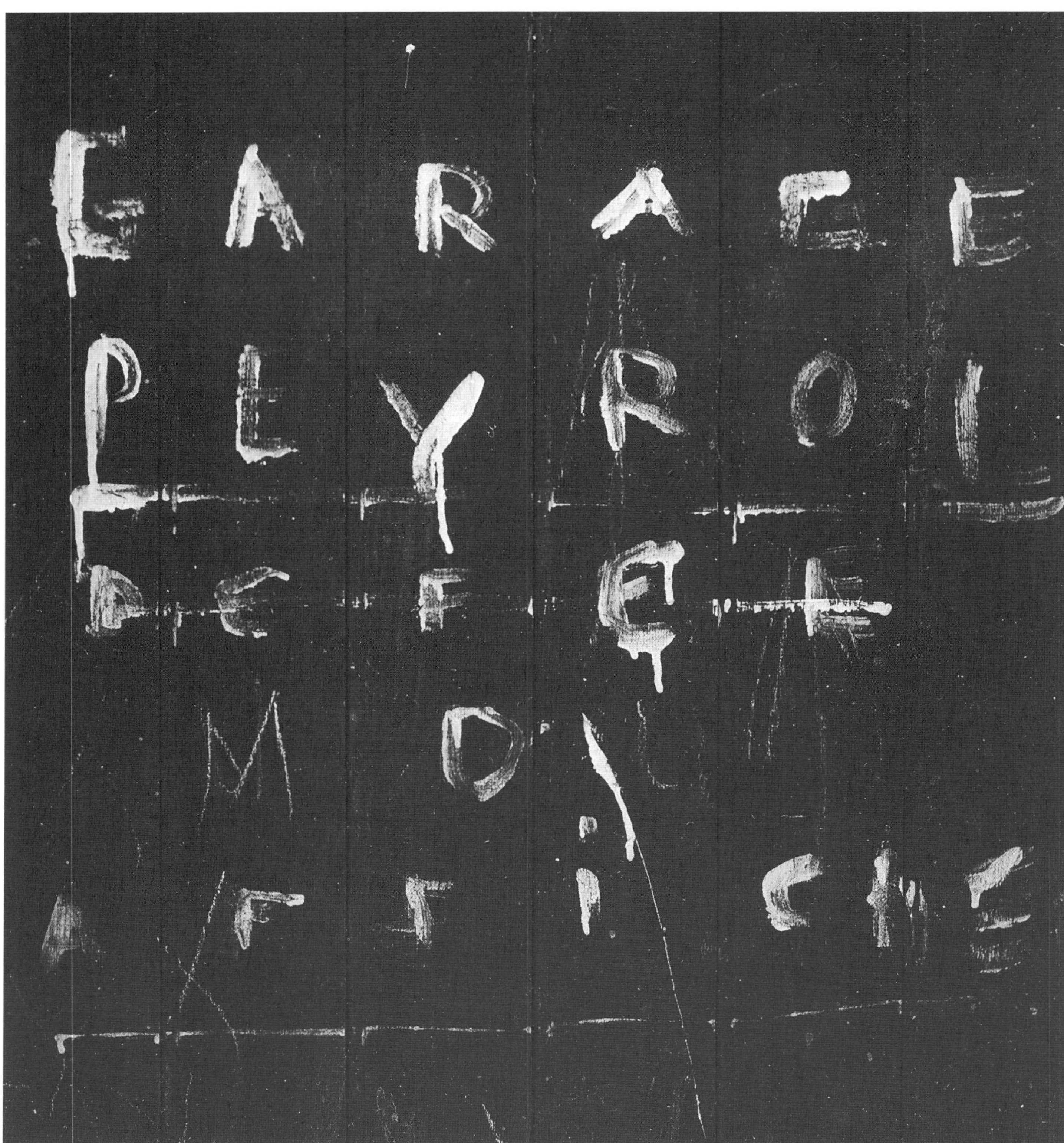
GARAGE
AFFICHE

The two examples on this page are handset, letterpress-printed results of experiments with letterspacing, a sort of parody of conventional typesetting standards.

I found myself in a graphic landscape when designing the letterhead for Inge Druckrey. Instead of evenly spacing the letters and equalizing the lines of type as a typesetter would strive to do, I stretched the words to all lengths until almost unreadable. At a certain point, I did not perceive the information as accumulated separate word units, but read the whole of the message at a glance. This is why I call it a landscape; the type took on a spatial quality.

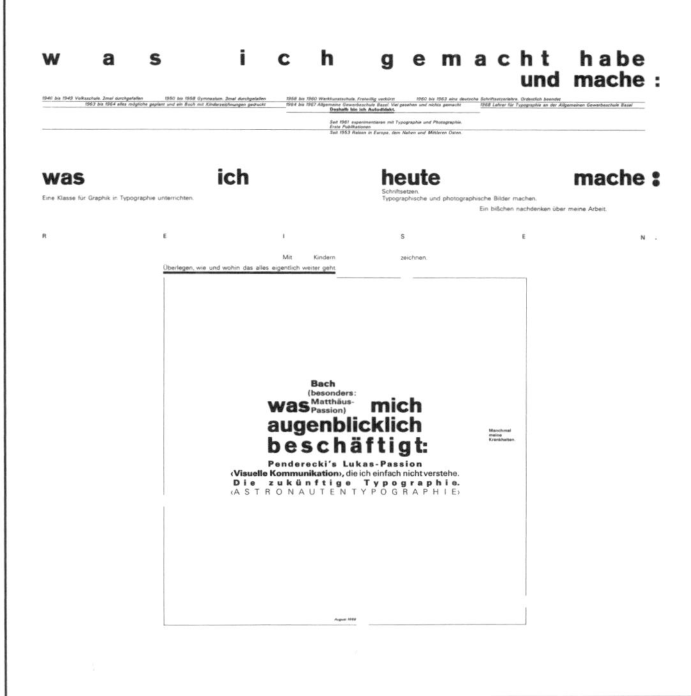

Until the middle of the seventies stretched-out letterspacing and the stepped text blocks were strong components of my design playground. I continued to discover more variations on these themes and, in 1972 and 1973, applied the research to the design of a cover series for the professional journal, Typographische Monatsblätter.

When I sensed that the potential of metal type had been exhausted, I began distorting existing typefaces and forming new ones by bending metal lines. In the darkroom, through photomechanical processes, I made words and lines of type completely illegible. Because we did not have the technical means in the Basel typeshop to set longer text at the time, I used an electric typewriter to realize two cover designs for the American journal, Visible Language. I typed the text on an ordinary piece of paper and made a negative film of it in the darkroom. With the enlarger intentionally out-of-focus, I exposed the film image onto photographic paper: the result was a self-made bold version of typewriter type. Depending on the exposure time I could make a semi-bold, an extra-

Continued on page 124

Weiterhin war zu prüfen, inwieweit die *Schweizer Typographie* einer allgemeinen Veränderung standhalten würde, und es galt deren Schlichtheit zu hinterfragen. Eine hilfreiche und gute Voraussetzung für diese Regelverletzungen waren die nützlichen Kenntnisse, die ich während meiner Lehrzeit erworben hatte: Es waren die bewährten Erfahrungen meines Lehrherrn, denen ich jederzeit gehorsam nachkam.

Es waren nicht nur die Werte zwischen den verschiedenen Grössen, Fetten und Lagen der unterschiedlichen Schriften, dazu kam das Überprüfen, inwieweit es noch erträglich war, zwischen Buchstabe und Buchstabe die Grösse der Abstände zu bestimmen, um die Grenzen der noch oder nicht mehr gewährleisteten Lesbarkeit zu erproben.

Die Vorgehensweise meines Typographie-Machens suchte ihren Weg langsam zur Graphik hin. Täglich wurden die jeweiligen Zeichen aus Blei vom Schriftsetzer während seiner Arbeitszeit fachgerecht gesetzt. Ausserhalb dieser Zeiten war es ihm möglich, ein Wort mit seinen vorgegebenen Buchstabenabständen nach seinen Vorstellungen zu setzen. 120
121

Eine enge Verwandtschaft zur Graphik wurde offensichtlich, da die beabsichtigten Eingriffe meine eigenen, unabhängigen Entscheidungen waren. Ein Ergebnis waren die beiden handgesetzten Beispiele. Daraus wurde die Zeit des Suchens und Entdeckens, die mir zeigte, dass eine Zeile nicht immer herkömmlich abgesetzt werden musste: Es war möglich, die Buchstabenabstände unregelmässig zu verändern.

INGE
H.
DRUCKREY GRAPHIKERIN

D 415 KREFELD
HOHENZOLLERNSTRASSE 15
TELEPHON 02151 59 6 SIEBEN 0 ZWEI

P O S T S C H E C K K O N T O E S S E N 1 8 9 2 6 4

In dem Briefbogen *Inge Druckrey* empfand ich mich in einer graphischen Landschaft und nicht in einer Buchstabenlandschaft, die von einem Setzer aneinander gereiht wurde. Die jeweiligen Wörter konnten mit gewünschten Abständen bis zur Unlesbarkeit lang gezogen werden. Ich las nicht mehr das Wortbild: Die Mitteilung wurde in selbständig stehende Einzelzeichen zerlegt und erhielt dadurch einen neuen, ungewohnten und anderen Ausdruck.

Fortsetzung Seite 124

Es ist schon lange her, daß einmal über einem Land Schnee lag. Wälder krochen wie Schlangen in der Tiefe. Flüsse wanden sich wie dünne Fäden durch den Schnee. Einzelne Baumgruppen sahen aus wie eine Herde wilder Pferde. Es war 11 Uhr als die Maschine von Italien weiter nach Osten flog. Dann war es dunkel. Und gegen Mitternacht glitzerten Ölquellen, feuerrot leuchtend, verstreut in der Wüste. Irgendwo in der Wüste. Das war vor 4 Jahren. Diese Bilder erinnern mich daran.

Gegen Morgen, als die Sonne schon stärker wärmte, flog das Flugzeug
weiter über die syrische Wüste nach Palmyra. Es waren
die vielfältigen Eindrücke dort, die mich anregten, einfache, formale
Konstellationen verstehen und lieben zu lernen:
Felder wie gerade Linien. Ausgetrocknete Flußbecken
wie: gebogene Linien. Felsblöcke und Gebirgsketten wie:
plastische Linien. Vereinzelte Olivenbäume
wie: ruhende Punkte und langsam dahinziehende Karawanen
wie: bewegte Punkte. So ent-
standen die Bildideen, die mich heute beschäftigen.

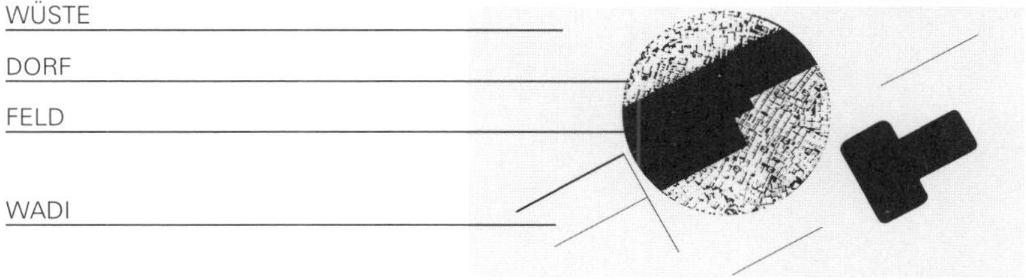

WÜSTE
DORF
FELD
WADI

Das ist ein Ergebnis davon.

and design. Undoubtedly, design criteria are
superficially, remain independent; namely, t
typography, its design criteria, how one defi
communications' goal, message, medium, an

Er fragt sich, wie es mit seiner Typografie w
ie Art, wie er diese Frage – den ges[illegible]. I
deutet er bereits die Antwort an.

bold, an ultra-black, or a solid dark mass. With these endless and different weight variations of single words or lines I reconstructed the text by pasting the enlargements together, next to or on top of the original, and created a still-readable typewriter-type landscape.

I also distorted my own handwriting: scrawling like an old grouch, struggling like a seven-year-old, writing with the uncertainty of a blind person, scribbling like someone who is impatient, or writing with the grace of a calligrapher. I've collected samples of my handwriting since the late forties, but there is no evidence of a mature or lasting hand.

Bis in die Mitte der siebziger Jahre waren das Auseinanderziehen von Buchstaben und die Stufen ein fester Bestandteil meines gestalterischen Spielraumes. Ihre wiederkehrende Anwendung wurde am Beispiel der Umschlagsreihe für die Fachzeitschrift *Typographische Monatsblätter* der Jahrgänge 1972 und 1973 erkennbar.

Das Arbeiten mit den aus Blei gegossenen Schriften schien zunächst erschöpft zu sein. Ich begann Schriften zu verfremden oder sie aus Bleilinien verschieden zu biegen. Mit Hilfe der photographischen Weiterverarbeitung in der Dunkelkammer wurde es mir möglich, Wörter und Zeilen bis zur Unlesbarkeit hin zu verändern. Es gab noch keine technische Hilfe, umfangreichere Satzmengen in unserer Setzerei abzusetzen. Eine Schreibmaschine half mir dabei, zwei Schutzumschläge für die amerikanische Fachzeitschrift *Visible Language* zu verwirklichen: Sie hatte eine Schriftgrösse, und ich schrieb

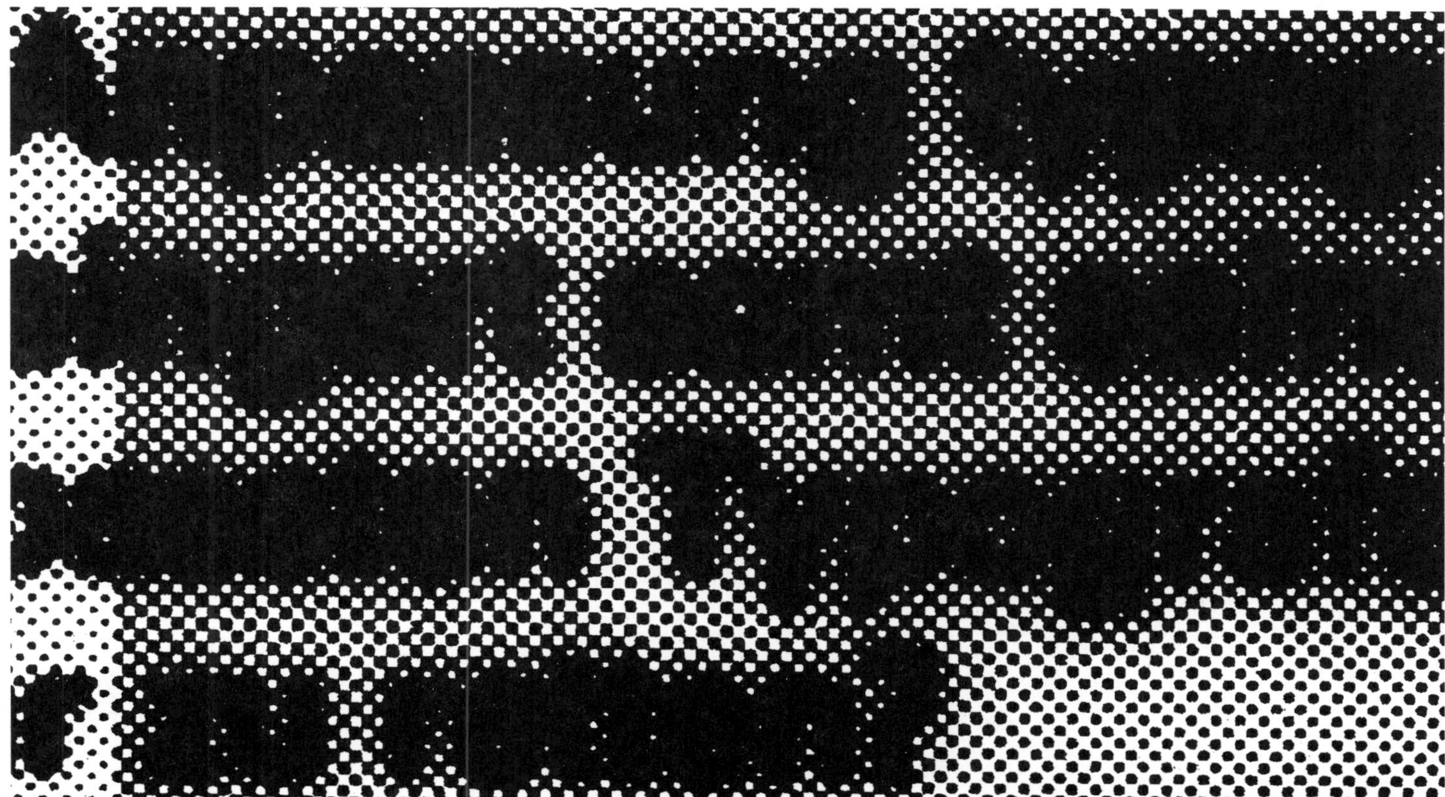

My only retrospective show, in October and November of 1990, titled 'WordSign/TypeField/PictureSpace,' was held at the Institut für Neue Technische Form on the Mathildenhöhe in Darmstadt. To announce the five-week exhibition I made four related posters as a spoof on type and handwriting. The common text for all variations: Once upon a time…

In the first version I used a bit-mapped computer screen font. For the second and third versions I used handwriting with the captions: 'this writing reveals two of my qualities, confusion and generosity' and 'this is how I will write when I am 92 years old, an age that I will probably never reach.' The fourth variation was first set in metal type, and distorted by blanking out parts of the words.

The agelong relationship between artist and printer continued well into the 1960s. The earlier outstanding typographic experiments of Piet Zwart, El Lissitzky, Walter Dexel, Kurt Schwitters, the printer Hendrik Nicolaas Werkman, and currently Josua Reichert, were expressions of their individual personalities that collectively reflected a different approach to typography than that of a trained typesetter.

Because such artists usually lacked traditional typesetting skills and equipment, they needed the letterpress printers to test and try out their typographic ideas. Many owners of printing firms were enthusiastic to assist them, considering the collaboration a compliment. To be in demand by artists bestowed a sophisticated reputation upon the printers.

Continued on page 135

das Manuskript auf ein Papier. Mit einem erstellten Negativ konnte ich in der Dunkelkammer, durch ein stufenloses Einstellen der Unschärfe am Vergrösserungsgerät, verschiedene Fetten auf photographisches Papier belichten.

Die unterschiedlichsten Papiervergrösserungen baute ich zu den einzelnen Wörtern und Zeilen in verschiedenen Fetten wieder zusammen. Ich erhielt eine übereinander geklebte, noch lesbare Schreibmaschinenschriften-Landschaft.

Neben diesen behelfsmässigen Versuchen hatte mich fortwährend die eigene Handschrift angeregt, verschiedenartigen Schreibweisen nachzugehen: Zu kritzeln wie ein alter Greis, wie ein Siebenjähriger, wie ein Blinder mit zitternder Hand, wie ein Ungeduldiger oder so zierlich zu schreiben wie ein Schönschreibekünstler. Die Sammlung meiner Handschriften geht bis zum Ende der vierziger Jahre zurück, und die Entwicklung einer ausgereiften, beständigen Handschrift war noch nicht abgeschlossen.

Die Vorbereitungen zu einer ersten umfangreicheren Ausstellung am *Institut für Neue Technische Form* im Oktober 1990 auf der Mathildenhöhe in Darmstadt brachten mich zu den handschriftlichen Versuchen zurück. Der Ausstellung gab ich die Überschrift WortZeichen/SchriftFelder/BildRäume: Es war einmal und ist ~~nicht mehr~~ bisher.

Fortsetzung Seite 134

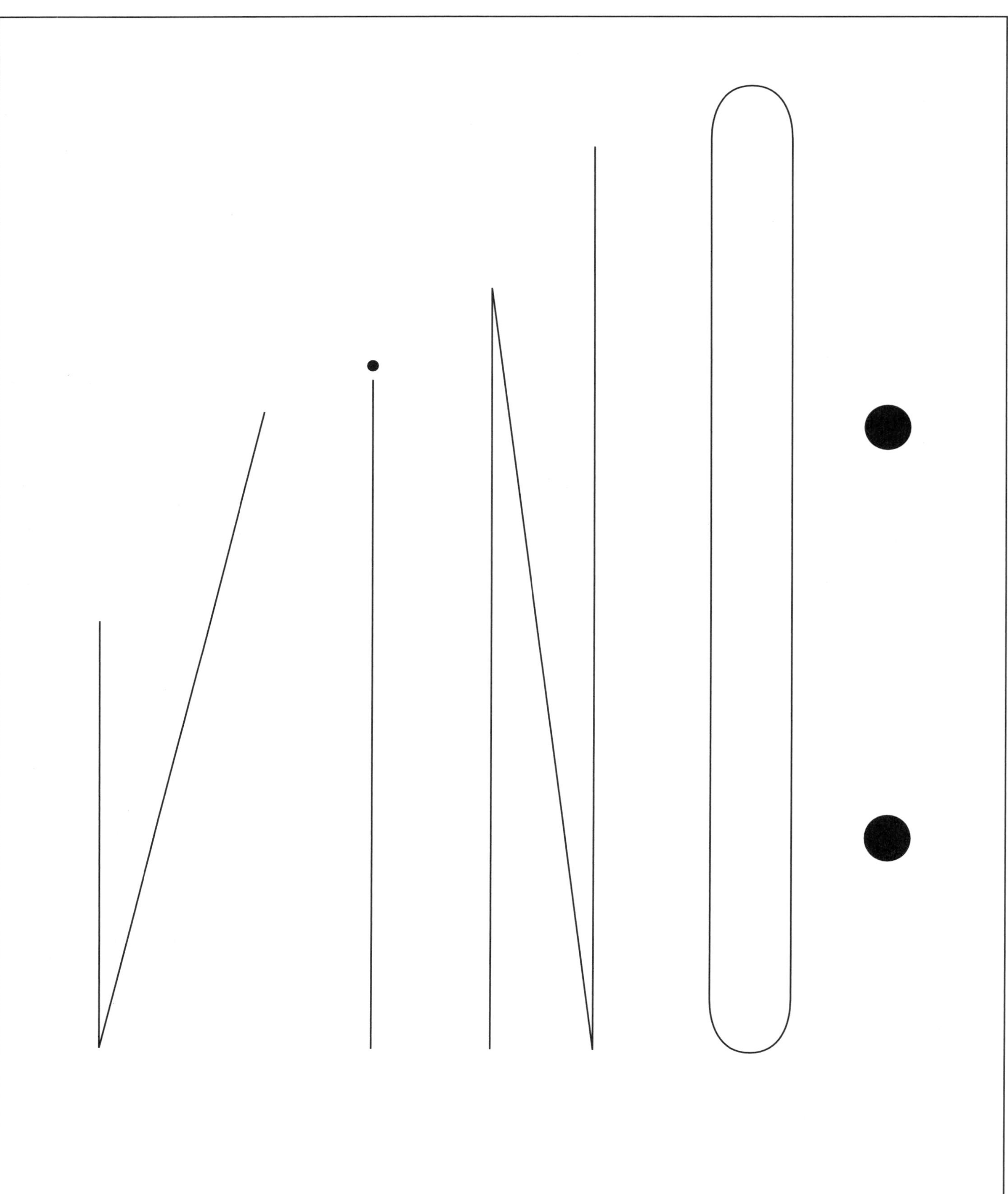

nie.
ELF

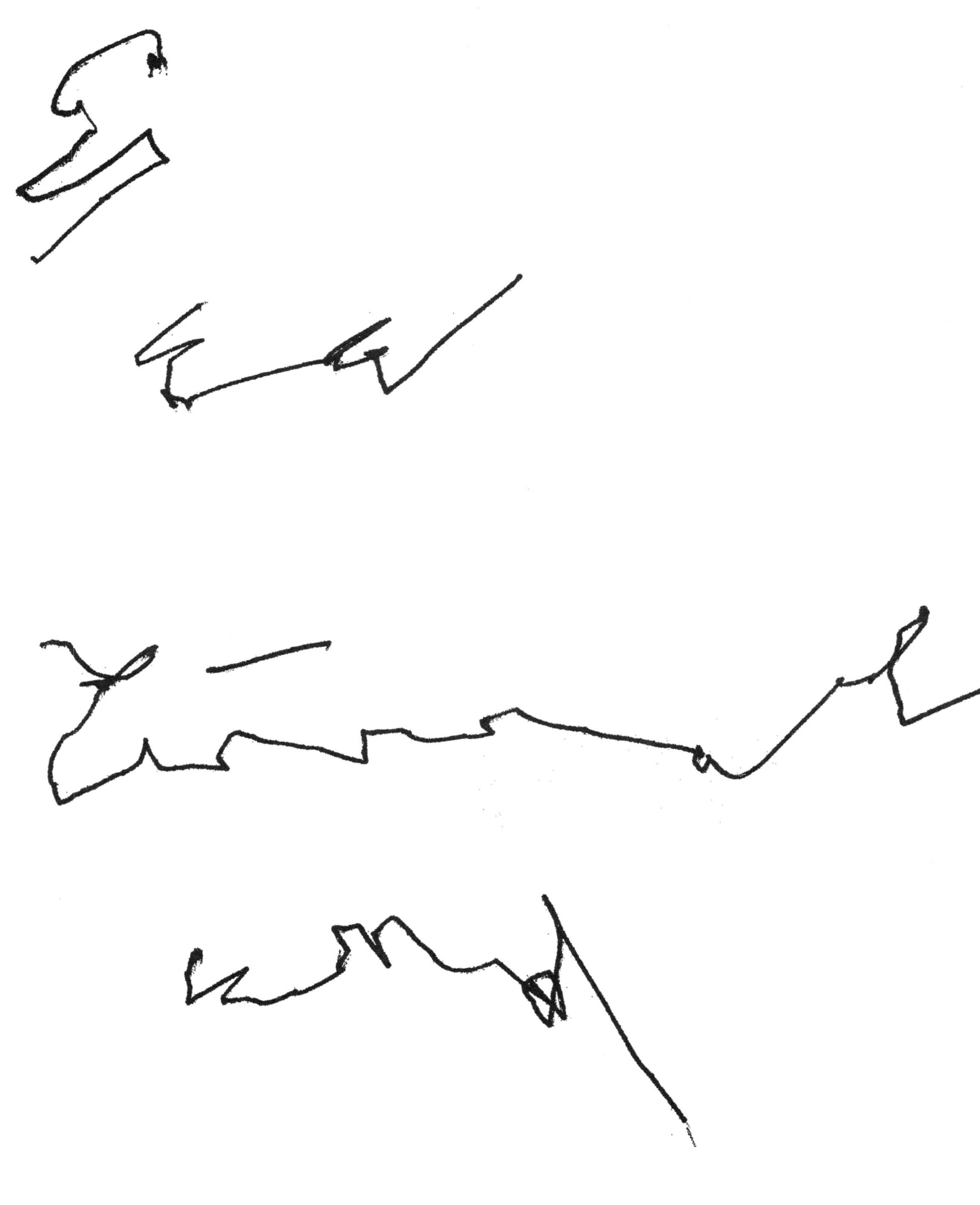

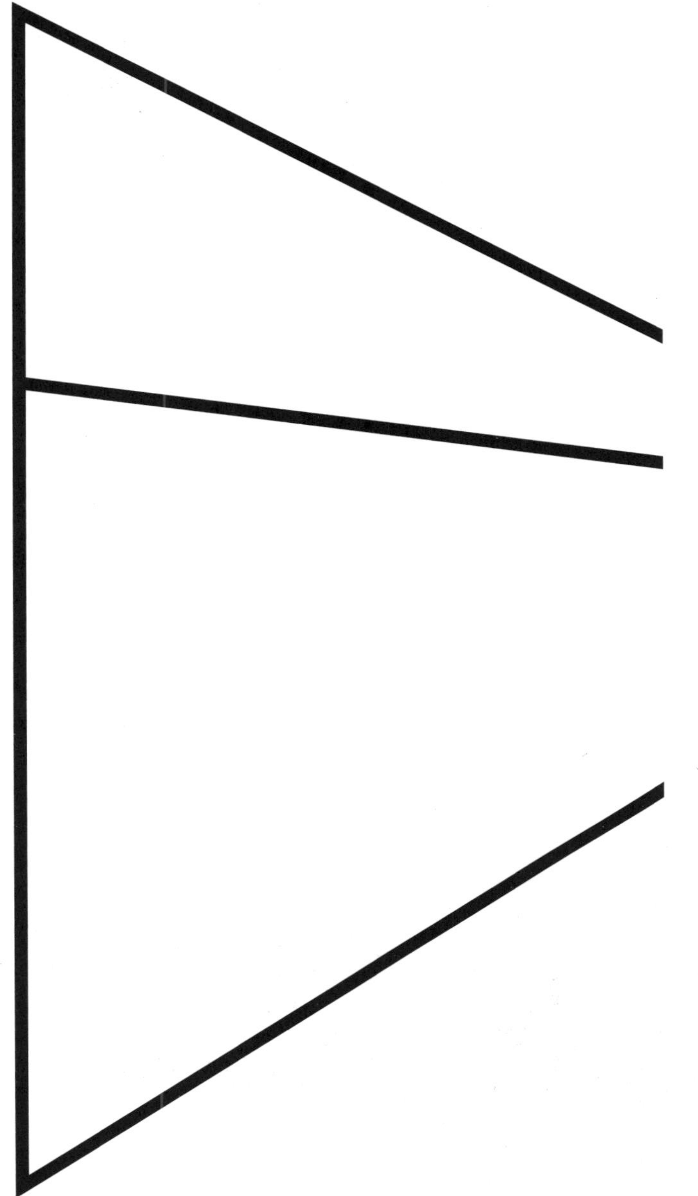

130
131

132
133

134
135

Während des Arbeitens an den vier verschiedenen Ausstellungsplakaten kam mir der Gedanke, diesen Satz auch handgeschrieben mit einzubeziehen. Im ersten Plakatentwurf versuchte ich mit einer elektronischen Schrift den Satz zu verändern, im zweiten und dritten Entwurf mit verstellten Handschriften und im letzten mit Hilfe des Bleisatzes. Ich stellte allen einen erklärenden Text gegenüber. Zum zweiten Plakat schrieb ich: 'Diese Handschrift zeigt einige meiner Eigenschaften. Mein Durcheinander und eine bestimmte Grosszügigkeit.' Zum dritten Plakat: 'Diese Handschrift zeigt die Schrift, die ich schreiben werde, wenn ich einmal zweiundneunzig Jahre alt geworden bin, was ich aber nicht glaube zu werden.'

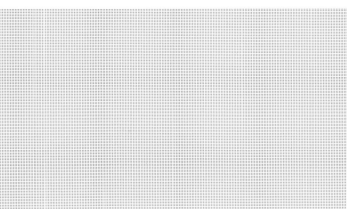

In den frühen siebziger Jahren hatte sich meine Arbeit auf die lithographische Filmverarbeitung verlagert. Der jahrhundertealte Handsatz und der Buchdruck hatten technisch wie gestalterisch die Grenzen ihrer Möglichkeiten erreicht. Für den Bleisatz wurden die versetzbaren Bestandteile von Schriftgiessereien hergestellt und waren in sich unveränderbar. Das erhältliche Satzmaterial war, bis auf wenige Ausnahmen, nur im rechten Winkel versetzbar.

Schriften konnten in allen Farben vervielfältigt werden. Die Möglichkeit, dass sie von hell nach dunkel verliefen oder durch wesentliche Eingriffe verändert werden konnten, war satztechnisch nicht durchführbar. Künstler und Vorbilder wie Piet Zwart, El Lissitzky, Hendrik Nicolaas Werkman mit seiner eigenen Druckerei, oder der bei München lebende Josua Reichert, die sich aus anderen Überlegungen mit Typographie beschäftigten, waren in ihren eigenständigen Ergebnissen Ausnahmen und hatten mit den täglichen Abläufen und Vorstellungen eines Schriftsetzers nicht viel zu tun.

Sie wollten ihre ausgefallenen typographischen Vorstellungen in den jeweiligen Werkstätten überprüfen und anwenden. Dabei entstanden oftmals Freundschaften zwischen den Künstlern und Druckereibesitzern. Bis in die sechziger Jahre hinein gab es vergleichbare Bekanntschaften und die Drucker fühlten sich anerkannt und geehrt, mit Künstlern und Gestaltern befreundet zu sein. Vielleicht bestätigte es auch die Gediegenheit ihrer Betriebe und den Ruf, eine anspruchsvolle Druckerei zu sein.

Im Flachdruckverfahren Offset und in der Transparenz eines Filmes glaubte ich, einen Bereich von unvorhergesehenen Überraschungen finden zu können. Die filmlithographische Verarbeitung mit Rastern öffnete mir eine Welt von neuen Bildern. Mit Hilfe der beiden erhältlichen Filme, der eine von hell nach dunkel verlaufend, der andere mit einem Tonwertraster von zwanzig Prozent, wurde es mir möglich, mit Film, Reprokamera, den dazugehörenden Chemikalien und Dunkelkammer eine Unendlichkeit von Tonvorlagen zu erhalten, die im Handel nicht erhältlich waren. Sie halfen für den Bildaufbau meiner weiteren Arbeit und machten mich unabhängig von Herstellern aus der graphischen Industrie. Es war die folgerichtige und ausgewogene Weiterführung der vorangegangenen Auseinandersetzung mit der herkömmlichen Gestaltung.

The early seventies marked the rapid decline of the centuries-old procedure of handsetting type and letterpress printing; it was no longer commercially viable. My aesthetic interest in the process also evaporated as I became more involved with lithography and photomechanics. Within several years important type foundries and hot-metal typesetters either went bankrupt or converted to phototypesetting, making it difficult for the letterpress printers who were still in business to replace broken lead characters. The infrastructure necessary to sustain a professional level in letterpress printing was disintegrating.

Mechanical repairs became problematic as maintenance experts retired without successors; essential components were not manufactured; and specific inks and papers were incompatible or discontinued. The experts in Linotype and Monotype composition needed to learn phototypesetting or were replaced altogether.

In the next decade, specialists in digital technology, even amateurs, replaced the professional phototypesetters and retouchers. The lithographers, etchers, copy editors, and proof printers, whose training would also become obsolete, demanded high salaries.

Another main commercial disadvantage of letterpress printing was the technical difficulty of reproducing a tonal range, especially in photographs, which had been solved by offset printing. The lithographic process with its film screens offered a new aesthetic realm, the potential of which I was determined to exploit. Analogous to the hidden graphic element of letterpress mechanics, which I had found in my work with the Round Compositions, was the intrinsic substructure of photomechanics that opened up a whole new world of possibilities with the dot of the lithographic screen. Not wanting to be dependent on the range of prefabricated dot screens available on the market, I made my own by what I called a mother-father system. By superimposing just two single screens, a standard graduated gray tone and a twenty-percent gray tone, I was able to create infinite variations of patterns, textures, and gradations.

Because the impact on typesetting, and hence typographic design, was so strong during these major technological transitions, serious questions arose in my mind about the future of education and the needs of professional training. The speed of these changes was unprecedented.

Continued on page 138

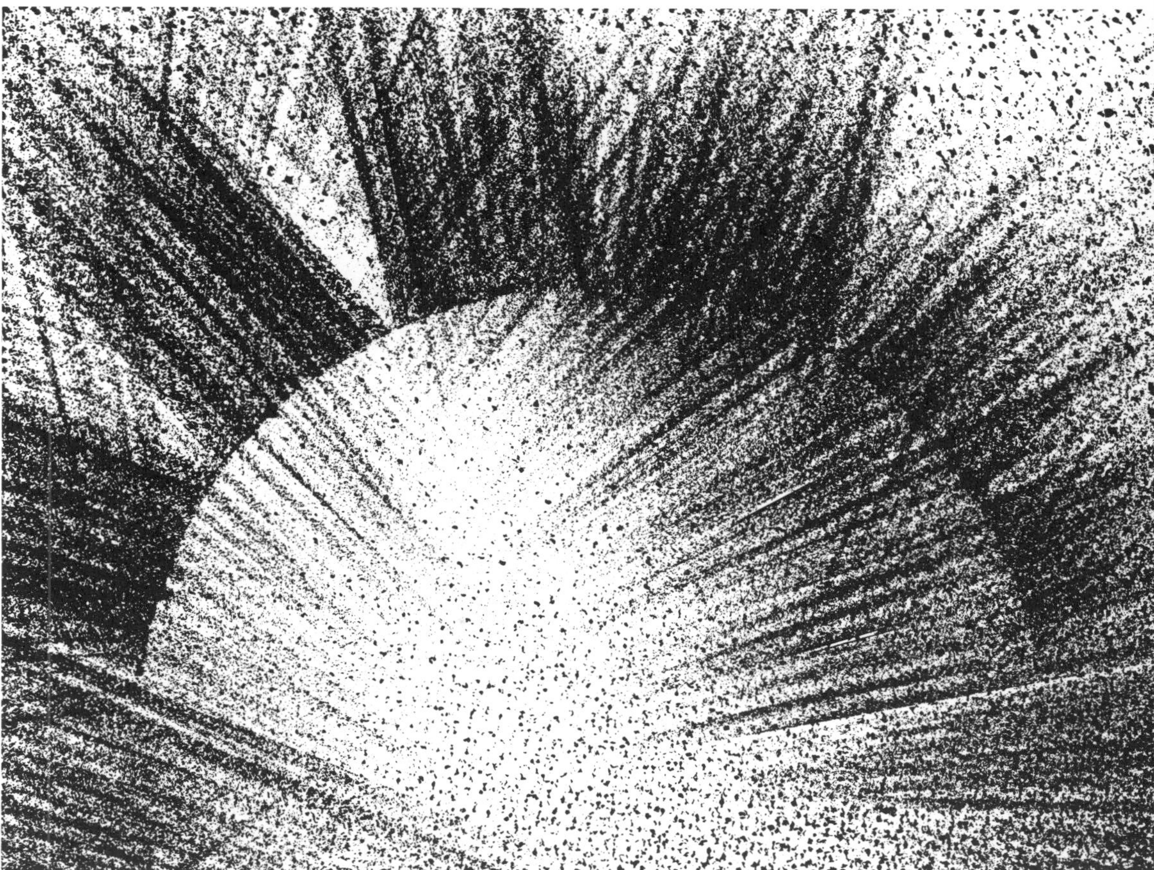

Die Anfrage von Armin Hofmann, ab dem Frühjahrssemester 1968 an der Kunstgewerbeschule Basel zu unterrichten, wurde Wirklichkeit. Zuvor war ich mit dem Ausarbeiten meiner unterschiedlichsten Vorstellungen, das Fach Typographie zu unterrichten, und den verschiedenen Aufgabenstellungen beschäftigt, die wir an einer längeren, unvergesslichen Sitzung unter Leitung von Emil Ruder vorstellen mussten.

Fragen zur Ausbildung und Weiterbildung in der Typographie hatten mich immer wieder beschäftigt. Es war eine Zeit, in der sich die neuen Berufe bildeten, die mit den vorausgegangenen nicht viel Gemeinsames hatten. Der Photosatz begann den Bleisatz schrittweise zu ersetzen, und die altehrwürdigen Berufe wie der Linotype- und Monotypesetzer, Retuscheur, Reprophotograph, Photolithograph, Andrucker, Chemiegraph, Stereotypeur oder Ätzer wurden verdrängt und vielfach durch fachunkundige Arbeiter ersetzt.

Die Schulen erhielten frei gewordene Räumlichkeiten, die wieder durch neu entstandene Berufe belegt wurden. Die Architekten bauten Schulgebäude, die sich nicht einfach erweitern liessen. Sie waren in sich geschlossene Anlagen. Durch nachträgliche Vergrösserungen und bauliche Eingriffe wären ihre grosszügigen Bauweisen verloren gegangen. Ich vermutete, dass viele Schulen als architektonische Kostbarkeiten gebaut wurden und nicht für ihre eigentliche Bestimmung: Auf eine Zukunft ausgerichtet.

Fortsetzung Seite 138

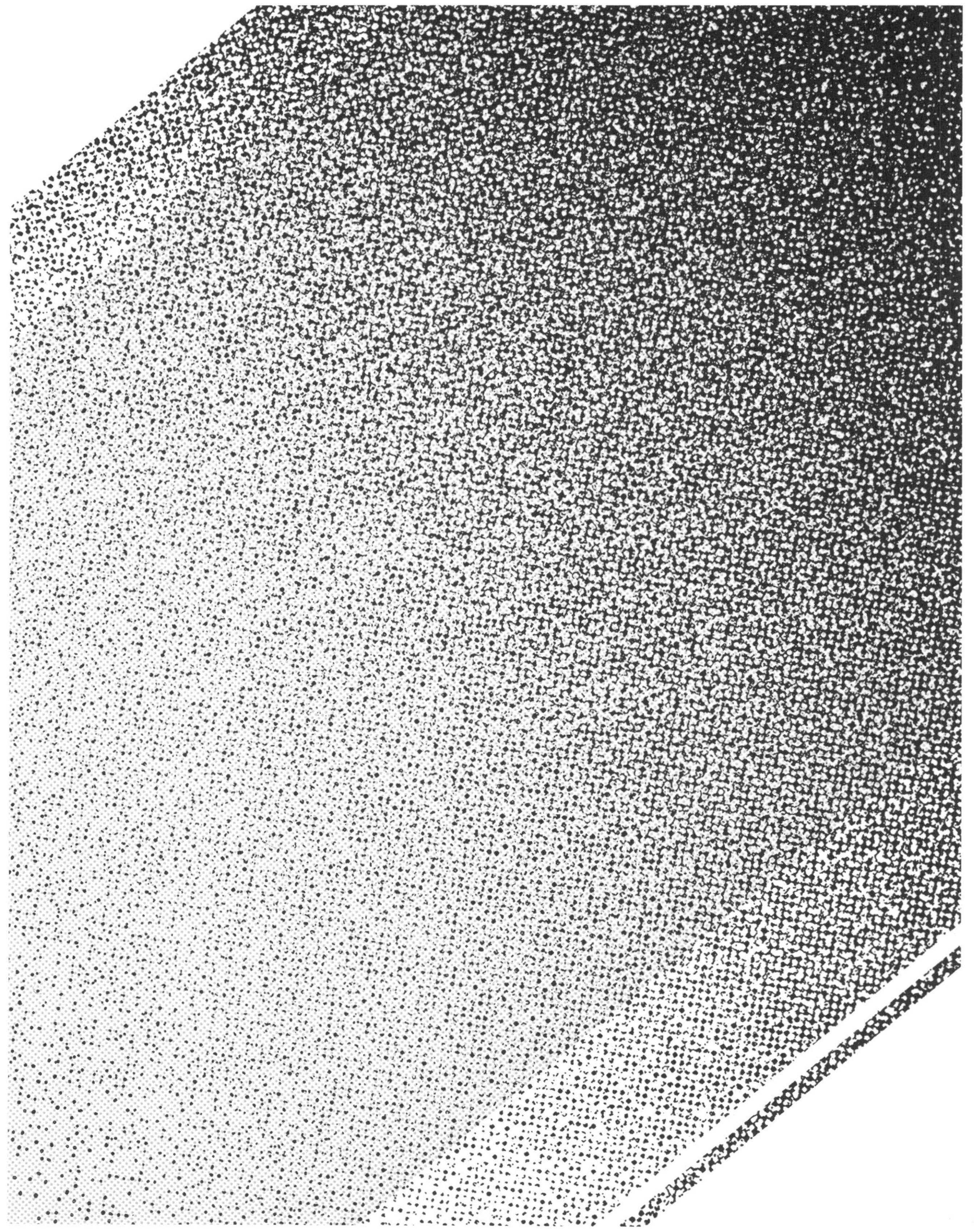

School administrators attempted to predict which or what the new disciplines would be and rushed to implement educational programs that could never fulfill the ever-changing demands of an industry in flux. It's conceivable that architects designed training facilities to be elegant in structure, but without foresight. School buildings were unadaptable, and became cramped spaces with ad hoc quarters.

The pencil drawing to the right represented my fantasy of an ideal school environment: nestled in an oasis, surrounded by sand dunes, palm trees, fertile fields and flowers, untouched by government control; gradual growth branching in many directions on open ground, organically evolving like the interlocked architecture of a desert village…

The chance to implement my vision became a reality when I started to teach at the Kunstgewerbeschule Basel. During a faculty meeting headed by the current director of the school, Emil Ruder, I presented my teaching goals for the course in typography and formulated corresponding assignments for the upcoming year.

The first day of my typography course was the fourteenth of April 1968. Not long after, a visitor came to my class, an American from Yale University in New Haven, Connecticut. He asked me to explain the overall concept of a grid and to clarify several typographic aspects of working with it. Without realizing that many designers abroad were earnestly investigating the rationale of Swiss Typography, I jumped to the conclusion that he was looking for a recipe for the arrangement of typography, the same misunderstanding that confused me as a student at the Merz Academy.

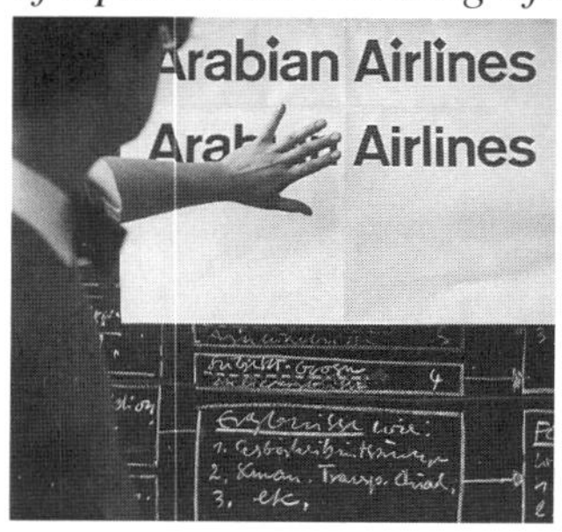

I was intrigued by the implications of his question. Could it be possible that there were graphic designers who had not developed an intuitive relationship with typography? Did an invisible network of horizontal and vertical lines serve as a safety net to ensure correct placement of information? For weeks afterwards, I tried to comprehend why an American designer would seem preoccupied with a grid system.

As my experience with international students increased, I learned more about their backgrounds and how typography was taught in different countries. In some undergraduate graphic design programs typography was not stressed, considered less important than general communication courses, or treated superficially as a matter of copyfitting. Other schools were equipped with facilities for metal typesetting, but students felt restricted by a technique that required too much time before it was mastered. For a design student interested in ideas, perhaps the mechanics of typography were considered a boring and tedious burden. I wanted to impart a deeper understanding of type by teaching traditional skills, and at the same time, to revive the spirit of experimentation by divesting typography of its rules.

Die grobe Bleistiftzeichnung von 1968 entsprach meiner fachunkundigen Vorstellung, wie eine Gestalterschule angelegt werden könnte: Ein langsames Ausbreiten der Gebäude in verschiedene Richtungen auf einem freiliegenden Gelände, wie ein Wüstendorf verschachtelt und natürlich gewachsen. Umgeben von Sanddünen, Palmenwäldern, Blumen und grünen Feldern, eingebettet in einer fruchtbaren Oase und unabhängig von staatlichen Verordnungen.

Mein Unterricht an der Kunstgewerbeschule Basel begann am 14ten April 1968. Der erste amerikanische Besucher kam von der Yale University aus New Haven. Seine Aufmerksamkeit galt dem typographischen Raster. Ich erinnerte mich an meine Jahre zurückliegende Überzeugung, jedes Machen mit dem Kopf begründen zu müssen, bevor ich eine typographische Arbeit zu entwerfen begann.

Seine fachbezogenen Fragen beschäftigten mich mehrere Wochen, und ich fand eine vorläufige Antwort: War es möglich, dass es Gestalterinnen und Gestalter gab, die zur Typographie keine unmittelbare Beziehung hatten? Suchten diese Wege, mit Hilfe eines unsichtbaren Netzes von waagrechten

und senkrechten Linien Lösungen zu finden, um ihre gestalterischen Anordnungen damit begründen zu können? Diente ihnen dieses Rasternetz als ein sicherer Wegweiser und als Entschuldigung für die richtige Platzierung der jeweiligen Mitteilung, oder war es vielleicht ein vorgegebener mechanischer Ablauf?

Die Typographie wurde zuweilen von Schülerinnen und Schülern weniger anerkannt und geschätzt als andere Unterrichtsfächer. Waren die Ausbildungsorte mit einer herkömmlichen Bleisetzerei eingerichtet, kamen sie mit dem Satzmaterial und den dazugehörenden technischen Ausstattungen in Berührung. Diese scheinbaren Beschränkungen durch vorgefertigte Bausteine wurden für die Schulbesucher während der Ausbildungszeit zu einer andauernden Belastung.

Zu dieser Zeit machten verschiedene Ausbildungsorte im In- und Ausland die *Schweizer Typographie* in ihren Unterrichtsstunden zu einem festen Wertbegriff. Die Schulen und Gestalter konnten mit einer eindeutig vorgegebenen und bewährten Vereinfachung typographischer Anordnungen ihre

WER GEBOREN WIRD
IST VERWUNDBAR
WER VERWUNDBAR IST
HAT ANGST
WER ANGST HAT
VERDRÄNGT DIESE ANGST
WER IMMER ANGST HAT
ENTWICKELT EIN RATIONELLES VERDRÄNGUNGSSYSTEM GLÜCK

WER GEBOREN WIRD
IST VERWUNDBAR
WER VERWUNDBAR IST
WIRD ANGEGRIFFEN
WER ANGEGRIFFEN WIRD
VERTEIDIGT SICH
WER IMMER ANGEGRIFFEN WIRD
ENTWICKELT EIN RATIONELLES VERTEIDIGUNGSSYSTEM LOGIK

WER GEBOREN WIRD
IST VERWUNDBAR
WER VERWUNDBAR IST
BRAUCHT ES NICHT ZU BLEIBEN
WER NICHT MEHR VERWUNDBAR IST
IST UNSTERBLICH
WER UNSTERBLICH IST
IST WEDER AUF GLÜCK
NOCH AUF LOGIK ANGEWIESEN

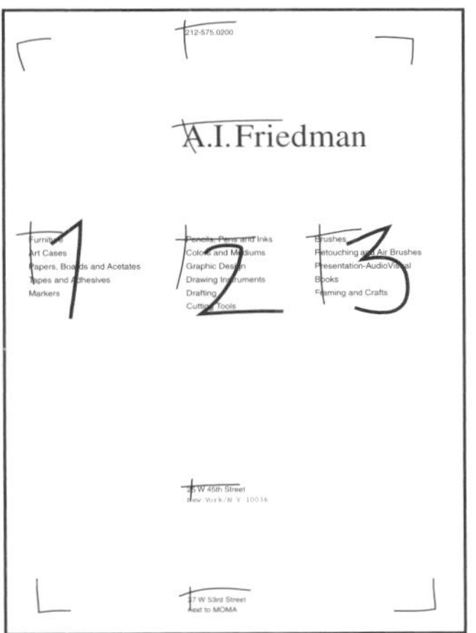

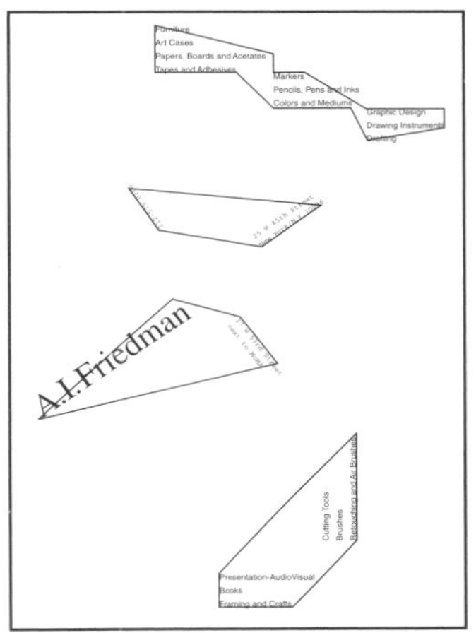

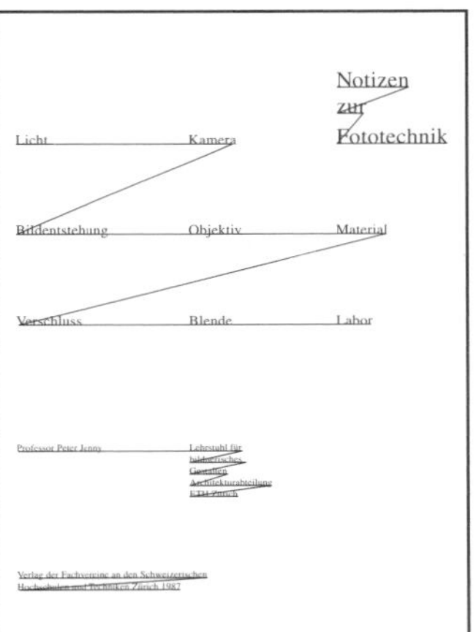

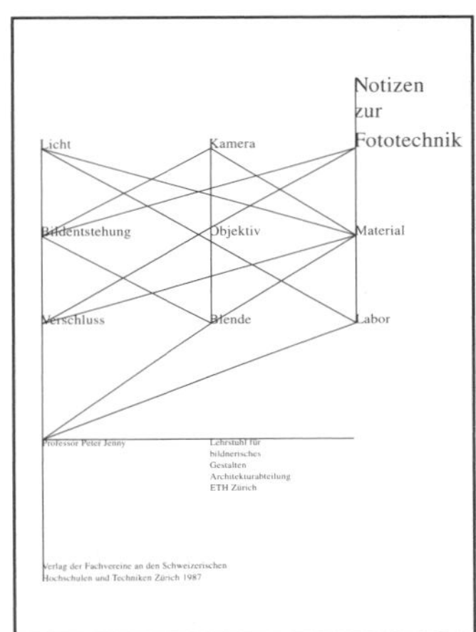

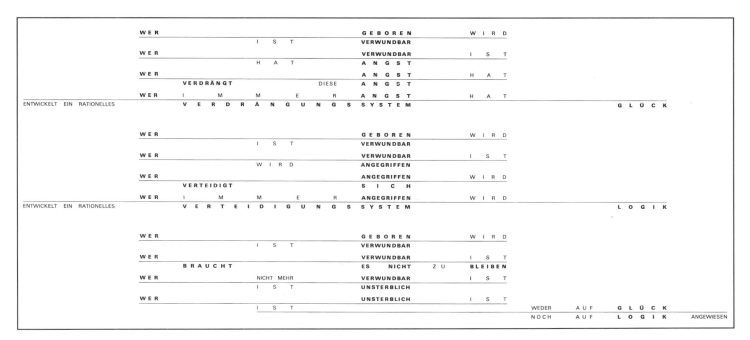

Armin Hofmann's introduction for the book documenting two student projects, Projekte, *published twelve years after I started to teach, conveys my original intention:*

'Pedagogically, Weingart breaks new ground. Instead of industrialized teaching, which would superficially seem best-suited for the new technology he reembraces a form written off as antiquated – the master-apprentice principle. With his students he produces work intended to stand as a model for a new typography. What he attempts, which in times gone by has been set forth by the profession as the fundamental rule in teaching, is to produce work with the student in the work-place. He has thus recognized the meaning of school.'

The eagerness and optimism of my students verified my feelings and, as Hofmann expressed it, we 'carried on the Basel typographic tradition from Tschichold through Ruder, and into a new age.'

Pages 139 through 157: Work of Students from the Typography Course at the Basel School of Design

Ergebnisse besser absichern und einfacher begründen. Eine nachdrückliche Auseinandersetzung in diesem Fach war ausgeschlossen: Die bekannten Auflagen der *Schweizer Typographie* mit ihrer bewusst sparsamen Auswahl an Schriften, Grössen, Lagen und Fetten ermöglichten und lieferten begrenzte, abgesicherte Ergebnisse. Das Wissen von der Notwendigkeit eines entgegengesetzten Unterrichtes war seit dem Bauhaus an vielen Orten vergessen.

Weitere Überlegungen und Beobachtungen machten Mut und liessen mich zuversichtlich an eine Veränderung glauben.

Seiten 139 bis 157: Arbeiten aus dem Typographie-Unterricht an der Kunstgewerbeschule Basel

Eluhcs tssieh reuf hcim: Enie Noitutitsni,
eid hcrud etmmitseb Emmargorprhel thcusrev,
etmmitseb Etlahnirhel uz nlettimrev.
Eid Etlahnirhel dnis ierftrew, osla thcin tkerid fua
eterknonk Negnuredrof red Sixarp negozeb.
Eid Emmargorprhel dnis neffo, osla thcin
tim nenessirmutsef Negnussaffuarhel tfpeunkrev.
Etlahnirhel dnu Emmargorprhel nedrew ni
red Eluhcs tgelegtsef dnu dnefual tlekciwtne.
Githciw iebad tsi se, ssad Eluhcs nerhi
nelletnemirepxe Retkarahc trhaw. Ssad osla ned
Nreleuhcs eniek nehcilsseotsmunu Etrew
dnu Essintnnekre tlettimrev nedrew. Nrednos
eid Netiekgiheaf, ehclos Etrew dnu Essintnnekre
gidneatsbles uz nehcus, uz nlekciwtne
dnu hcsitkarp nednewuzna. Sad Sinbegre renie
nehclos Gnussaffua nov Eluhcs tsi thcin nie
retreimmargorp Hpargopyt. Nrednos nie Relleusiv
redo Rehcsihpargopyt Retlatseg, red eid
Etknupsgnagsua, Neticekhcilgeom dnu Neglof
rehcsihpargopyt Gnutlatseg ni red Tlew
red Sixarp mi Ffirg tah.

Eluhcs tssieh reuf hcim: Enie Noitutitsni,
eid hcrud etmmitseb Emmargorprhel thcusrev,
etmmitseb Etlahnirhel uz nlettimrev.
Eid Etlahnirhel dnis ierftrew, osla thcin tkerid fua
eterknonk Negnuredrof red Sixarp negozeb.
Eid Emmargorprhel dnis neffo, osla thcin
tim nenessirmutsef Negnussaffuarhel tfpeunkrev.
Etlahnirhel dnu Emmargorprhel nedrew ni
red Eluhcs tgelegtsef dnu dnefual tlekciwtne.
Githciw iebad tsi se, ssad Eluhcs nerhi
nelletnemirepxe Retkarahc trhaw. Ssad osla ned
Nreleuhcs eniek nehcilsseotsmunu Etrew
dnu Essintnnekre tlettimrev nedrew. Nrednos
eid Netiekgiheaf, ehclos Etrew dnu Essintnnekre
gidneatsbles uz nehcus, uz nlekciwtne
dnu hcsitkarp nednewuzna. Sad Sinbegre renie
nehclos Gnussaffua nov Eluhcs tsi thcin nie
retreimmargorp Hpargopyt. Nrednos nie Relleusiv
redo Rehcsihpargopyt Retlatseg, red eid
Etknupsgnagsua, Neticekhcilgeom dnu Neglof
rehcsihpargopyt Gnutlatseg ni red Tlew
red Sixarp mi Ffirg tah.

Eluhcs tssieh reuf hcim: Enie Noitutitsni,
eid hcrud etmmitseb Emmargorprhel thcusrev,
etmmitseb Etlahnirhel uz nlettimrev.
Eid Etlahnirhel dnis ierftrew, osla thcin tkerid fua
eterknonk Negnuredrof red Sixarp negozeb.
Eid Emmargorprhel dnis neffo, osla thcin
tim nenessirmutsef Negnussaffuarhel tfpeunkrev.
Etlahnirhel dnu Emmargorprhel nedrew ni
red Eluhcs tgelegtsef dnu dnefual tlekciwtne.
Githciw iebad tsi se, ssad Eluhcs nerhi
nelletnemirepxe Retkarahc trhaw. Ssad osla ned
Nreleuhcs eniek nehcilsseotsmunu Etrew
dnu Essintnnekre tlettimrev nedrew. Nrednos
eid Netiekgiheaf, ehclos Etrew dnu Essintnnekre
gidneatsbles uz nehcus, uz nlekciwtne
dnu hcsitkarp nednewuzna. Sad Sinbegre renie
nehclos Gnussaffua nov Eluhcs tsi thcin nie
retreimmargorp Hpargopyt. Nrednos nie Relleusiv
redo Rehcsihpargopyt Retlatseg, red eid
Etknupsgnagsua, Neticekhcilgeom dnu Neglof
rehcsihpargopyt Gnutlatseg ni red Tlew
red Sixarp mi Ffirg tah.

Eluhcs tssieh reuf hcim: Enie Noitutitsni,
eid hcrud etmmitseb Emmargorprhel thcusrev,
etmmitseb Etlahnirhel uz nlettimrev.
Eid Etlahnirhel dnis ierftrew, osla thcin tkerid fua
eterknonk Negnuredrof red Sixarp negozeb.
Eid Emmargorprhel dnis neffo, osla thcin
tim nenessirmutsef Negnussaffuarhel tfpeunkrev.
Etlahnirhel dnu Emmargorprhel nedrew ni
red Eluhcs tgelegtsef dnu dnefual tlekciwtne.
Githciw iebad tsi se, ssad Eluhcs nerhi
nelletnemirepxe Retkarahc trhaw. Ssad osla ned
Nreleuhcs eniek nehcilsseotsmunu Etrew
dnu Essintnnekre tlettimrev nedrew. Nrednos
eid Netiekgiheaf, ehclos Etrew dnu Essintnnekre
gidneatsbles uz nehcus, uz nlekciwtne
dnu hcsitkarp nednewuzna. Sad Sinbegre renie
nehclos Gnussaffua nov Eluhcs tsi thcin nie
retreimmargorp Hpargopyt. Nrednos nie Relleusiv
redo Rehcsihpargopyt Retlatseg, red eid
Etknupsgnagsua, Neticekhcilgeom dnu Neglof
rehcsihpargopyt Gnutlatseg ni red Tlew
red Sixarp mi Ffirg tah.

Eluhcs tssieh reuf hcim: Enie Noitutitsni,
eid hcrud etmmitseb Emmargorprhel thcusrev,
etmmitseb Etlahnirhel uz nlettimrev.
Eid Etlahnirhel dnis ierftrew, osla thcin tkerid fua
eterknonk Negnuredrof red Sixarp negozeb.
Eid Emmargorprhel dnis neffo, osla thcin
tim nenessirmutsef Negnussaffuarhel tfpeunkrev.
Etlahnirhel dnu Emmargorprhel nedrew ni
red Eluhcs tgelegtsef dnu dnefual tlekciwtne.
Githciw iebad tsi se, ssad Eluhcs nerhi
nelletnemirepxe Retkarahc trhaw. Ssad osla ned
Nreleuhcs eniek nehcilsseotsmunu Etrew
dnu Essintnnekre tlettimrev nedrew. Nrednos
eid Netiekgiheaf, ehclos Etrew dnu Essintnnekre
gidneatsbles uz nehcus, uz nlekciwtne
dnu hcsitkarp nednewuzna. Sad Sinbegre renie
nehclos Gnussaffua nov Eluhcs tsi thcin nie
retreimmargorp Hpargopyt. Nrednos nie Relleusiv
redo Rehcsihpargopyt Retlatseg, red eid
Etknupsgnagsua, Neticekhcilgeom dnu Neglof
rehcsihpargopyt Gnutlatseg ni red Tlew
red Sixarp mi Ffirg tah.

Eluhcs tssieh reuf hcim: Enie Noitutitsni,
eid hcrud etmmitseb Emmargorprhel thcusrev,
etmmitseb Etlahnirhel uz nlettimrev.
Eid Etlahnirhel dnis ierftrew, osla thcin tkerid fua
eterknonk Negnuredrof red Sixarp negozeb.
Eid Emmargorprhel dnis neffo, osla thcin
tim nenessirmutsef Negnussaffuarhel tfpeunkrev.
Etlahnirhel dnu Emmargorprhel nedrew ni
red Eluhcs tgelegtsef dnu dnefual tlekciwtne.
Githciw iebad tsi se, ssad Eluhcs nerhi
nelletnemirepxe Retkarahc trhaw. Ssad osla ned
Nreleuhcs eniek nehcilsseotsmunu Etrew
dnu Essintnnekre tlettimrev nedrew. Nrednos
eid Netiekgiheaf, ehclos Etrew dnu Essintnnekre
gidneatsbles uz nehcus, uz nlekciwtne
dnu hcsitkarp nednewuzna. Sad Sinbegre renie
nehclos Gnussaffua nov Eluhcs tsi thcin nie
retreimmargorp Hpargopyt. Nrednos nie Relleusiv
redo Rehcsihpargopyt Retlatseg, red eid
Etknupsgnagsua, Neticekhcilgeom dnu Neglof
rehcsihpargopyt Gnutlatseg ni red Tlew
red Sixarp mi Ffirg tah.

Eluhcs tssieh reuf hcim: Enie Noitutitsni,
eid hcrud etmmitseb Emmargorprhel thcusrev,
etmmitseb Etlahnirhel uz nlettimrev.
Eid Etlahnirhel dnis ierftrew, osla thcin tkerid fua
eterknonk Negnuredrof red Sixarp negozeb.
Eid Emmargorprhel dnis neffo, osla thcin
tim nenessirmutsef Negnussaffuarhel tfpeunkrev.
Etlahnirhel dnu Emmargorprhel nedrew ni
red Eluhcs tgelegtsef dnu dnefual tlekciwtne.
Githciw iebad tsi se, ssad Eluhcs nerhi
nelletnemirepxe Retkarahc trhaw. Ssad osla ned
Nreleuhcs eniek nehcilsseotsmunu Etrew
dnu Essintnnekre tlettimrev nedrew. Nrednos
eid Netiekgiheaf, ehclos Etrew dnu Essintnnekre
gidneatsbles uz nehcus, uz nlekciwtne
dnu hcsitkarp nednewuzna. Sad Sinbegre renie
nehclos Gnussaffua nov Eluhcs tsi thcin nie
retreimmargorp Hpargopyt. Nrednos nie Relleusiv
redo Rehcsihpargopyt Retlatseg, red eid
Etknupsgnagsua, Neticekhcilgeom dnu Neglof
rehcsihpargopyt Gnutlatseg ni red Tlew
red Sixarp mi Ffirg tah.

Eluhcs tssieh reuf hcim: Enie Noitutitsni,
eid hcrud etmmitseb Emmargorprhel thcusrev,
etmmitseb Etlahnirhel uz nlettimrev.
Eid Etlahnirhel dnis ierftrew, osla thcin tkerid fua
eterknonk Negnuredrof red Sixarp negozeb.
Eid Emmargorprhel dnis neffo, osla thcin
tim nenessirmutsef Negnussaffuarhel tfpeunkrev.
Etlahnirhel dnu Emmargorprhel nedrew ni
red Eluhcs tgelegtsef dnu dnefual tlekciwtne.
Githciw iebad tsi se, ssad Eluhcs nerhi
nelletnemirepxe Retkarahc trhaw. Ssad osla ned
Nreleuhcs eniek nehcilsseotsmunu Etrew
dnu Essintnnekre tlettimrev nedrew. Nrednos
eid Netiekgiheaf, ehclos Etrew dnu Essintnnekre
gidneatsbles uz nehcus, uz nlekciwtne
dnu hcsitkarp nednewuzna. Sad Sinbegre renie
nehclos Gnussaffua nov Eluhcs tsi thcin nie
retreimmargorp Hpargopyt. Nrednos nie Relleusiv
redo Rehcsihpargopyt Retlatseg, red eid
Etknupsgnagsua, Neticekhcilgeom dnu Neglof
rehcsihpargopyt Gnutlatseg ni red Tlew
red Sixarp mi Ffirg tah.

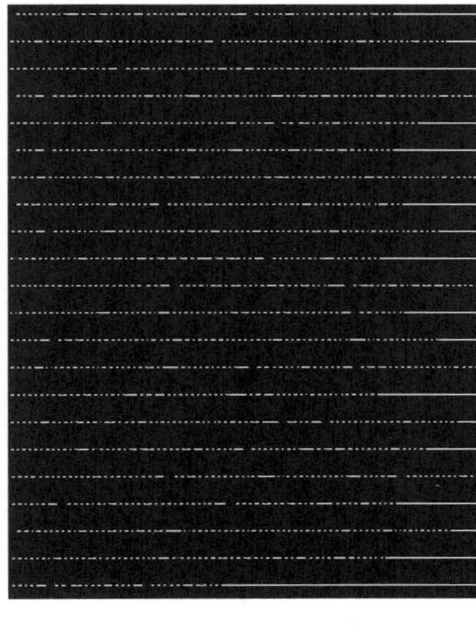

Eluhcs tssieh ruef hcim: Enie Noitutitsni,
eid hcrud etmmitseb Emmargorprhel thcusrev,
etmmitseb Etlahnirhel uz nlettimrev.
Eid Etlahnirhel dnis iefrtrew, osla thcin tkerid fua
etercnok Negnuredrof red Sixarp negozeb.
Eid Emmargorprhel dnis neffo, osla thcin
tim nenessirmutsef Negnussaffuarhel tfpeunkrev.
Etlahnirhel dnu Emmargorprhel nedrew ni
red Eluhcs tgelegtsef dnu dnefual tlekciwtne.
Githciw iebad tsi se, ssad Eluhcs nerhi
nelletnemirepxe Retkarahc trhaw. Ssad osla ned
Nreleuhcs eniek nehcilsseotsmunu Etrew
dnu Essintnnekre tlettimrev nedrew. Nrednos
eid Netiekgihaef, ehclos Etrew dnu Essintnnekre
gidnaetsbles uz nehcus, uz nlekciwtne
dnu hcsitkarp nednewuzna. Sad Sinbegre renie
nehclos Gnussaffua nov Eluhcs tsi thcin nie
retreimmargorp Hpargopyt. Nrednos nie Relleusiv
redo Rehcsihpargopyt Retlatseg, red eid
Etknupsgnagsua, Netiekhcilgeom dnu Neglof
rehcsihpargopyt Gnutlatseg ni red Tlew
red Sixarp mi Ffirg tah.

Eluhcs tssieh reuf hcim: Enie Noitutitsni,
eid hcrud etmmitseb Etlahnirhel uz nlettimrev.
Eid Etlahnirhel dnis ierftrew, osla thcin
tkerid fua eterknonk Negnuredrof red Sixarp
negozeb. Eid Emmargorprhel dnis neffo, osla thcin
tim nenessirmutsef Negnuniemrhel tfpeunkrev.
Etlahnirhel dnu Emmargorprhel nedrew ni
ned Neluhcs tgelegtsef dnu dnefual tlekciwtne.
Githciw iebad tsi se, ssad Eluhcs nerhi
nelletnemirepxe Retkarahc trhaw. Ssad osla ned
Nreleuhcs eniek nehcilsseotsmunu Etrew
dnu Essintnnekre tlettimrev nedrew. Nrednos
ied Netiekgiheaf, ehclos Etrew dnu Essintnnekre
gidneatsbles uz nehcus, uz nlekciwtne
dnu hcsitkarp nednewuzna. Sad Sinbegre renie
nehclos Gnussaffua nov Eluhcs tsi thcin nie
retreimmargorp Hpargopyt. Nrednos nie Relleusiv
redo Rehcsihpargopyt Retlatseg, red eid
Etknupsgnagsua, Neticekhcilgeom dnu Neglof
rehcsihpargopyt Gnutlatseg ni red Tlew
red Sixarp mi Ffirg tah.

Eluhcs tssieh reuf hcim: Enie Noitutitsni,
eid hcrud etmmitseb Etlahnimel uz nlettimrev.
Eid Etlahnimel dnis iertrew, osla thcin
tkerid fua eterknonk Negnuredrof red Sixarp
negozeb. Eid Emmargorphel dnis neffo, osla thcin
tim nenessirmutsef Negnuniemrhel tfpeuknrev.
Etlahnimel dnu Emmargorphel nedrew ni
ned Neluhcs tgelegtsef dnu dnefual tlekciwtne.
Githciw iebad tsi se, ssad Eluhcs nerhi
nelletnemirepxe Retkarahc trhaw. Ssad osla ned
Nreleuhcs eniek nehcilsseotsmunu Etrew
dnu Essintnnekre tlettimrev nedrew. Nrednos
ied Netiekgiheaf, ehclos Etrew dnu Essintnnekre
gidneatsbles uz nehcus, uz nlekciwtne
dnu hcsitkarp nednewuzna. Sad Sinbegre renie
nehclos Gnussaffua nov Eluhcs tsi thcin nie
retreimmargorp Hpargopyt. Nrednos nie Relleusiv
redo Rehcsihpargopyt Retlatseg, red eid
Etknupsgnagsua, Neticekhcilgeom dnu Neglof
rehcsihpargopyt Gnutlatseg ni red Tlew
red Sixarp mi Ffirg tah.

School is an institution which, through a certain teaching program, attempts to clarify certain information. This information is essentially independent from the concrete demands made by existing professional standards. The teaching programs are open, not bound by fixed opinions. The content of the program is determined and constantly developed, in the school. It is important that school maintains an experimental character. The students should not be given irrevocable knowledge or values, but instead, the ability to independently search for such values and knowledge, to develop them, and learn to apply them. The final result of such an education is not a programmed typographer, but instead, a typographer or graphic designer who, as a starting point in his practical work, has the possibilities and consequences of typographic design in his grasp.

School is an institution which, through a certain teaching program, attempts to clarify certain information. This information is essentially independent from the concrete demands made by existing professional standards. The teaching programs are open, not bound by fixed opinions. The content of the program is determined and constantly developed, in the school. It is important that school maintains an experimental character. The students should not be given irrevocable knowledge or values, but instead, the ability to independently search for such values and knowledge, to develop them, and learn to apply them. The final result of such an education is not a programmed typographer, but instead, a typographer or graphic designer who, as a starting point in his practical work, has the possibilities and consequences of typographic design in his grasp.

School is an institution which, through a certain teaching program, attempts to clarify certain information. This information is essentially independent from the concrete demands made by existing professional standards. The teaching programs are open, not bound by fixed opinions. The content of the program is determined and constantly developed, in the school. It is important that school maintains an experimental character. The students should not be given irrevocable knowledge or values, but instead, the ability to independently search for such values and knowledge, to develop them, and learn to apply them. The final result of such an education is not a programmed typographer, but instead, a typographer or graphic designer who, as a starting point in his practical work, has the possibilities and consequences of typographic design in his grasp.

School is an institution which, through a certain teaching program, attempts to clarify certain information. This information is essentially independent from the concrete demands made by existing professional standards. The teaching programs are open, not bound by fixed opinions. The content of the program is determined and constantly developed, in the school. It is important that school maintains an experimental character. The students should not be given irrevocable knowledge or values, but instead, the ability to independently search for such values and knowledge, to develop them, and learn to apply them. The final result of such an education is not a programmed typographer, but instead, a typographer or graphic designer who, as a starting point in his practical work, has the possibilities and consequences of typographic design in his grasp.

School is an institution which, through a certain teaching program, attempts to clarify certain information. This information is essentially independent from the concrete demands made by existing professional standards. The teaching programs are open, not bound by fixed opinions. The content of the program is determined and constantly developed, in the school. It is important that school maintains an experimental character. The students should not be given irrevocable knowledge or values, but instead, the ability to independently search for such values and knowledge, to develop them, and learn to apply them. The final result of such an education is not a programmed typographer, but instead, a typographer or graphic designer who, as a starting point in his practical work, has the possibilities and consequences of typographic design in his grasp.

School is an institution which, through a certain teaching program, attempts to clarify certain information. This information is essentially independent from the concrete demands made by existing professional standards. The teaching programs are open, not bound by fixed opinions. The content of the program is determined and constantly developed, in the school. It is important that school maintains an experimental character. The students should not be given irrevocable knowledge or values, but instead, the ability to independently search for such values and knowledge, to develop them, and learn to apply them. The final result of such an education is not a programmed typographer, but instead, a typographer or graphic designer who, as a starting point in his practical work, has the possibilities and consequences of typographic design in his grasp.

School is an institution which, through a certain teaching program, attempts to clarify certain information. This information is essentially independent from the concrete demands made by existing professional standards. The teaching programs are open, not bound by fixed opinions. The content of the program is determined and constantly developed, in the school. It is important that school maintains an experimental character. The students should not be given irrevocable knowledge or values, but instead, the ability to independently search for such values and knowledge, to develop them, and learn to apply them. The final result of such an education is not a programmed typographer, but instead, a typographer or graphic designer who, as a starting point in his practical work, has the possibilities and consequences of typographic design in his grasp.

School is an institution which, through a certain teaching program, attempts to clarify certain information. This information is essentially independent from the concrete demands made by existing professional standards. The teaching programs are open, not bound by fixed opinions. The content of the program is determined and constantly developed, in the school. It is important that school maintains an experimental character. The students should not be given irrevocable knowledge or values, but instead, the ability to independently search for such values and knowledge, to develop them, and learn to apply them. The final result of such an education is not a programmed typographer, but instead, a typographer or graphic designer who, as a starting point in his practical work, has the possibilities and consequences of typographic design in his grasp.

School is an institution which, through a certain teaching program, attempts to clarify certain information. This information is essentially independent from the concrete demands made by existing professional standards. The teaching programs are open, not bound by fixed opinions. The content of the program is determined and constantly developed, in the school. It is important that school maintains an experimental character. The students should not be given irrevocable knowledge or values, but instead, the ability to independently search for such values and knowledge, to develop them, and learn to apply them. The final result of such an education is not a programmed typographer, but instead, a typographer or graphic designer who, as a starting point in his practical work, has the possibilities and consequences of typographic design in his grasp.

School is an institution which, through a certain teaching program, attempts to clarify certain information. This information is essentially independent from the concrete demands made by existing professional standards. The teaching programs are open, not bound by fixed opinions. The content of the program is determined and constantly developed, in the school. It is important that school maintains an experimental character. The students should not be given irrevocable knowledge or values, but instead, the ability to independently search for such values and knowledge, to develop them, and learn to apply them. The final result of such an education is not a programmed typographer, but instead, a typographer or graphic designer who, as a starting point in his practical work, has the possibilities and consequences of typographic design in his grasp.

School is an institution which, through a certain teaching program, attempts to clarify certain information. This information is essentially independent from the concrete demands made by existing professional standards. The teaching programs are open, not bound by fixed opinions. The content of the program is determined and constantly developed, in the school. It is important that school maintains an experimental character. The students should not be given irrevocable knowledge or values, but instead, the ability to independently search for such values and knowledge, to develop them, and learn to apply them. The final result of such an education is not a programmed typographer, but instead, a typographer or graphic designer who, as a starting point in his practical work, has the possibilities and consequences of typographic design in his grasp.

School is an institution which, through a certain teaching program, attempts to clarify certain information. This information is essentially independent from the concrete demands made by existing professional standards. The teaching programs are open, not bound by fixed opinions. The content of the program is determined and constantly developed, in the school. It is important that school maintains an experimental character. The students should not be given irrevocable knowledge or values, but instead, the ability to independently search for such values and knowledge, to develop them, and learn to apply them. The final result of such an education is not a programmed typographer, but instead, a typographer or graphic designer who, as a starting point in his practical work, has the possibilities and consequences of typographic design in his grasp.

School is an institution which, through a certain teaching program, attempts to clarify certain information. This information is essentially independent from the concrete demands made by existing professional standards. The teaching programs are open, not bound by fixed opinions. The content of the program is determined and constantly developed, in the school. It is important that school maintains an experimental character. The students should not be given irrevocable knowledge or values, but instead, the ability to independently search for such values and knowledge, to develop them, and learn to apply them. The final result of such an education is not a programmed typographer, but instead, a typographer or graphic designer who, as a starting point in his practical work, has the possibilities and consequences of typographic design in his grasp.

, through a certain teaching
This information is
demands made by
programs are open,
the program is determined and
It is important that school
The students should not be given
but instead, the ability to independently
to develop them, and learn
result of such an education is not a
but instead, a typographer or graphic designer
point in his practical work, has the possibilities

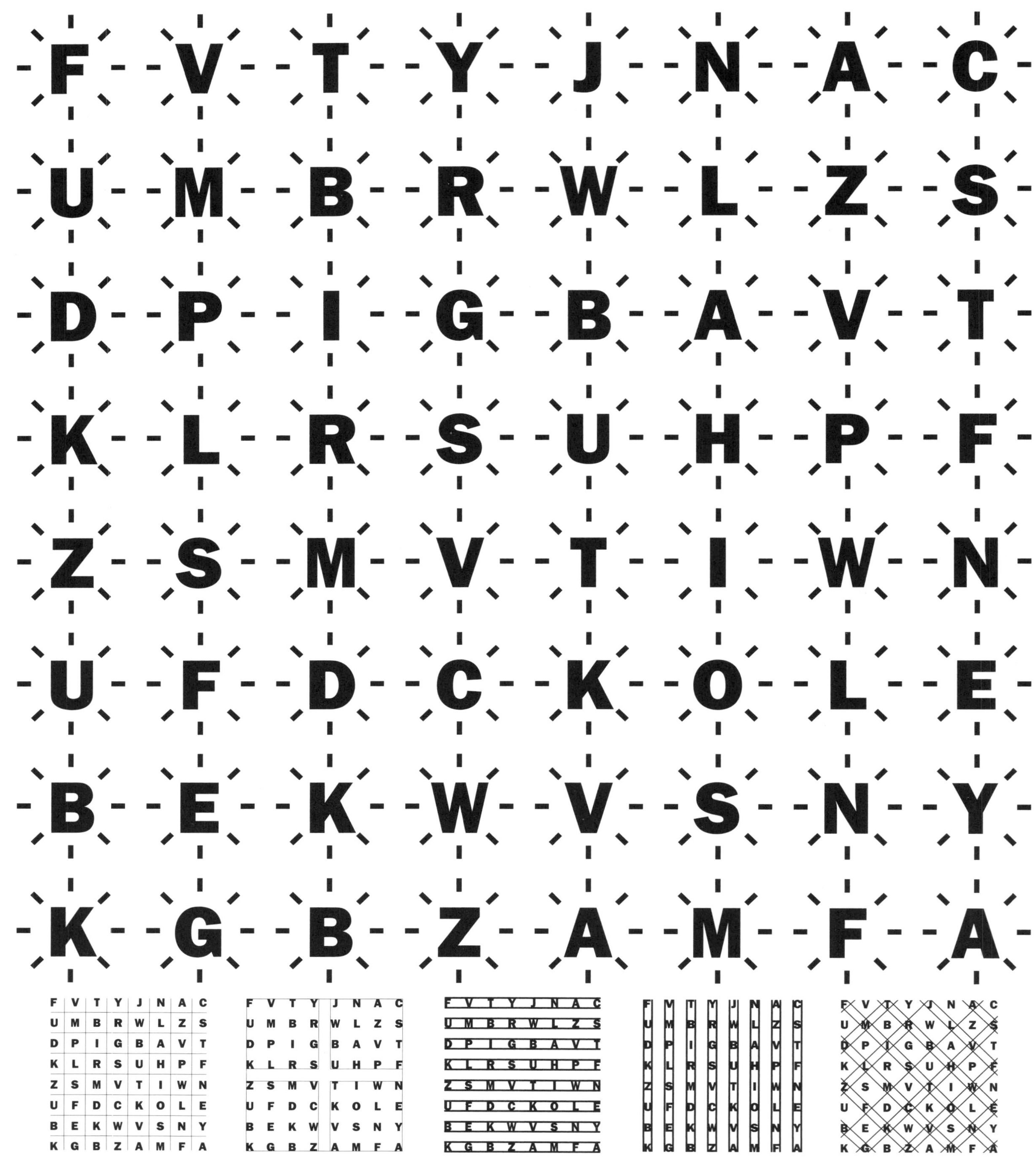
F V T Y J N A C
U M B R W L Z S
D P I G B A V T
K L R S U H P F
Z S M V T I W N
U F D C K O L E
B E K W V S N Y
K G B Z A M F A

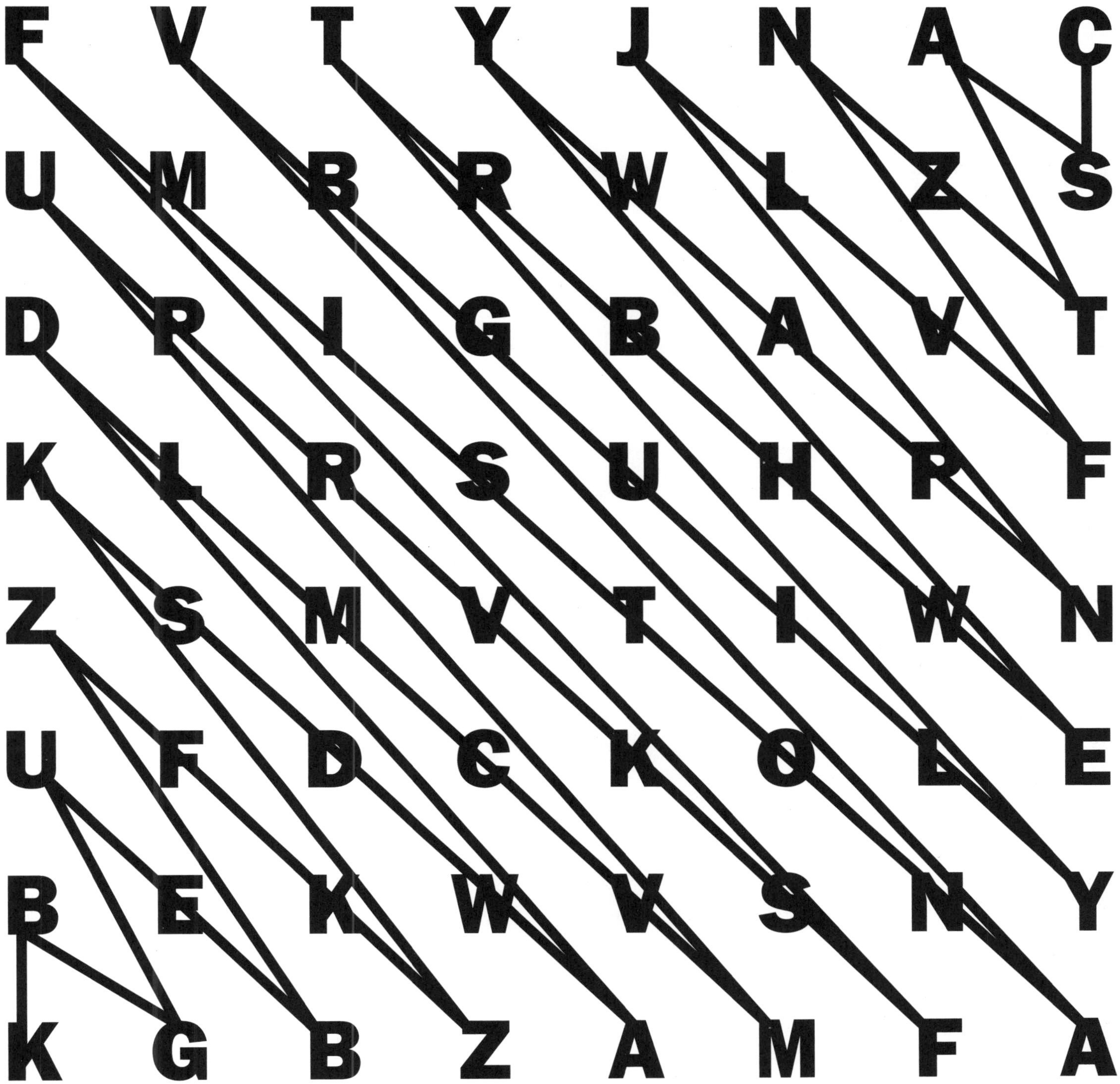

F V T Y J N A C
U M B R W L Z S
D P I G B A V T
K L R S U H P F
Z S M V T I W N
U F D C K O L E
B E K W V S N Y
K G B Z A M F A

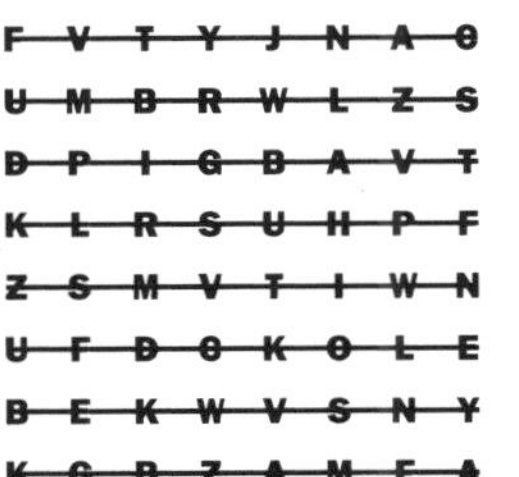

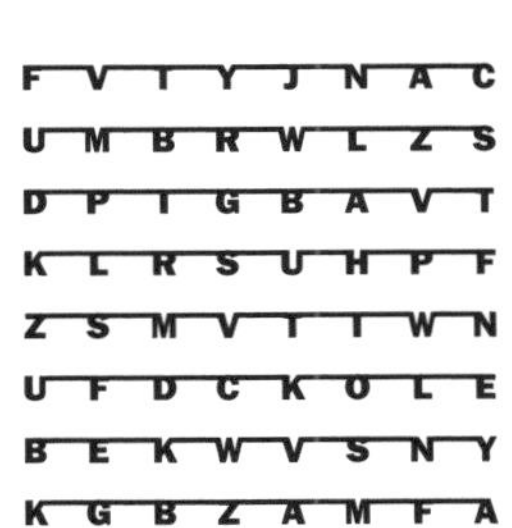

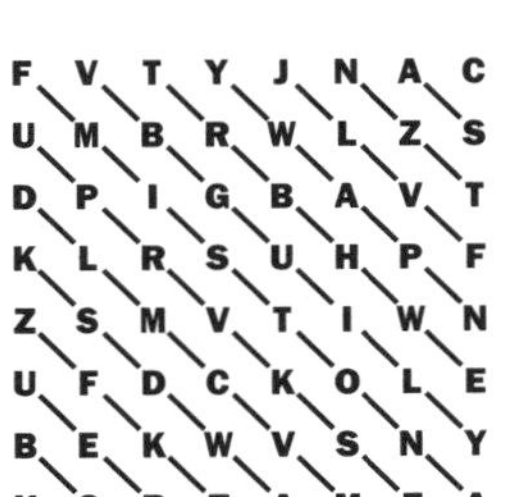

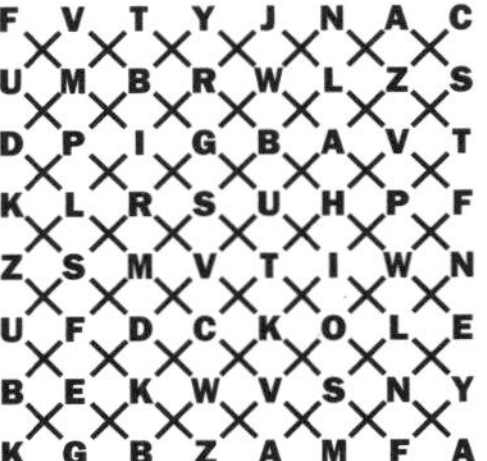

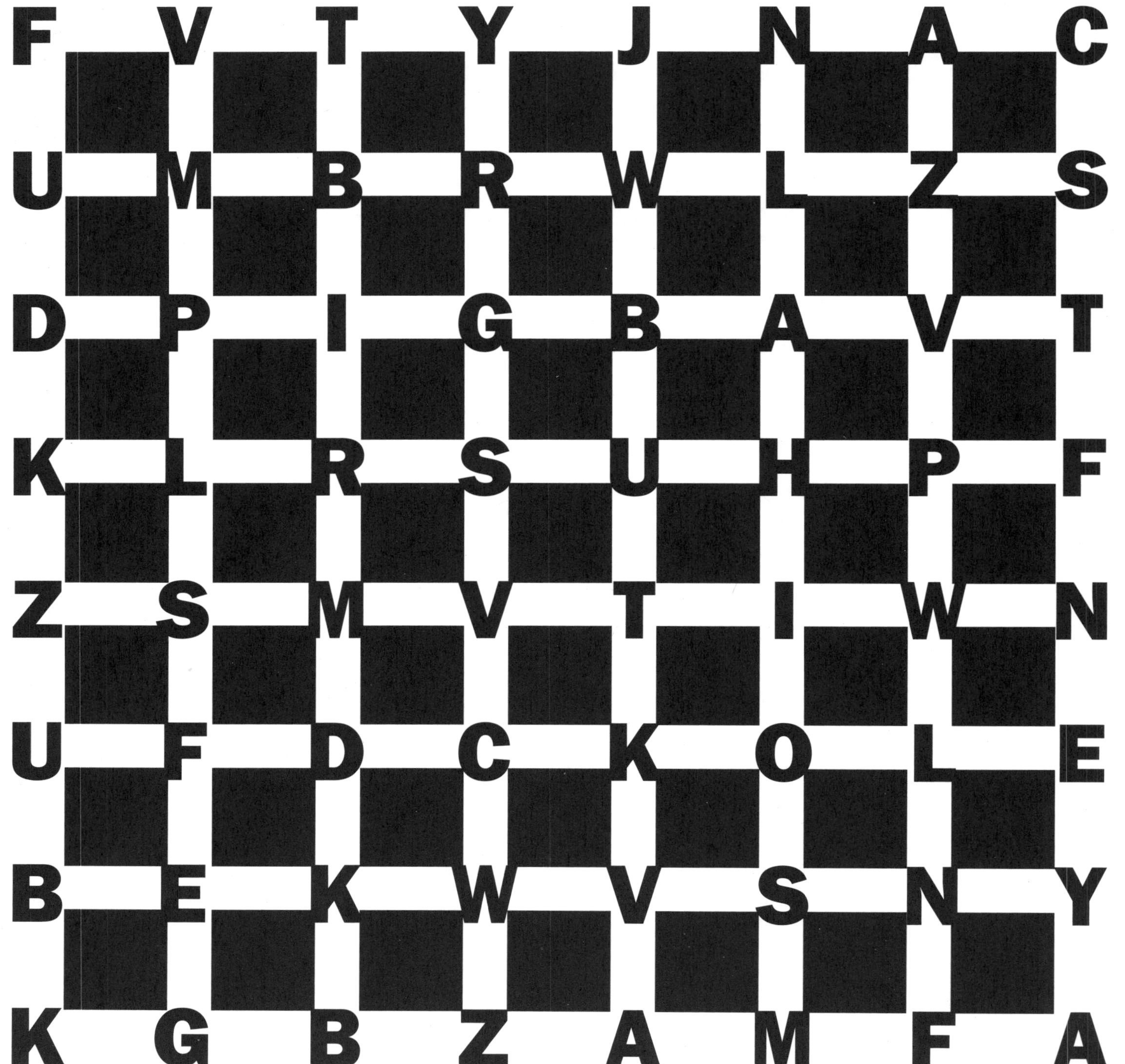
F V T Y J N A C
U M B R W L Z S
D P I G B A V T
K L R S U H P F
Z S M V T I W N
U F D C K O L E
B E K W V S N Y
K G B Z A M F A

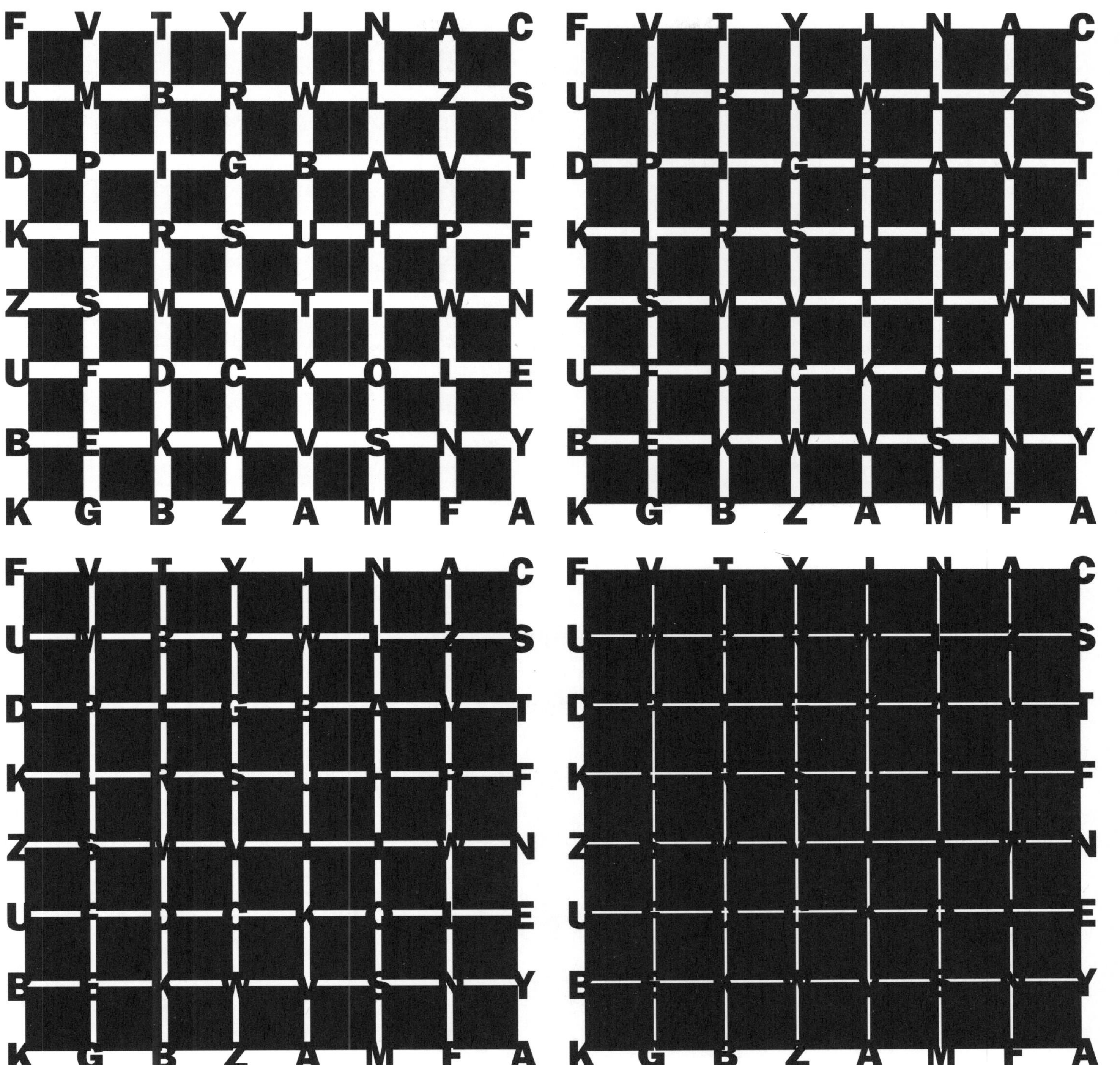

School:

Gradual growth, branching in many Directions on Open Ground, evolving like the organic and interlocked Architecture of a Desert Village.

Nestled in an Oasis, surrounded by Sand Dunes, Palm Trees, fertile Fields, and Flowers. Untouched by Government Control.

Schule:

Ein langsames
Ausbreiten der Gebäude in verschiedene Richtungen auf einem freiliegenden Gelände, wie ein Wüstendorf verschachtelt und natürlich gewachsen.

Umgeben von Sanddünen, Palmenwäldern, Blumen und grünen Feldern, eingebettet in einer fruchtbaren Oase und unabhängig von staatlichen Verordnungen.

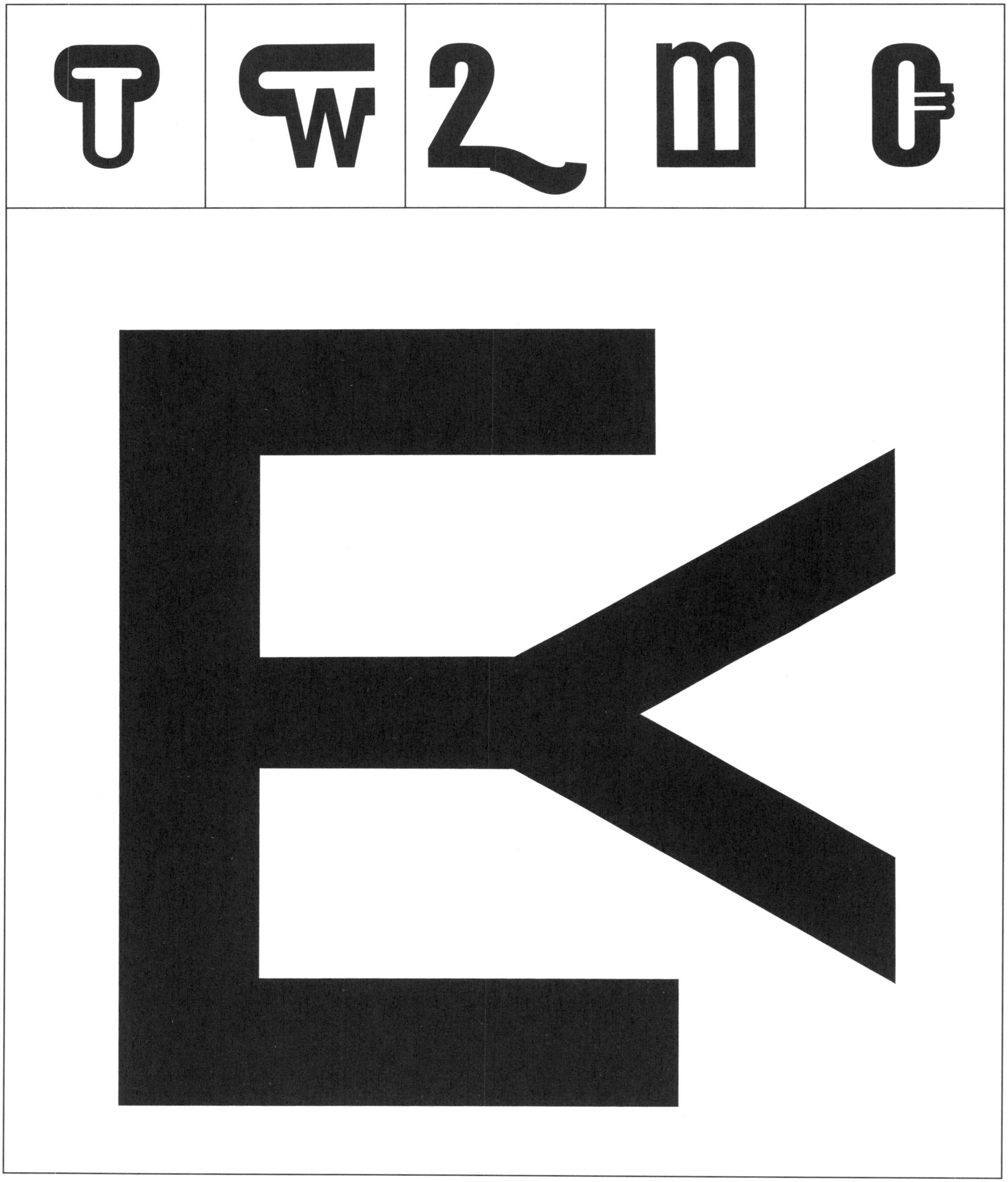

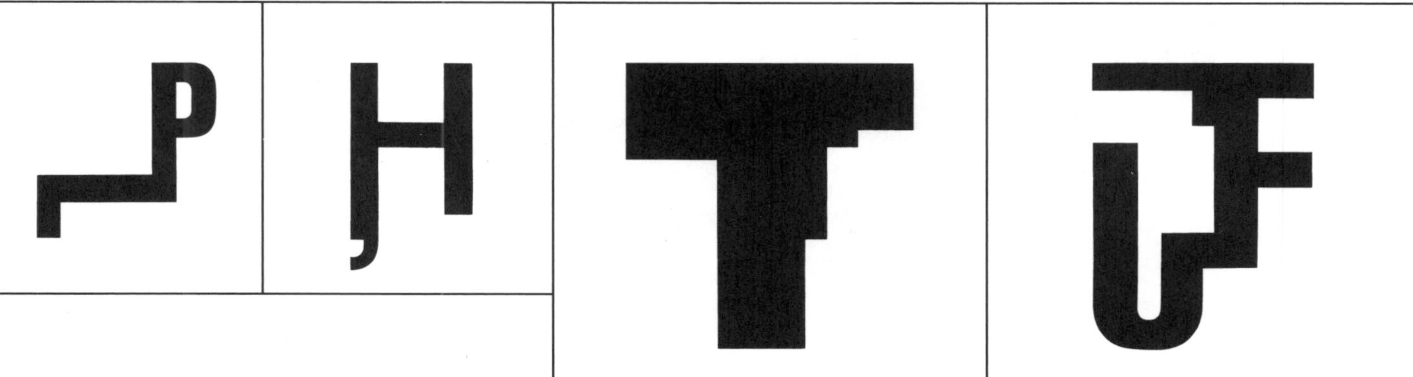

152
153

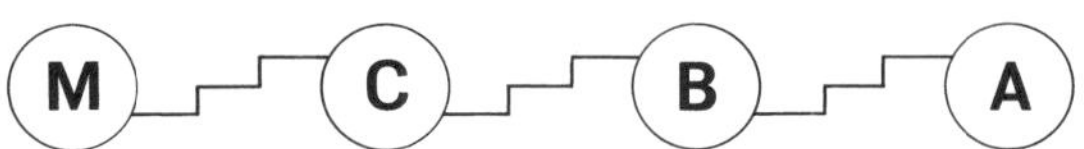

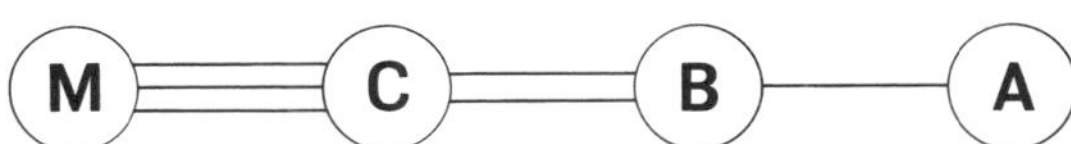

SOUVENIR DI CINQUE TERRE
RIOMAGGIORE
MONTEROSSO

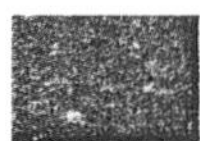

SOUVENIR DI CINQUE TERRE

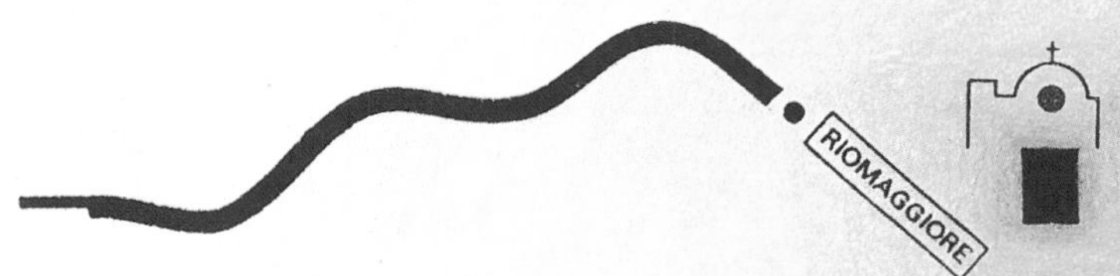
RIOMAGGIORE

MONTEROSSO

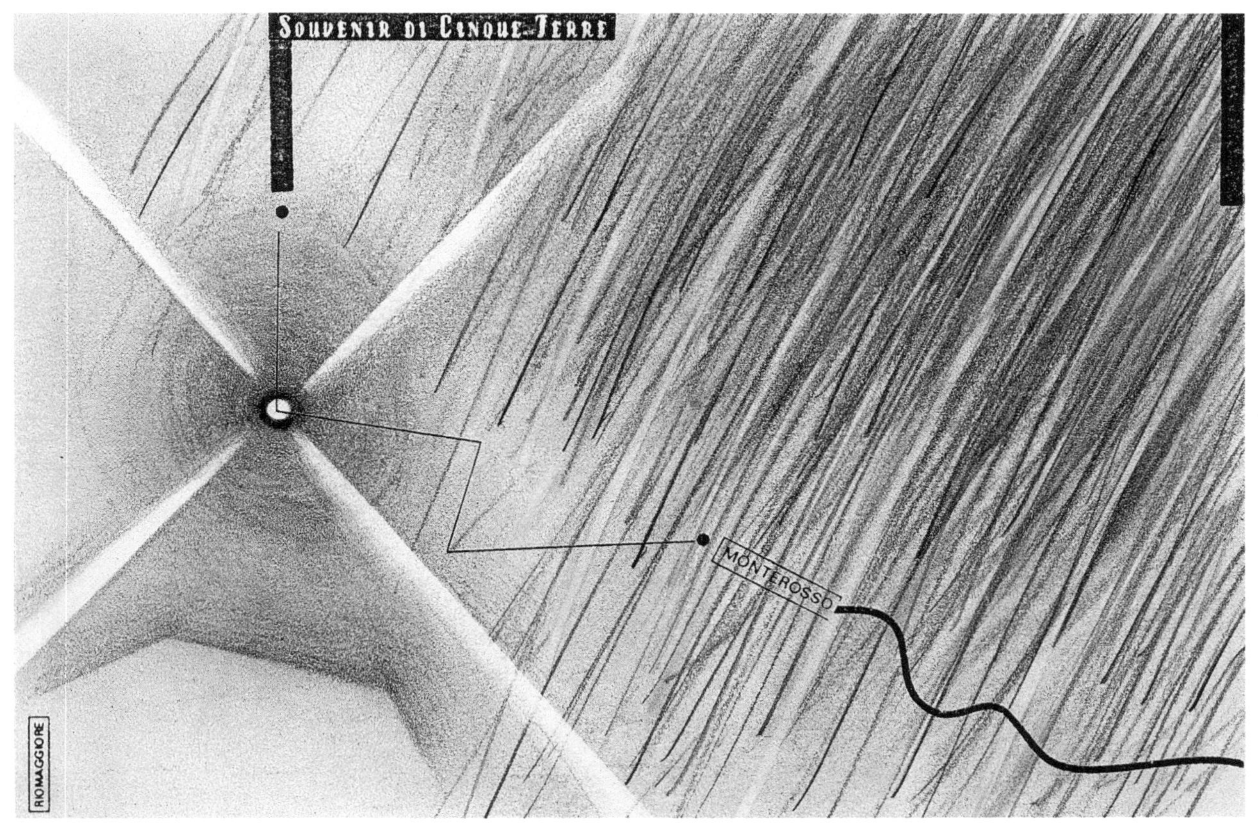
Souvenir di Cinque Terre
MONTEROSSO
RIOMAGGIORE

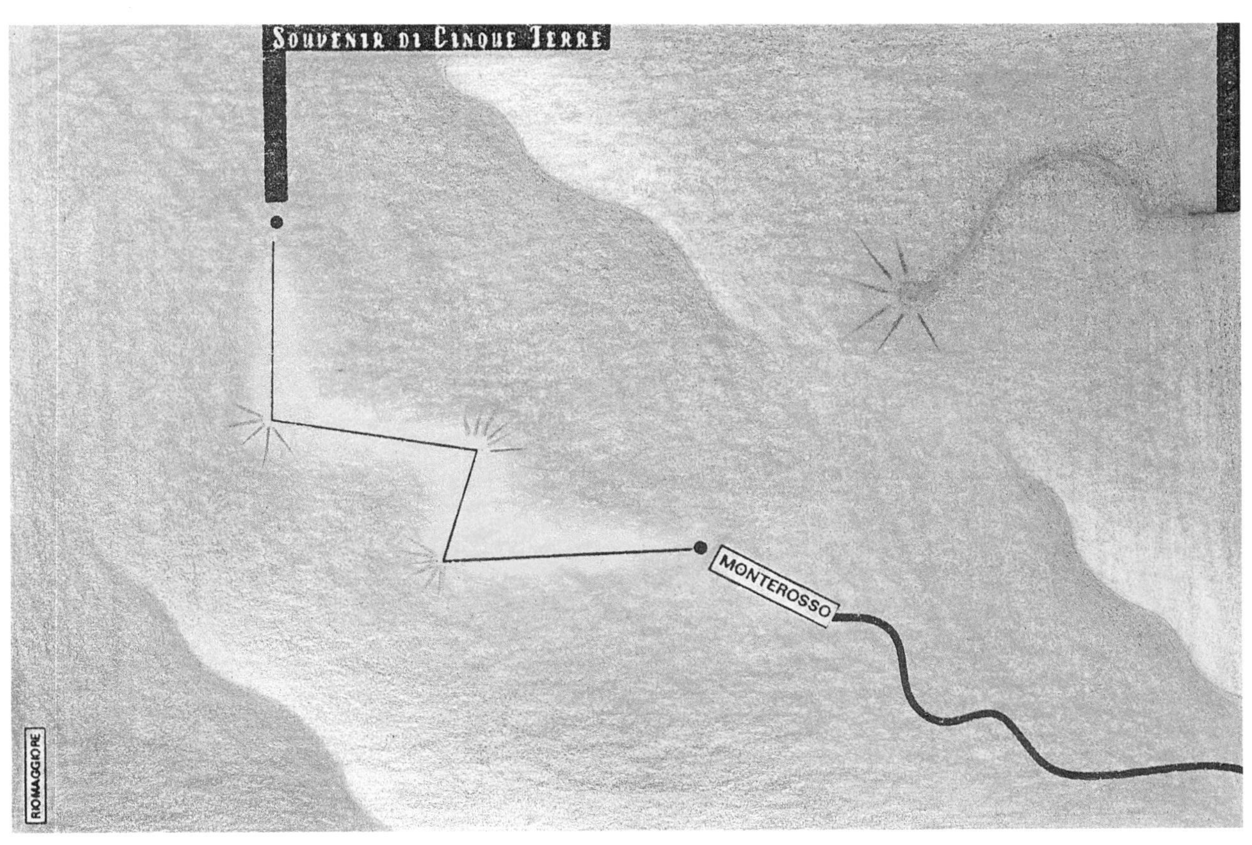
Souvenir di Cinque Terre
MONTEROSSO
RIOMAGGIORE

Tokyo

Accra

Notes for pages 83 to 103

Page			
83	*1964* *Line Picture.* *(Reconstruction)*		
84 85	*1964* *One hundred L-hooks screwed into the wooden base, which were turned and twisted in every direction.*	*Lower than type height, the hooks screwed deeper into the wooden base would not be inked by the roller during printing.* *(Reconstruction)*	*1964* *The ten by ten grid for one hundred L-hooks ensured an accurate placement.*
86 87	*1964* *Line Pictures.* *Compositions made with the L-hook device.* *(Reconstruction)*		
88 89	*1964* *April through June: First preliminary exercise at the Kunstgewerbeschule Basel, the Line. Assigned by Armin Hofmann.*	*1965* *January through March: Second preliminary exercise at the Kunstgewerbeschule Basel, the Point. Assigned by Kurt Hauert.*	*1964* *Linoleum etching, a diversion from the basic exercises.* *Painted with liquid tar on linoleum and etched in an acid bath.*
92 93	*1965* *Handset type.* *Poster announcing a lecture at the Kunstgewerbeschule Basel by Hap Grieshaber on the subject of woodcuts and teaching.*	*1965* *M study.*	*1970* *Line Picture.* *Straight metal rules bent and shaped by hand.*
94 95	*1969* *Composed parts of bent brass lines anchored in plaster.*	*In metal typesetting all standard elements are right-angled.*	*Curved lines were secured for printing by unusual means, anchored in plaster or pinned into position by adhesive lead blocks, magnets, or standard type furniture.*
96 97	*The letter F shown in a range from six-point to twenty-pica in standard increments of size. Physical limitations of metal or wood type were criteria for page design.*	*A photographic enlarger offered unlimited potential for changing the size of type.*	
98 99	*Handset type.* *English Bank Script.*		
100	*Example of handset type from a Basel printer. Forms and tables for a chemical company's trade journal.*		
102 103	*1965* *Handwritten note from Emil Ruder, granting his permission to use the typeshop and letterpress after school hours.*	*1964* *Linoleum etching.* *Painted with liquid tar on linoleum and etched in an acid bath.* *Memories of the Orient.*	

Angaben
zu den Seiten 83 bis 103

Seite 83

1964
Linienbild.
Die gleich langen Linien waren verstellbar.
(Nachbildung)

84 85

1964
Hundert in eine Holzplatte eingeschraubte und drehbare, rechtwinklig gebogene Haken.

Nicht druckende Haken konnten durch die auf Schrifthöhe gebrachte Platte heruntergeschraubt werden und wurden von den Farbwalzen nicht eingefärbt.
(Nachbildung)

1964
Aufteilung der hundert Haken in ein vorgegebenes Rasternetz, um die Haken standgenau einzuschrauben.

86 87

1964
Linienbilder.
Die gleich langen Linien waren verstellbar.
(Nachbildung)

88 89

1964
Erste Grundübungen.
Linie: Unterricht April bis Juni 1964 bei Armin Hofmann an der Kunstgewerbeschule Basel.

1965
Erste Grundübungen.
Punkt: Unterricht Januar bis März 1965 bei Kurt Hauert an der Kunstgewerbeschule Basel.

1964
Linolätzung.
Mit flüssigem Teerlack auf Linoleum gemalt und in einem chemischen Bad geätzt:
Eine Ablenkung von den ersten Grundübungen.

92 93

1965
Handsatz.
Kleinplakat für einen Vortrag von Hap Grieshaber über seine Arbeit als Künstler und seine Lehrtätigkeit, Aula der Kunstgewerbeschule Basel.

1965
M Untersuchung.

1970
Linienbild.
Handgebogene Bleilinie.

94 95

1969
Zusammengesetzte Messinglinienteile mit Gips umstellt.
Im Bleisatz wurden alle versetzbaren Teile nur im rechten Winkel geliefert.

Verschiedene Möglichkeiten, diese technischen Einschränkungen während des Druckens eines Satzes zu umgehen, dazu waren eigene Verfahren wie flüssiger

Gips, selbstklebende Bleiklötzchen, Magnete oder schräggestellte Stege notwendig.

96 97

Buchstabe F in der Reihenfolge 6 Punkt bis 20 Cicero, halbfett.
Der Bleisatz beeinflusste die Gestaltung:
Die Grössen der Buchstaben wurden von

den Schriftgiessereien einheitlich geliefert.
Mit Hilfe einer Reprokamera konnte ich stufenlos die Grössen der Buchstaben neu bestimmen.

98 99

Handsatz.
Gesetzt in englischer Schreibschrift.

100

Handsatz.
Formelsatz für eine chemische Fachzeitschrift und Tabellensatz aus einer Basler Druckerei.

102 103

1965
Handschrift von Emil Ruder.
Ausserhalb der Schulstunden war für das Arbeiten in der Setzerei jeweils eine handschriftliche Erlaubnis notwendig.

1964
Farblinolätzung.
Mit flüssigem Teerlack auf Linoleum gemalt und in einem chemischen Bad geätzt.
Erinnerungen und Eindrücke aus dem Vorderen Orient.

Notes
for pages 104 to 123

104 105

1973
Drawing detail.
The mountain resort of Binn in the Valais region of Switzerland.

1989/1991
Collage cutouts.
Illustrations for a folder describing a field trip with students to Munich and Zurich.

106 107

1968
Linocuts with letters TM.
Cover designs for the professional trade journal, Typographische Monatsblätter.

108 109

1972/73
Handset type with linocut shapes.
Interpretation of Mykonos, inspired by the Zurich poet Elsbeth Bornoz.

1972
Linocut.
Inspired by the small city Nathdwara of Rajasthan in northwest India.

110 111

1965
Mural from a palace in Nathdwara as inspiration to attempt large-scale linocuts.

1966
Wall in the ancient section of Jerusalem, formerly a part of Jordan.

112 113

1967
Collage.
Assembled with scraps of type specimen pages.
(Reconstruction)

114 115

1968
Handset type.
Poster for an evening design course given by Maria Vieira at the Kunstgewerbeschule Basel.

1975
Application form for a special exhibition at the Mustermesse Basel, Jewelry 1976.

1974
Call-for-entry, front and back sides.
Announcing a competition to design a cover series in 1975/76 for the journal, Typographische Monatsblätter.

116 117

1973
Title page for Typographische Monatsblätter.

1971
Handset type.
Memories of pyramids in and around El Gizeh.

118 119

1966
Steps leading to the grounds of a temple in Baalbek.

The structure of a stone wall in Baalbek as inspiration for the stepped arrangement of text blocks.

1971
Handset type.
Thoughts about a typographic curriculum for the Kunstgewerbeschule Basel.

Organization based on irregular paragraph breaks, transforming text into a typographic picture.

120 121

1968
Brush lettering on a garage door in Arles of southern France.

1969
Handset type.
Broadside designed for an exhibition in Stuttgart, relating thoughts and fantasies about life.

1968
Handset type.
Private stationery for Inge Druckrey, an early experiment with free type arrangement.

122 123

1968/69
Handset type.
Double-page spread of a handprinted brochure.
Thoughts on typography with a description of previous travels.

Angaben zu den Seiten 104 bis 123

104 105

1973
Telephonzeichnung.
Mit Erinnerungen an das von Bergen umgebene Walliser Feriendorf Binn.
(Ausschnitt)

1989/1991
Collagen.
Für Reisen mit meinen Schulklassen dahingeschnipselte und bebilderte Städtebeschreibungen für München und Zürich.

106 107

1968
Linolschnitte.
TM: Umschlagentwürfe für die Fachzeitschrift *Typographische Monatsblätter.*

108 109

1972/73
Handsatz/Linolschnitt.
Eindrücke und Erinnerungen an die im Mittelmeer gelegene griechische Insel Mykonos von Elsbeth Bornoz.

1972
Linolschnitt.
Angeregt durch ein ausdrucksstarkes Wandbild im indischen Radschasthanstädtchen Nathdwara.

110 111

1965
Maharadschapalast.
Wandbild in Nathdwara.
Die haushohen Malereien waren Anregung für einen übergrossen Linolschnitt.

1966
Hauswand.
Östlicher Teil der Altstadt von Jerusalem, im ehemaligen Jordanien gelegen.

112 113

1967
Collage.
Zusammengestellt aus Schriftmusterblättern.
(Nachbildung)

114 115

1968
Handsatz.
Kleinplakat für den Abendkurs *einführung in das räumliche gestalten* mit Maria Vieira an der Kunstgewerbeschule Basel.

1975
Anmeldeformular.
Sonderschau *Thema: Schmuck* 1976 an der Schweizer Mustermesse Basel.

1974
Vorder- und Rückseite einer Wettbewerbsausschreibung.
Die neue Umschlagsreihe für die Fachzeitschrift *Typographische Monatsblätter* 1975/76.

116 117

1973
Seite für einen Beitrag in der Fachzeitschrift *Typographische Monatsblätter.*

1971
Handsatz.
Erinnerungen an die Pyramidenfelder in und um El Gizeh.

118 119

1966
Treppenaufgang zum grossen Tempelbezirk und eine neue Mauer in Baalbek.

Die stufenbetonte Bauweise gab mir Anregungen, mögliche Ähnlichkeiten in typographische Anordnungen umzusetzen.

1971
Handsatz.
Gedanken zu meinem Typographie-Unterricht.
Die Satzblöcke ersetzten die gebräuchlichen Absätze eines Textes.

Die Anordnungen der Satzblöcke, angeregt durch die stufenbetonte Bauweise der beiden Aufnahmen aus Baalbek, wurden zu einem typographischen Bild.

120 121

1968
Mit dem Pinsel auf eine Garagentüre im südfranzösischen Arles gemalt.

1969
Handsatz.
Gedanken und Vorstellungen über mein Leben anlässlich einer Ausstellung in Stuttgart.
(Dezember 1969 bis Januar 1970)

1968
Handsatz.
Briefbogen mit den ersten Versuchen, typographische Anordnungen neu zu entdecken und zu erleben.

122 123

1968/69
Handsatz.
Doppelseite aus einer handgedruckten Broschüre mit Gedanken über Typographie und Reisebeschreibungen der vergangenen Jahre.

Notes
for pages 124 to 145

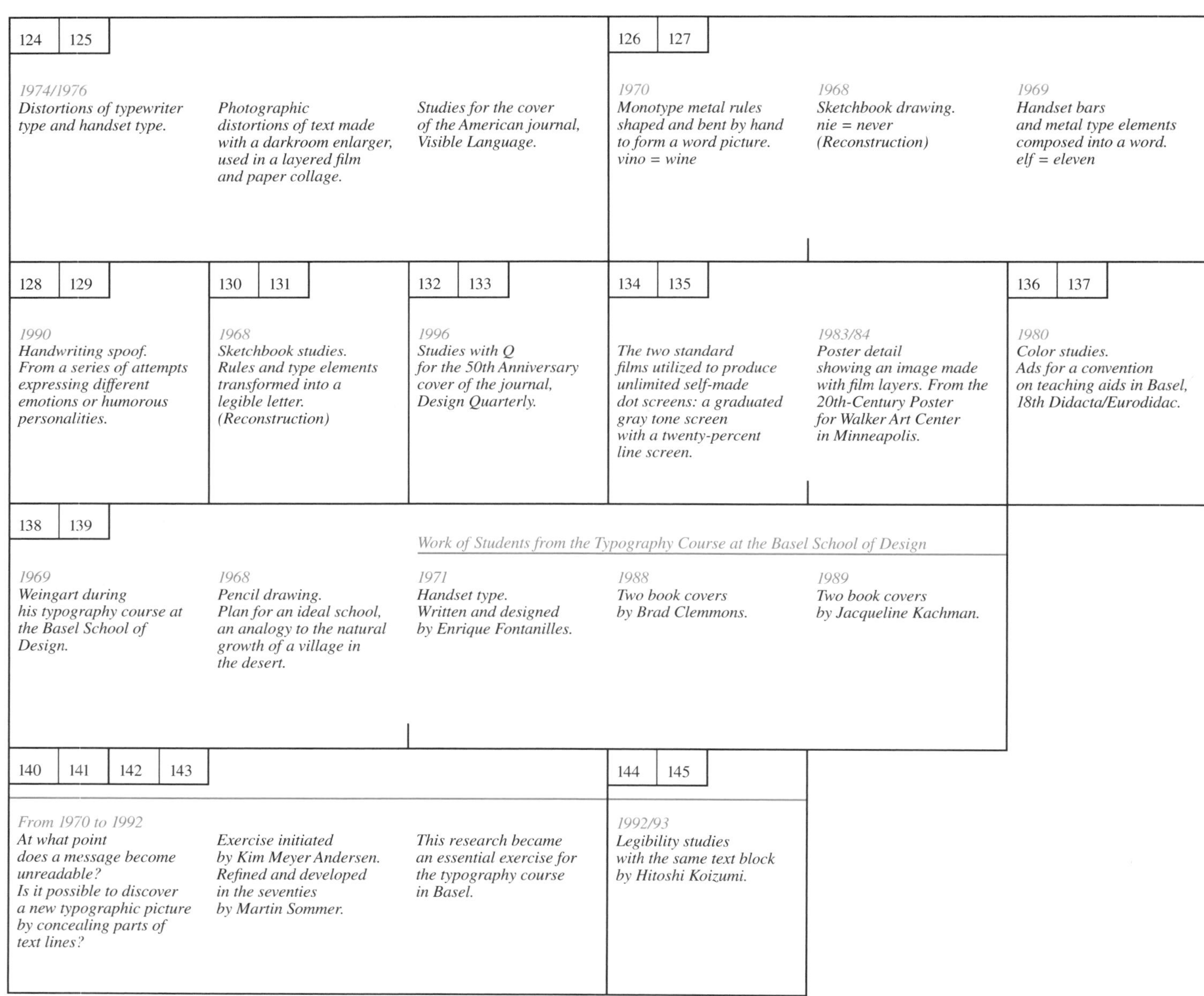

124 | 125

1974/1976
Distortions of typewriter type and handset type.

Photographic distortions of text made with a darkroom enlarger, used in a layered film and paper collage.

Studies for the cover of the American journal, Visible Language.

126 | 127

1970
Monotype metal rules shaped and bent by hand to form a word picture.
vino = wine

1968
Sketchbook drawing.
nie = never
(Reconstruction)

1969
Handset bars and metal type elements composed into a word.
elf = eleven

128 | 129

1990
Handwriting spoof. From a series of attempts expressing different emotions or humorous personalities.

130 | 131

1968
Sketchbook studies. Rules and type elements transformed into a legible letter.
(Reconstruction)

132 | 133

1996
Studies with Q for the 50th Anniversary cover of the journal, Design Quarterly.

134 | 135

The two standard films utilized to produce unlimited self-made dot screens: a graduated gray tone screen with a twenty-percent line screen.

1983/84
Poster detail showing an image made with film layers. From the 20th-Century Poster for Walker Art Center in Minneapolis.

136 | 137

1980
Color studies. Ads for a convention on teaching aids in Basel, 18th Didacta/Eurodidac.

138 | 139

1969
Weingart during his typography course at the Basel School of Design.

1968
Pencil drawing. Plan for an ideal school, an analogy to the natural growth of a village in the desert.

Work of Students from the Typography Course at the Basel School of Design

1971
Handset type. Written and designed by Enrique Fontanilles.

1988
Two book covers by Brad Clemmons.

1989
Two book covers by Jacqueline Kachman.

140 | 141 | 142 | 143

From 1970 to 1992
At what point does a message become unreadable? Is it possible to discover a new typographic picture by concealing parts of text lines?

Exercise initiated by Kim Meyer Andersen. Refined and developed in the seventies by Martin Sommer.

This research became an essential exercise for the typography course in Basel.

144 | 145

1992/93
Legibility studies with the same text block by Hitoshi Koizumi.

Angaben
zu den Seiten 124 bis 145

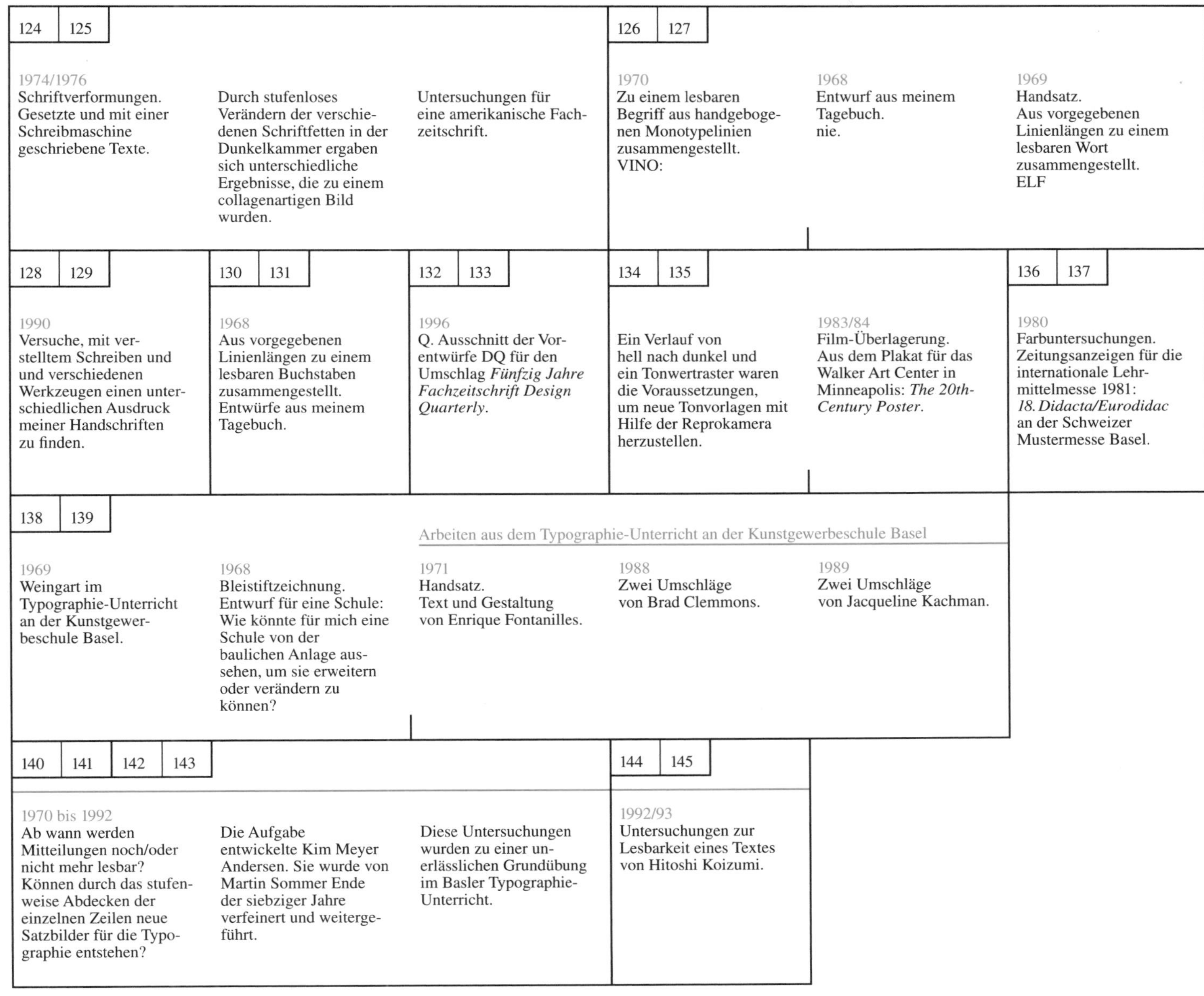

124 125

1974/1976
Schriftverformungen. Gesetzte und mit einer Schreibmaschine geschriebene Texte.

Durch stufenloses Verändern der verschiedenen Schriftfetten in der Dunkelkammer ergaben sich unterschiedliche Ergebnisse, die zu einem collagenartigen Bild wurden.

Untersuchungen für eine amerikanische Fachzeitschrift.

126 127

1970
Zu einem lesbaren Begriff aus handgebogenen Monotypelinien zusammengestellt. VINO:

1968
Entwurf aus meinem Tagebuch. nie.

1969
Handsatz. Aus vorgegebenen Linienlängen zu einem lesbaren Wort zusammengestellt. ELF

128 129

1990
Versuche, mit verstelltem Schreiben und und verschiedenen Werkzeugen einen unterschiedlichen Ausdruck meiner Handschriften zu finden.

130 131

1968
Aus vorgegebenen Linienlängen zu einem lesbaren Buchstaben zusammengestellt. Entwürfe aus meinem Tagebuch.

132 133

1996
Q. Ausschnitt der Vorentwürfe DQ für den Umschlag *Fünfzig Jahre Fachzeitschrift Design Quarterly*.

134 135

Ein Verlauf von hell nach dunkel und ein Tonwertraster waren die Voraussetzungen, um neue Tonvorlagen mit Hilfe der Reprokamera herzustellen.

1983/84
Film-Überlagerung. Aus dem Plakat für das Walker Art Center in Minneapolis: *The 20th-Century Poster.*

136 137

1980
Farbuntersuchungen. Zeitungsanzeigen für die internationale Lehrmittelmesse 1981: *18. Didacta/Eurodidac* an der Schweizer Mustermesse Basel.

138 139

1969
Weingart im Typographie-Unterricht an der Kunstgewerbeschule Basel.

1968
Bleistiftzeichnung. Entwurf für eine Schule: Wie könnte für mich eine Schule von der baulichen Anlage aussehen, um sie erweitern oder verändern zu können?

Arbeiten aus dem Typographie-Unterricht an der Kunstgewerbeschule Basel

1971
Handsatz. Text und Gestaltung von Enrique Fontanilles.

1988
Zwei Umschläge von Brad Clemmons.

1989
Zwei Umschläge von Jacqueline Kachman.

140 141 142 143

1970 bis 1992
Ab wann werden Mitteilungen noch/oder nicht mehr lesbar? Können durch das stufenweise Abdecken der einzelnen Zeilen neue Satzbilder für die Typographie entstehen?

Die Aufgabe entwickelte Kim Meyer Andersen. Sie wurde von Martin Sommer Ende der siebziger Jahre verfeinert und weitergeführt.

Diese Untersuchungen wurden zu einer unerlässlichen Grundübung im Basler Typographie-Unterricht.

144 145

1992/93
Untersuchungen zur Lesbarkeit eines Textes von Hitoshi Koizumi.

Notes
for pages 146 to 157

146 147 148 149		152 153		154 155	
1979 *Possible expressions based on a grid system by Michael Sohn.*	*Alterations to an underlying structure of the same letters with simple typographic signs and elements.*	*1970 to 1987* *The typographic sign as a fundamental theme.*	*The effect of connecting lines and elements with the initials Minnesota Center for the Book Arts by Rachel Wear in 1987.*	*1988* *Pencil drawings with typographic elements by Brad Clemmons.*	*Memories of a trip through the landscape of hilly Tuscany between Florence and the Mediterranean coast.*

156 157
1989/90 *Collages designed with printed color gradations. Applied to posters for an international airline promoting several cities by Roger Séguin.*

Angaben
zu den Seiten 146 bis 157

146	147	148	149

1979
Eingriffe mit Hilfe selbst erstellter Grundelemente und typographischer Zeichen in ein vorgegebenes und gleich bleibendes Buchstaben-Rasternetz. Untersuchungen von Michael Sohn.

152	153

1970 bis 1987
Das typographische Zeichen als eine Gemeinschaftsarbeit. Veränderungen mit verschiedenen Linienfetten und den vier Buchstaben Minnesota Center for Book Arts. Arbeiten von Rachel Wear 1987.

154	155

1988
Vier Zeichnungen mit eingebauten typographischen Bestandteilen. Erinnerungen an eine kurze Reise in die hügelige Landschaft der Toskana und an das nahe gelegene Mittelmeer. Farbstiftzeichnungen von Brad Clemmons.

156	157

1989/90
Städteplakate für eine Fluggesellschaft. Die Farbtöne wurden im Irisverfahren gedruckt und zu einer Collage zusammengestellt. Arbeiten von Roger Séguin.

Chronology

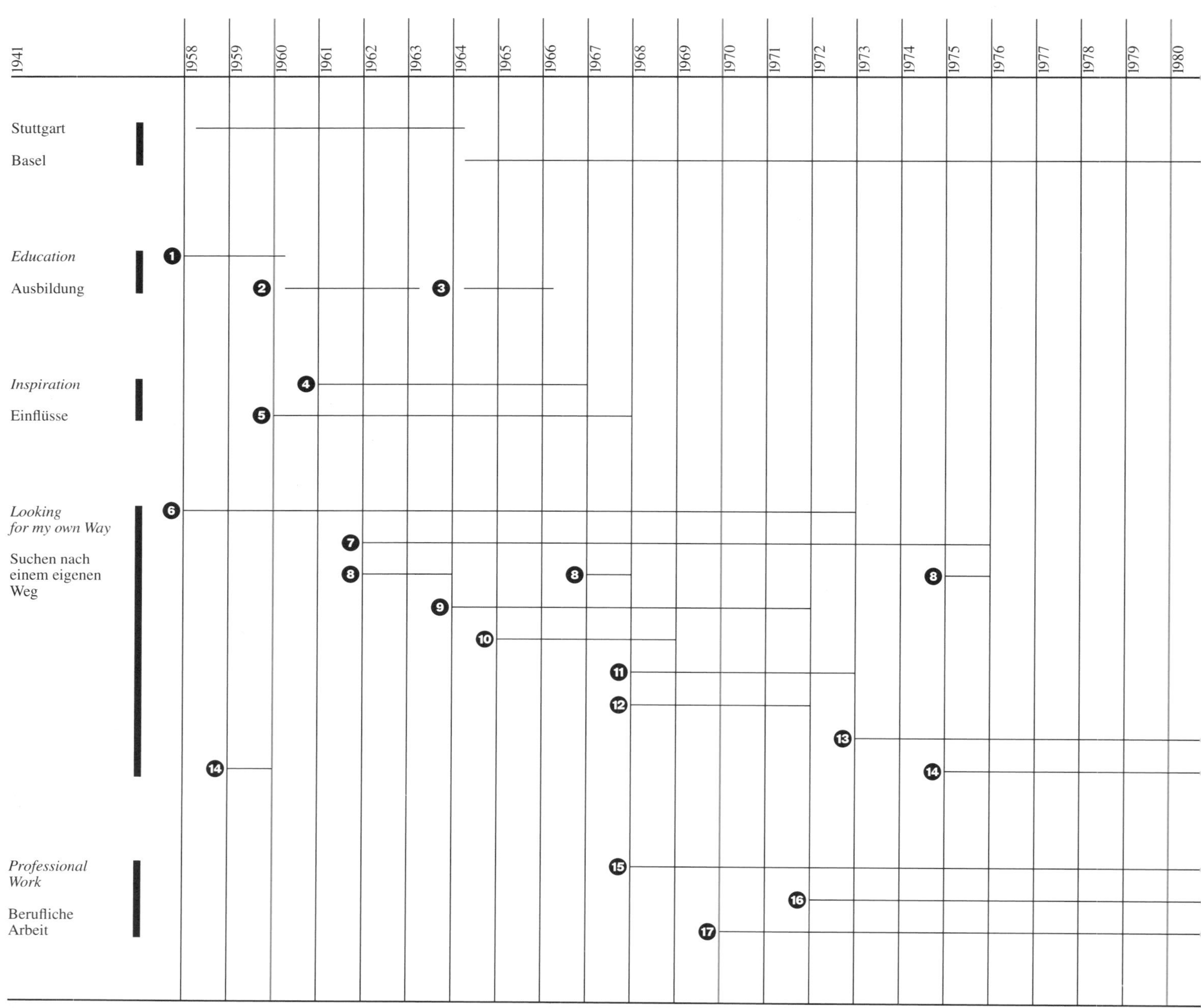

1941
1958
1959
1960
1961
1962
1963
1964
1965
1966
1967
1968
1969
1970
1971
1972
1973
1974
1975
1976
1977
1978
1979
1980
Stuttgart
Basel
Education
Ausbildung
1
2
3
Inspiration
Einflüsse
4
5
Looking for my own Way
Suchen nach einem eigenen Weg
6
7
8
8
8
9
10
11
12
13
14
14
Professional Work
Berufliche Arbeit
15
16
17

Zeittafel

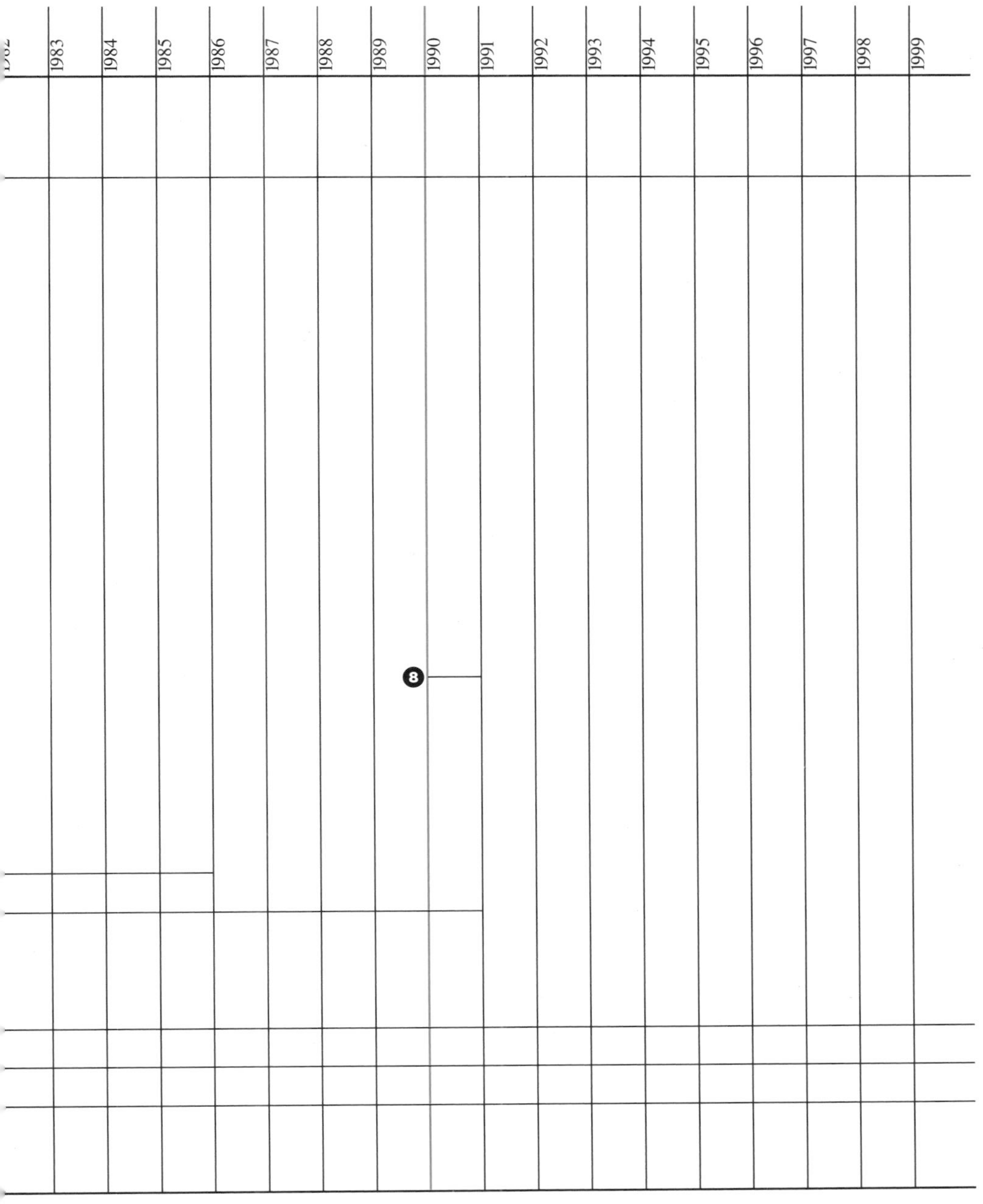

1. *Merz Academy*
   Merz-Akademie
2. *Typesetting Apprenticeship*
   Schriftsetzerlehre
3. *Independent Student/Basel School of Design*
   Hospitant Kunstgewerbeschule Basel
4. *Impressions of the Orient*
   Eindrücke Vorderer Orient
5. *Swiss Typography*
   Schweizer Typographie
6. *Linocuts, Woodcuts, and Watercolors*
   Linolschnitte, Holzschnitte und Aquarelle
7. *Black and White Photography*
   Schwarz-Weiss Photographie
8. *Round Compositions*
   Schriftkreise
9. *Line Pictures*
   Linienbilder
10. *The Letter M*
    M Zeichenbilder
11. *Typography in a New Context*
    Neue typographische Anordnung
12. *Typography as Endless Repetition*
    Schriftzeichen als Wiederholung
13. *Film Layering*
    Film-Überlagerungen
14. *Posters*
    Plakate
15. *Teacher of Typography/Basel School of Design*
    Lehrer für Typographie Kunstgewerbeschule Basel
16. *Lectures/Seminars in and outside Europe*
    Vorträge/Kurse Übersee und Europa
17. *Practical Application*
    Anwenden der Erfahrungen

1

First Independent Project: Round Compositions

1962–1990

Erste selbstgestellte Aufgabe: Schriftkreise

1962–1990

*On the weekends during my apprenticeship I worked in
our printing firm's typeshop with woodcuts, typography and letter-
60-61 press printing. Provoked by a mishap, I began experimenting
64-65 with type composed in a circle, the Round Compositions.*

*One morning I lost my grip on a heavy type drawer and it fell
173 to the floor. It was filled with the smallest type we had in
the shop, a six-point, semi-bold Berthold Akzidenz-Grotesk, and
it took me two full unpaid days on the weekend to return each
and every letter to its proper place in the typecase.*

*While gathering up the letters I had a strange idea: to fill a
68-69 cardboard ring with the type standing on end until it was
packed solid, and then, to print both surfaces of the composition –
the customary face of the letters and, by carefully turning the
composed ring upside down, the bottom of the type.*

*Most foundry letters and word spaces have a characteristic
groove and feet on the underside of the metal body, an im-
67 70-71 pression from the casting mold. This obscure mark, which looked
similar to an equal sign, repeatedly left unmistakable 'tracks'
when I printed the composition upside down.*

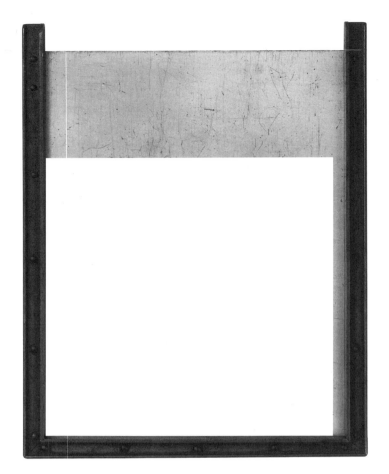

*Under pressure of the moving cylinder while printing,
the upright type elements started to shunt at an angle within the
fixed ring in the direction of the rolling cylinder,
progressively jamming together. The more they leaned in*
174 *one direction, the less the surface of the composition came into
contact with the ink roller. The printed impression*
188 193 197 *gradually receded, creating a light-to-dark effect. I took this
surprising outcome a step further and found another way to make
a tonal gradation by masking parts of the Round Composition
after each consecutive printing pass. Working with
circular stencils in sequential sizes precisely cut out of paper
with a compass, I started with the smallest-diameter mask that
covered all but the very core of the composition,*

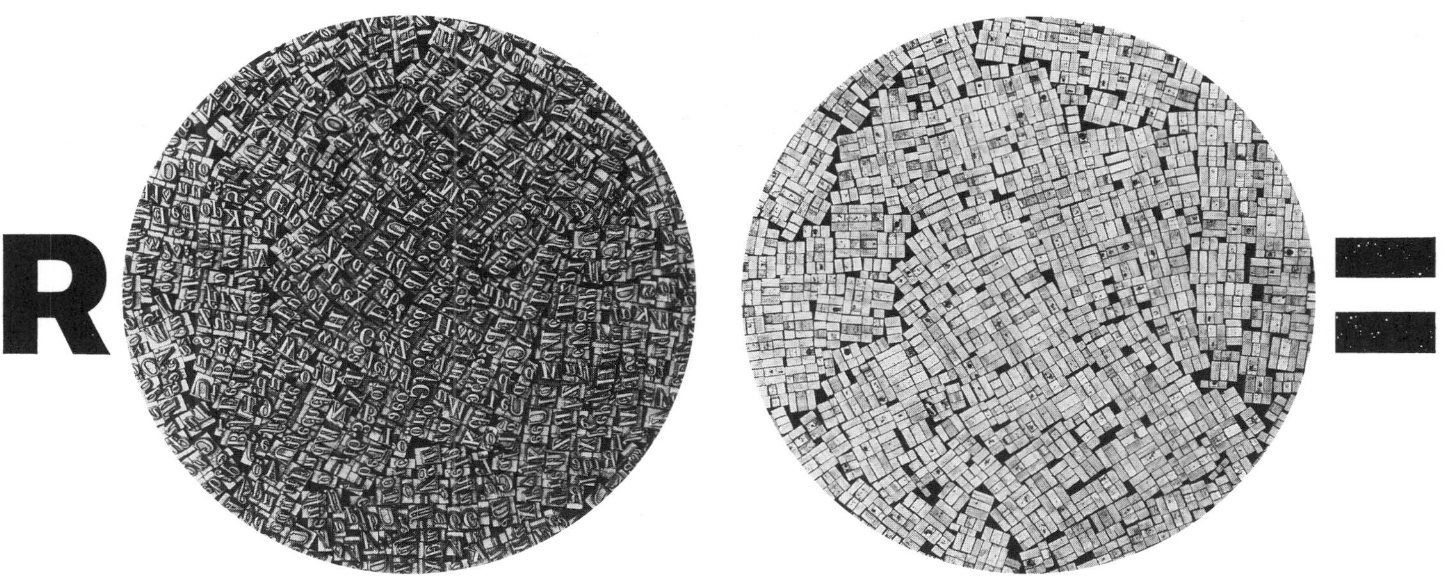

170
171

172
173

and made the first print. Exposing more of the type with the next largest circular mask, I ran the first print through the press a second time, and a lighter ring appeared. Looking like the growth rings of a tree, the original was overprinted up to eight times before the paper lost resiliency.

After many years I became aware that my best ideas were inspired by the mechanics of a procedure. Rarely did I attempt to implement preconceived ideas; instead, I navigated the process toward a result, which often led to unimaginable discoveries. My unconventional orientation and 'playing around' with the revered tools of the typesetter would probably have been scorned by trained craftsmen. To me the element of surprise was exhilarating.

Work on the Round Compositions began at the end of 1962
and continued for months. Almost thirty years later, I resurrected
178-179 *the project in the spring of 1990 for an exhibition at the*
378-379 *Institut für Neue Technische Form in Darmstadt. Experimenting*
506-509 *for the new series, I recomposed the type and metal elements,*
and printed color variations on the letterpress.

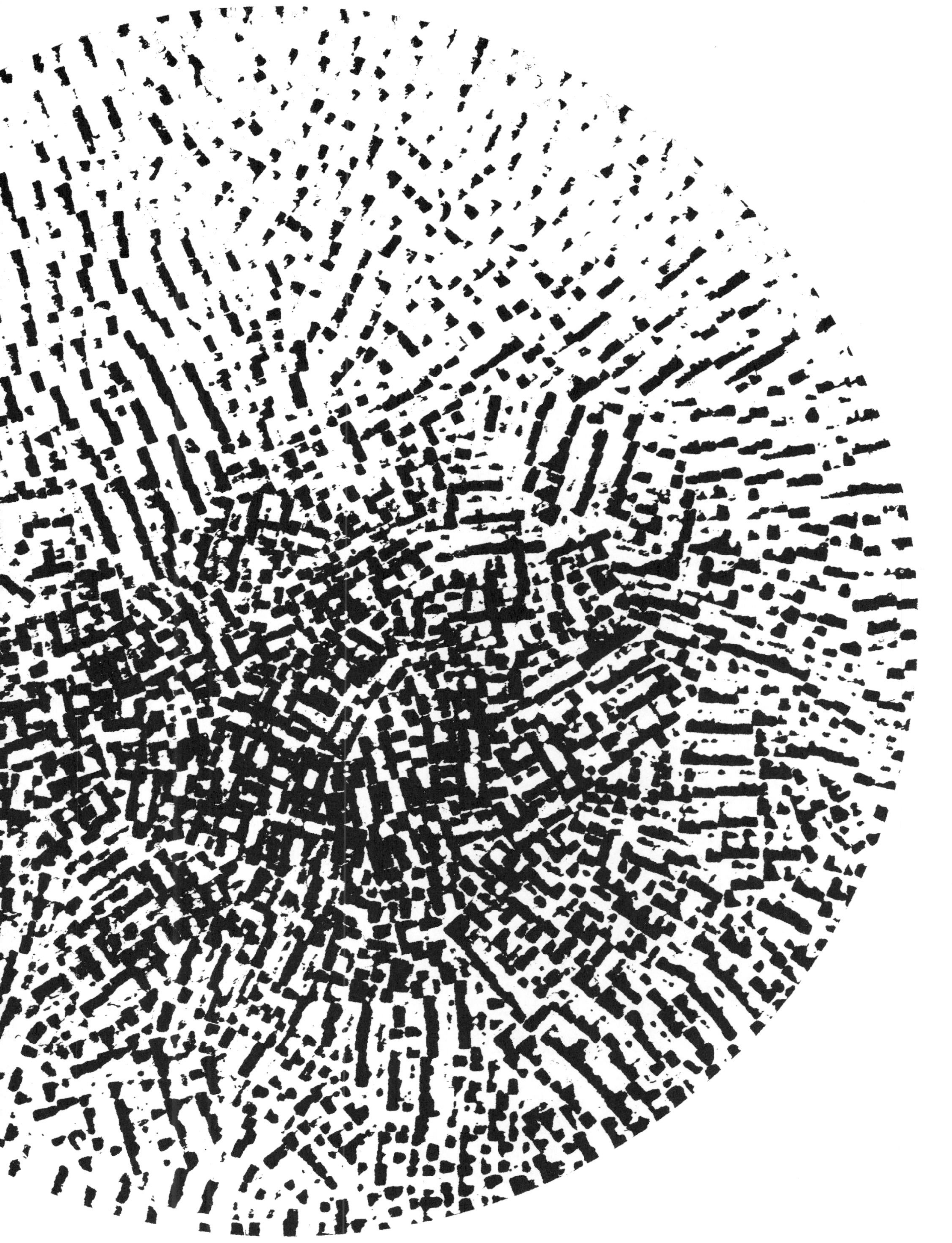

Während der dreijährigen Ausbildung zum Schriftsetzer
entstanden in meinem Lehrbetrieb an den Wochenenden Drucke,
60-61 typographische Entwürfe und die Druckversuche mit
64-65 einem kreisförmig gesetzten Satz: Es entstanden die Schriftkreise.

Eines Morgens fiel mir unser Setzkasten auf den Boden.
173 Er war gefüllt mit der kleinsten Schrift unserer Setzerei, einer
6 Punkt halbfetten Berthold Akzidenz-Grotesk.
Das Zurücklegen der einzelnen Buchstaben in den Setzkasten
benötigte auf eigene Rechnung zwei freie Wochenendtage.

Beim Zusammensuchen der Schrift kam mir ein
berufsfremder Einfall: Die Buchstaben in einen angefertigten
68-69 Kartonring zu stellen, bis dieser gefüllt war. Das Schriftbild war
nach oben gestellt, der untere Teil der Buchstaben
nach unten. Ich konnte aus einem Schriftsatz zwei Druckflächen
erhalten: Den oberen Teil, und durch vorsichtiges Umdrehen
70-71 den unteren Teil. Der ungewohnte Abdruck dieser Satzrückseite
ergab sich durch den Giessvorgang der Einzelbuchstaben.

Um einen Verlauf von hell nach dunkel oder umgekehrt
zu drucken, schnitt ich mit einem Zirkel verschieden
grosse Kreise in einzelne Papiere, die mir während des Druckens
als Schablone dienten. Bei einem mehrmaligen Übereinanderdrucken und Abdecken bestimmter Teile des Rundsatzes
mit der jeweiligen Kreisgrösse der Schablone erhielt ich eine
188 193 197 Hell-Dunkel-Wirkung: Von dunkel nach hell, mit dem kleinsten
Durchmesser beginnend, beim zweiten Druckgang war es
ein grösserer. Acht Überdrucke waren möglich, danach wurde
das Papier zu wenig widerstandsfähig.

Der Satz war während des Druckens beweglich und
70 verschob sich schrittweise in eine Richtung: Die Buchstaben begannen ruckweise zu stürzen und ich erhielt eine zusätzliche
174 Wirkung von hell nach dunkel.

Aufschlussreich war die Entdeckung, dass der Abdruck eine
unverkennbare eigene Werkspur hinterliess, die sich bei allen
Druckversuchen in der Handdruckpresse wiederholte.
Die Ergebnisse erinnerten mich an das Überfliegen von Wüsten-
180-181 195 dörfern, an verschachtelte Strassen aus dem alten Damaskus
der sechziger Jahre und an die von verschiedenen Reisen 176 177
in diese Gegenden mitgebrachten Aufnahmen.

Das Arbeiten mit den Rundsätzen begann im Herbst 1962
178-179 und beschäftigte mich über Monate hinweg. Farbige Versuche habe
ich später mit Hilfe einer gesetzten Nachbildung, anlässlich
378-379 einer Ausstellung im Oktober und November 1990 im *Institut*
506-509 *für Neue Technische Form* auf der Mathildenhöhe
in Darmstadt, nochmals aufgegriffen.

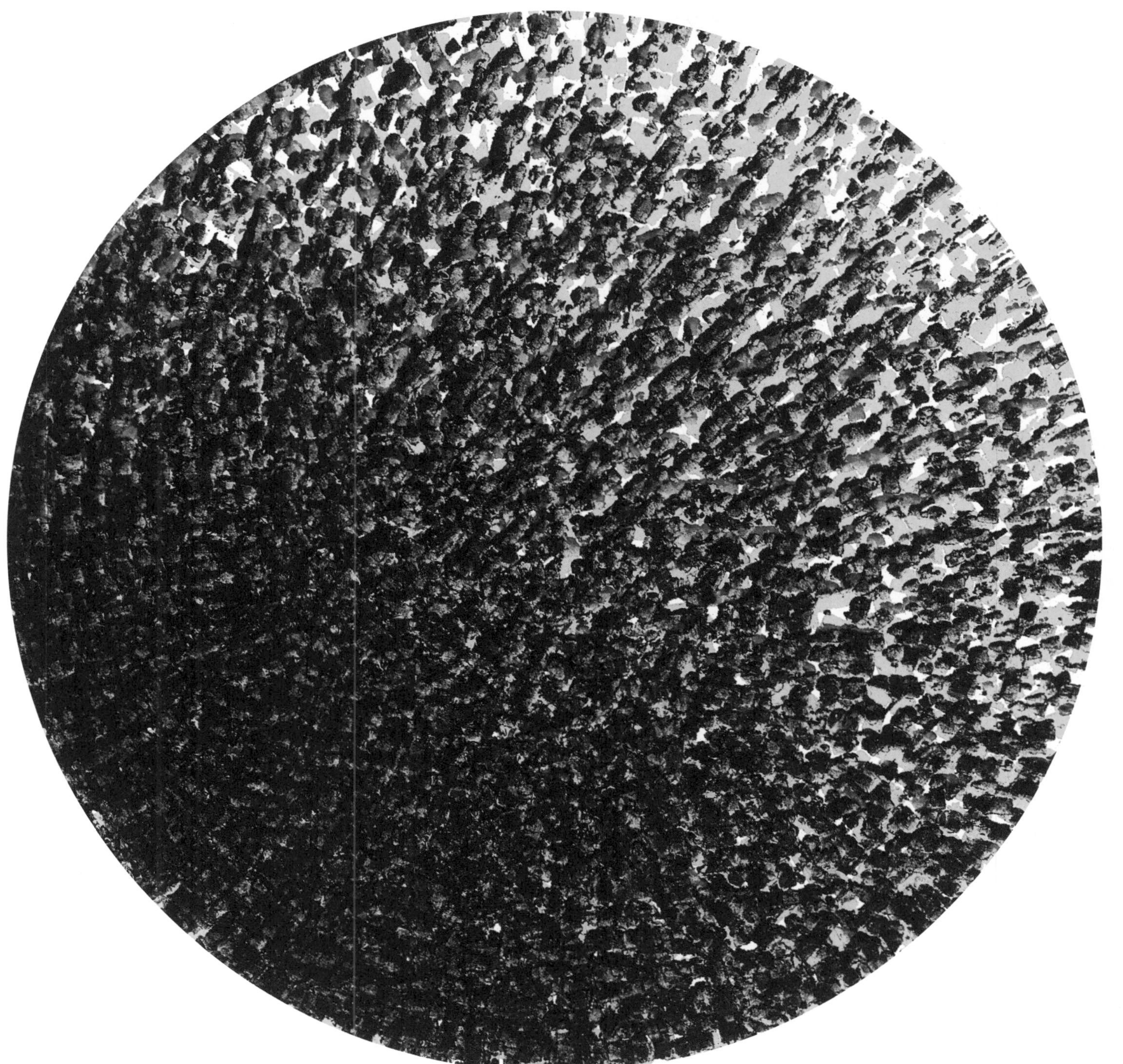

180
181

Sometimes I Wish that I Lived in the Nineteenth Century.

Manchmal
wünsche
ich mir im
neunzehnten
Jahrhundert
zu leben.

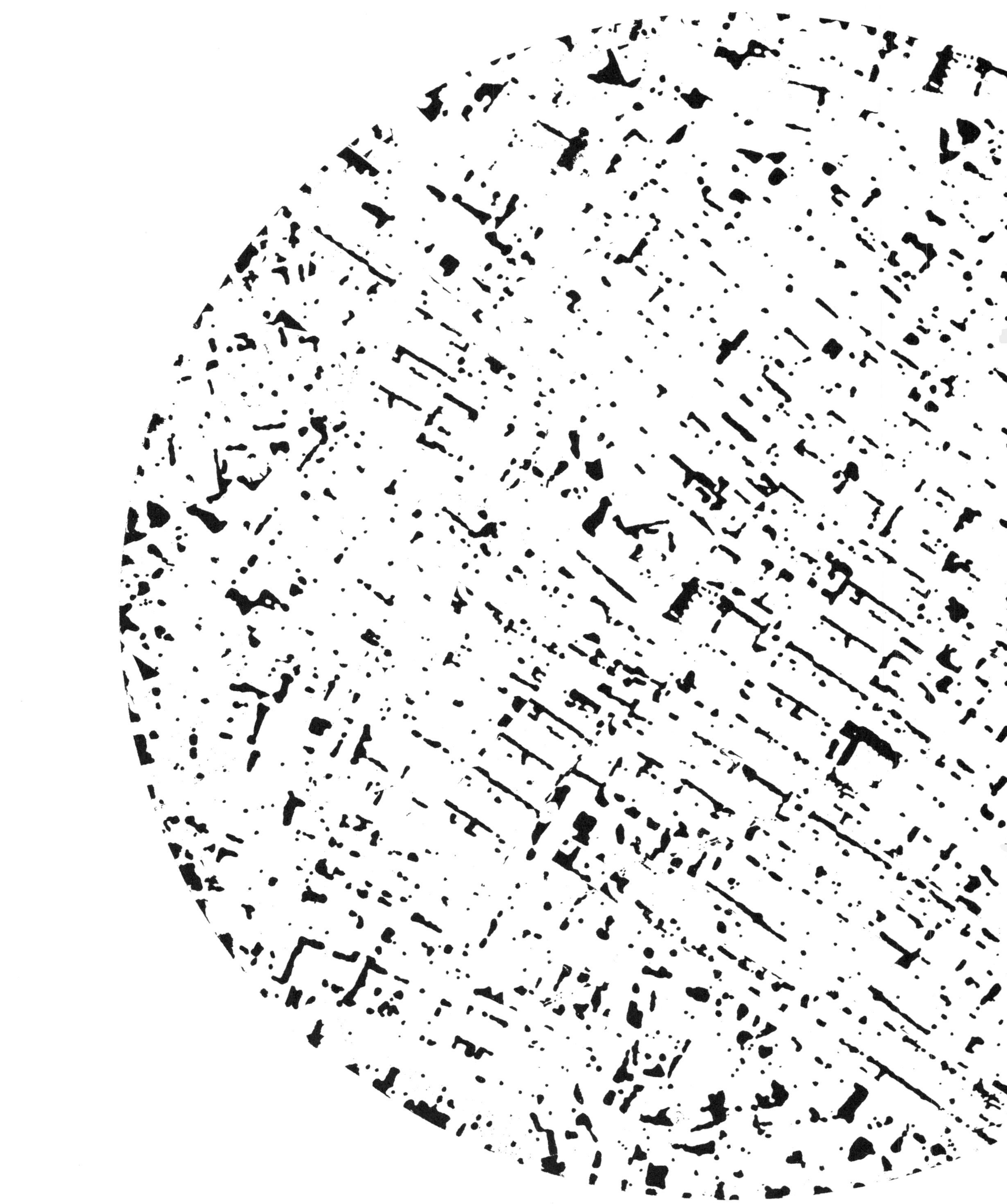

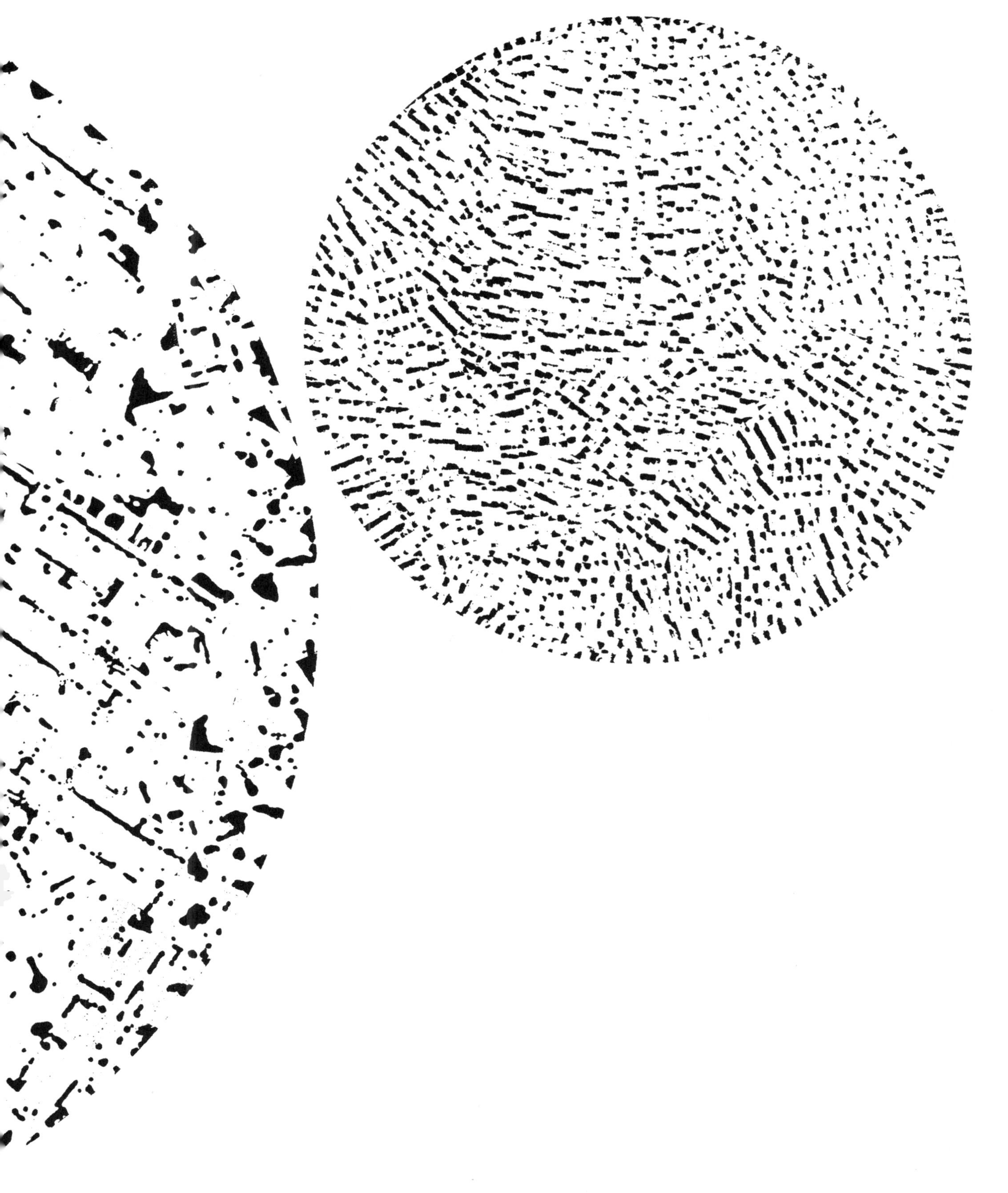

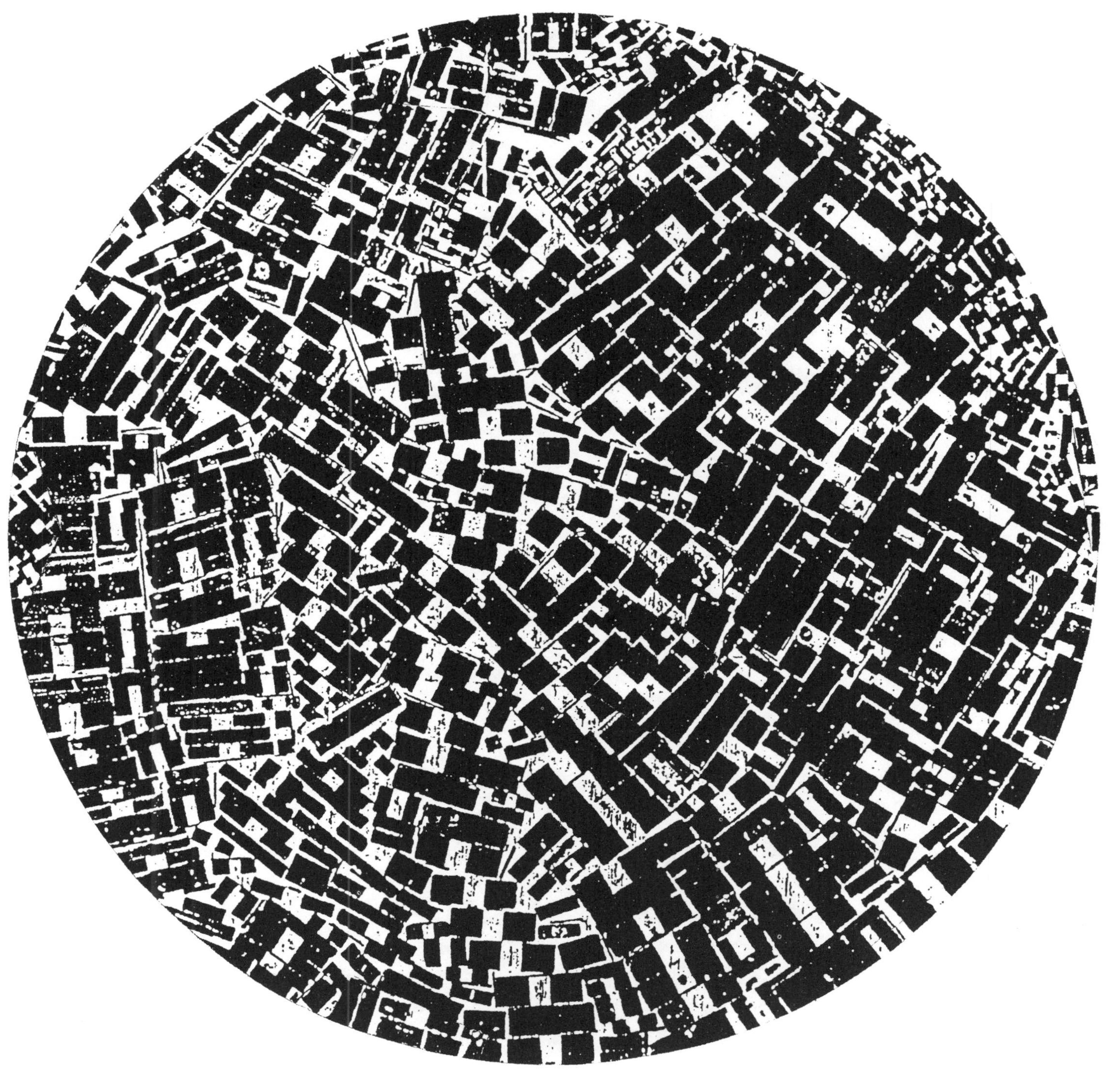

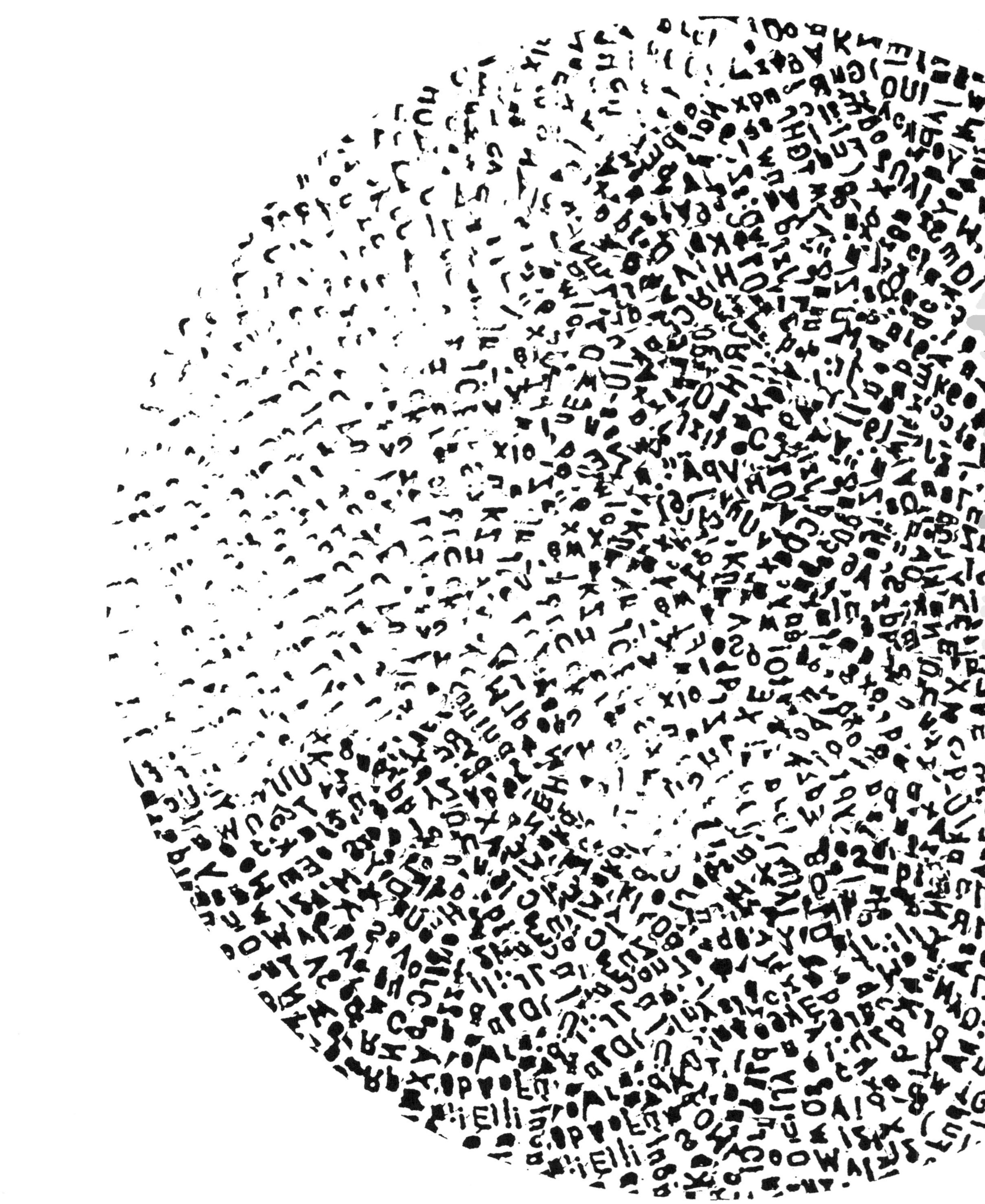

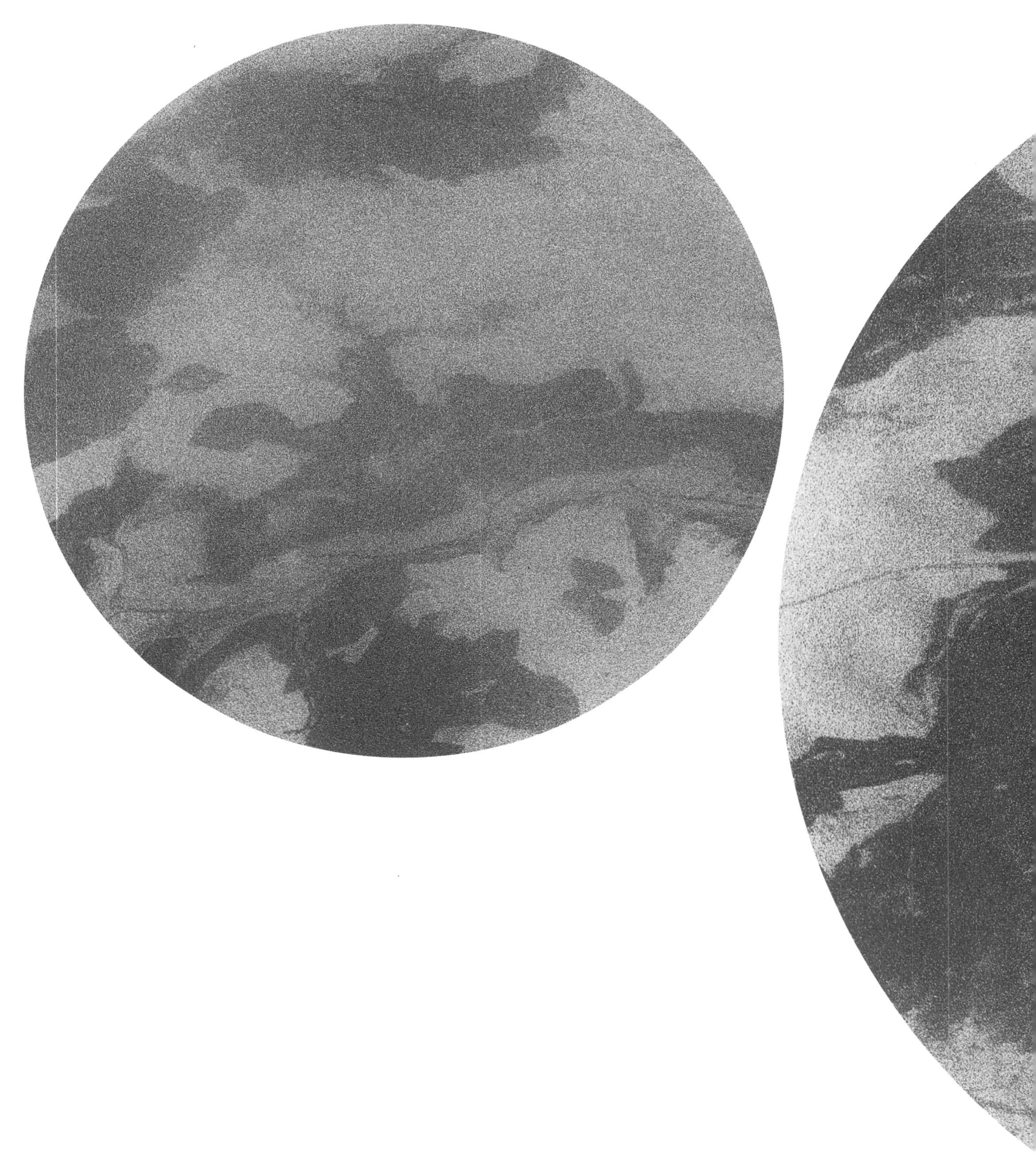

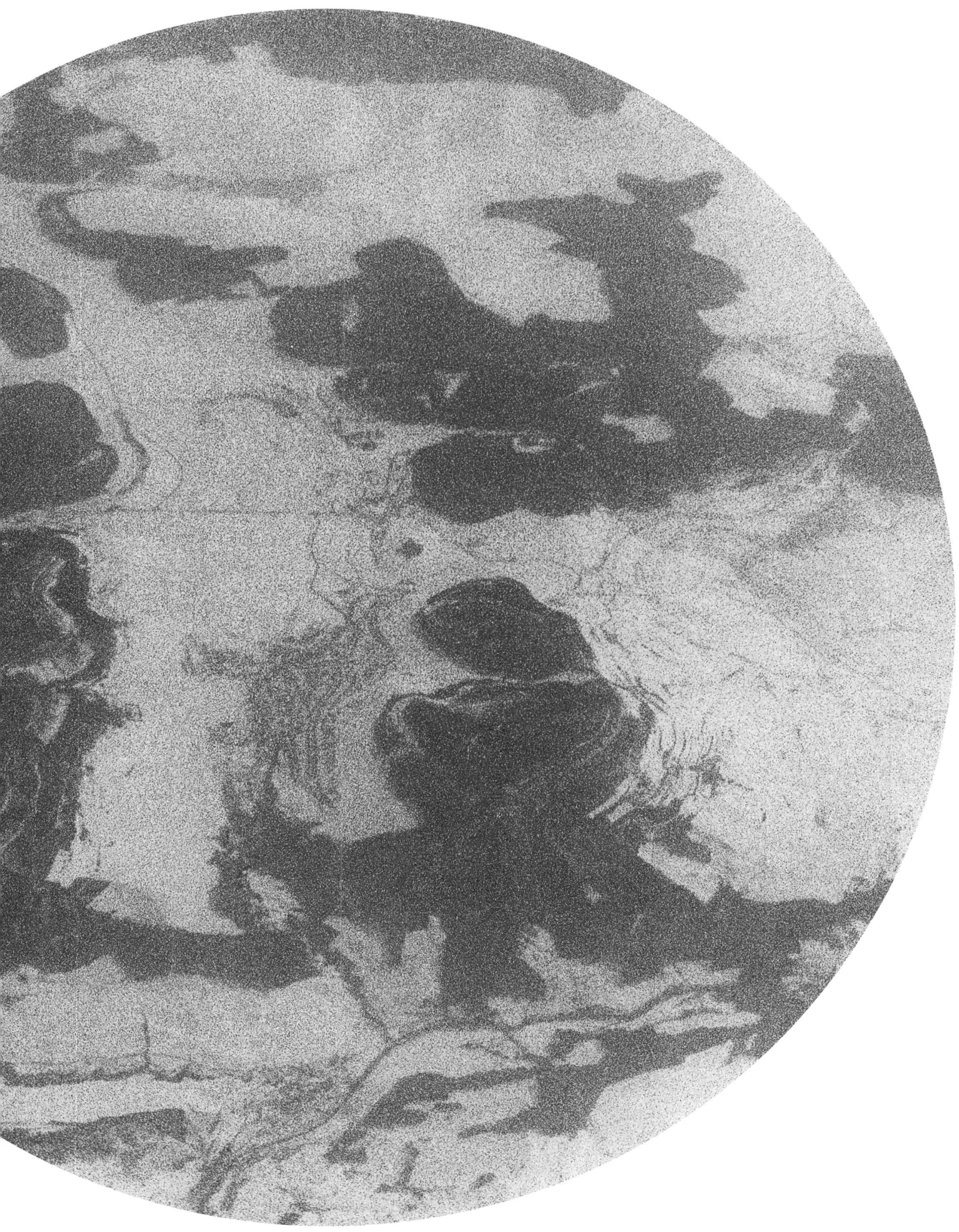

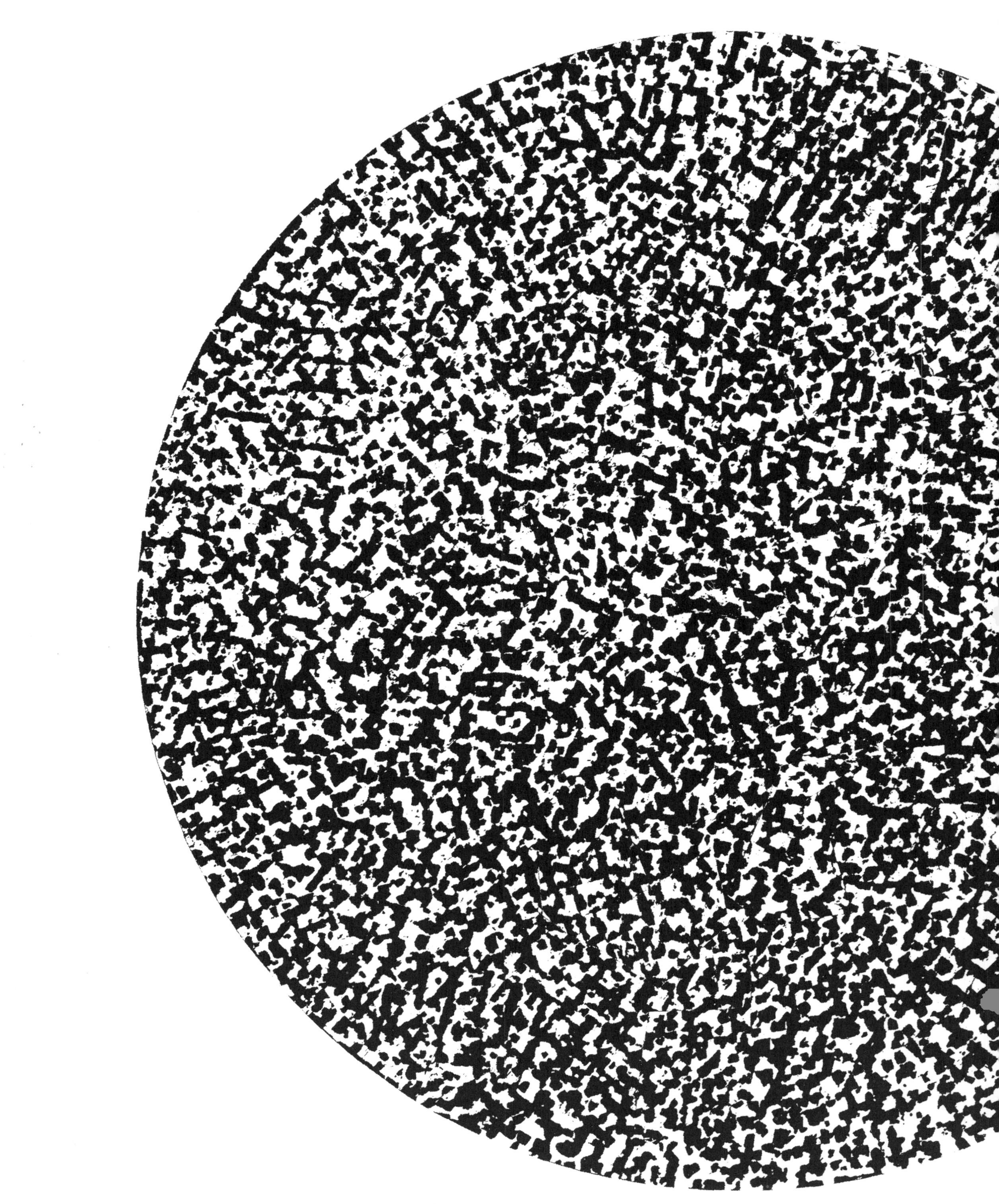

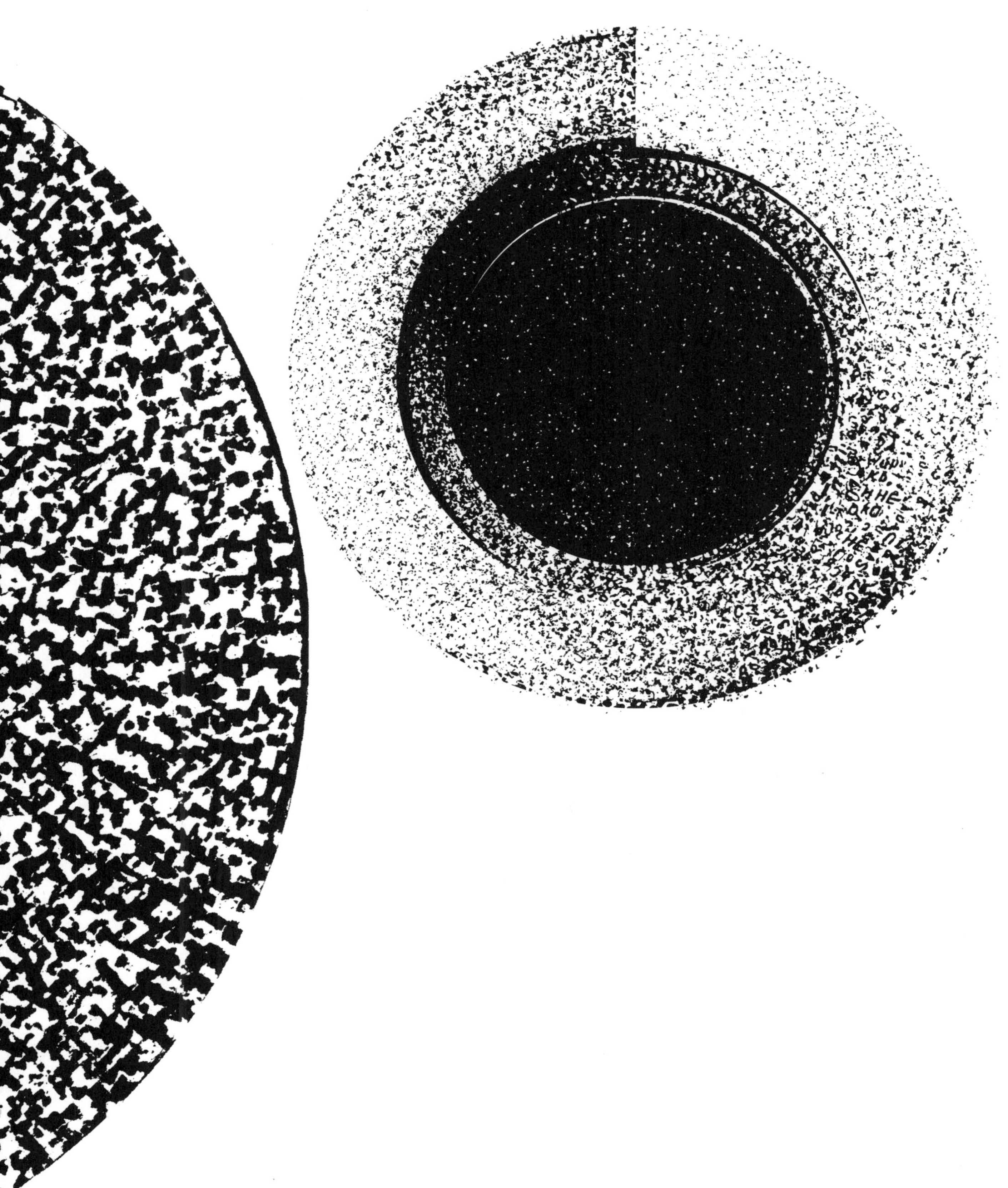

192
193

194
195

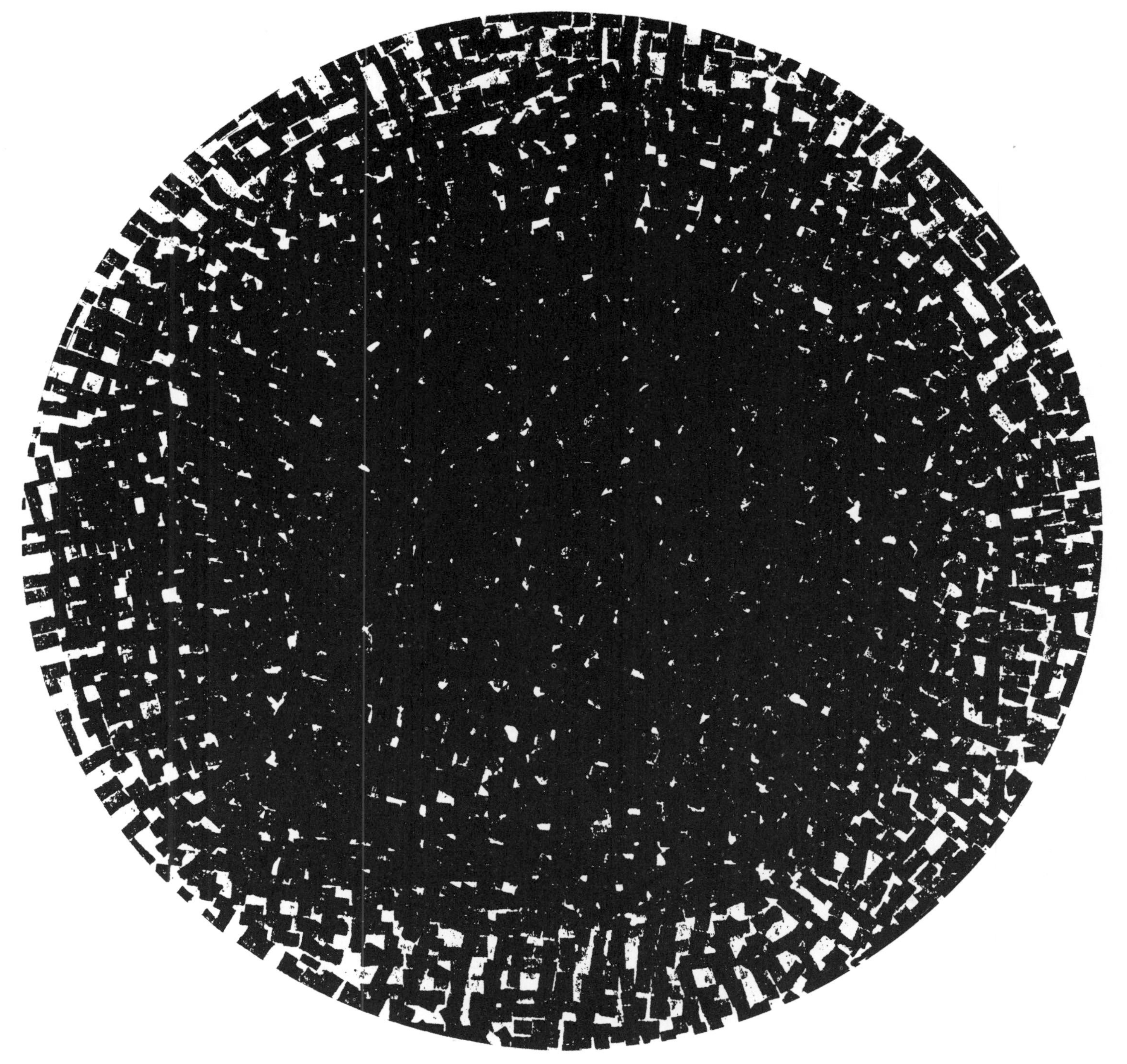

196
197

Notes for pages 170 to 197

Page

170 | 171

Comparison between a square and circle in a galley, the oblong metal tray used to hold composed lead type.

Intrinsic to letterpress, right-angled type elements can be locked together. To stabilize the non-perpendicular elements, unconventional constructions were necessary.

1990
Type composed in a circular cardboard ring. Top and bottom sides. (Reconstruction)

R
Printed impression of a piece of metal type. Top side.
=
Printed impression of a piece of metal type. Bottom side.

172 | 173

Typesetters at work. Department of a Zurich printing firm in 1902. (Reproduced with permisson from the publisher of 150 Years Typographia*)*

Typecase in the Paper and Printing Museum of Basel.

174 | 175

1963
Round Composition. Bottom side.

1962
Round Composition. Bottom side.

178 | 179

1990
Round Compositions. Bottom side. (Reconstruction)

180 | 181

1966
Details of walls from the ruins of Palmyra.

184 | 185

1967
Round Composition. Bottom side.

1963
Round Composition. Bottom side.

186 | 187

1963
Detail of a rooftop in the ancient section of Jerusalem.

Around 1975
Round Composition. Bottom side.

188 | 189

1963
Round Composition. Top side.

1962
Round Composition. Bottom side.

190 | 191

1965
View of snow-covered fields between Germany and Switzerland. Photograph taken on a flight from Frankfurt to Karachi.

192 | 193

1962
Round Composition. Bottom side.

1963
Round Composition. Top side. (Reconstruction)

194 | 195

1962
Round Composition. Bottom side.

1966
Ancient section in the city of Damascus. Photographed on a return flight from Palmyra.

196 | 197

1990
Round Compositions. Bottom side. (Reconstruction)

Angaben
zu den Seiten 170 bis 197

Seite

170 | 171

Das Setzschiff war ein tägliches Werkzeug des Schriftsetzers. In Bleisetzereien konnte nur in einem rechten Winkel gesetzt werden.

Ausserhalb dieser Einschränkungen kamen Möglichkeiten zur Anwendung, welche eine Genauigkeit gegenüber einem herkömmlich gesetzten Text nicht ersetzen konnten.

1990
Satz zu einem Schriftkreis gesetzt: Vorder- und Rückseite. (Nachbildung)

R
Oberer Teil des Buchstabens.

=
Unterer Teil des Buchstabens.

172 | 173

Schriftsetzerei der Zürcher Buchdruckerei Berichthaus, 1902. (Abbildung aus dem Buch *150 Jahre Typographia Zürich*)

Setzkasten aus der Basler Papiermühle. (Museum für Schrift und Druck)

174 | 175

1963
Schriftkreis Rückseite.

1962
Schriftkreis Rückseite.

178 | 179

1990
Schriftkreise Rückseite. (Nachbildung)

180 | 181

1966
Mauerteile aus verschiedenen Zeiten in den Ruinenfeldern von Palmyra.

184 | 185

1967
Schriftkreis Rückseite.

1963
Schriftkreis Rückseite.

186 | 187

1963
Hausdach in der Altstadt von Jerusalem.

Um 1975
Schriftkreis Rückseite.

188 | 189

1963
Schriftkreis Vorderseite.

1962
Schriftkreis Rückseite.

190 | 191

1965
Auf dem Flug von Frankfurt über die Wüste Saudi-Arabiens nach Karatschi. Luftaufnahmen mit Schneefeldern über Süddeutschland und der Schweiz.

192 | 193

1962
Schriftkreis Rückseite.

1963
Schriftkreis Vorderseite. (Nachbildung)

194 | 195

1962
Schriftkreis Rückseite.

1966
Auf dem Flug von Palmyra nach Damaskus. Luftaufnahme mit einem Ausschnitt der Altstadt von Damaskus.

196 | 197

1990
Schriftkreise Rückseite. (Nachbildung)

2

Second Independent Project: Line Pictures

1964–1971

Zweite selbstgestellte Aufgabe: Linienbilder

1964–1971

My first school notebook was a practice book for 'beautiful handwriting.' At the end of the forties we learned to write in the prevailing educational style of German primary schools in standard notebooks preprinted with fine, generously spaced horizontal lines. Practicing under the supervision of our teachers, at six years old in the first grade, I still vividly remember the struggle to connect the small letters and to form the ornate capitals, while trying to stay between the lines.

When I was a typesetting apprentice, lines and rules
210 of all lengths and widths belonged to the daily work environment. In our printing department we had double lines, scalloped and decorative lines, dotted lines, and corners made of brass for rounded or squared borders. They were used in timetables,
100 banking forms, annual reports, or served to ornament invitations for special occasions.

In 1964 I enrolled as an independent student in the Kunstgewerbeschule Basel. We were assigned a preliminary exercise by Armin Hofmann that required precise handwork with
88 a fundamental theme: the Line. Eventually, I realized that instead of drawing the lines by hand, I could solve the exercise by using different lengths and widths of typographic rules.

Continued on page 212

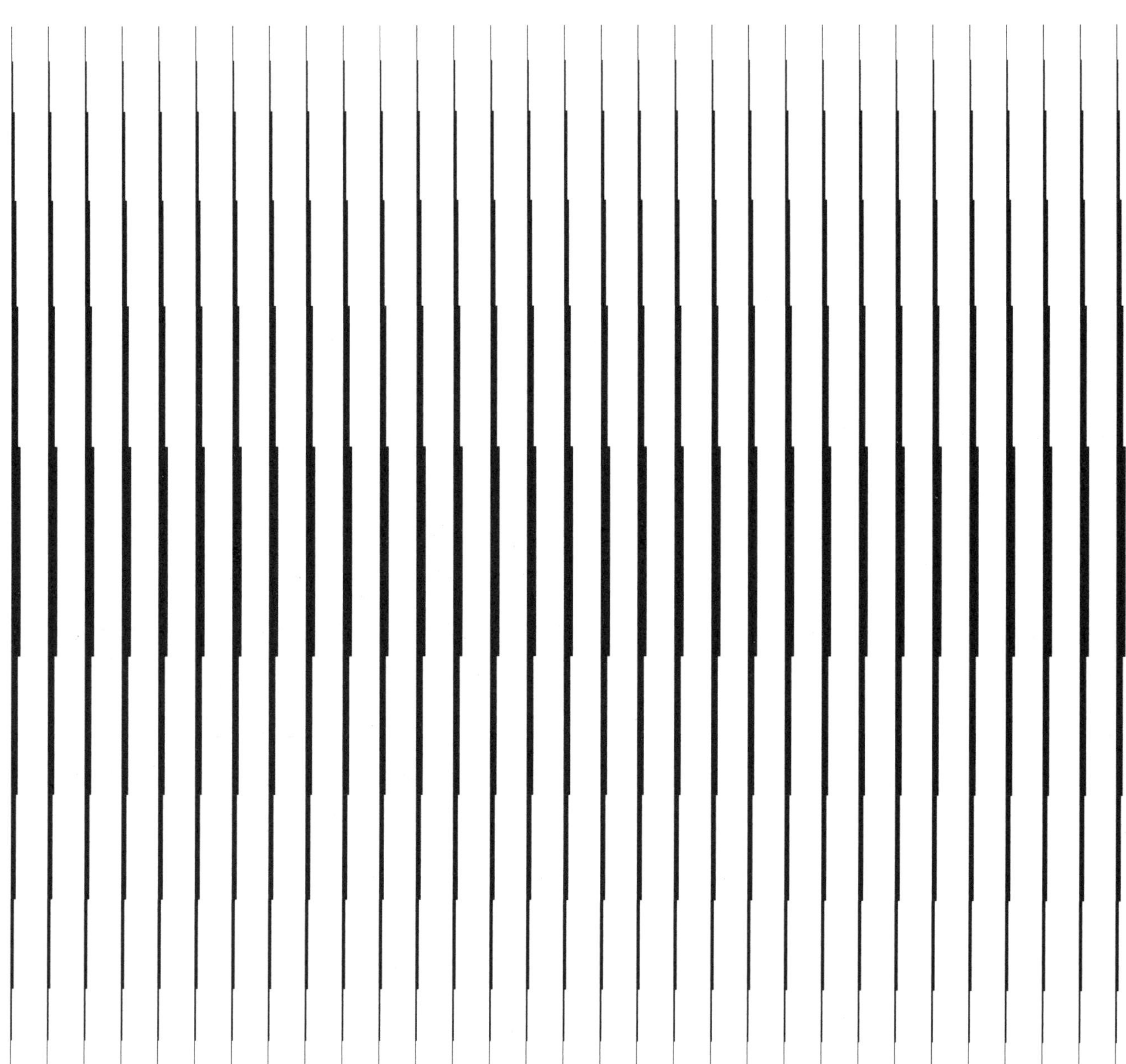

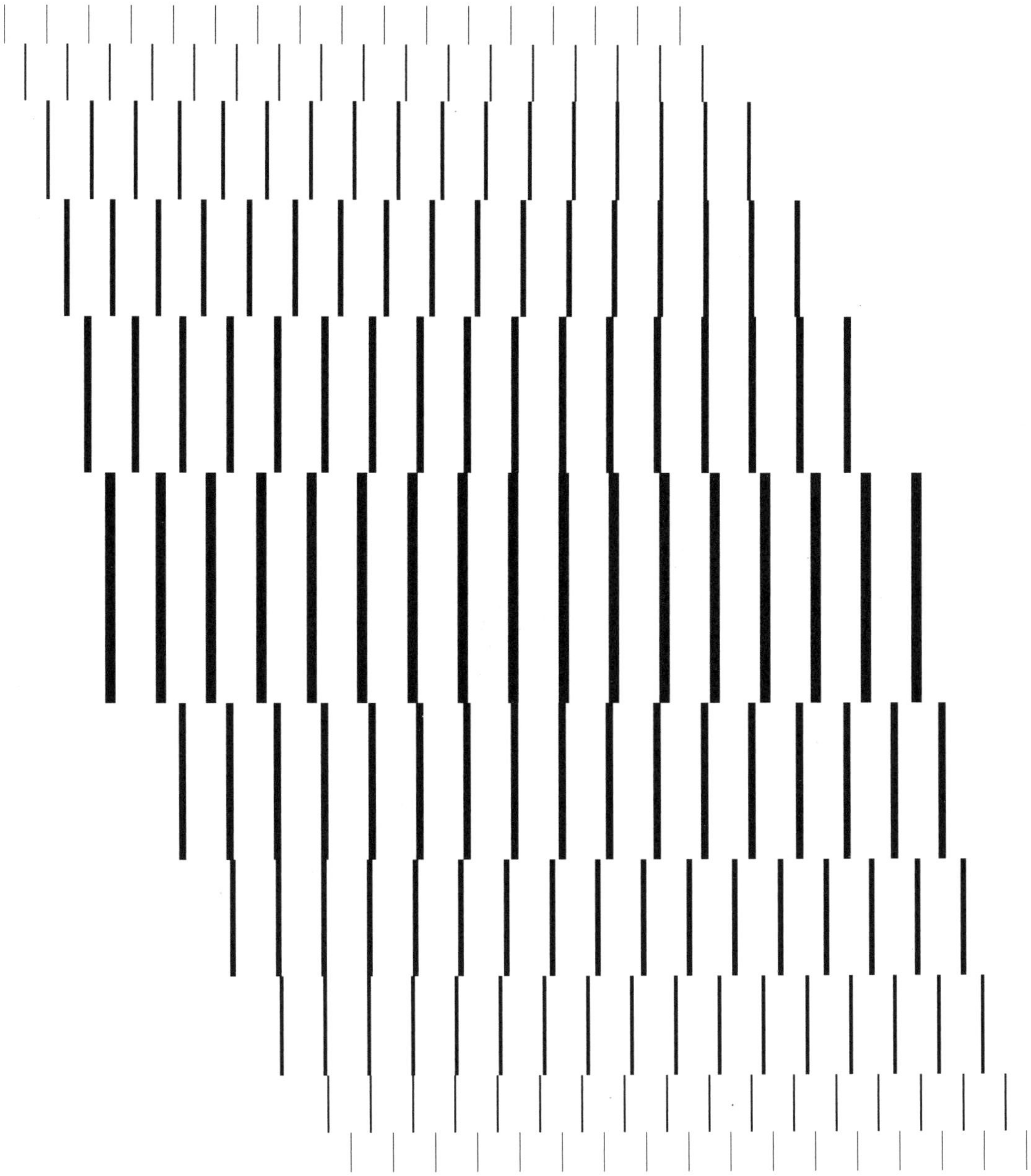

202
203

204
205

1

2

3

4

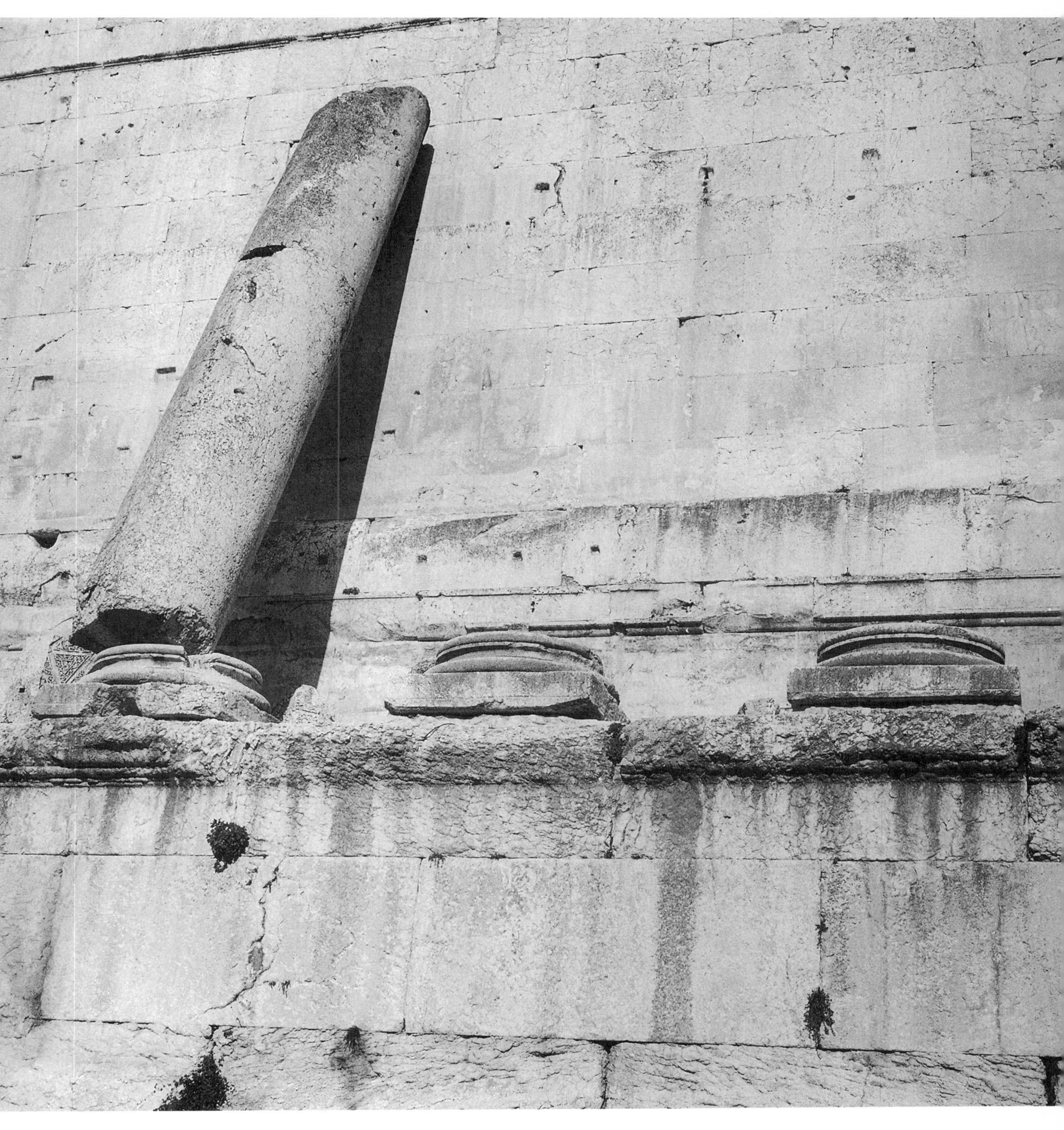

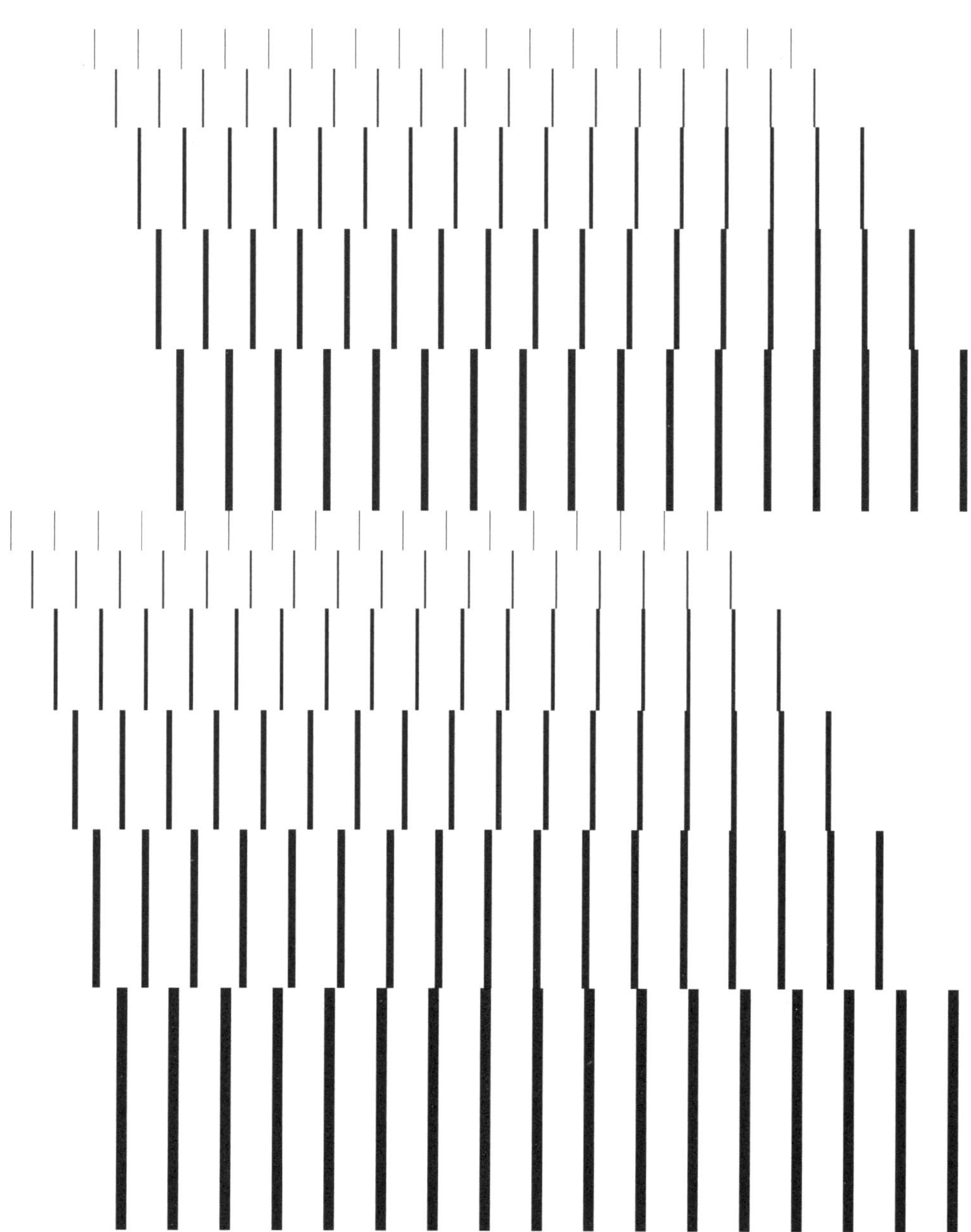

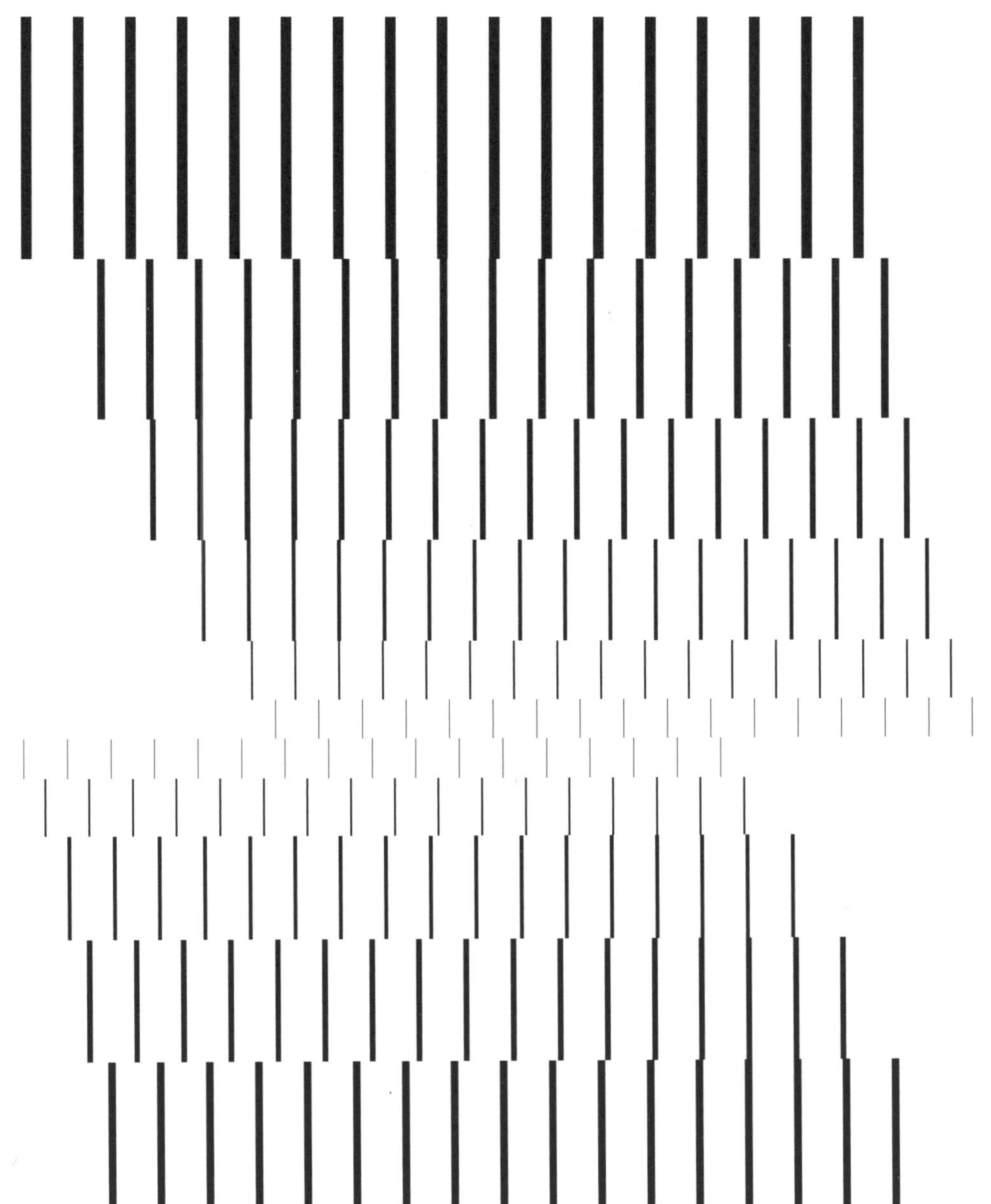

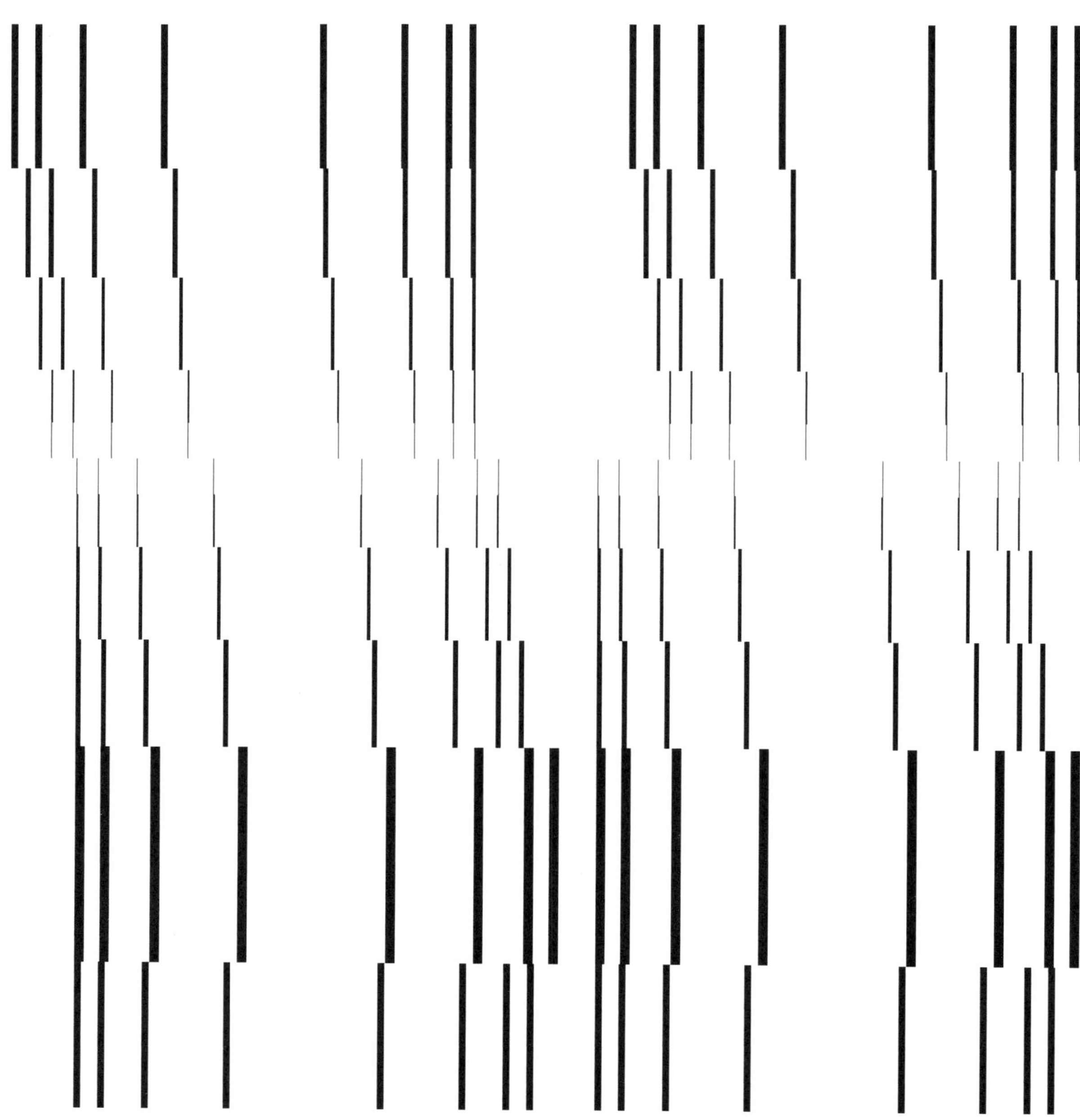

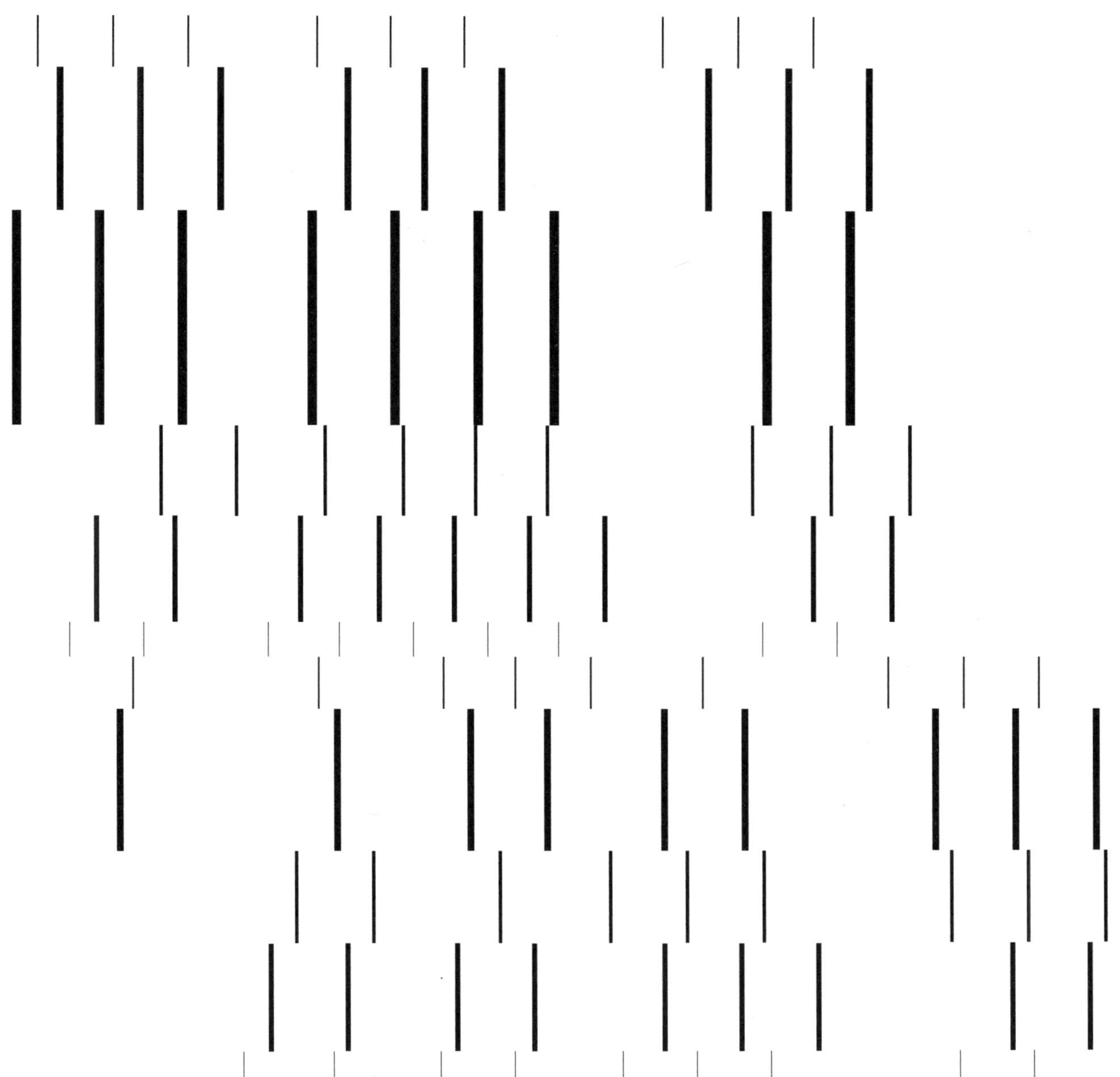

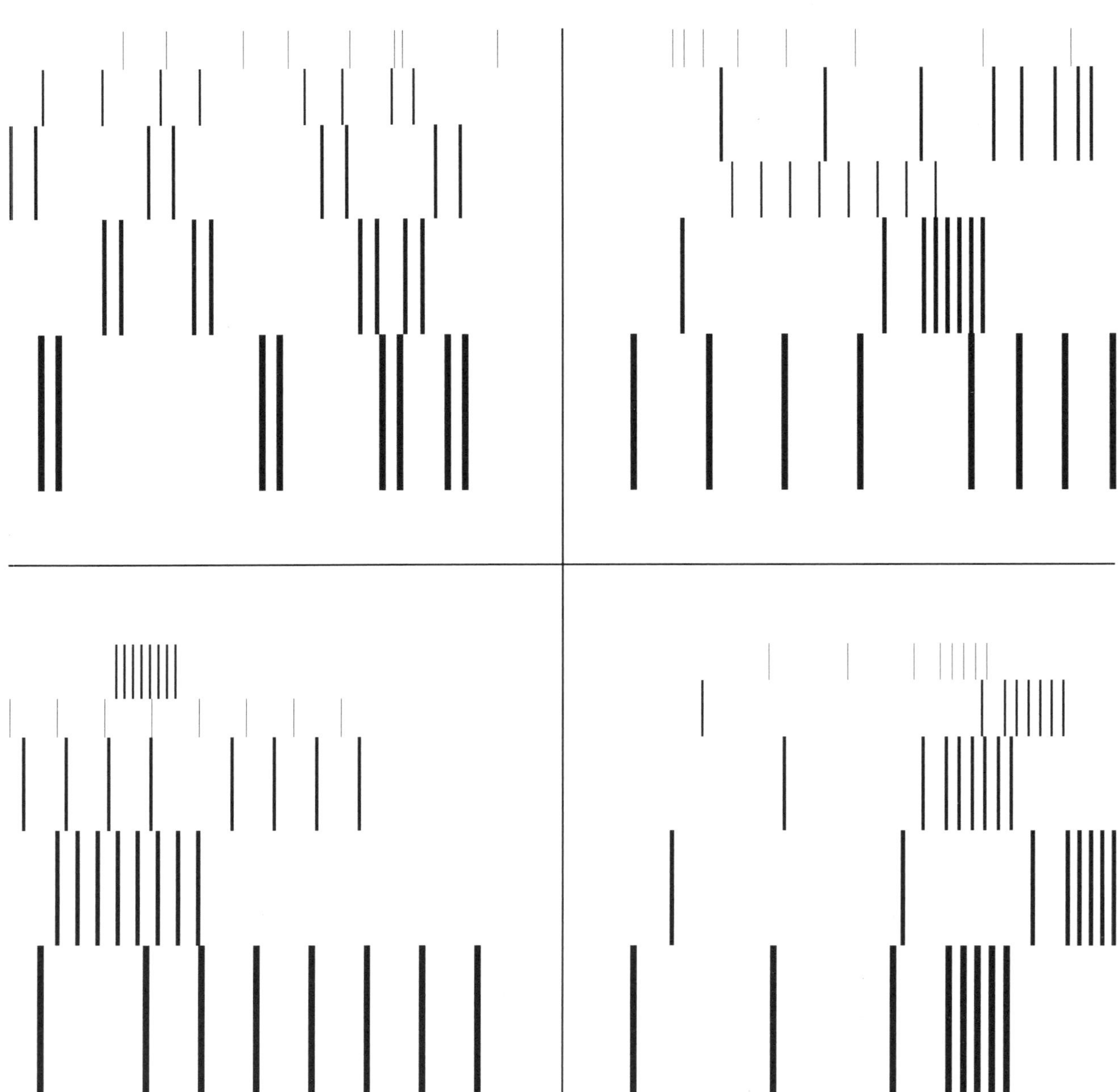

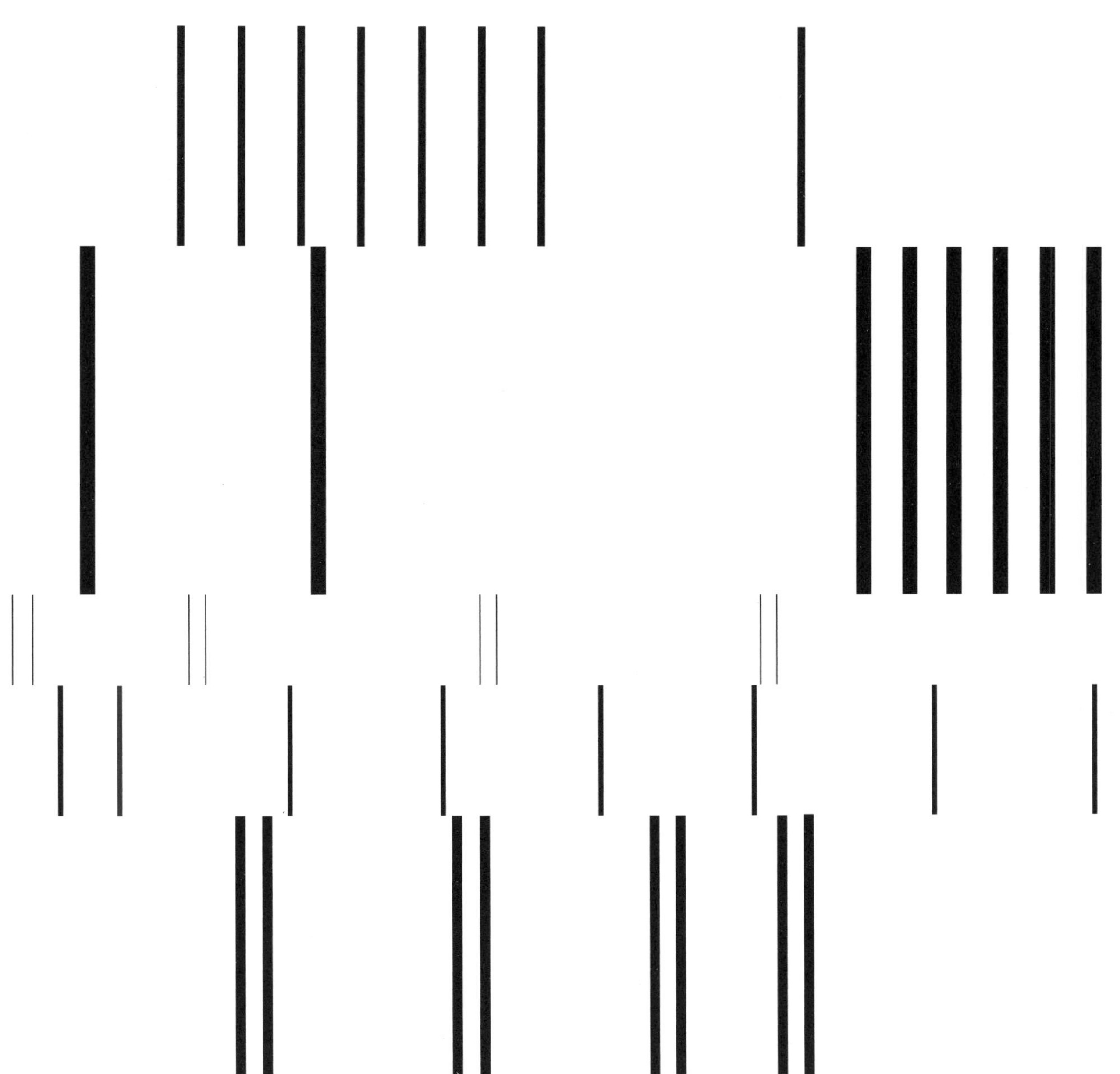

I started to design the Line Pictures in the school's typeshop, which had already become my second home, and planned how to set and print them on the letterpress.

The nature of letterpress printing is perpendicular composition. All of its components – letters, spacing and picture material, and lines or rules – are right-angled units that must remain locked together in order to print. For this reason, almost without exception, typographers were limited to using lines either horizontally or vertically. Realizing, however,
93-95 277 that a line is not necessarily straight, I started to bend the metal
rules into various shapes. By embedding the upright strips in plaster within a frame, or by pinning the curved ones with adhesive metal blocks onto a base, I could stabilize the irregular configurations for printing.

Besides attending school I also worked part-time as an assistant typesetter for an established Basel publisher. During the
224-225 lunch break I made spontaneous Line Pictures without pre-
liminary sketches. When bent or curved, the thicker metal strips, the bolder rules, were stable enough to stand up in the bed of the press without support. I inked the top edge by hand and printed the lines directly.

Whether it was the digging sites of Baalbek, the buildings in the ancient caravan city of Palmyra in the Syrian desert, or the clay settlements on the southern outskirts of Damascus,
204-205 216-217 I began to see everything documented on my trips,
every topographical image as typographical abstraction. At last I perceived the aesthetic connection between the contour of landscape and my typographic pictures. Armin Hofmann had deepened my perception; the Line became fascinating.

Das erste Schulheft in der Volksschule wurde für mich zu einem Schönschreibeheft. Auf den einzelnen Seiten waren waagrecht feine Linien aufgedruckt, mit genügend Abstand. Dadurch konnte ich die deutsche Schulschreibschrift Ende der vierziger Jahre lernen und über mehrere Wochen hinweg mit unserer Lehrerin üben. Ich bekam als Erstklässler langsam ein angelerntes Schreibgefühl für die ungewohnten Gross- und Kleinbuchstaben.

Während meiner Schriftsetzerlehre gehörten Linien in allen
210 Längen und Stärken zu meiner täglichen Arbeit. Wir hatten 212 213
in unserer Druckerei Doppel-, Wellen- und Zierlinien, punktierte, runde oder eckige Linien, die aus Messing hergestellt wurden. Sie fanden ihre Anwendung in Fahrplänen, Bankvordrucken, Jahresberichten oder dienten als Schmuckstücke bei gepflegten Drucksachen für feierliche Anlässe.

100 Wir setzten Linien ausschliesslich waagrecht oder senkrecht,
und ich hatte über andere satztechnische Möglichkeiten nicht nachgedacht. 1964, an der Kunstgewerbeschule Basel im Unterricht bei Armin Hofmann, war die erste über mehrere
88 Wochen andauernde Grundübung: Die Linie.

Die Schulsetzerei wurde zu einer neuen Heimat. Hier entdeckte ich, dass diese erste Grundübung auch mit Hilfe verschieden langer und verschieden starker Messinglinien und dem nötigen Satzmaterial technisch einfach nachvollziehbar war. Ich begann Linienbilder zu entwerfen, zu setzen und auf der Handdruckpresse zu drucken.

Fortsetzung Seite 224

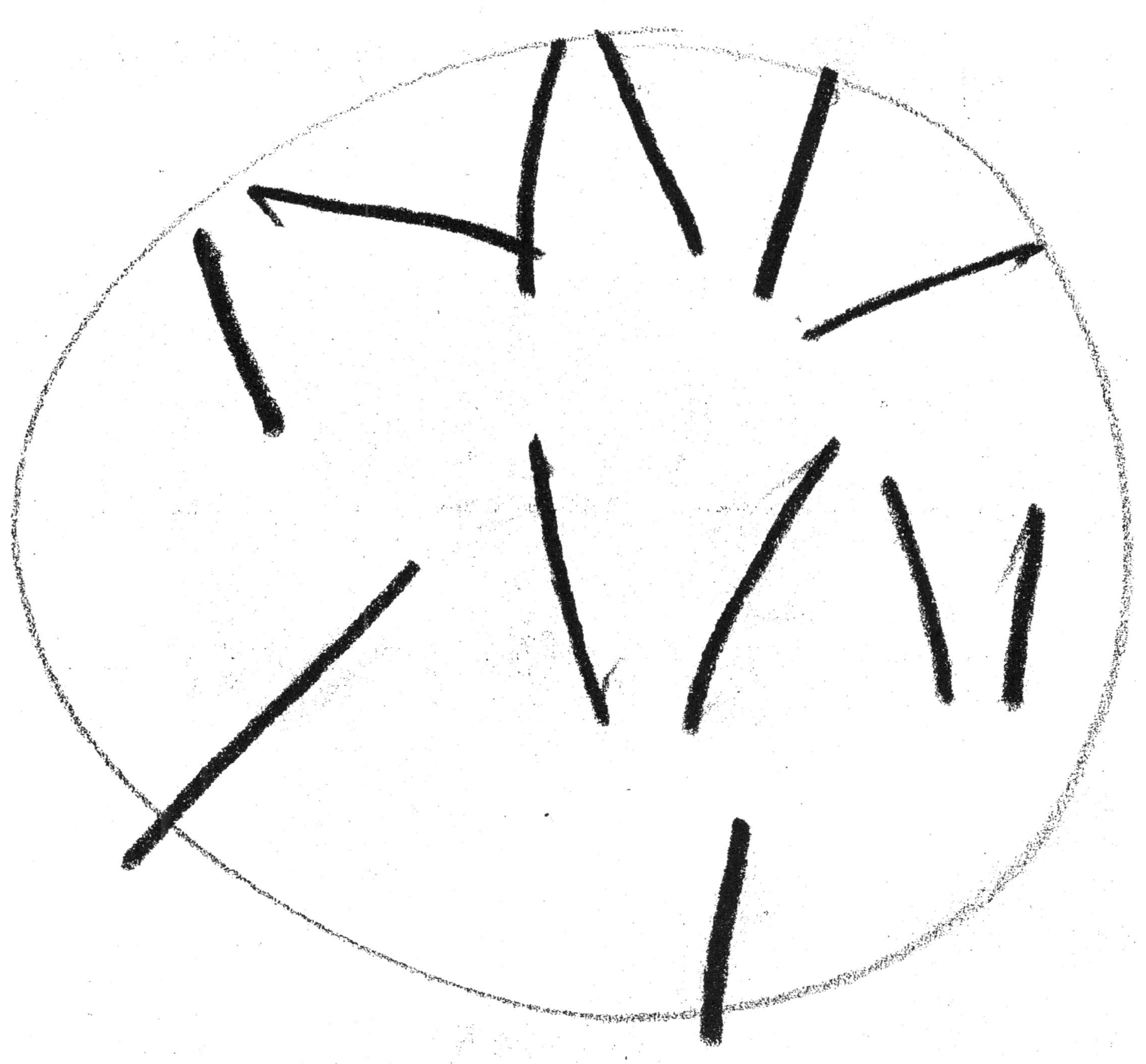

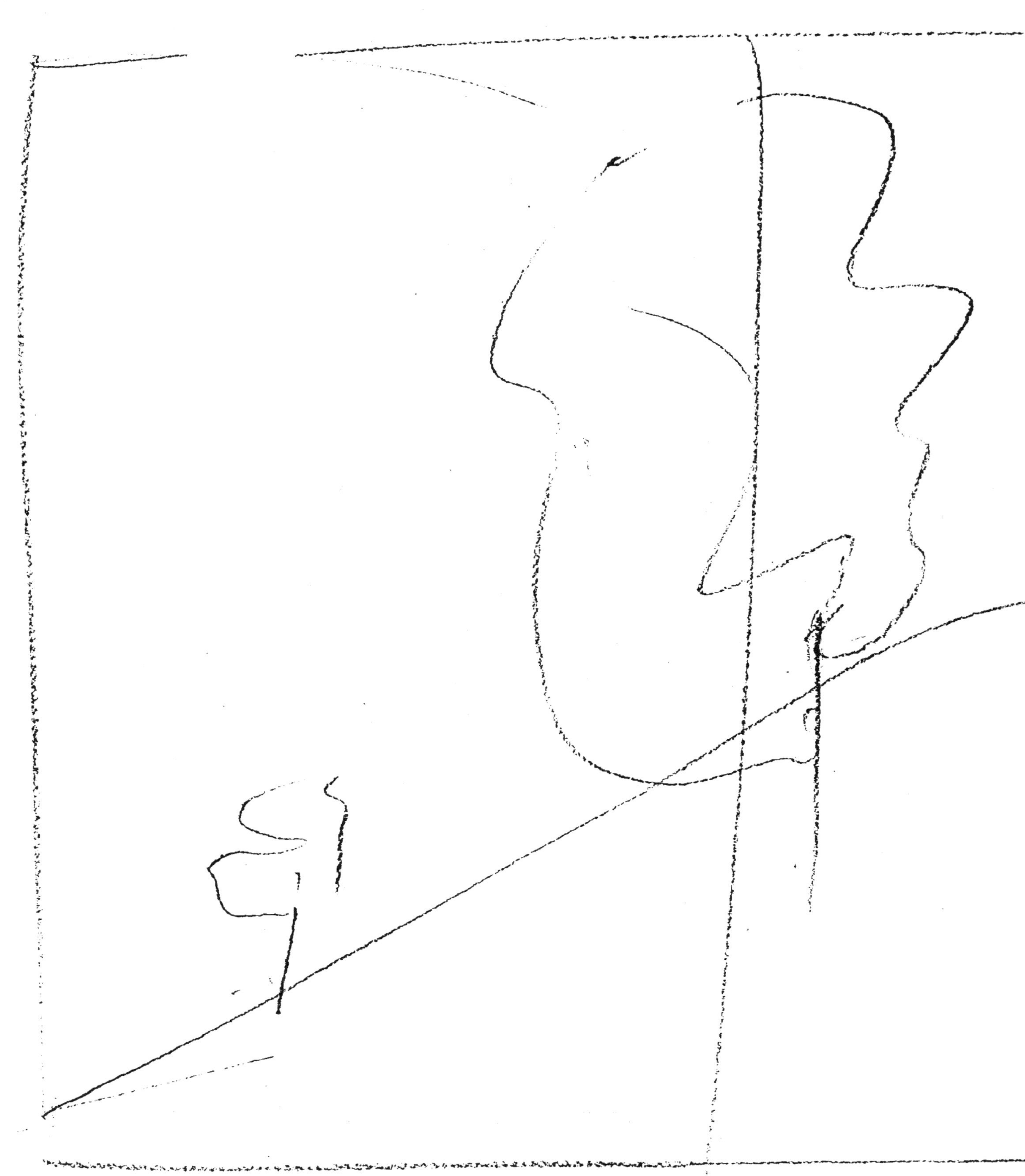

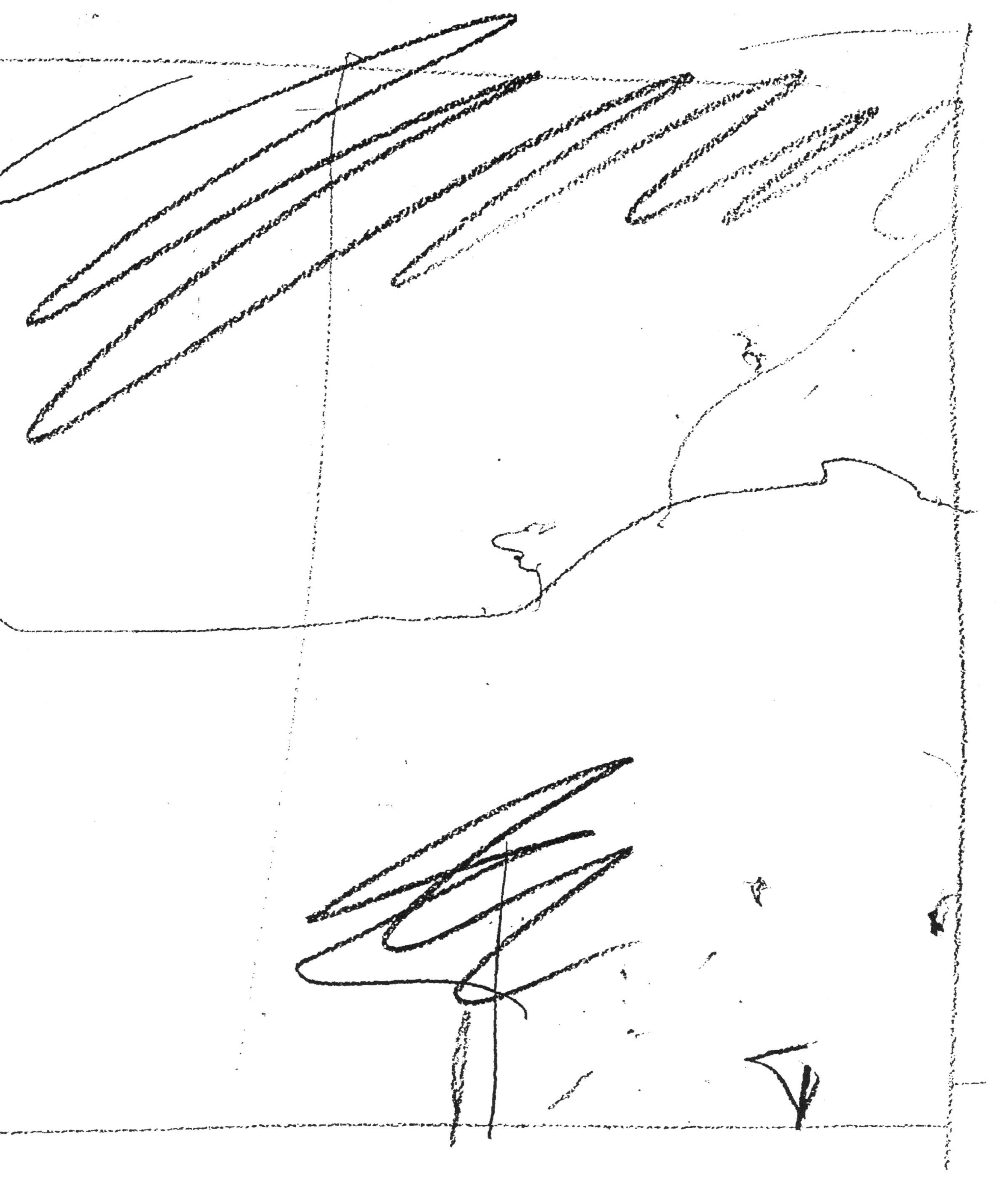

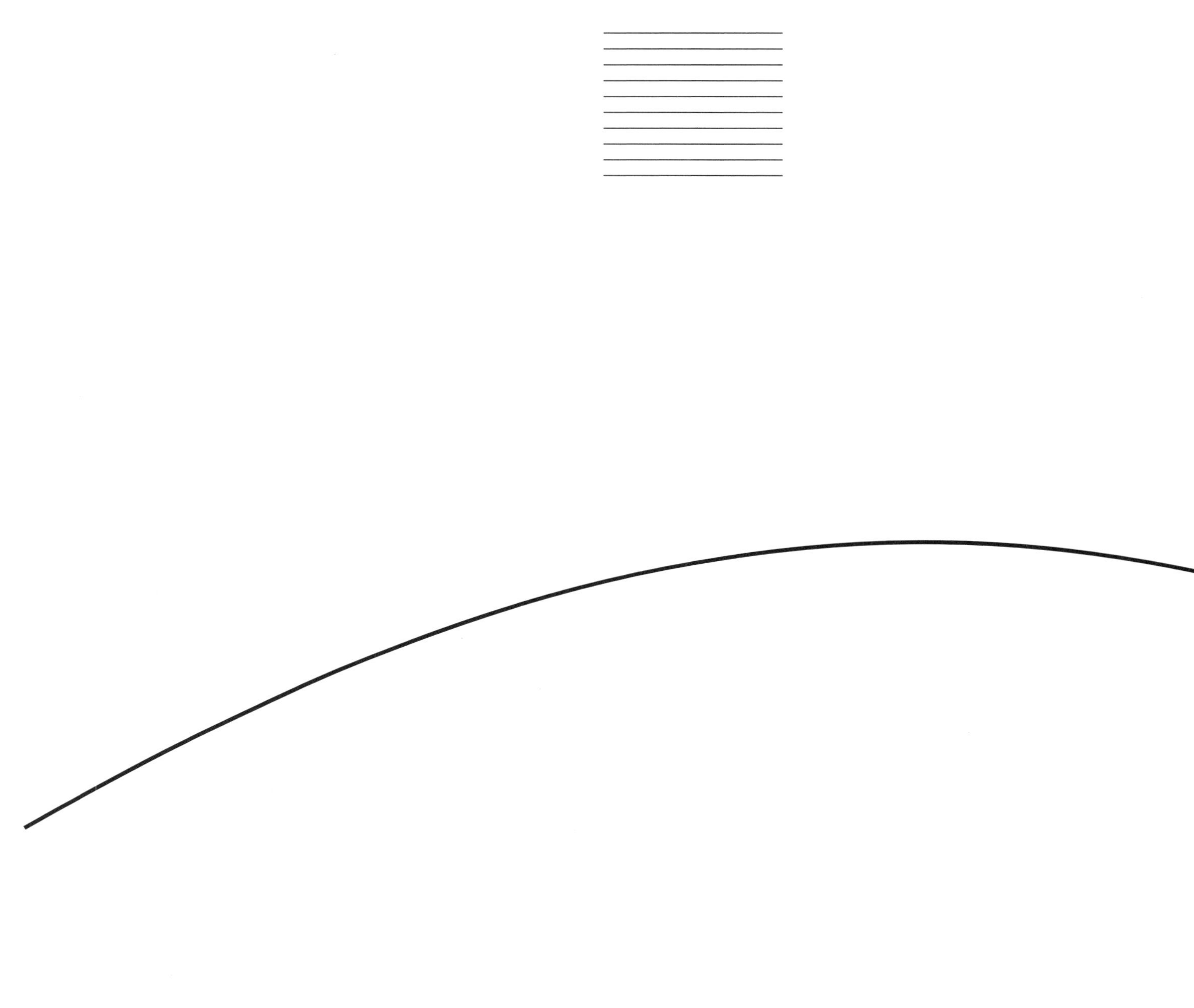

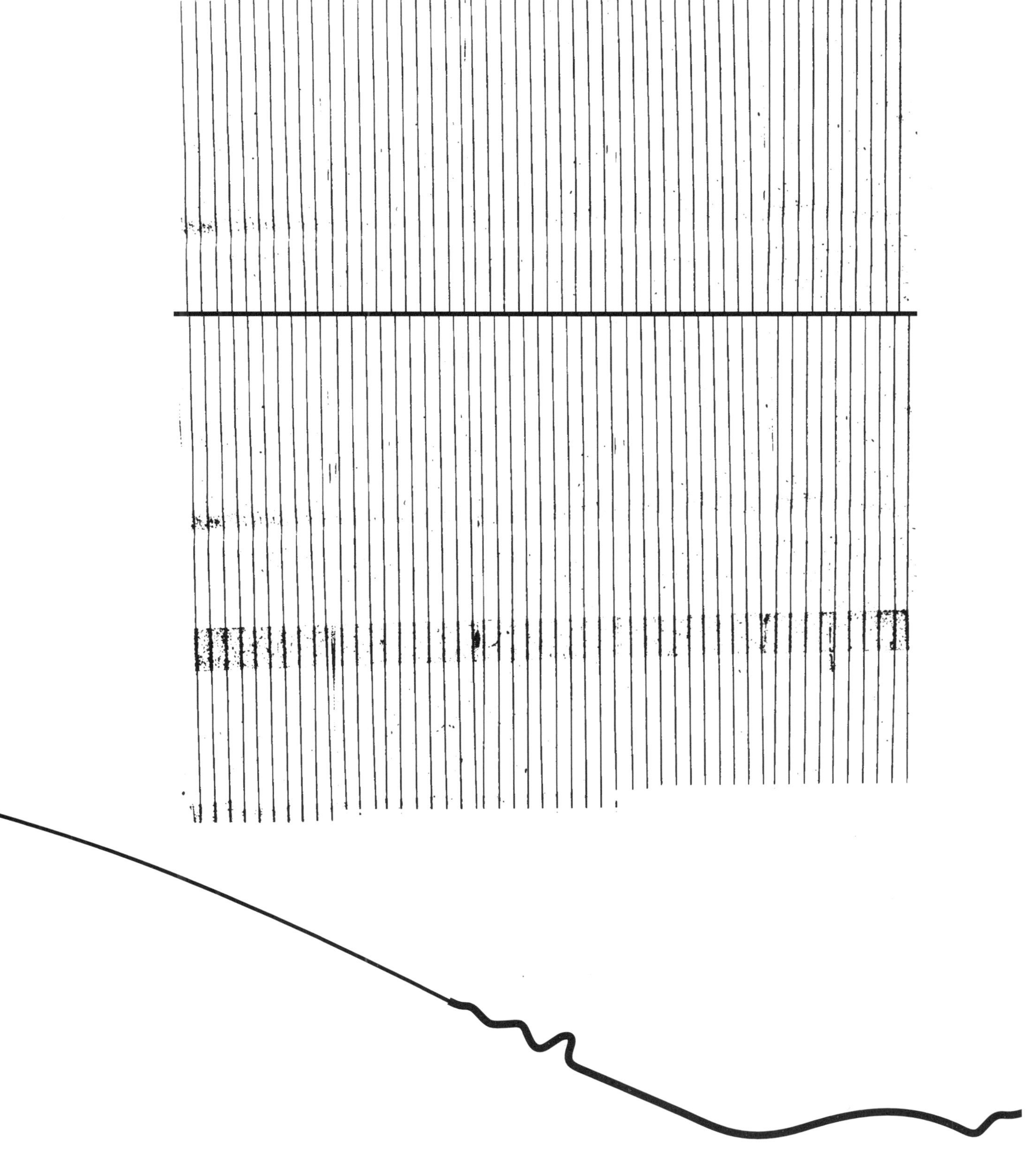

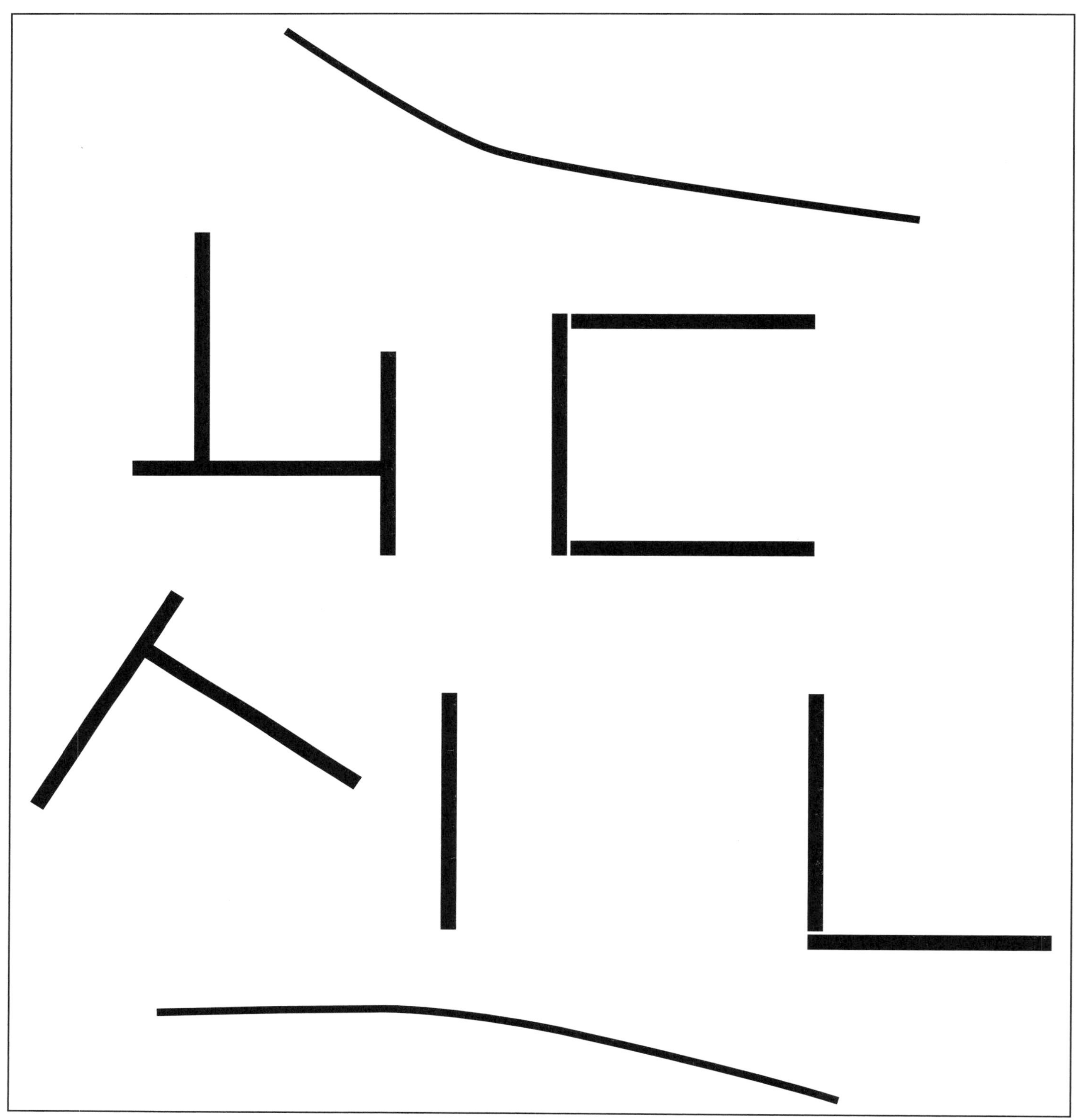

93 Unabhängig vom Setzen im rechten Winkel veränderte ich die Blei- und Messinglinien zu verschiedenartigsten Umrissen. Um die Linien während des Druckvorganges auf dem

Fundament zu befestigen,
konnte ich verschiedene Hilfsmittel
94-95 anwenden. Mit flüssigem Gips
füllte ich die Leerräume
oder umstellte die gebogenen
Linien mit einzelnen aufgeklebten
Bleiklötzchen. Sie blieben
während des Druckens auf dem
Fundament für eine kurze Zeit
unverrückbar. 224 225
Neben dem unregelmässigen 226 227
Schulbesuch arbeitete ich stunden-
weise als Hilfssetzer in einer Basler Verlagssetzerei.

Als Ausgleich während den Mittagsruhen entstanden weitere
handgebogene Linienbilder, die ich ohne vorangegangenes
Entwerfen unmittelbar in die Handdruckpresse stellte
und vervielfältigte. Einige dieser Ergebnisse erinnerten an
schroffe, tief eingekerbte Schluchten einer weiten, ausgetrockneten
228-229 Flusstälerlandschaft oder an das Unendliche der Steppen- und
288-289 330-331 Wüstenlandschaften.

339 Lehrreiche Ähnlichkeiten mit der ersten Aufgabe bei
Armin Hofmann entdeckte ich auf den darauf folgenden Reisen
204-205 im libanesischen Grabungsort Baalbek, in der über
216-217 zweitausend Jahre alten, in der syrischen Wüste gelegenen
Karawanenstadt Palmyra und in den am Stadtrand von Damaskus
gelegenen, aus Lehm gebauten Abbruchhäusern. Die Besuche
verband ich mit dem Aufnehmen ausgewählter Bauten,
die in ihren Darstellungen an die Aufgabenstellungen aus Basel
erinnerten und sich gegenseitig ergänzten: Linien begannen
mich für immer zu begeistern.

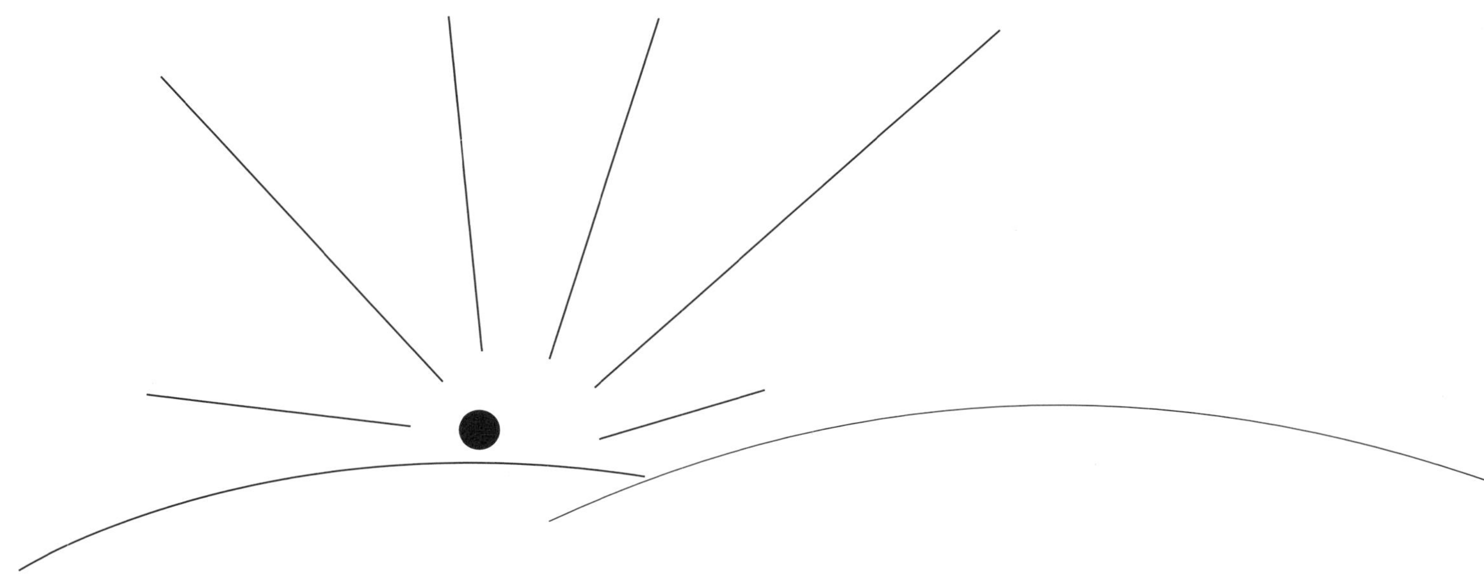

WADI KELT

Notes
for pages 202 to 229

Page 202 203

1964
Line Pictures.
Composed with handset rules of different lengths and widths.

204 205

1966
1: Wall of a demolished house made from mud and wood in the southern section of ancient Damascus.

2: Column from the time of the Roman Empire in Baalbek.

3: Main street with Corinthian colonnade in the ruins of Palmyra. (100–150 AD)

4: Six columns from the Temple of Jupiter Heliopolitanus in the ruins of Baalbek. (35–80 AD)

Exterior southern wall from the Temple of Bacchus in the ruins of Baalbek.

206 207 208 209 210 211

1964
Line Pictures.
Composed with handset rules of different lengths and widths.

214 215

1971
Landscape with lines.
Letterpress proofs of composed rules, bent or curved lines, and type elements.

216 217

1966
Temple ruins on the archeological site of Palmyra.

218 219

1964
Sketchbook drawing.

220 221

1970
Sketch of an Italian landscape.

222 223

1971
Landscape with lines.
Letterpress proofs of composed rules, bent or curved lines, and type elements.

224 225

1967/1964
Line Pictures.
Planned and set in the bed of the letterpress and directly printed.

226 227

1968 to 1971
Landscape with lines.
Letterpress proofs of composed rules, bent or curved lines, and type elements.

1963
Mount Hermon.
On the way to the border of Jordan from Damascus.

1966
The Greek Orthodox monastery of St George.
In the gorge Wadi Kelt on the way from Jerusalem to Jericho.

In the sixth century Christian monks began to establish churches in this area.

228 229

1966
The desert of Judaea between Jerusalem and the Dead Sea.

Angaben
zu den Seiten 202 bis 229

Seite

202 | 203

1964
Handsatz.
Aus verschiedenen Linienlängen zusammengestellte Linienbilder.

204 | 205

1966
1: Aus Lehm und Holz gebaute Wand eines Abbruchhauses in der Altstadt von Damaskus.

2: Sockelprofil aus der römischen Kaiserzeit in Baalbek.

3: Hauptstrasse mit korinthischen Kolonnaden in Palmyra. (Zwischen 100 bis 150 nach Chr)

4: Säulenreste des Jupiter Heliopolitanus geweihten Tempels in Baalbek. (Zwischen 35 und 80 nach Chr)

Äussere Südwand des Bacchus-Tempels in Baalbek.

206 | 207 | 208 | 209 | 210 | 211

1964
Handsatz.
Aus verschiedenen Linienlängen zusammengestellte Linienbilder.

214 | 215

1971
Linien-Landschaftsbild.
Zusammengestellt aus gesammelten Papierabzügen.

216 | 217

1966
Ruinenfelder und Ausgrabungsgebiet um die Tempelbezirke in Palmyra.

218 | 219

1964
Handzeichnungen.
Entwürfe aus meinem Tagebuch.

220 | 221

1970
Handzeichnung.
Italienische Landschaft.

222 | 223

1971
Linien-Landschaftsbild.
Zusammengestellt aus gesammelten Papierabzügen.

224 | 225

1967/1964
Linienbilder.
Auf der Handdruckpresse entworfen, gesetzt und gedruckt.

226 | 227

1968 bis 1971
Linien-Landschaftsbild.
Zusammengestellt aus gesammelten Papierabzügen.

1963
Hermon.
Zwischen Damaskus und jordanischer Grenze.

1966
Das griechisch-orthodoxe Sankt-Georgs-Kloster im Wadi Kelt, auf halbem Weg zwischen Jerusalem und Jericho.

Im sechsten Jahrhundert begannen Mönche die ersten kirchlichen Bauten.

228 | 229

1966
Wüste Judäa zwischen Jerusalem und dem Toten Meer.

3

Third Independent Project: The Letter M

1965–1968

Dritte selbstgestellte Aufgabe: M Zeichenbilder

1965–1968

64-65 *In 1962 I started to work with the letter M. Out of curiosity* 232 233
I invented new signs that could be combined with the
letter M and carved the compositions in flat blocks of soft wood.
The typeshop of my apprenticeship at Ruwe Printing didn't
have large poster-sized letters, so I learned how to produce my
own. By making my own letters, I became sensitive
to their forms and expression. B is a fragile flower, Z is a dazzling
thunderbolt, L is three o'clock, W is a bird flying away, and M
248-250 *is an arrow pointing to itself. I followed the letter M,*
or it followed me, for many years. Working independently during
Emil Ruder's class and using the large wood type in the Basel
typeshop, I resumed my studies of the letter in April 1965.

I built a white cardboard cube and glued letterpress prints of the capital M onto each side. With my Rolleiflex I photographed the M-cube in various positions. The construction enabled me to obtain radically different three-dimensional views of the letter in perspective, which I reduced or enlarged on photographic paper from the negative. With the increased flexibility of mixing sizes, positions, and angles, I found dynamic aspects of the letter's form which would have been impossible to attain in wood or metal materials alone.

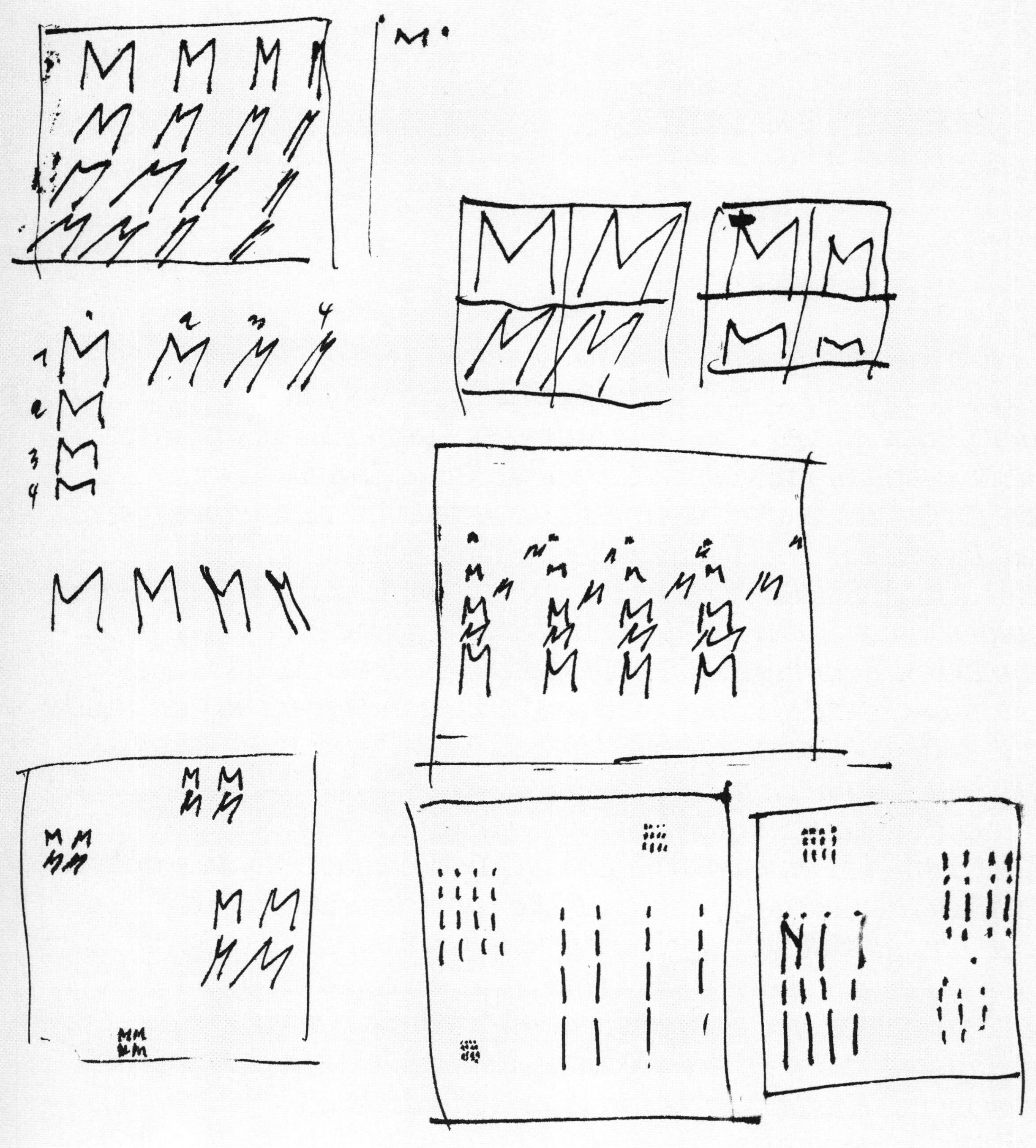

234
235

*I set up a modular system of composing with the photo
prints from the M-cube that was similar to the five-hundred-year-
old typesetting procedure. Like a hand composer who*
172-173 *found his signs in single compartments – letters, accompanying
ligatures, accents, numerals, punctuation marks – and rearranged
them into a message, I organized the progressive positions,*
238-239 *sizes, and distortions of M, and made my selections.*

*Similar to working on a puzzle I looked for visual relation-
ships while assembling the pieces under each other, on top of each
other, side by side, touching, or overlapping. Some of these*
110 262-263 *M-pictures reminded me of the rough outlines of a Syrian field
or the large-scale wall murals of northern India.*

1962 begann ich mit dem Buchstaben M zu arbeiten.
64-65 Zunächst waren es in Holz geschnittene Umrisse in Verbindung
zu anderen Schriftzeichen. Es war die Neugier und Freude
am Entwerfen neuer Zeichen. Dazu kam das Erlebnis, aus dem
Holz grössere Buchstaben, die während der Lehre in unserer
Setzerei nicht vorhanden waren, selbst zu schneiden.

Den Aufbau und das Aussehen unserer sechsundzwanzig
Buchstaben empfand ich sehr unterschiedlich: Im B sah ich eine
zerbrechliche Blume, im Z einen grell aufleuchtenden
Blitz und im Buchstaben L die beiden erkennbaren, ungleich
248-250 langen Uhrzeiger. Im M begeisterte mich die Ausstrahlungskraft
wegen seiner beiden links und rechts pfeilartig zusammengehenden Winkel. Und im Buchstaben W erkannte
ich einen davonfliegenden Vogel.

Der Buchstabe M begleitete mich über Jahre hinweg.
96-97 In Holz geschnitten, und später in Basel ab April 1965 mit Hilfe
vorhandener Plakatschriften aus der Schulsetzerei, während
der Hospitantenzeit bei Emil Ruder.

Neben dem Gebrauch von Plakatschriften baute ich
mir einen grösseren weissen Kartonwürfel zusammen und klebte
auf die sechs Seiten jeweils den Buchstaben M. Ich nahm mit
meiner alten Rolleiflex verschiedene Stellungen des
Würfels auf. Durch diese Vorrichtung konnte ich unterschied-
lichste Stellungen auf einem Negativfilm festhalten und mit den 236 237
erstellten verschieden grossen Papiervergrösserungen
wieder vermischen, um sie zu neuen Bildern zusammenzustellen.

Es war ein Vorgang wie in den Schriftsetzereien seit fünf-
172-173 hundert Jahren: Der Setzer fand seine Zeichen in den einzelnen
Fächern, die mit der vorgegebenen Einteilung belegt waren.
Die Schrift wurde in die Fächer eingelegt, und mit den gebräuchlichen sechsundzwanzig Schriftzeichen – und deren
dazu gehörenden Ligaturen, Akzenten, Ziffern und Punkturen –
konnte er alles setzen und an die Öffentlichkeit weitergeben.

Ich stellte mir einen ähnlichen Schriftkasten aus
238-239 den aufgenommenen Würfelverzerrungen zusammen. Es wurde
eine vergleichbare Beweglichkeit und Austauschbarkeit
mit dem Buchstaben M möglich, den ich über-, neben- und
ineinander auf einem Karton zusammenstellte.

Einige dieser Buchstabenbilder erinnerten mich an die
262-263 groben Umrisse syrischer Steppenfelder während eines Fluges
von Palmyra nach Damaskus, oder an die Wandbilder
110 von Nathdwara im indischen Radschasthan.

MMM

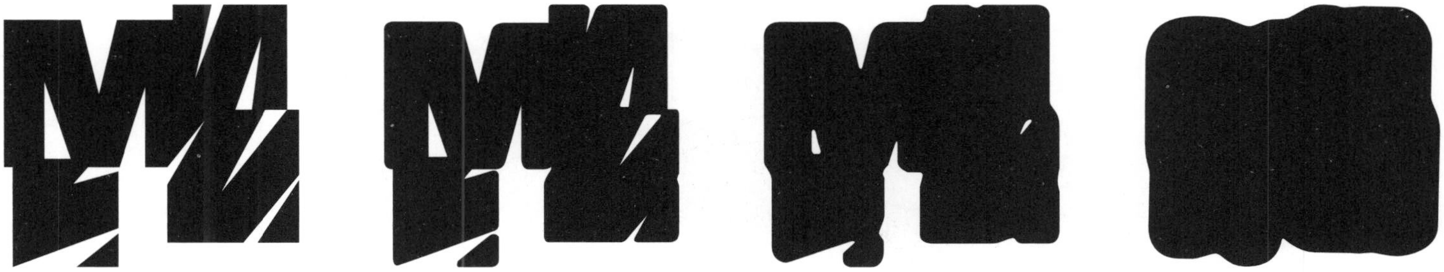

238
239

240
241

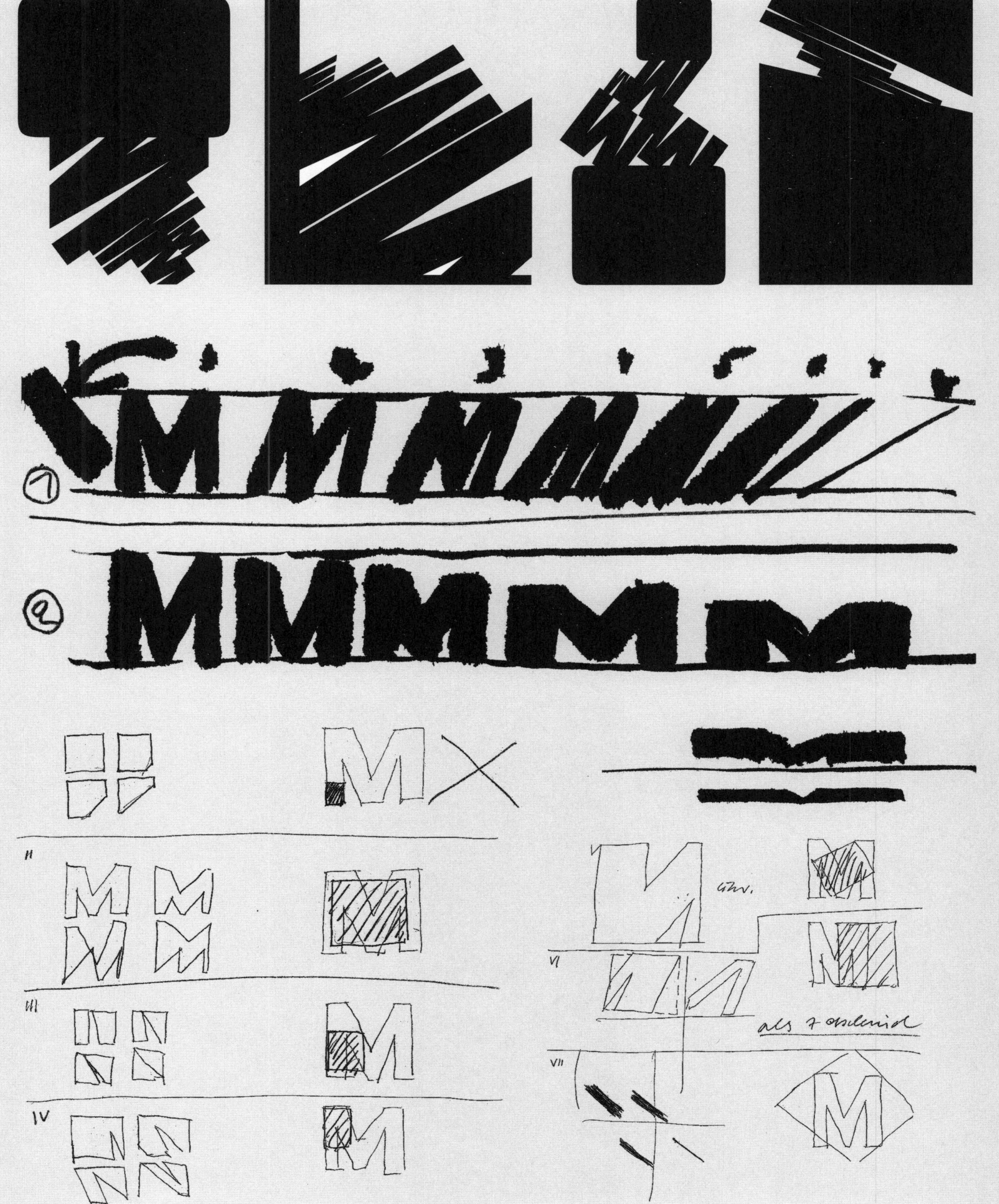

242
243

M

Our Society is moving Backwards to the Middle Ages.

Unsere
Gesellschaft
bewegt
sich zurück
ins Frühe
Mittelalter.

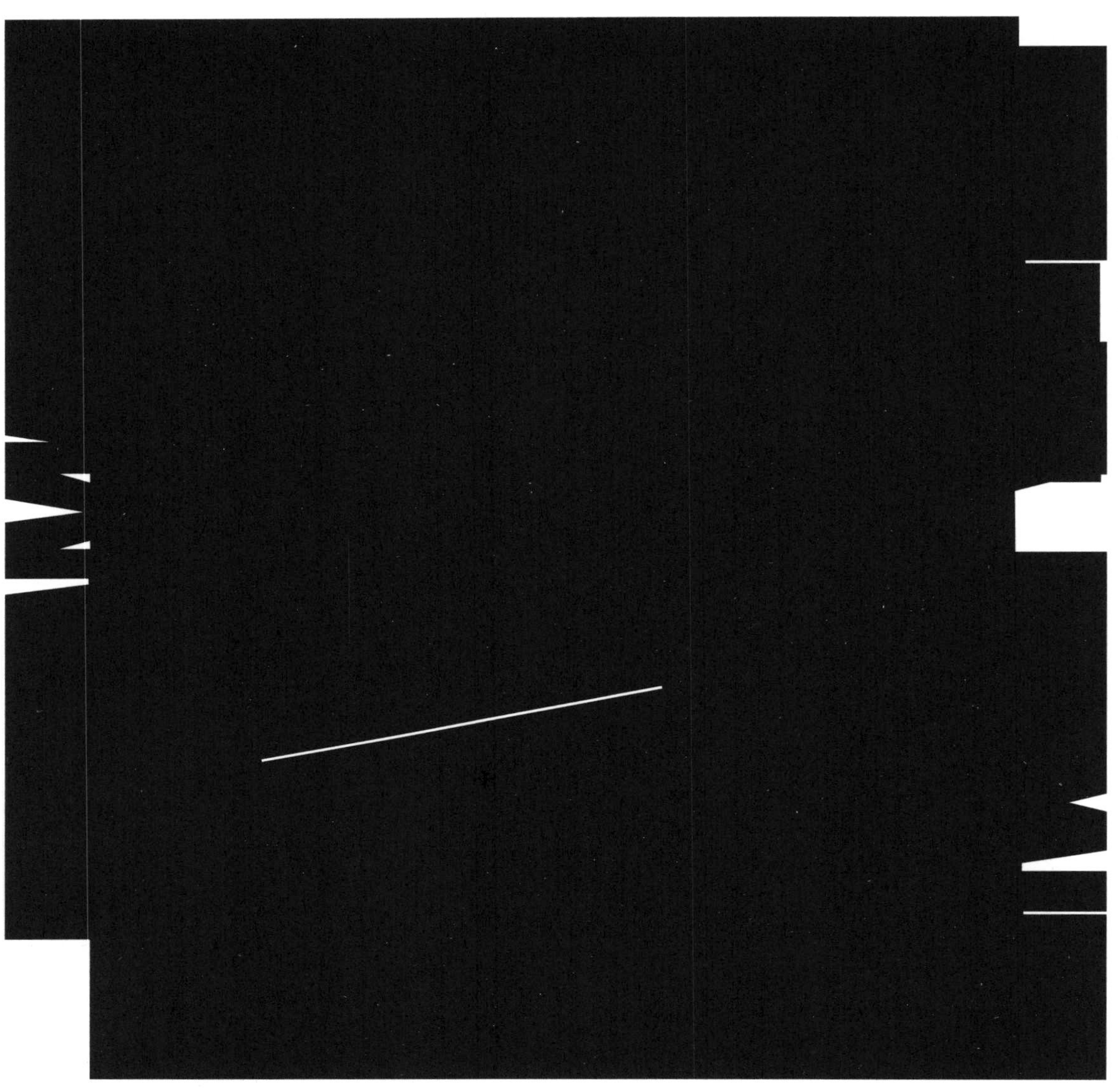

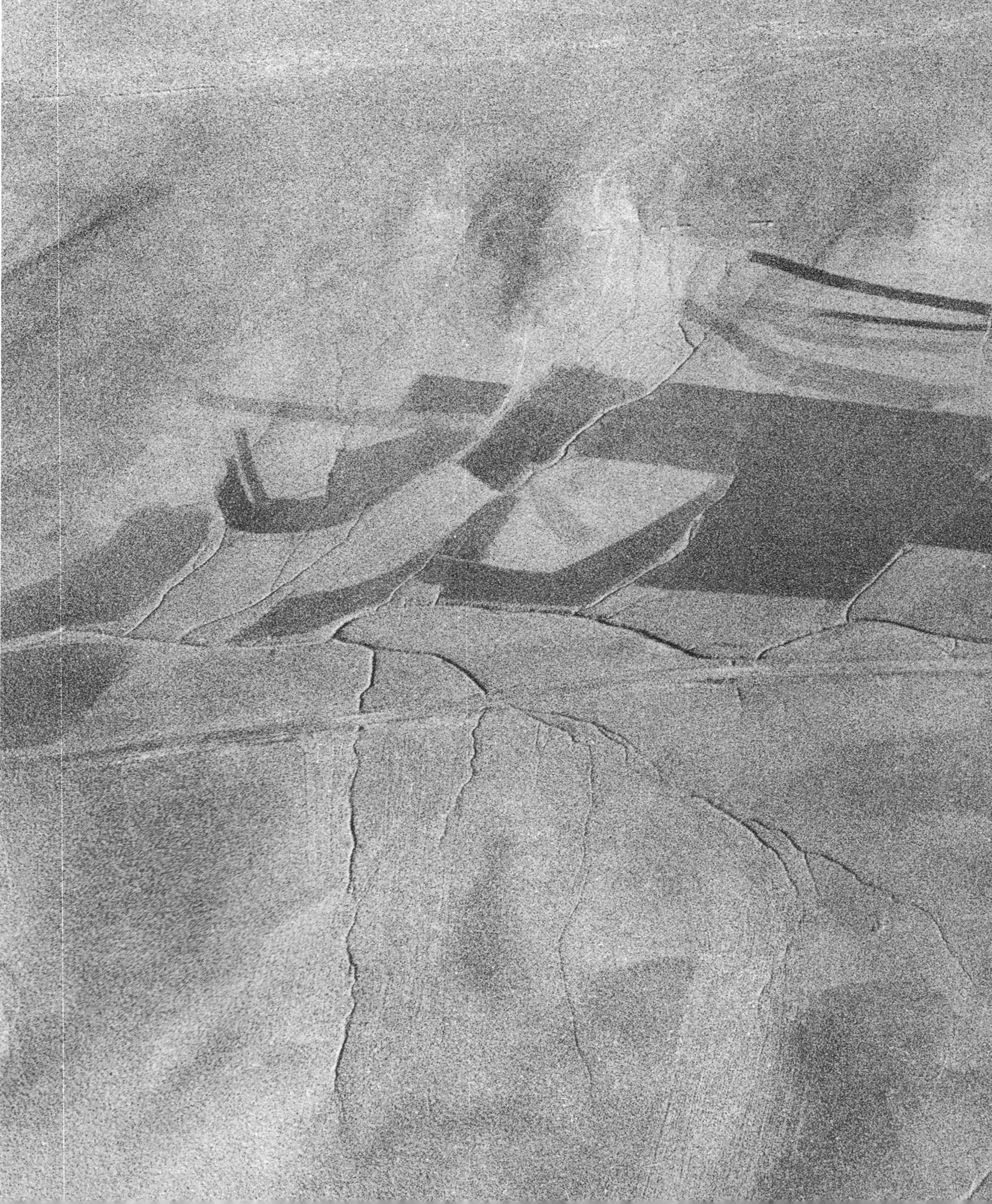

264
265

Notes
for pages 234 to 265

Page

234 | 235
1965
Sketchbook drawings.

236
1965
M-cube with a print of the letter glued to each of its six sides.

The cube construction enabled the M to be photographed from different angles or to be viewed in steps of rotation.

238 | 239
1965/66
Resulting photo prints of the M-cube, arranged in sequence for selection.

M distortions with the darkroom enlarger: stretched, extended, slanted, blurred, sharp, condensed.

240 | 241
1967/1965
M composition and preliminary sketches.

242 | 243
1965
Sketchbook drawings.

244 | 245
1968
M composition from sketchbook drawings. (Reconstruction)

248 | 249
1965
Sketchbook drawings.

250 | 251
1965
M composition.

1967
M composition.

252 | 253
1965
Sketchbook drawing.

1965
M composition.

254 | 255 | 256 | 257
1967
M compositions.

258 | 259 | 260 | 261
1965
M compositions.

262 | 263
1963
Contours of the Syrian desert compared to shapes in the letter M compositions. Photograph taken on a flight from Aleppo to Damascus.

264 | 265
1965
M compositions.

Angaben
zu den Seiten 234 bis 265

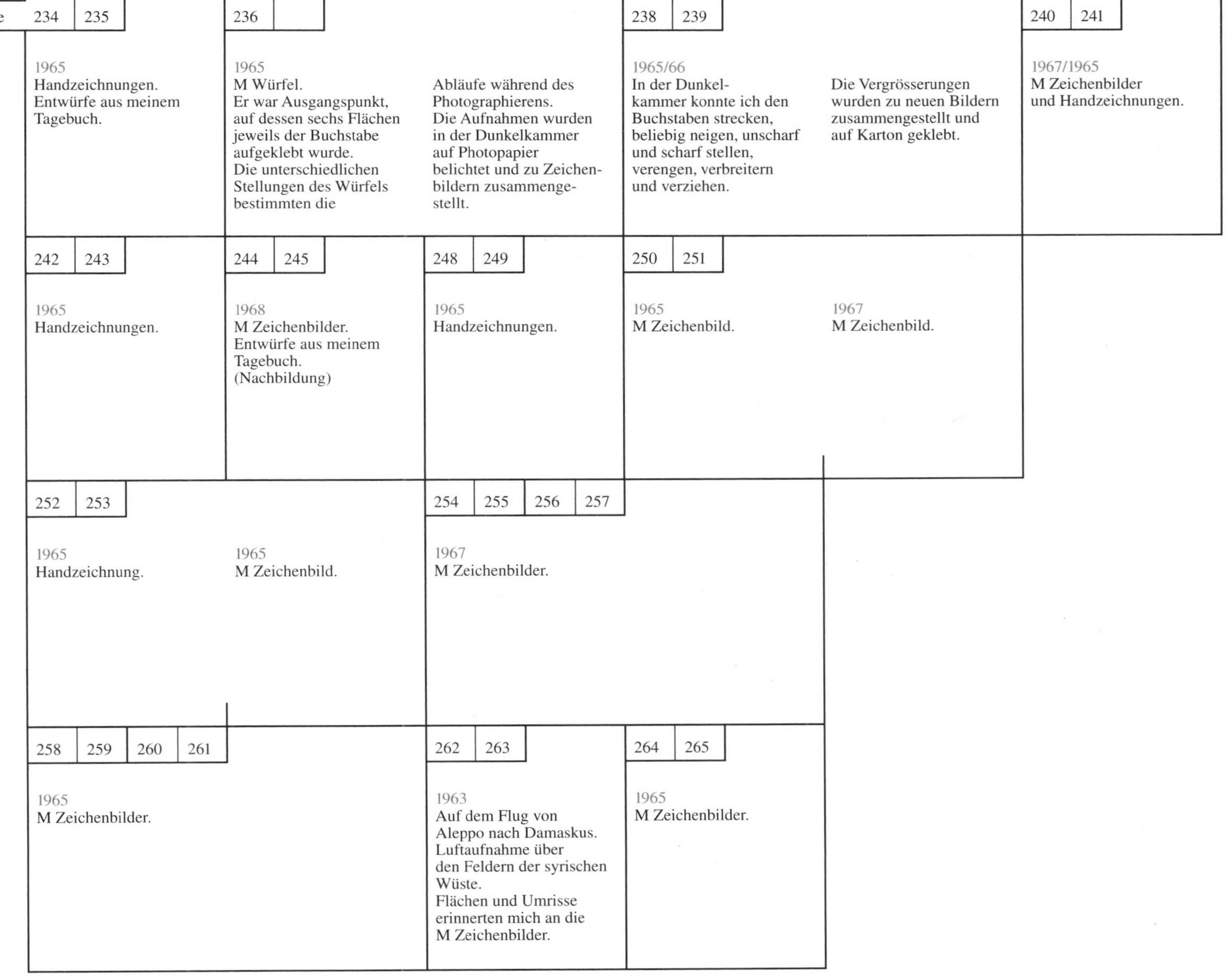

Seite 234 | 235

1965
Handzeichnungen.
Entwürfe aus meinem Tagebuch.

Seite 236

1965
M Würfel.
Er war Ausgangspunkt, auf dessen sechs Flächen jeweils der Buchstabe aufgeklebt wurde.
Die unterschiedlichen Stellungen des Würfels bestimmten die Abläufe während des Photographierens.
Die Aufnahmen wurden in der Dunkelkammer auf Photopapier belichtet und zu Zeichenbildern zusammengestellt.

Seite 238 | 239

1965/66
In der Dunkelkammer konnte ich den Buchstaben strecken, beliebig neigen, unscharf und scharf stellen, verengen, verbreitern und verziehen.
Die Vergrösserungen wurden zu neuen Bildern zusammengestellt und auf Karton geklebt.

Seite 240 | 241

1967/1965
M Zeichenbilder und Handzeichnungen.

Seite 242 | 243

1965
Handzeichnungen.

Seite 244 | 245

1968
M Zeichenbilder.
Entwürfe aus meinem Tagebuch.
(Nachbildung)

Seite 248 | 249

1965
Handzeichnungen.

Seite 250 | 251

1965
M Zeichenbild.

1967
M Zeichenbild.

Seite 252 | 253

1965
Handzeichnung.

1965
M Zeichenbild.

Seite 254 | 255 | 256 | 257

1967
M Zeichenbilder.

Seite 258 | 259 | 260 | 261

1965
M Zeichenbilder.

Seite 262 | 263

1963
Auf dem Flug von Aleppo nach Damaskus.
Luftaufnahme über den Feldern der syrischen Wüste.
Flächen und Umrisse erinnerten mich an die M Zeichenbilder.

Seite 264 | 265

1965
M Zeichenbilder.

4

Fourth Independent Project: Letters and Typographic Elements in a New Context

1968: Second Breakthrough

Vierte selbstgestellte Aufgabe: Die gebräuchlichen Schriftzeichen in neuer typographischer Anordnung

1968: Zweite entscheidende Veränderung

*In an era when lead type was virtually obsolete, the environ-
ment of a traditionally equipped typeshop – its elements*
96-97 *and tools in metal, wood, or synthetic materials – was the context,*
284-285 *in fact, the impetus that enabled me to develop a progressive
curriculum for the Kunstgewerbeschule Basel.*

60-61 *Swiss Typography in general, and the typography
of the Basel school, played an important international role from
the fifties until the end of the sixties. Its development, however,
was on the threshold of stagnation; it became sterile
and anonymous. My vision, fundamentally compatible with
our school's philosophy, was to breathe new life into the teaching
of typography by reexamining the assumed principles of
its current practice.*

*The only way to break typographic rules was to know them.
I acquired this advantage during my apprenticeship as I became
expert in letterpress printing. I assigned my students
exercises that not only addressed basic design relationships
with type placement, size, and weight, but also encouraged them*
121 *to critically analyze letterspacing to experiment
with the limits of readability.*

273 282-283 We discovered that as increased space was inserted between letters, the words or word groups became graphic in expression, and that understanding the message was less dependent upon reading than we had supposed.

Our activities challenged the viewpoint of Emil Ruder and his followers. In the mid-sixties he wrote a succinct manifesto, a part of which I typographically interpreted for the cover of Typographische Monatsblätter, Number 5/1973:

410 ‘Typography has one plain duty before it and that is to convey information in writing. No argument or consideration can absolve typography from this duty. A printed work which cannot be read becomes a product without purpose. More than graphic design, typography is an expression of technology, precision and good order.’

Founded by Emil Ruder and Armin Hofmann, the Weiterbildungsklasse für Graphik, the international Advanced Program for Graphic Design, was scheduled to begin in April 1968. Ruder’s heartfelt wish was to teach typography, but because of additional obligations as the school director, he would need a teaching assistant. He asked me, and I readily accepted. Tragically, his unexpected illness and regular hospital confinements in Basel precluded the chance of ever working together.

The first seven students came from the United States,
Canada, England, and Switzerland, expecting to study with the
masters Hofmann and Ruder. When I showed up as
the typography teacher their shock was obvious. Because of
278-279 my training, radical experiments, and because we were around
the same age, the students began to trust me. Eventually,
disappointment gave way to curiosity.

The teachers agreed on common themes for the initial two years of the advanced program, the Symbol and the Package. Feeling more confident by the second year, bolstered by the students' enthusiasm, I risked further experimentation and my classes became a laboratory to test and expand models for a new typography.

[des-halb.]

It was a major undertaking to organize my extremely
diverse typographic ideas when I was asked to exhibit at the Stutt-
gart gallery Knauer-Expo, in December 1969. I designed
eleven broadsides relating to thoughts and fantasies
277-282 *about my life. One of them, entitled 'was ich morgen am liebsten*
machen würde' (what I would most like to do tomorrow),
was a list of wishes and dreams and it has become one of my
favorite works.

Accelerated by the social unrest of our generation,
the force behind Swiss Typography and its philosophy of reduction
139-157 *was losing its international hold. My students were inspired,*
we were on to something different, and we knew it.

GROSSARTIG
SAUFEN
KOTZEN
HITZE
TOLL

274
275

Linien und die gebräuchlichen Zeichen einer Setzerei,
96-97 aus Blei gegossen und in hartem Holz oder Kunststoff gefräst,
284-285 wurden für mich zu einer weiteren Herausforderung. Sie stand im
engen Zusammenhang mit dem zukünftigen Lehrauftrag
in Basel: Ich hatte die Vorstellung, einen Unterricht zu führen,
277 der die ehrwürdigen Regeln in Frage stellen sollte,
ohne das Vorangegangene an unserer Schule zu übergehen.

Die *Schweizer Typographie* und die *Typographie der Basler*
60-61 *Schule* der fünfziger bis Ende der sechziger Jahre hatten einen
einflussreichen Stellenwert. Zunehmend war ich aber
davon überzeugt, dass es der richtige Augenblick war, ihren sach-
121 bezogenen und ihren oft namenlosen Ausdruck zu verändern
und wenn möglich zu erneuern. Diese beiden nur wenig
unterschiedlichen Typographie-Auffassungen zeigten mir keine
Anzeichen einer Weiterentwicklung. Eine hilfreiche
und wesentliche Voraussetzung für eine Regelverletzung
waren die fachlichen und technischen Kenntnisse, die ich mir
während meiner Schriftsetzerlehre in der Druckerei Ruwe
in Stuttgart angeeignet hatte.

Die in den Typographie-Unterricht einbezogenen
gestalterischen Erfahrungen beriefen sich nicht nur auf die Werte
273 zwischen den unterschiedlichen Grössen und Stärken der
verschiedenen Schriften. Eine wichtige Auseinandersetzung
282 war, die Abstände zwischen den Buchstaben selbst zu bestimmen,
sie zu sperren, um die Grenzen der Lesbarkeit neu zu
123 entdecken: Das abgesetzte Wort wurde nicht nur aneinander
gereiht, wie es ein Schriftsetzer lernen musste. Diese Versuche
und Ergebnisse suchten ihren Weg zur Graphik hin,
mit der Voraussetzung, die Lesbarkeit nicht nur als eine
unmissverständliche Mitteilung auszulegen.

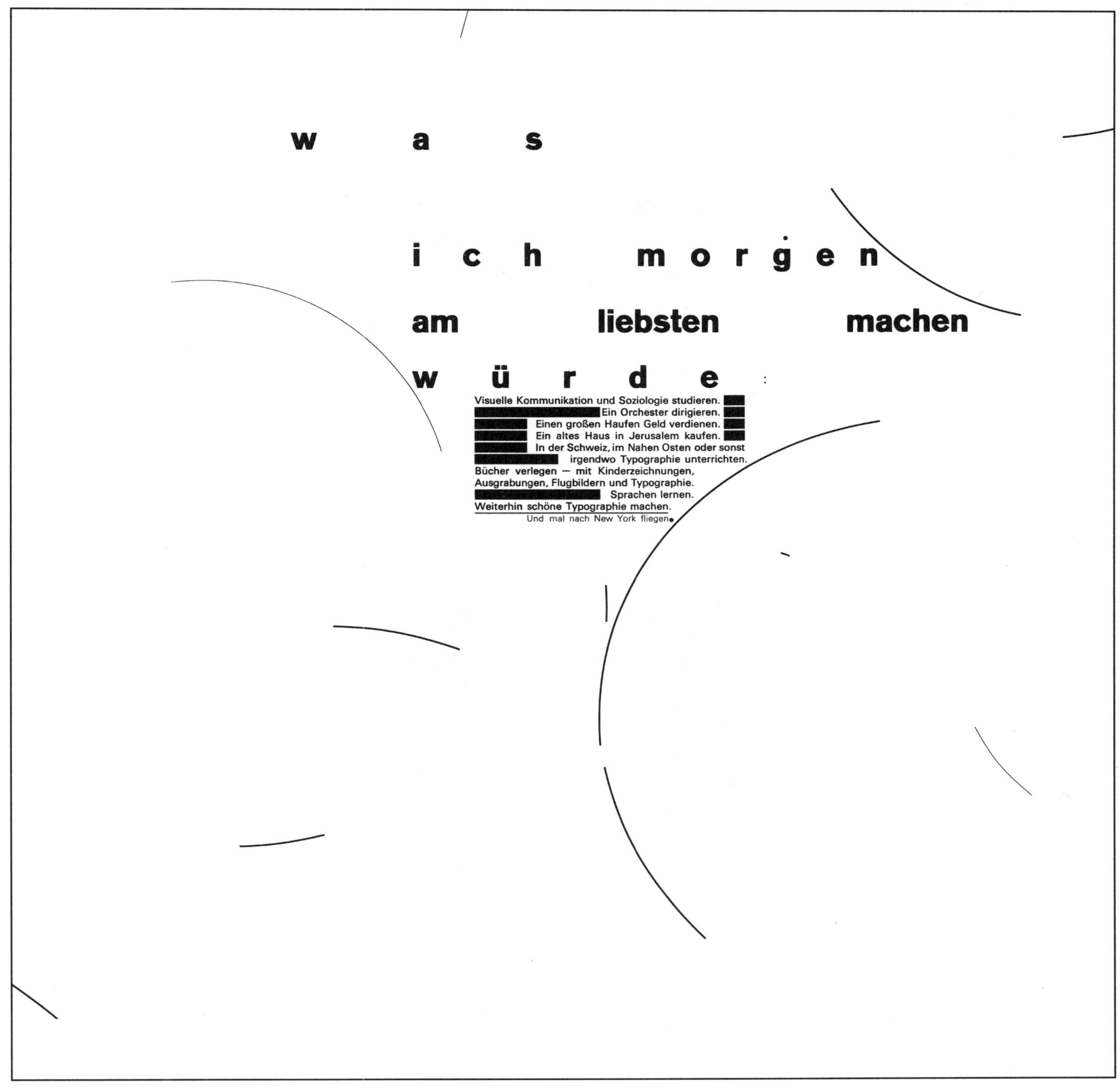

w a s
i c h m o r g e n
am liebsten machen
w ü r d e :
Visuelle Kommunikation und Soziologie studieren.
Ein Orchester dirigieren.
Einen großen Haufen Geld verdienen.
Ein altes Haus in Jerusalem kaufen.
In der Schweiz, im Nahen Osten oder sonst
irgendwo Typographie unterrichten.
Bücher verlegen — mit Kinderzeichnungen,
Ausgrabungen, Flugbildern und Typographie.
Sprachen lernen.
Weiterhin schöne Typographie machen.
Und mal nach New York fliegen.

Emil Ruder hatte den festen Wunsch, neben seiner Tätigkeit als Direktor an der Kunstgewerbeschule Basel ab April 1968 einen Vormittag an der von ihm und Armin Hofmann neu gegründeten Weiterbildungsklasse für Graphik das Fach Typographie wieder zu unterrichten.

Fortsetzung Seite 286

wem ich meine heutige Situation verdanke:

Den Graphikern K. A. Hanke und Armin Hofmann.
Dem Typographen Emil Ruder und dem Publizisten Rudolf Hostettler.
Peter von Kornatzki, der meine konfusen Ideen und schrecklichen Texte kritisch ins reine bringt.

Meiner Kindheit.

Meiner uralten Rolleiflex.
Kindern, mit denen ich zeichnete.

Meinen Eltern in Bern.

was man mir vorwirft:

Ich würde Bilder machen, die schon lange gemacht wurden. (Das mag stimmen. Ich sehe diese schon vorhandenen Bilder auch. Aber weder als Vor-Bilder für mich, noch mich als Plagiator. Das soll aber keine Entschuldigung sein).

Ich würde nur produzieren um zu publizieren. (Das stimmt, ich habe davon nie profitiert – nur meine Lehrtätigkeit erhalten). Hätte ich davon profitiert, wäre ich bestimmt einer der ‹bekannten› Typographen.

Ich würde ignorieren, was an Progressivem in anderen visuellen Bereichen um mich herum passiert. (Das stimmt nicht. Ich finde die Ideen von Andy Warhol erfrischend und McCann's deutsche Bundesbahnkampagne phantastisch. Aber ich sehe diese Arbeiten nicht im Widerspruch zu meinen).

Meine Einstellung
zur
TYPOGRAPHIE
ich
verdanke ganz besonders:

278
279

KARL-AUGUST HANKE,
der mir zum erstenmal 1959
Typographie aus der Schweiz zeigte und erklärte.

Meinem Lehrherrn
WILHELM RUWE, der
mir den Werkstattschlüssel gab,
um nachts experimentieren
zu können —

und ganz sicher
HERRN EUGEN MÜLLER,
der mir im
praktischen Schulunterricht
größte Freiheiten ließ.

Only those designers who are versed in the history of design will fully comprehend the ideas behind their daily work.

Nur wer die Geschichte der Gestaltung kennt, wird seine Entwurfsarbeit verstehen.

Four Typefaces are Enough to Address Every Typographic Problem.

Vier Schriftfamilien genügen, um jede typographische Aufgabenstellung zu bewältigen.

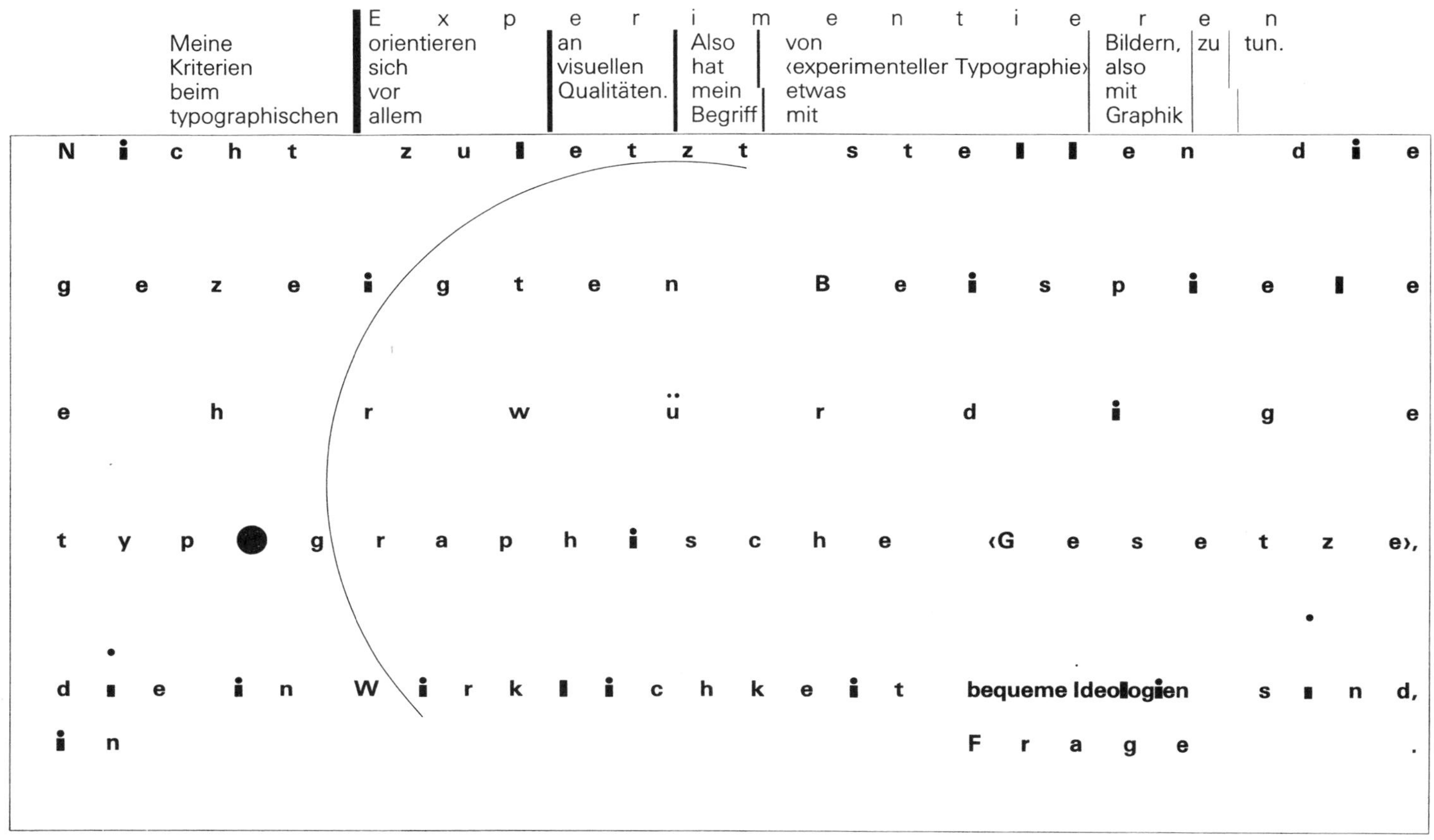
E x p e r i m e n t i e r e n
Meine Kriterien beim typographischen
orientieren sich vor allem
an visuellen Qualitäten.
Also hat mein Begriff
von ‹experimenteller Typographie› etwas mit
Bildern, also mit Graphik
zu
tun.
N i c h t z u l e t z t s t e l l e n d i e
g e z e i g t e n B e i s p i e l e
e h r w ü r d i g e
t y p o g r a p h i s c h e ‹G e s e t z e›,
d i e i n W i r k l i c h k e i t bequeme Ideologien s i n d,
i n F r a g e .

Durch das Experiment suche ich neue Gestaltungselemente und nicht nur die bekannten neu zu arrangieren.
Zu diesem Begriff ‹Experiment› gehört, daß die klassischen Spielregeln der Typographie aufgehoben sind.

ÜBEL.

SALÜ.

LÜMMEL.

Glühwein.

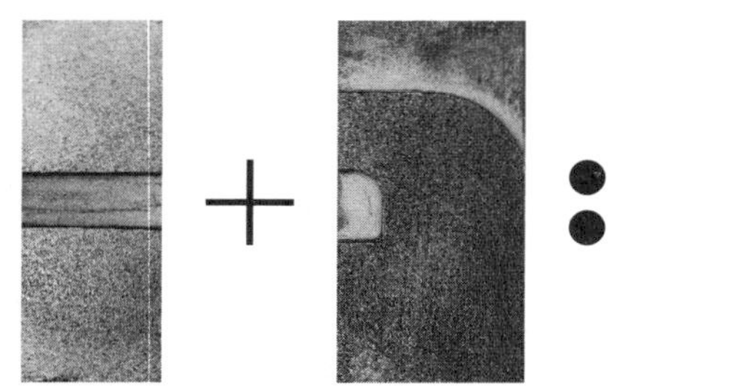

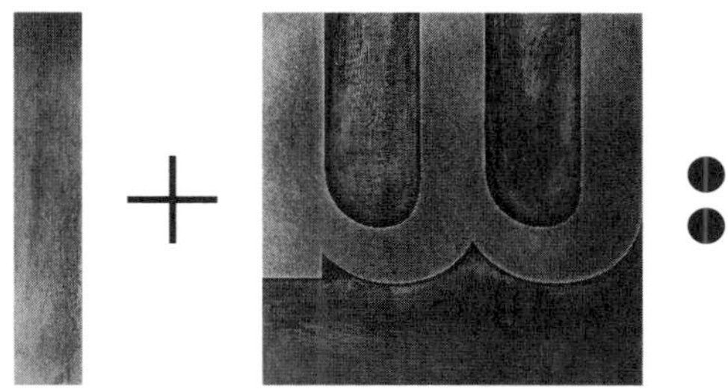

Um sich zu entlasten, suchte er nach einer Mithilfe. Seine Entscheidung fiel auf mich, und ich nahm das Angebot an. Zu dieser Zusammenarbeit kam es nicht. Seine wiederholten Krankenhausaufenthalte haben dies verhindert.

Die ersten sieben Schüler waren aus den Vereinigten Staaten, Kanada, England und der Schweiz. Sie kamen und warteten darauf, von den über die Grenzen hinaus bekannten und erfahrenen Lehrerpersönlichkeiten Armin Hofmann und Emil Ruder zu lernen. Die verständliche Enttäuschung der Klasse wegen Ruders Abwesenheit war ersichtlich.

Während den ersten beiden Jahren wurden bei allen Lehrern zwei Aufgaben bearbeitet: Im ersten Jahr war es das Zeichen, im zweiten die Verpackung. Meine vorausgegangene Auseinandersetzung mit der Typographie verhalf mir zu einem freundschaftlichen Verhältnis zu den Schülern, und die anfängliche Enttäuschung, nicht von Emil Ruder unterrichtet zu werden, hatte sich in den darauf folgenden Monaten gelegt.

Im zweiten Schuljahr, ab April 1969, konnte ich meine typographischen Vorstellungen in den grösser gewordenen Klassen unmittelbar anwenden: Die Verpackung als Aufgabenstellung wurde zu einer Bewährungsprobe meiner anderen Vorstellungen über Typographie, als sie bisher an der Basler Kunstgewerbeschule gelehrt wurden. Zu dieser Zeit waren meine typographischen Untersuchungen am verschiedenartigsten, und die Vorbereitungen für die Ausstellung im Dezember 1969 in der Stuttgarter *Galerie Knauer-Expo*, mit ihrem künstlerischen Berater Kurt Weidemann, waren eine Herausforderung.

Um die Arbeiten besser zu erklären, entwarf und druckte ich elf Blätter, die meine Gedanken und Vorstellungen über mein vergangenes und zukünftiges Leben beschrieben.

Fortsetzung Seite 290

286
287

288
289

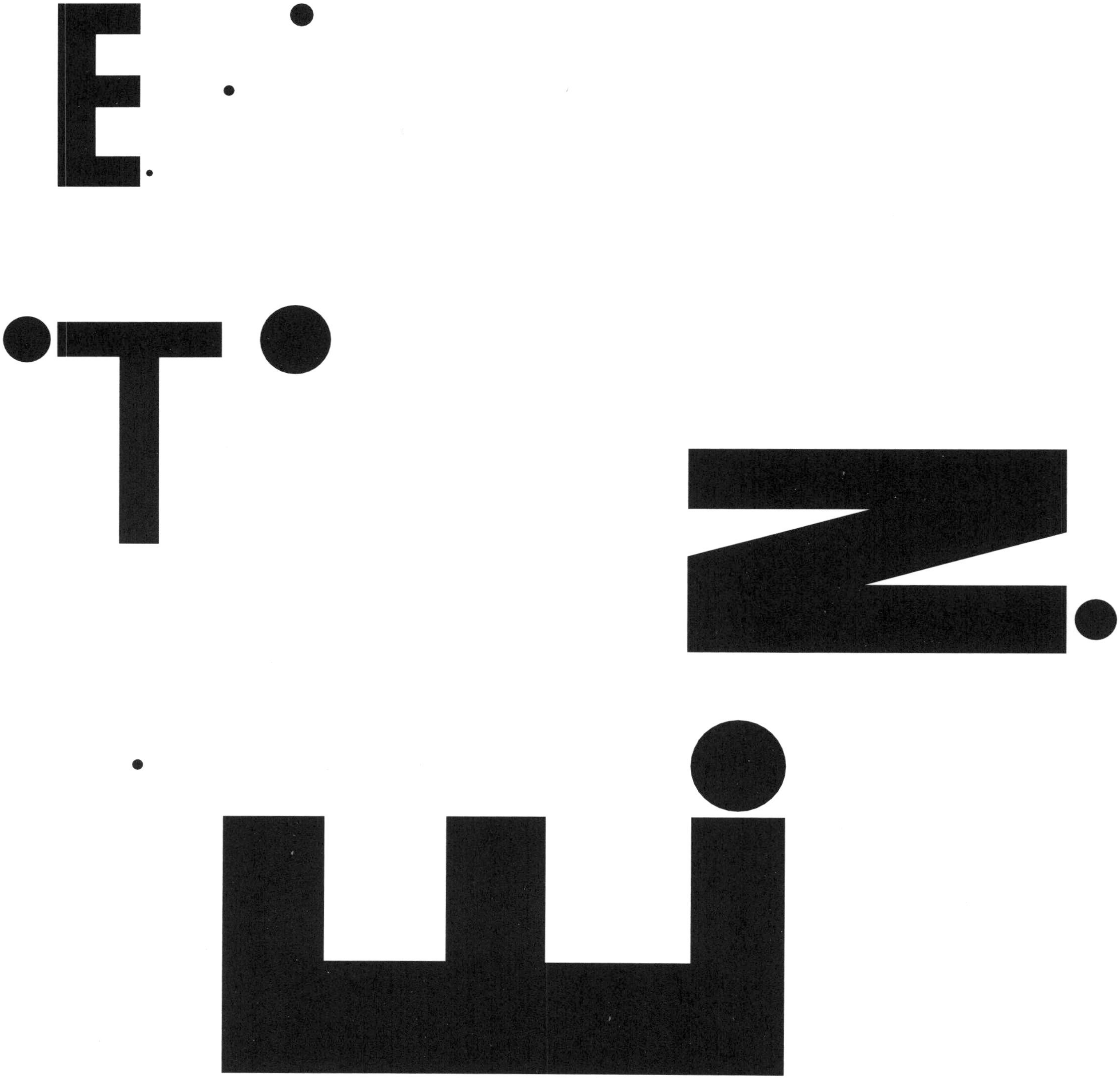

277 Der Druck *was ich morgen am liebsten machen würde* zählte meine Wunschträume auf, und die handgesetzte Arbeit wurde nach vielen Jahren zu einer meiner wenigen typographischen Lieblingsarbeiten.

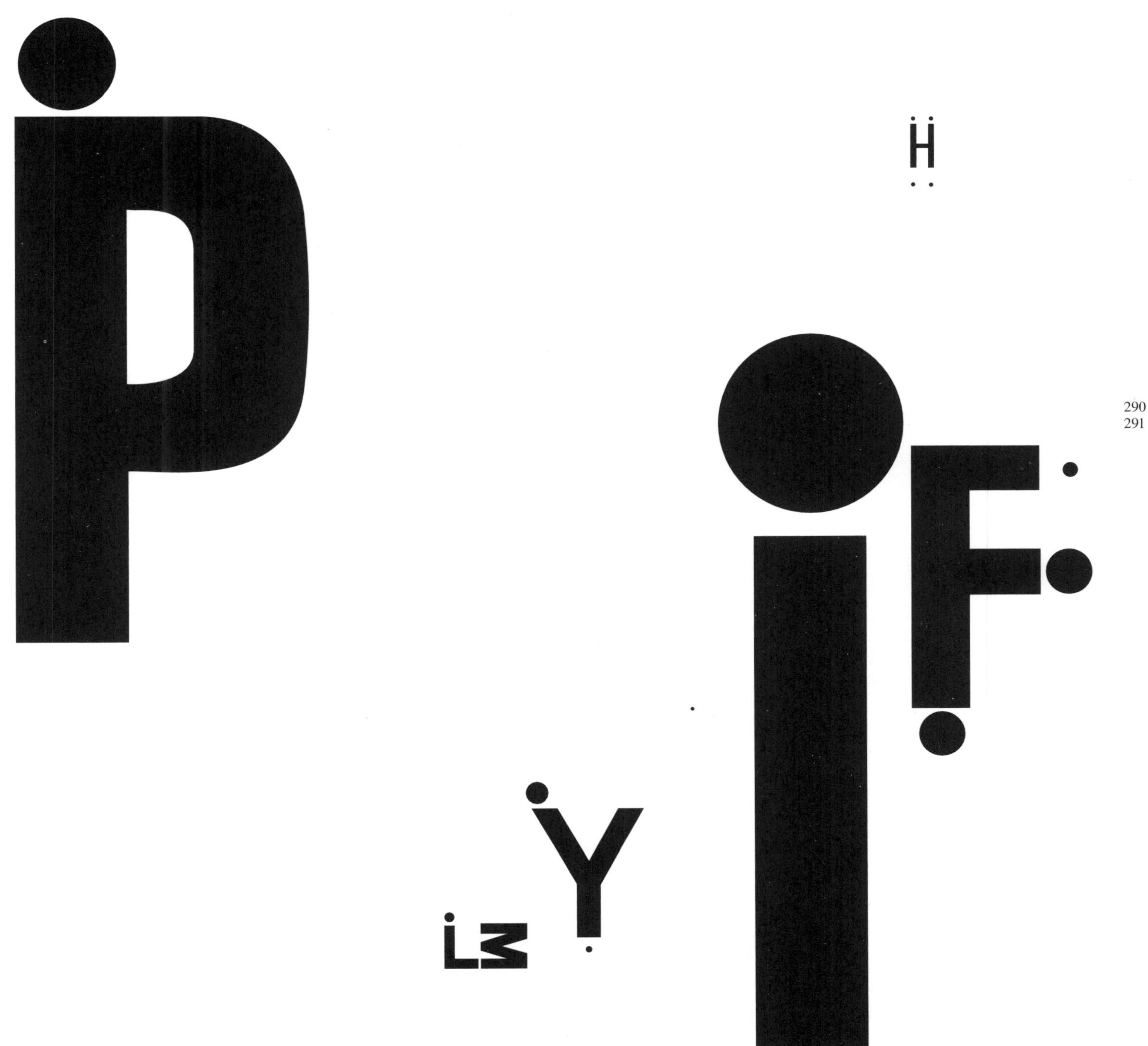

290
291

Der weit bekannte Begriff *Schweizer Typographie* liess
vermehrt seine gestalterischen Grenzen erkennen. Die ungleiche
Einstellung zu typographischen Fragen entwickelte sich im
139-157 Basler Unterricht langsam weiter und bewies die Richtigkeit für
einen möglichen neuen Weg für die weiteren Jahre.

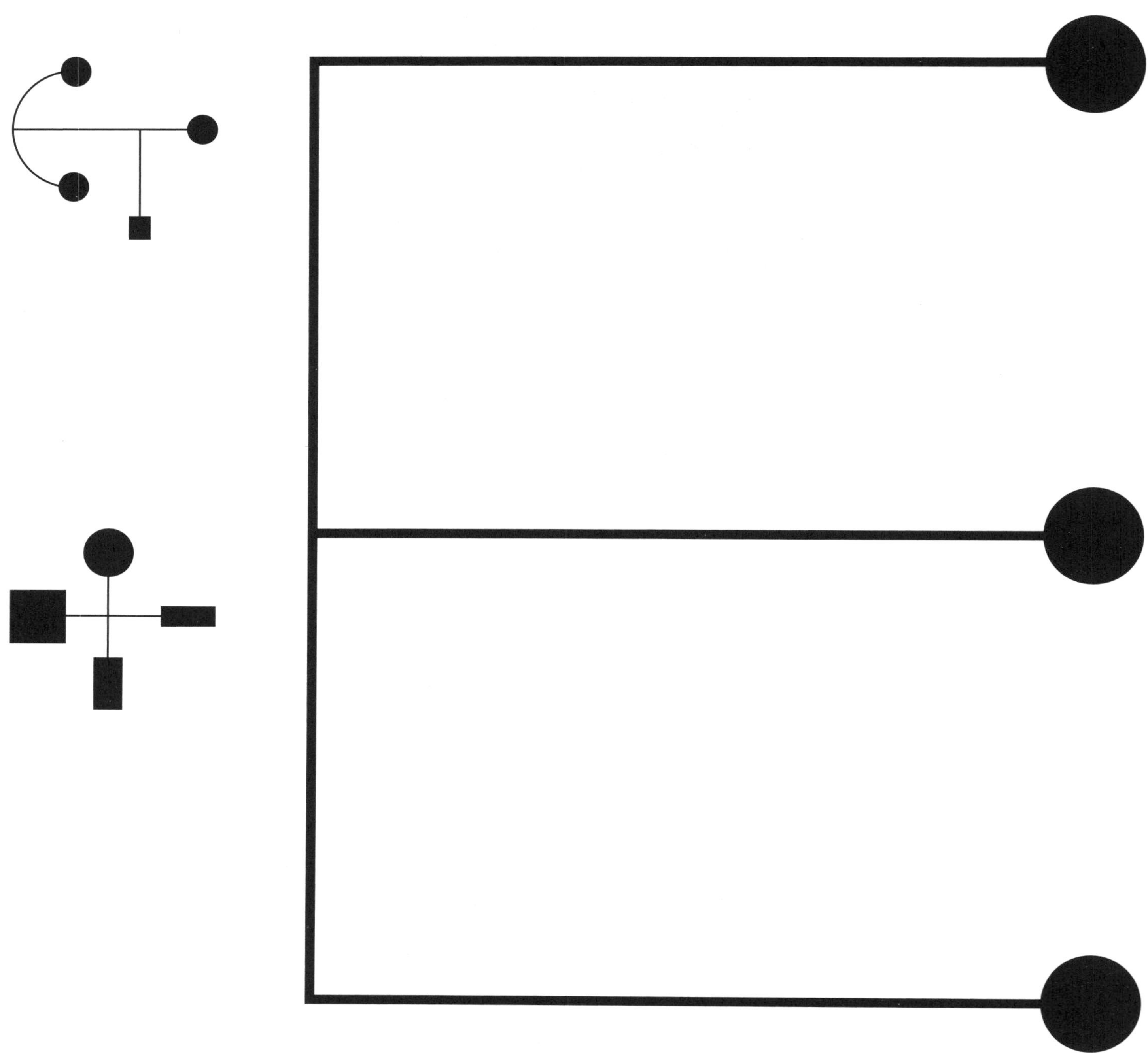

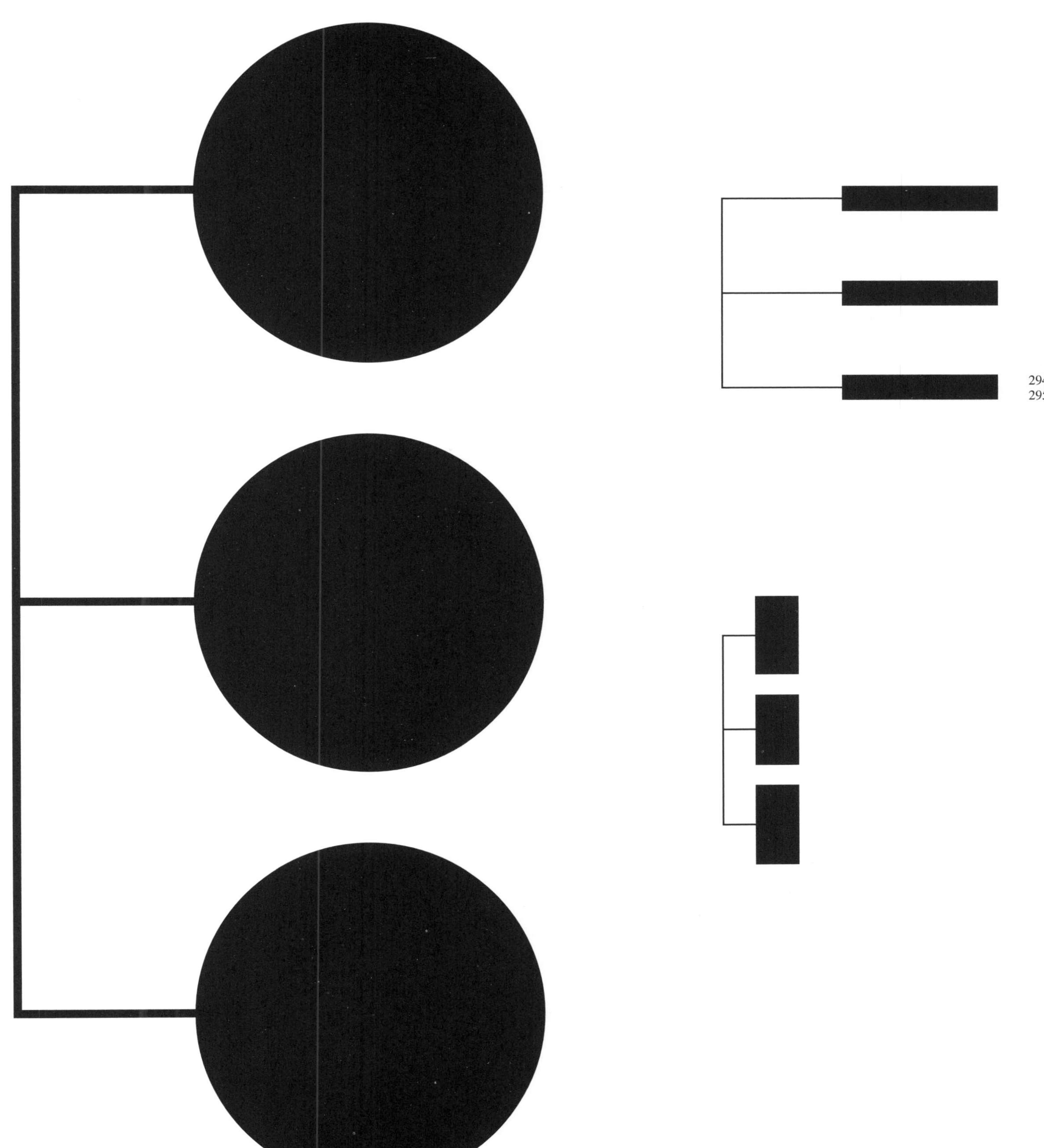

ich

B A C H

S T O C K
H A U S E N

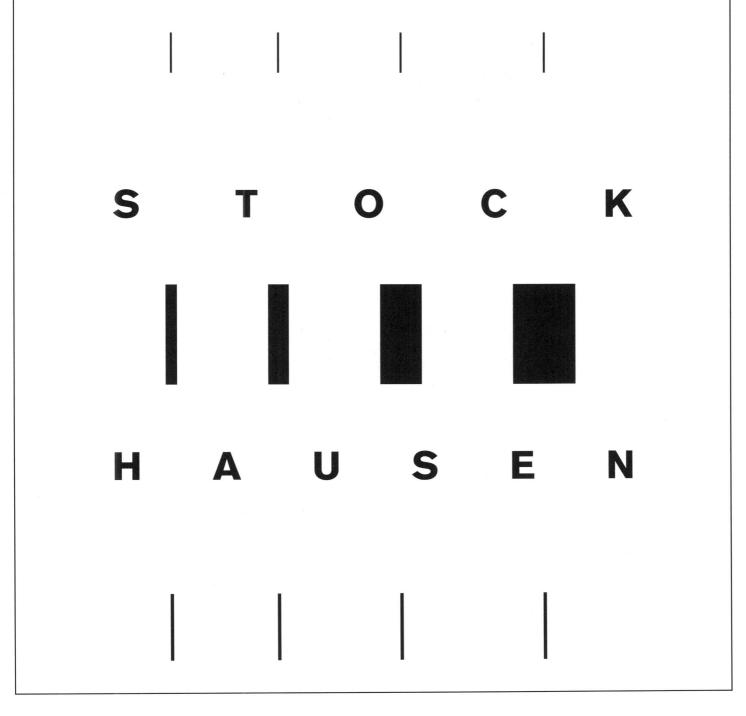

FLYING
ATHEN
POINT
ITALY
STOP

ICH MACHE
TYPOGRAPHIE
NICHT AUS
ÜBERZEUGUNG.
ICH MACHE
TYPOGRAPHIE
MIT BEGEISTERUNG

aus

Notes for pages 271 to 297

Page 271

1969
Handset composition. Set in a bold, condensed poster typeface designed in the fifties by Emil Ruder for pica sizes 6 to 48.

272 273

1968/69
Handset type. Using cornered brackets, hyphen, and period to emphasize meaning. deshalb = therefore

1971
Handset composition.
grossartig = grand
Hitze = heat
kotzen = to puke
saufen = to booze
toll = great

274 275

1966
Interior wall from the Temple of Bel in Palmyra. (First century AD)

It was known to thieves that behind the chiseled indents were bronze brackets that supported columns in the original wall.

The chiseled half circle in the wall gave the inspiration to curve type rules and to use type elements as illustration.

1966
Roman theater in Bosra near the border of Jordan. (Second century AD)

One of the largest, best-preserved architectural structures of the ancient world.

277 278 279 282

1969
Handset type. Broadsides designed for an exhibition in Stuttgart describing thoughts on typography and personal wishes:
= what I would most like to do tomorrow
= who I thank for my current situation
= what my critics say
= who I thank for my orientation to typography
= why not break classical rules

283

1971
Handset type.
übel = nauseous
salü = hi
lümmel = ruffian
glühwein = mulled wine

284 285

1971
: ' I m
Two readable letters composed of four type elements. Set in Ruder's poster typeface and semi-bold Berthold Akzidenz-Grotesk.

287

1971
Handset composition. Letters made from type elements combined with hand-bent line. Set in Ruder's poster typeface.
rufen = to call

288 289

1966
Rolling deserts surrounding the ruins of Palmyra.

290 291

1971
Handset composition. Letters and circles set in Ruder's poster typeface, semi-bold Berthold Akzidenz-Grotesk, and Univers.

292 293

1970
Typographic symbols from a sketchbook. (Reconstruction)

294 295

1968
Typographic symbols with circles and lines from a sketchbook. (Reconstruction)

296 297

1970
Handset circles. Personal trademark used until the beginning of the eighties.

Three large circles represented Weingart and his parents; the fourth circle symbolized their small dog.

Handset type. Word play composed in Berthold Akzidenz-Grotesk.
ich = I

Angaben zu den Seiten 271 bis 297

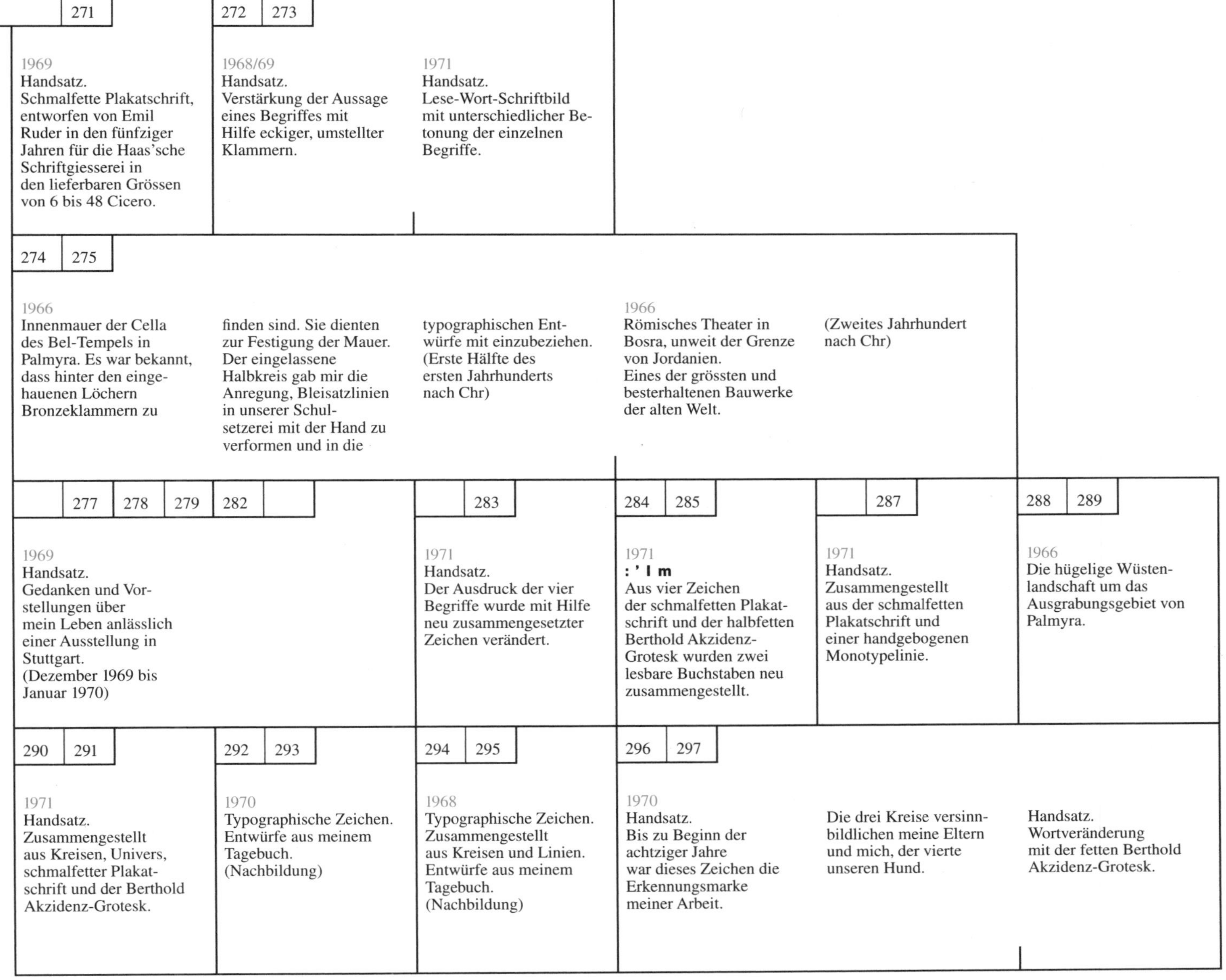

Seite 271

1969
Handsatz.
Schmalfette Plakatschrift, entworfen von Emil Ruder in den fünfziger Jahren für die Haas'sche Schriftgiesserei in den lieferbaren Grössen von 6 bis 48 Cicero.

272 273

1968/69
Handsatz.
Verstärkung der Aussage eines Begriffes mit Hilfe eckiger, umstellter Klammern.

1971
Handsatz.
Lese-Wort-Schriftbild mit unterschiedlicher Betonung der einzelnen Begriffe.

274 275

1966
Innenmauer der Cella des Bel-Tempels in Palmyra. Es war bekannt, dass hinter den eingehauenen Löchern Bronzeklammern zu finden sind. Sie dienten zur Festigung der Mauer. Der eingelassene Halbkreis gab mir die Anregung, Bleisatzlinien in unserer Schulsetzerei mit der Hand zu verformen und in die typographischen Entwürfe mit einzubeziehen. (Erste Hälfte des ersten Jahrhunderts nach Chr)

1966
Römisches Theater in Bosra, unweit der Grenze von Jordanien.
Eines der grössten und besterhaltenen Bauwerke der alten Welt.
(Zweites Jahrhundert nach Chr)

277 278 279 282

1969
Handsatz.
Gedanken und Vorstellungen über mein Leben anlässlich einer Ausstellung in Stuttgart.
(Dezember 1969 bis Januar 1970)

283

1971
Handsatz.
Der Ausdruck der vier Begriffe wurde mit Hilfe neu zusammengesetzter Zeichen verändert.

284 285

1971
: ' l m
Aus vier Zeichen der schmalfetten Plakatschrift und der halbfetten Berthold Akzidenz-Grotesk wurden zwei lesbare Buchstaben neu zusammengestellt.

287

1971
Handsatz.
Zusammengestellt aus der schmalfetten Plakatschrift und einer handgebogenen Monotypelinie.

288 289

1966
Die hügelige Wüstenlandschaft um das Ausgrabungsgebiet von Palmyra.

290 291

1971
Handsatz.
Zusammengestellt aus Kreisen, Univers, schmalfetter Plakatschrift und der Berthold Akzidenz-Grotesk.

292 293

1970
Typographische Zeichen.
Entwürfe aus meinem Tagebuch.
(Nachbildung)

294 295

1968
Typographische Zeichen.
Zusammengestellt aus Kreisen und Linien.
Entwürfe aus meinem Tagebuch.
(Nachbildung)

296 297

1970
Handsatz.
Bis zu Beginn der achtziger Jahre war dieses Zeichen die Erkennungsmarke meiner Arbeit.
Die drei Kreise versinnbildlichen meine Eltern und mich, der vierte unseren Hund.

Handsatz.
Wortveränderung mit der fetten Berthold Akzidenz-Grotesk.

Notes for pages 298 to 303

298 299		300 301		302 303
1970 *Studies for record album covers: Bach and Stockhausen.*	*Interpretations of music from a sketchbook, combining type and rules of different lengths and widths. (Reconstruction)*	*1971/72* *Semantic play with letters and type elements.*	*1969* *Typographic picture. Thoughts on typography designed for an exhibition in Stuttgart.*	*1970* *Drawing. Landscape in Sicily near Agrigento.*

Angaben
zu den Seiten 298 bis 303

298	299	300	301	302	303
1970 Der Versuch, die Musik von Johann Sebastian Bach und Karlheinz Stockhausen	mit Hilfe unterschied- licher Linienlängen und Linienstärken nach- zuempfinden. Entwürfe aus meinem Tagebuch. (Nachbildung)	1971/72 Veränderungen von Ausdruck und Bedeutung uns bekannter Begriffe.	1969 Satzbild. Gedanken über meine Einstellung zur Typographie.	1970 Handzeichnung. Sizilianische Landschaft bei Agrigent.	

5

Fifth Independent Project: Typography as Endless Repetition

1968–1971

Fünfte selbstgestellte Aufgabe: Schriftzeichen als Wiederholung

1968–1971

Years after our explosive rebellion against the prevailing 308 309
status of Swiss Typography and all the values that it had come to 310 311
embody, my work, too, became repetitive. Disheartening as 312 313
it was, I had to admit that our school typeshop, although well-stocked in metal type, rule lines, symbols, and ornaments, flexible in all possible techniques, no longer offered creative potential, not for me personally and not in the professional practice of design.

Since the invention of printing, typography had been the domain of craftsmen. The artists and designers of the twenties and thirties, the so-called pioneers of modern typography, El Lissitzky, Kurt Schwitters, Piet Zwart, whose work anticipated a future direction in graphic design, perhaps came to a similar dead end due to the inherent limitations of perpendicular composition in lead typography.

In my case the crisis came at the beginning of the seventies when the student unrest had subsided, when many of us were trying to envision a new life. The renewed challenge to find other possibilities in my work, to find my way out of a leaden typographic cage, seemed futile.

Continued on page 320

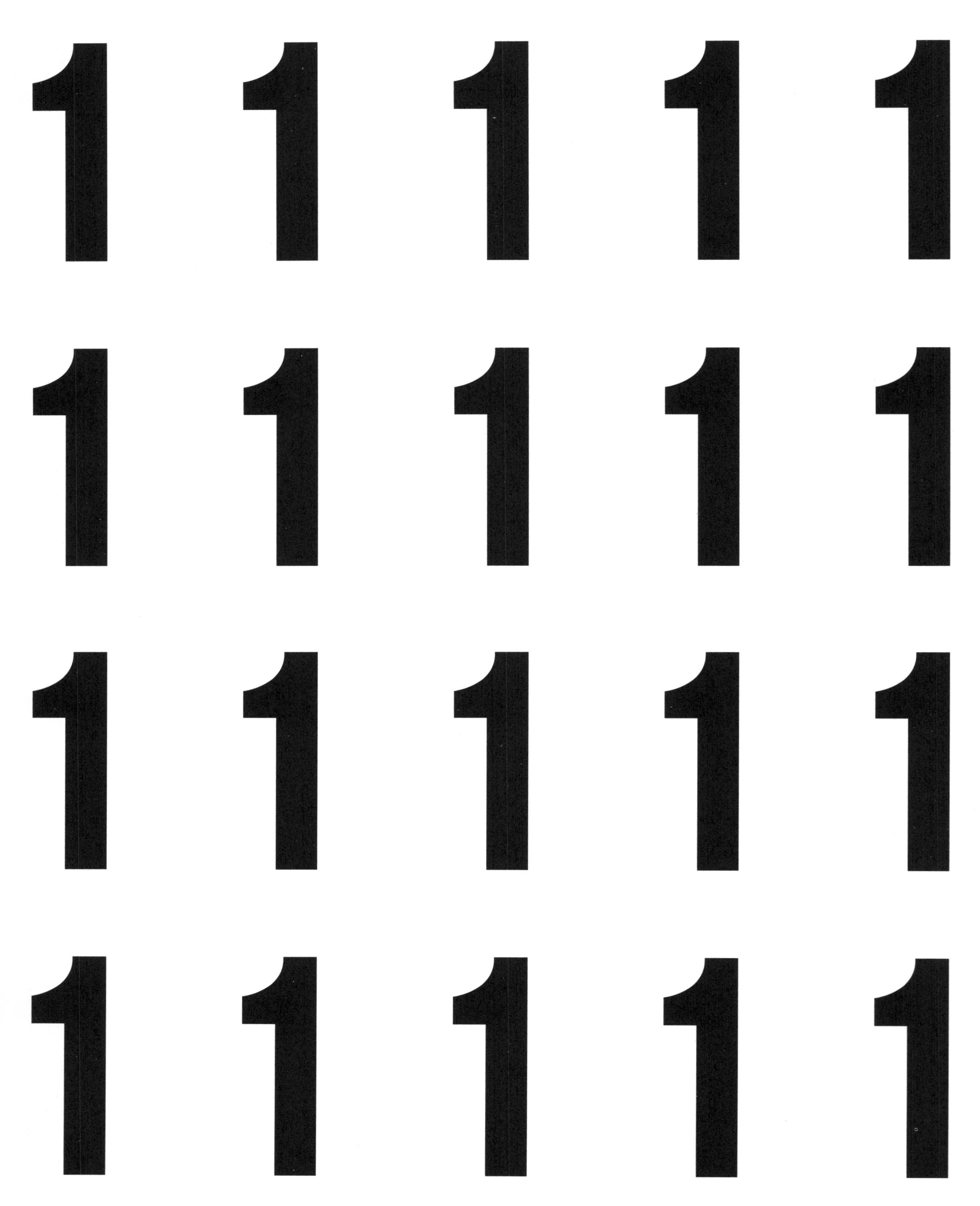

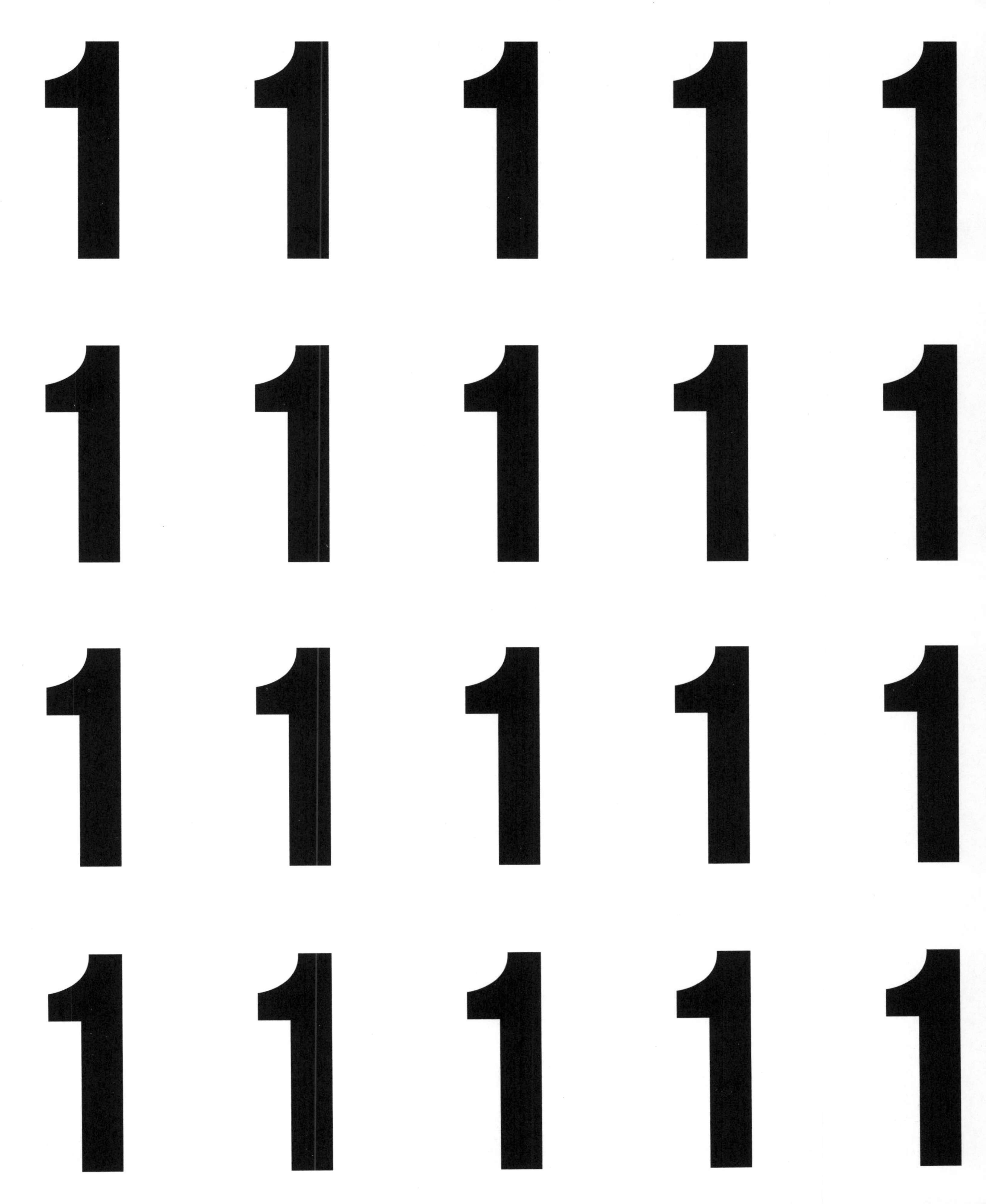

REGEN.

Trapp

314
315

316
317

318
319

schön schön

schön schön

schön schön

schön schön

schön schön

schön schön

schön schön

schön schön

schön schön

schön schön

schön schön

schön schön

schön schön

schön schön

schön schön

schön schön

R R R R
R R R R
R R R R
R R R R

R R R R

R R R R

R R R R

R R R R

134-135 466-505 *It was too soon to imagine the potential of layering lithographic films. Nor could I predict that in the darkroom another world of surprise awaited: transparency and superimposed dot screens.*

From a feeling of nowhere to go, a low point and a standstill, I set repeated, single type elements. The pictures conjured up many associations: the endless expanse of the desert, the steps of archeological sites, the discipline of my apprenticeship, and from childhood, the drudgery of survival in a postwar economy and a report card with the failing grade that would never improve – in Germany, the number 1. Lines that spanned a double-page spread reminded me of first grade in Salem Valley and my practice notebook for handwriting. The word schön, set in bold with two fine points above it, defined my idea of beauty. The rows of Rs were elephants with their long trunks, a peaceable herd roaming a dry river valley at the foot of a steep mountain massif. The cross, the registration mark of the printer, was the intersection of north, south, east, and west. The letter Y was a dichotomy,
228-229 *the arid desert strewn with colorful tulips. Pages of bold points and vertical lines were abstractions of photographs brought back from journeys in the Near East.*

This phase of my work may well have been influenced by Serial Art, or by Repetition Typography practiced in the class of Emil Ruder during the sixties. The typeface Univers designed by Adrian Frutiger of Switzerland, a longtime friend of Ruder, offered Basel a progressive approach to the arrangement of typography. The design of Univers was ideal for Ruder's own typographic work and that of his students, especially favored by Hans-Rudolf Lutz who studied at the Basel school for one year from 1963 to 1964. Lutz and a few of his colleagues designed typographic pictures that would have been difficult to compose in any other typeface.

Since the invention of book printing, Univers was the first
entire font system to be designed with interchangeable
weights, proportions, and corresponding italics. In the design of
older typefaces visual alignment among such variations was
not a standard consideration. For a given size of type all
twenty-one variations of Univers, whether light, regular, medium,
bold, condensed, expanded, or italic, had the same x-height 320 321
(the height of lowercase letters without ascenders or 322 323
descenders) and the same baseline. This simplified letterpress 324 325
printing and increased the possibilities for visual contrast in tone,
weight, width, and direction, available in eleven sizes for
metal typesetting.

When I came to the Basel School of Design, the coarse Berthold Akzidenz-Grotesk, so rarely used, was fast asleep in the type drawer under a blanket of dust. I woke it up.

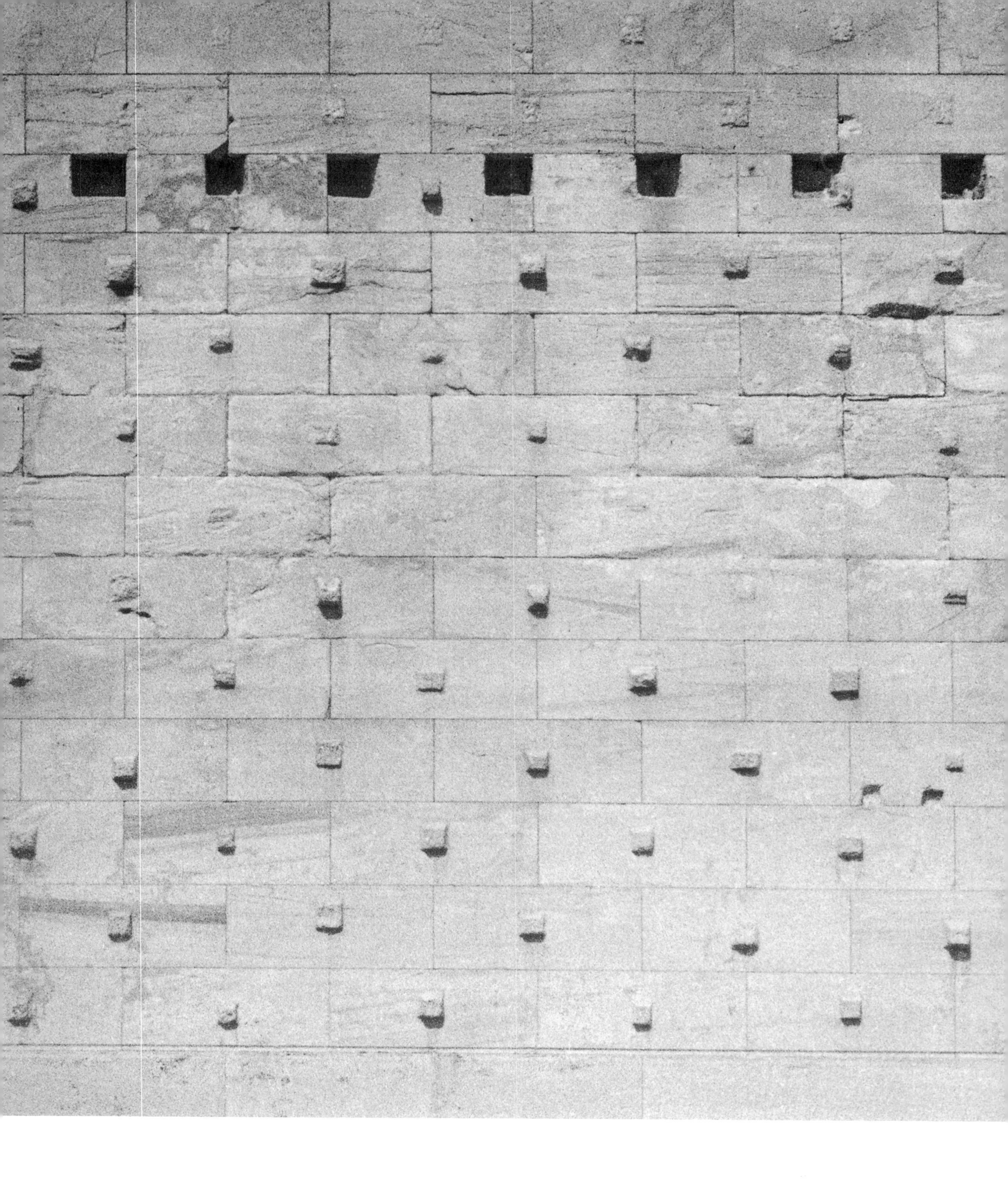

Nach den Versuchen, die *Schweizer Typographie* zu hinterfragen, wurden meine typographischen Untersuchungen zu einer
unerfreulichen Wiederholung. Die Beweglichkeit und
satztechnischen Möglichkeiten, die in unserer Schulsetzerei
zur Verfügung standen – Setzkästen mit eingelegten Buchstaben,
Ziffern, Linien, Sonderzeichen, Schmuck- und Zierlinien –,
hatten sich zu Beginn der siebziger Jahre erschöpft.
Zu ähnlichen Einsichten kamen womöglich auch die Gestalter und
Vorbilder aus den zwanziger und den frühen dreissiger Jahren.
Die Schriftsetzereien wurden seit Beginn des Druckens
ausschliesslich von gelernten Fachkräften geführt, und vielleicht
war es die Neugier dieser Gestalter und Künstler, die alten
170 Handwerkerbräuche und das Setzen im rechten Winkel
offen in Frage zu stellen. Sie wurden zu kunstmachenden Schrift-
setzern und hatten in ihren ungewohnten Ergebnissen vieles
vorweggenommen.

Meine selbst auferlegte Herausforderung, weitere und
andere Möglichkeiten und Wege suchen und finden zu müssen,
war zu dieser Zeit aussichtslos. Die feste Absicht,
134-135 466-505 einmal mit der Technik der Film-Überlagerung und dem lithographischen Rasterpunkt zu arbeiten, war für ein weiteres
Ausbrechen zu früh. Es war nicht voraussehbar, dass durch diese
ungewöhnliche, berufsfremde Arbeitsweise eine Welt neuer
Überraschungen in- und ausserhalb der Dunkelkammer
ermöglicht wurde. Sie verhalfen bis zu Beginn der achtziger Jahre
zu einem anderen gestalterischen Ausdruck und zu meinen
eigenwilligsten Ergebnissen.

228-229 Angeregt durch die Weite der Wüsten und Steppen mit
ihren archäologischen Ausgrabungsstätten, meine Lehrzeit und
die Erinnerungen an die Kindheit, entstanden aus einer

Ausweglosigkeit die *Schriftzeichen als Wiederholung*:
Die Doppelseite mit der Zahl Eins erinnerte an die schlechten
Noten, die nicht besser wurden. Die sich über die beiden
darauf folgenden Seiten ziehenden Linien erinnerten mich an mein
Schönschreibeheft aus dem ersten Volksschuljahr im Salemertal.
Das fett gesetzte Wort *schön* mit den nachträglich
aufgesetzten Punkten war wieder schön, das untereinander
gereihte R erinnerte an Rüssel einer ruhenden Elefantenherde in
330-331 der Nähe eines der ausgetrockneten Flusstäler am Fusse einer
schroffen Bergkette, und die Passkreuze waren ein 326 327
unumgängliches Zeichen der Drucker.

Die Doppelseite Y erinnerte mich an die widersprüchliche Vorstellung einer Wüste, die mit gelbfarbigen Tulpen übersät war, und die beiden Doppelseiten mit den fetten Punkten und senkrechten Linien wurden zur typographischen Umsetzung mitgebrachter Aufnahmen aus dem Vorderen Orient.

Desert Desert Desert Desert

Desert Desert Desert Desert

Desert Desert Desert Desert

Desert Desert Desert Desert

Desert Desert Desert Desert

Desert Desert Desert Desert

Desert Desert Desert Desert

Desert Desert Desert Desert

Desert Desert Desert Desert

Desert Desert Desert Desert

Desert Desert Desert Desert

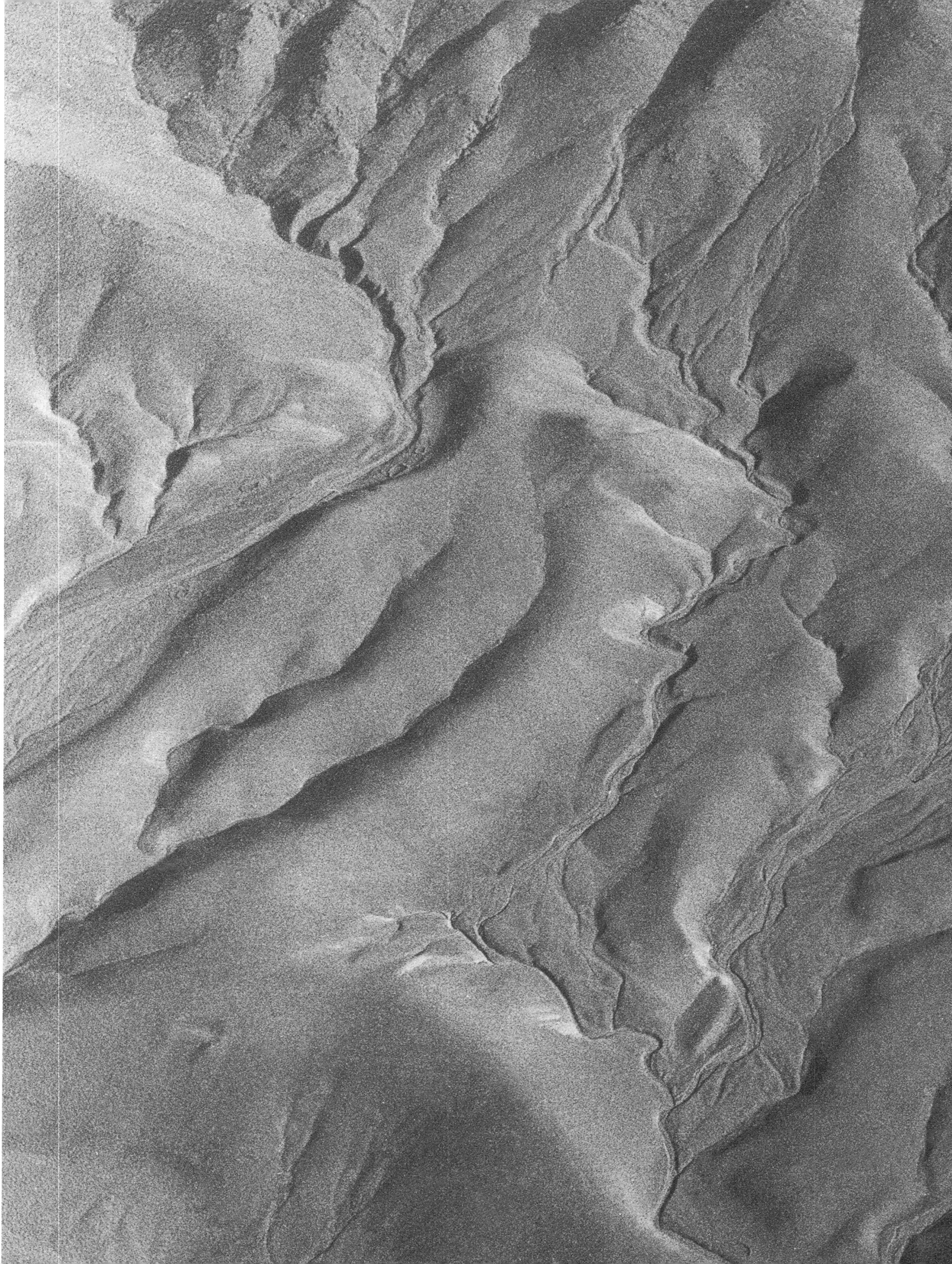

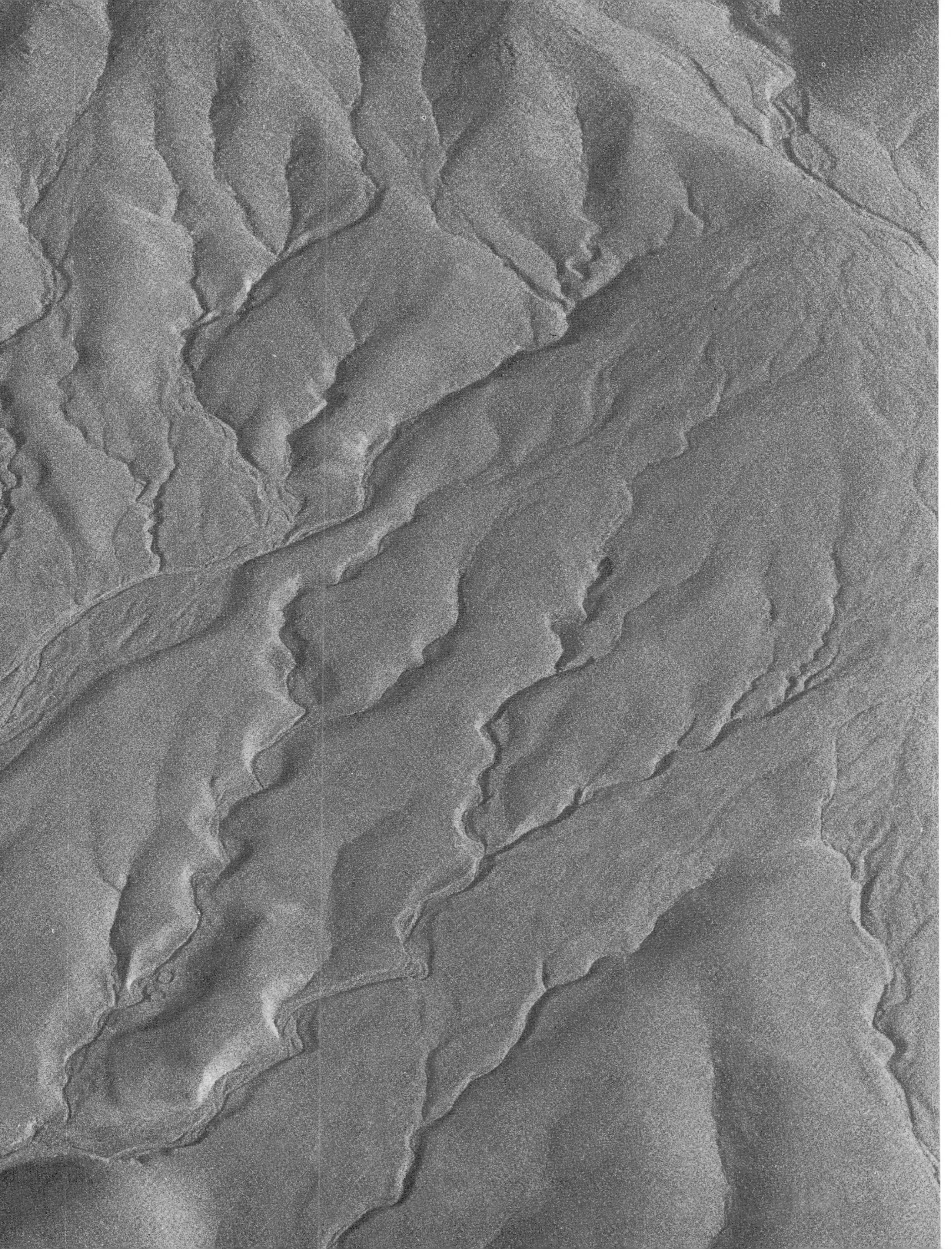

Wüste Wüste Wüste Wüste

Wüste Wüste Wüste Wüste

Wüste Wüste Wüste Wüste

Wüste Wüste Wüste Wüste

Wüste Wüste Wüste Wüste

Wüste Wüste Wüste Wüste

Wüste Wüste Wüste Wüste

332
333

334
335

336
337

Wüste Wüste Wüste Wüste

Wüste Wüste Wüste Wüste

Wüste Wüste Wüste Wüste

Y Y Y Y

Y Y Y Y

Y Y Y Y

Y Y Y Y

Y Y Y Y

Y Y Y Y

Y Y Y Y

Y Y Y Y

Music, Dreams,

Foreign Countries, and

Landscapes are the

Decisive Influences within

My World of Pictures.

Musik, Träume,

fremde Länder und ihre

Landschaften sind

entscheidende Anregungen

und Einflüsse meiner

Bilderwelt.

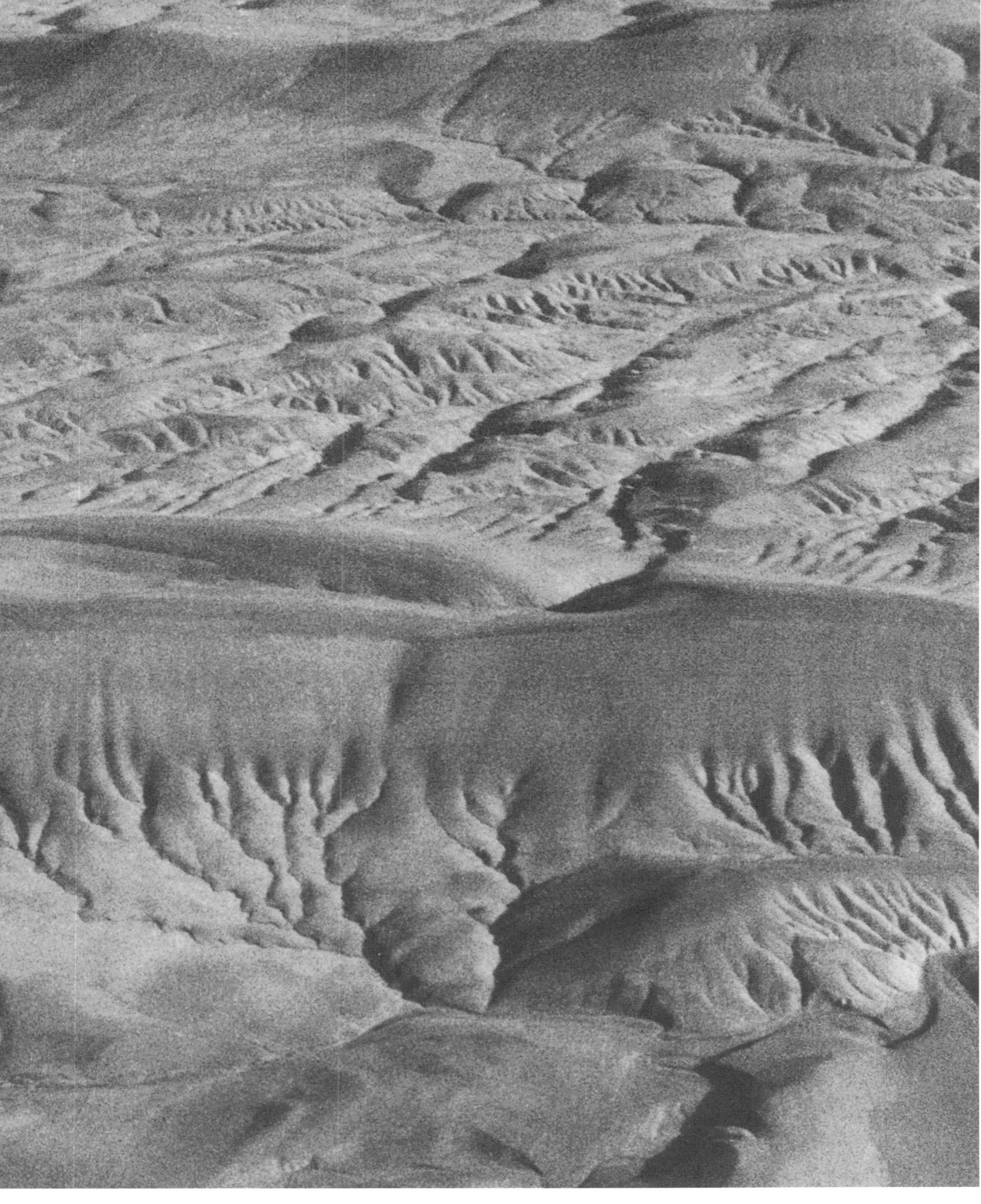

338
339

340
341

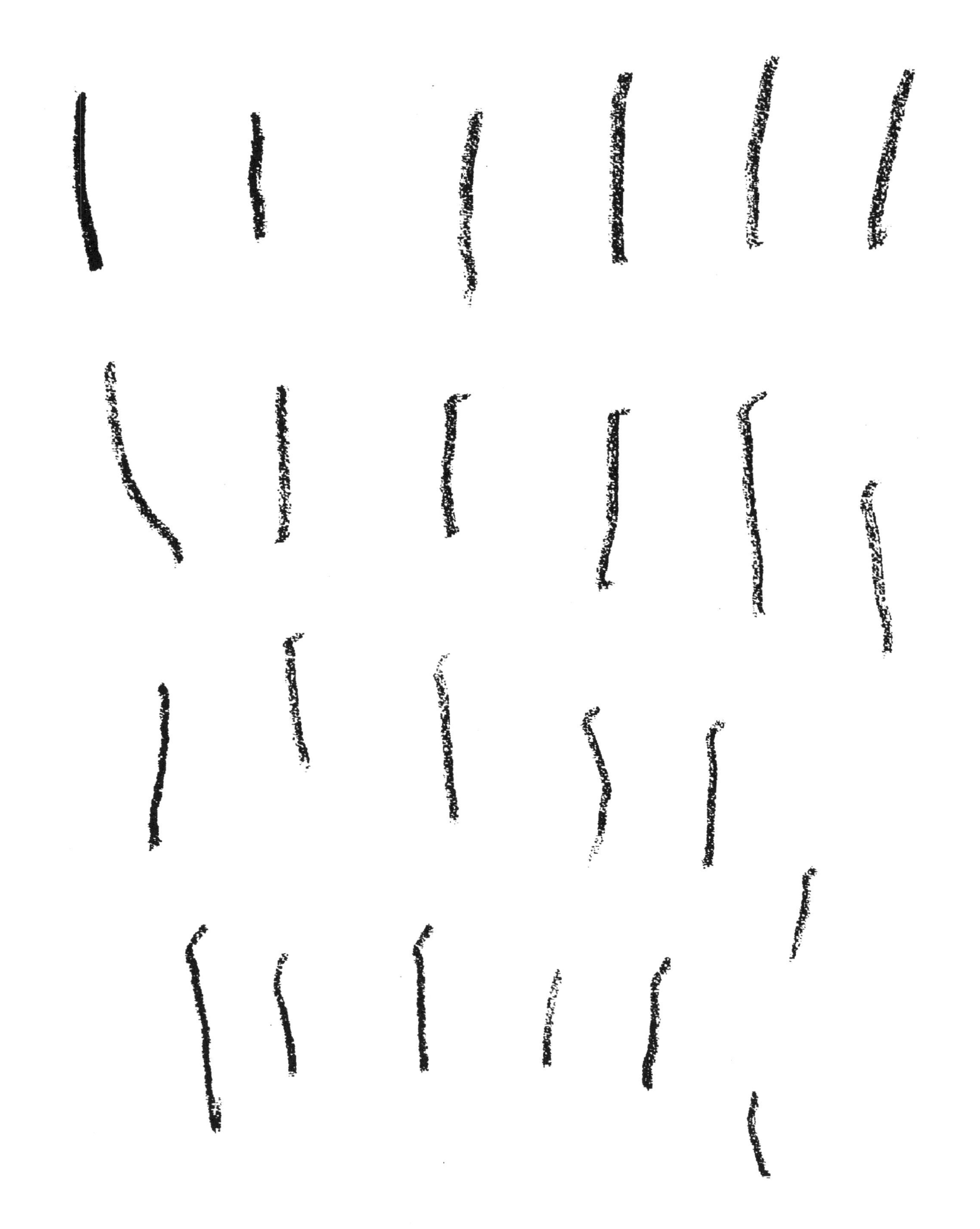

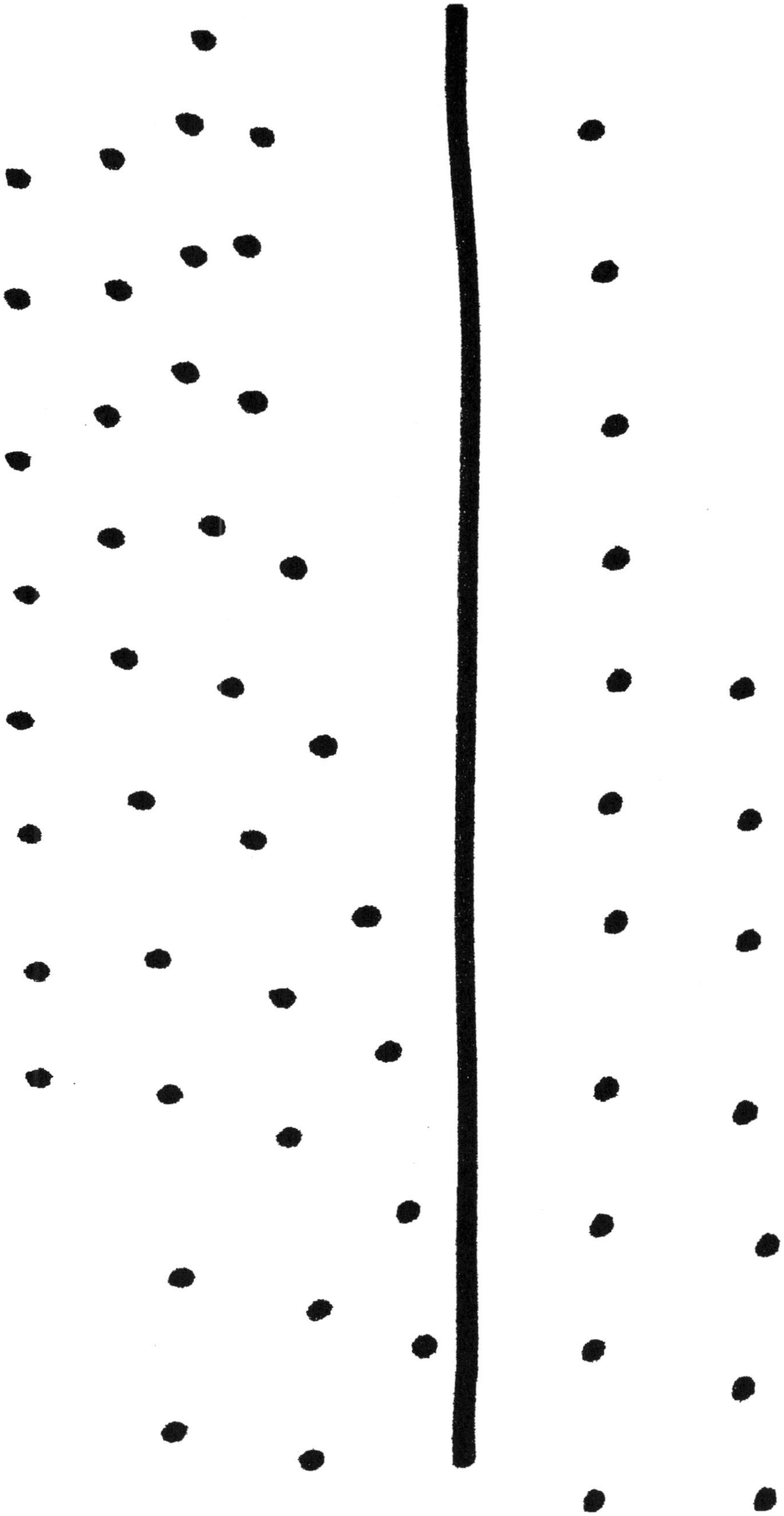

344
345

346
347

Notes
for pages 310 to 347

Pages		
310 311	1971	*Handset composition. Repeated number.*
312 313	1971	*Handset composition. Repeated horizontal rule.*
314 315	1970	*Drawing. Sicilian landscape near Trapani.*
316 317	1968	*Handset composition. Repeated word.*
318 319	1971	*Sketchbook study. Repeated letter.*
322 323	1971	*Sketchbook study. Repeated registration mark.*
324 325	1966	*Detail of a wall from a part of the Propylaia on the Acropolis in Athens. (437 BC)*
	1966	*Roman cobblestone street in Baalbek.*
328 329	1971	*Handset composition. Repeated word.*
330 331	1966	*Dry river valleys in the Syrian desert. Photograph taken on a flight from Palmyra to Damascus.*
332 333	1971	*Handset composition. Repeated word.*
334 335	1971	*Sketchbook study. Repeated letter.*
338 339	1966	*Base of the Temple of Jupiter Heliopolitanus in Baalbek. (Between 35–80 AD)*
	1966	*The Temple of Bel on the archeological site of Palmyra. (First through second century AD)*
	1966	*Dry river valleys in the Syrian desert. Photograph taken on a flight from Palmyra to Damascus.*
340 341	1971	*Handset composition. Repeated point.*
342 343	Around 1989	*Drawing.*
344 345	1966	*Columns and wall of the Temple of Bel on the archeological site of Palmyra.*
346 347	1971	*Handset composition. Repeated vertical rule.*

Angaben
zu den Seiten 310 bis 347

Seite

310 | 311

1971
Handsatz.
Zahlen als Wiederholung.

312 | 313

1971
Handsatz.
Linien als Wiederholung.

314 | 315

1970
Handzeichnung.
Sizilianische Landschaft bei Trapani.

316 | 317

1968
Handsatz.
Wort als Wiederholung.

318 | 319

1971
Buchstabe als Wiederholung.
Entwurf aus meinem Tagebuch.

322 | 323

1971
Passkreuze als Wiederholung.
Entwurf aus meinem Tagebuch.

348
349

324 | 325

1966
Teil des Propyläen-Bereiches auf der Akropolis in Athen.
(437 vor Chr)

1966
Römisches Strassenpflaster in Baalbek.

328 | 329

1971
Handsatz.
Wort als Wiederholung.

330 | 331

1966
Auf dem Flug von Palmyra nach Damaskus.
Luftaufnahme ausgetrockneter Flusstäler in den Bergen der syrischen Wüste.

332 | 333

1971
Handsatz.
Wort als Wiederholung.

334 | 335

1971
Buchstabe als Wiederholung.
Entwurf aus meinem Tagebuch.

338 | 339

1966
Fundament des Jupiter Heliopolitanus geweihten Tempels in Baalbek.
(Zwischen 35 und 80 nach Chr)

1966
Ruinenfelder im Ausgrabungsgebiet um den Bel-Tempel in Palmyra.
(Erstes bis zweites Jahrhundert nach Chr)

1966
Auf dem Flug von Palmyra nach Damaskus.
Luftaufnahme ausgetrockneter Flusstäler in den Bergen der syrischen Wüste.

340 | 341

1971
Handsatz.
Punkte als Wiederholung.

342 | 343

Um 1989
Handzeichnungen.

344 | 345

1966
Säulen- und Mauerteile im Ausgrabungsgebiet des Bel-Tempels in Palmyra.

346 | 347

1971
Handsatz.
Linien als Wiederholung.

6

Sixth Independent Project: Film Techniques, Layering as Collage

1973: Third Breakthrough

Sechste selbstgestellte Aufgabe: Film-Überlagerungen als Collage

1973: Dritte entscheidende Veränderung

After the phase of repeating metal type elements, I made 350 351
a breakthrough at the beginning of the seventies. Inexperienced
in the field of photomechanics, I devised my own methods
134-135 385-387 of superimposing and producing transparent films
that lithographers would have deemed the result of professional
ignorance. To design the self-made screens I was dependent
upon access to a darkroom, a reproduction camera, and
the experience gained through trial and error. My idiosyncratic
technique was an expression that defied imitation.

The occupation of a skilled lithographer was exclusively
to oversee the production of photomechanicals for offset
468-469 printing. Seldom would a lithographer also be a designer, or vice
versa. The incentive to teach myself these techniques was to
have control of the entire process from the design idea
to the final film mechanical.

In order to start working with film I needed to understand
how the materials of offset lithography would behave.
Neither the materials nor the process had any attributes
in common with letterpress. The most significant difference with
96-100 creative implications was the obvious physical fact that type
elements in metal or wood are solid objects.

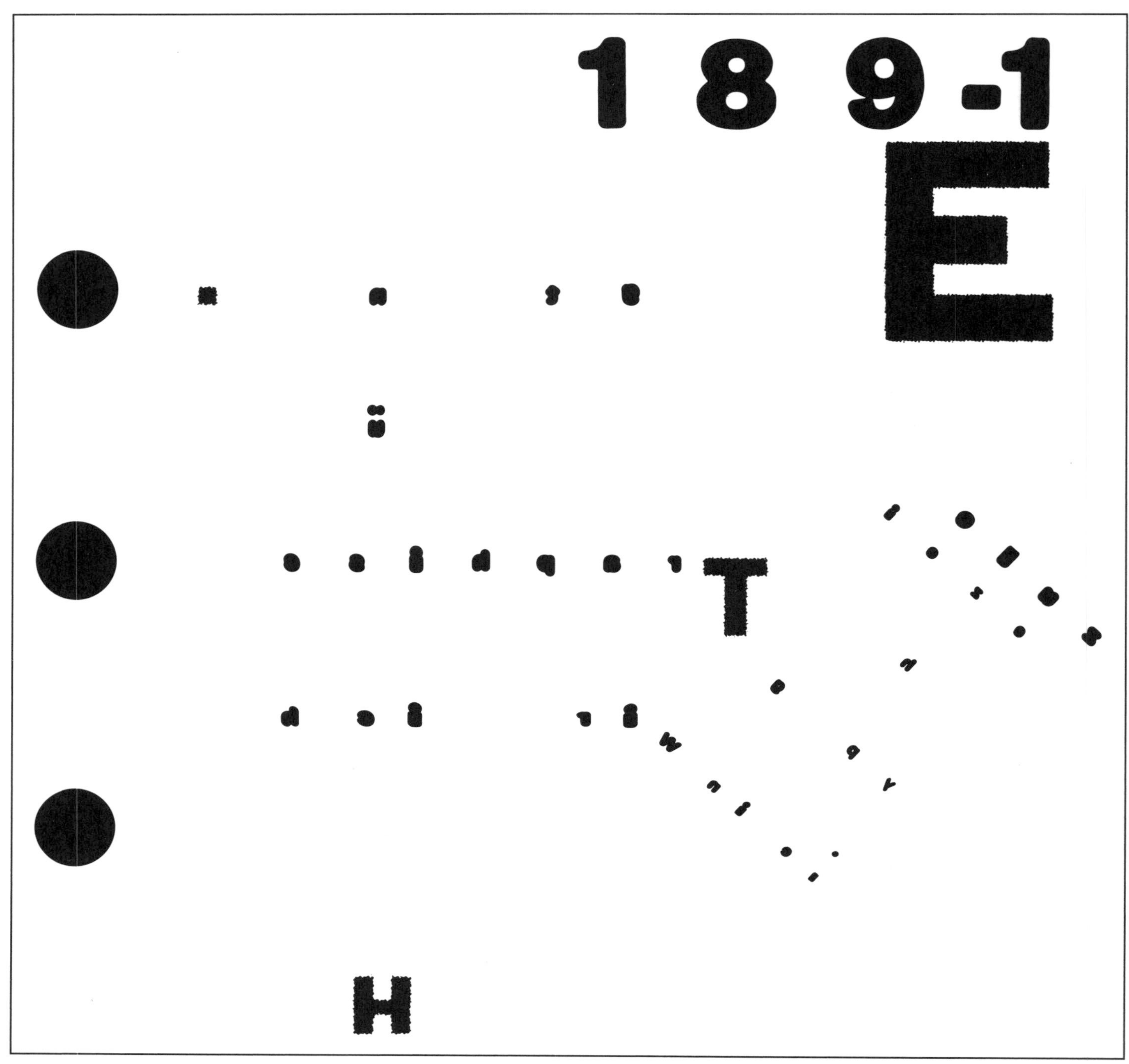

The only way to superimpose images in letterpress is by overprinting. Layering with transparent films eliminated the technical lag between each working stage during the initial design of the collage until its preparation as a final mechanical. I saw immediately how manipulations and spontaneous changes would affect the printed outcome.

352
353

Also, the metal or wood type that I proofed on the press, once photographed, was unrestricted by its physical size, weight,
124-125 *or slant. With the repro camera I could stretch type, make it fatter, condense it, extend it, blur, distort or cut it into pieces. By using halftone screens I could further alter the type or the images with a fine tone or gradation. The combined techniques of film montage shifted the emphasis of my work from typographic to graphic.*

Thanks For Traveling With Us
H
G
F
E
D
C
B
A
1
RECEIPT-Not Good For Passage Unless Punched in 1 Day Ex.
HEREUNDER IS SUBJECT TO THE CONDITIONS
NTRACT ON BACK OF PASSENGER RECEIPT
FORM No. 81
COUPON A
Newark
Metro Park
New Brunswick
Montpelier Junction
Princeton Junction
White River Jct.
Princeton
Bellows Falls
Trenton
Brattleboro
North Phila
Springfield
Philadelphia
Hartford
Wilmington
Berlin
Baltimore
Meriden
Capital Beltway
Wallingford
Washington
Coach To Turbo
First Class
One Day Exc.
Half Fare
In Conn. With Ticket
Turbo Service
15 Day Limit
Excl. Occpy
COACH TO
Metro-Club
First Class
DIMES
CENTS
$100
$200
$300
Old Saybrook
Boston
New Haven
Route 128
Bridgeport
Providence
Stamford
Kingston
Rye
New London
Jun.
Dec.
ITALY

354
355

Made with scraps of train tickets, family photographs, excerpts in foreign languages, abstract shapes, or symbols, from the first collages to the final worldformat poster, I assembled my montages into a weaving of fragmented dreams, memories, and impressions.

The way I worked and the action of my scissor mirrored an inner reality: uninhibited, playful, complex, contradictory, and somewhat erratic – in short, quick snips.

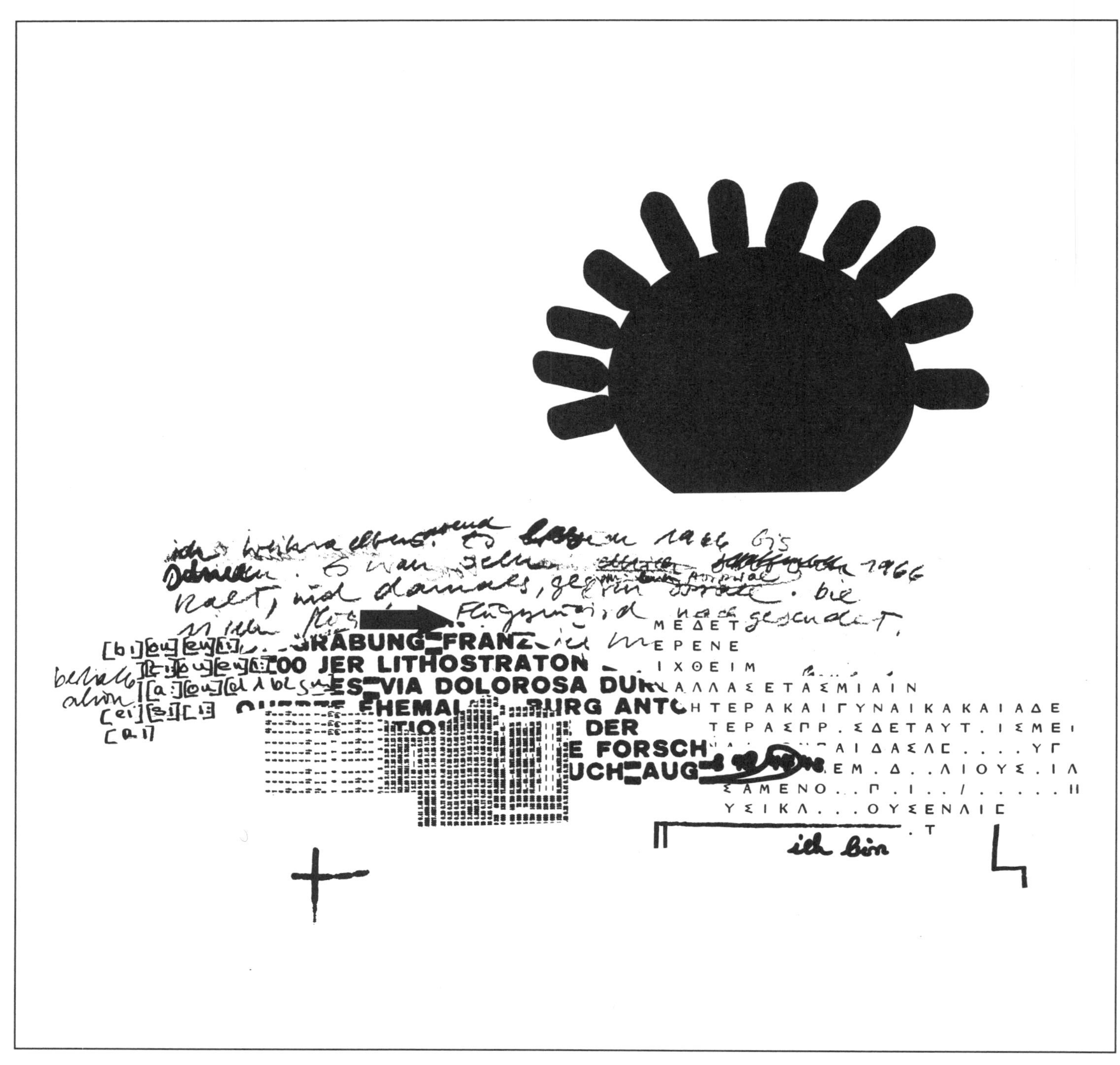

Zu Beginn der siebziger Jahre, nach der Zeit *Schriftzeichen als Wiederholung*, begann ich mit einem neuen Arbeitsvorgang: Unabhängig von einer ausgebildeten Fachkraft erlernte

134-135 ich die Technik der Überlagerung transparenter lithographischer Filme. Meine eigenwillige Arbeitsweise war für einen Lithographen ein fachunkundiges Vorgehen.

356
357

Es war eine ausgefallene Technik und ein Vorgehen,
385-387 das die Gestalter schwer nachvollziehen und anwenden konnten. Dieser Arbeitsvorgang wurde für mich auch ein Schutz vor möglichen Nachahmern. Waren sie im Besitz von Dunkelkammer und Reprokamera, fehlte ihnen das Wissen mit lithographischen Filmen umzugehen.

Fortsetzung Seite 360

28.12.1970

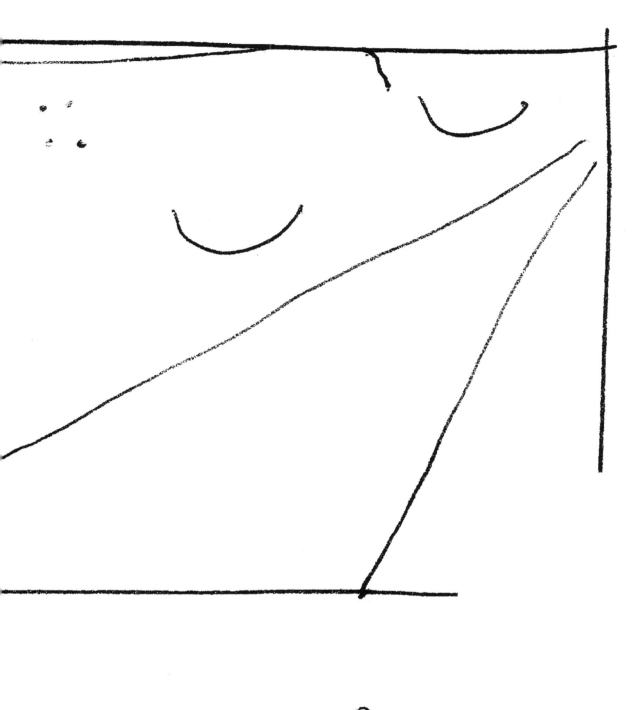

Die Tätigkeit der gelernten Lithographen war es, ausschliesslich Vorlagen für die Druckweiterverarbeitung zu
468-469 erstellen. Die Vereinigung von Techniker und Gestalter in einem war eher eine Besonderheit: Dies wurde für mich zu einer weiteren spannenden Herausforderung.

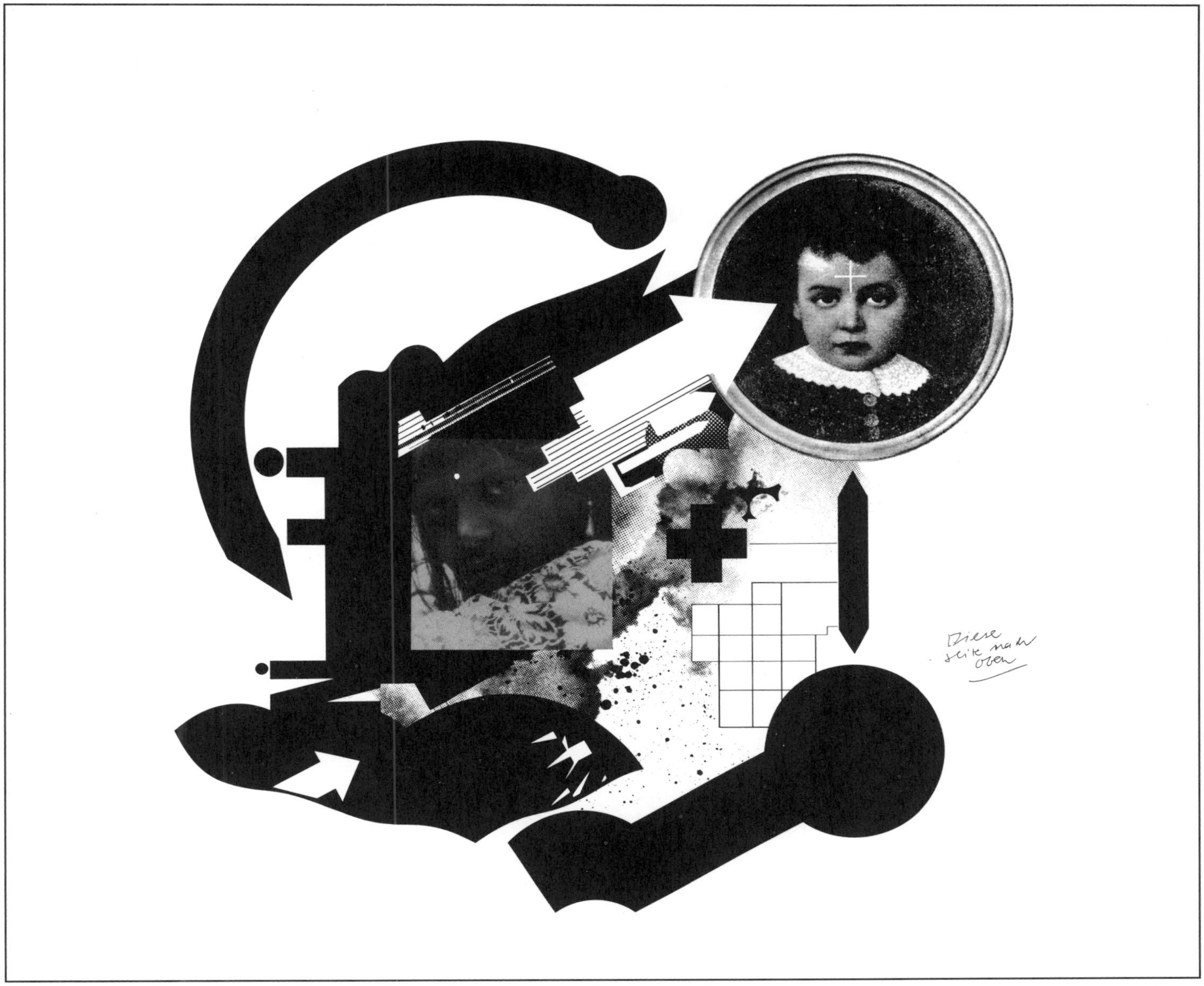

360
361

Für das Verarbeiten von Filmen benötigte ich eine Erfahrung und das Wissen über deren unterschiedliches Verhalten.
96-100 Die aus Blei oder Holz erstellten Schriftzeichen und Kunststoffilme hatten keine Gemeinsamkeit in ihrer Beschaffenheit. Die Schriftzeichen waren in einheitlicher Höhe gegossen und konnten aus technischen Gründen für den Druck nicht übereinander gestellt werden. Mit Hilfe der Transparenz des Filmmaterials wurde eine mehrfache Überlagerung möglich. Sie verlangte ein anderes, gestalterisches Vorgehen:

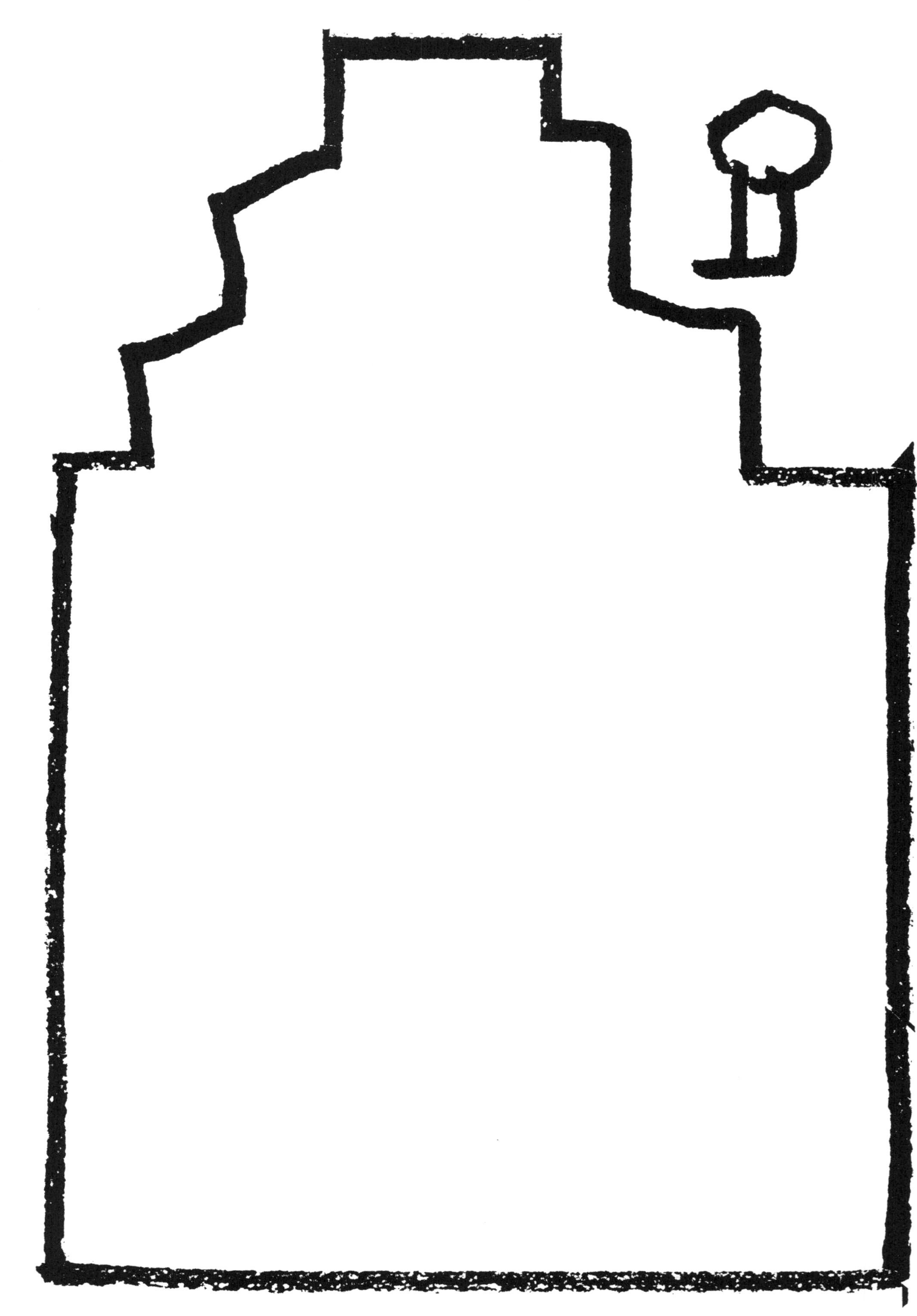

Die Schriftschnitte wurden unabhängig von den festgelegten
Grössen, Lagen und Stärken. Ich konnte sie in der Reprokamera
124-125 strecken, beliebig neigen, verfetten, verengen, verbreitern,
unscharf stellen, verziehen und zerstückeln.

Das Miteinbeziehen des Rasterpunktes, um die Vorlagen
in fein abgestufte Tonwerte zu verändern, wurde durch die
Technik des Übereinanderlegens der Filmteile zu einem entschei-
505 denden Merkmal der Ergebnisse: Die Arbeitsbeispiele wurden
mehr graphisch und weniger typographisch.

Diese neuen technischen Möglichkeiten hatten den Aufbau 362 363
und Ausdruck der Arbeiten stark verändert. In meinen Weltformat-
466-505 plakaten wurde diese Arbeitsweise in sich umfangreicher
und erreichte ihren Abschluss zu Beginn der achtziger Jahre.

Die Film-Überlagerungen als Collagen entstanden aus dem Stückwerk gesammelter Zugfahrscheine, Reise- und Familienbilder, fremdsprachiger Bücher, schwarzer Flächen und bestimmter Erinnerungen an die vergangenen Jahre.

Sie waren ein Beweis meiner Arbeitsweise: Sie zeigten ein unbekümmertes und kindlich-verspieltes Dahinschnipseln, das mir entsprach.

OVINGTON'S

100

NEW YORK

366
367

Notes for pages 352 to 367

Page	
352–357	*1973 to 1975* *Film collages. Assembled with black cutout shapes and travel mementos.* *Including photographs of landscape, family snapshots, excerpts from foreign languages, train tickets, and time schedules.*
358, 359	*1970* *Drawing. Car on a country road in the area of Trapani, Sicily.*
360, 361	*1973 to 1975* *Film collages. Assembled with black cutout shapes and travel mementos.*
362	*1968* *Drawing.*
364, 365	*1975* *New York. Photographed from the top of the Empire State Building looking north toward Grand Central Station.*
366	*1975* *Film and paper collage. Assembled with photographs of New York.*
367	*1985* *Film and paper collage. Design of a book cover for new media. (Not produced)*

Angaben
zu den Seiten 352 bis 367

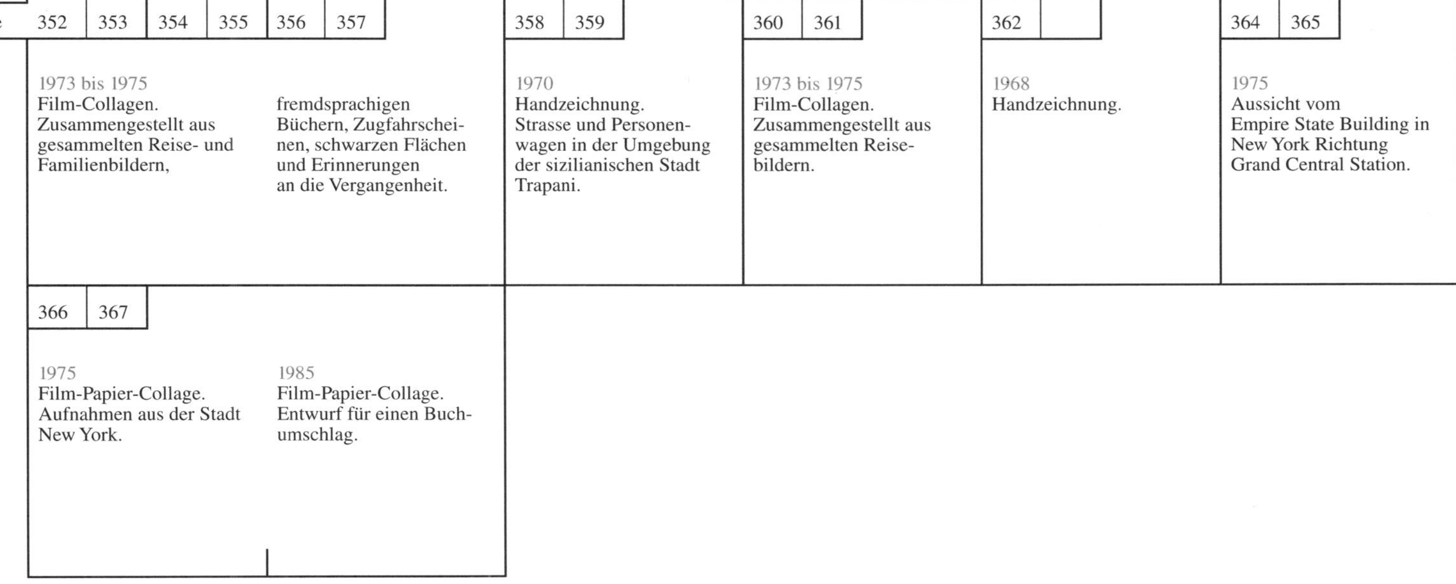

Seite	
352 353 354 355 356 357	1973 bis 1975 Film-Collagen. Zusammengestellt aus gesammelten Reise- und Familienbildern, fremdsprachigen Büchern, Zugfahrscheinen, schwarzen Flächen und Erinnerungen an die Vergangenheit.
358 359	1970 Handzeichnung. Strasse und Personenwagen in der Umgebung der sizilianischen Stadt Trapani.
360 361	1973 bis 1975 Film-Collagen. Zusammengestellt aus gesammelten Reisebildern.
362	1968 Handzeichnung.
364 365	1975 Aussicht vom Empire State Building in New York Richtung Grand Central Station.
366	1975 Film-Papier-Collage. Aufnahmen aus der Stadt New York.
367	1985 Film-Papier-Collage. Entwurf für einen Buchumschlag.

7

Correspondence between Experiment and Practical Application: Selected Work from 1961 to 1998

Anwenden der Erfahrungen aus den vorausgegangenen Teilen mit ausgewählten Arbeiten von 1961 bis 1998

418-422 *Solving simple everyday typographic problems was just* 370 371
as demanding as working through the complexities of design in 372 373
film montage. Fortunately, I've never had a client who has wanted to change my proposed designs. Before showing a sketch I met with the client to reach general agreement on the hierarchy of information, relative type sizes, typeface, color, and paper; the meeting usually concluded with my suggestion of how I visualized the result.

I received my first freelance commissions when I was an apprentice, asked by several people to design letterheads and
60-61 *business cards, announcements or invitations. While at work, I couldn't resist designing these outside projects in secret, surreptitiously under my worktable, or sequestered in the washroom of our printing house. When the owner wasn't around our printer helped me to realize my typeset compositions.*

In the late nineties I designed a collage with the capital letters
389 *UCLA, a four-color catalogue cover for the University of California at Los Angeles. Instead of layering films or printing colored collage elements on the letterpress, I used a rudimentary photocopier and produced multicolored images by changing the different toner cartridges from black to blue,*

to green to red, and overprinted the colors several times. The final collage was assembled by hand, scanned, retouched, and color-corrected for reproduction.

On behalf of the Japanese publisher Shigeo Ogawa, designer Helmut Schmid invited me to design a magazine cover for the journal, Idea. There were no limitations for the design of the cover except for the inclusion of minimal text in English and Japanese. I submitted a written description with the final illustration: 'I don't know Japan, only what I've seen in picture books. I've seen great films about this mysterious land, and know that the sun rises earlier there than it does in our country. I have heard of a wonderful snow-powdered mountain, and the flowers in bloom must be magical. I have tried to put my imagination on paper, perfectly aware that it may all be illusion. A happy coincidence if my pictures resemble reality, and if not, then I beg an apology, as one might excuse the fantasy of a child.'

The clouds, points, curved and straight lines, gray tones, and hatchings came from my accumulated inventory of self-made screens and films. To save the expense of working with a photographer, I took a twig from a blossoming tree in the school garden, placed it directly on the copy stand of the repro camera, and made a halftone film.

Four separations show individual layers of the complete image. In the darkroom I exposed the sandwiched film positives with a backlight and made the montage in positive for the printer.

Printed Materials and Covers

1961–1998

Kleindrucksachen und Umschläge

1961–1998

Anzahl der Lösungen

Technische Ausführung

Farbe

in Bearbeitung von

Aufgabenblatt Monat

Vorgang

Zeicheninventar

Aufgabengruppe

Thematik

Themengruppe

Konstante

Aufgabe Nr.

Anzahl gegebener Zeichen

Variable

Anzahl gegebener Zeichen

Fortführen mit

374
375

376
377

WOLFGANG
WEINGART

GERBERGAESSLEIN 16
CH 4051 BASEL/SCHWEIZ

BUREAU:
BLEICHESTRASSE 13

TELEPHON
061.25 02 53
061.32 61 49

BASEL

POSTANSCHRIFT: WEINGART POSTFACH 2235 CH 4001 BASEL/SCHWEIZ

Gerhard Seifert

Borgstedt Treidelweg
Kreis Eckernförde 24 b
☏ Rendsburg 30 40

A. T YP. I

Kunstgewerbeschule Basel (Schule für Gestaltung):
ARBEITEN AUS DEM TYPOGRAPHIE-UNTERRICHT

School of Design Basle: **TYPOGRAPHIC PROCESS**

Lehrer/Instructor: W. Weingart

1. Serie: Plakate 1–5 SFr/DM 15.–
1st. Series: Posters 1–5 5 US Dollars

NR 1	Textstrukturen Organized text structures
NR 2	Von einfachen zu komplexen Textstrukturen From simple to complex text structures
NR 3	Kalender Calendar Pictures
NR 4	Typo-Zeichen Typographic signs
NR 5	Typographie als ‹Malerei› Typography as ‹Painting›

Herausgegeben in Verbindung des 1. A.Typ. I Arbeitsseminares im Nov 1974, Basel/Schweiz.

Published in connection with the 1st A.TYP. I Working Seminar in Basle/Switzerland, November 1974.

Bestellschein/Order Form

1. Serie: Plakate 1–5 (Herausgegeben 1974)
1st. Series: Posters 1–5 (Published 1974) ☐

2. Serie: Plakate 6–10 (geplant für 1975/76)
2nd Series: Posters 6–10 (to be published in 1975/76) ☐

Bestellungen an:
Order from:

Wolfgang Weingart
‹Contributions to typographic design›
CH 4001 Basle 1/Switzerland
P.O. Box 34

Name/Name:

Adresse/Address:

Die Plakatreihe ‹Arbeiten aus dem Typographie-Unterricht› ist eine Dokumentation. Veröffentlicht werden Ergebnisse aus dem Typographie-Unterricht für Graphiker und Typographen an der Kunstgewerbeschule Basel (Schule für Gestaltung). Die Plakatreihe erscheint in freier Folge. Sie besteht aus Serien von jeweils 5 Plakaten. Bestellungen (: mindestens 5 Plakate pro Serie) nimmt der Herausgeber entgegen. Die Serie kostet SFr/DM 15.– plus Verpackungskosten und Porto.

The ‹Typographic Process› poster series is a published documentation of results from the Typography Class for Graphic Designers and Typographers at the Kunstgewerbeschule Basle (School of Design). Various series appear at random intervals, each consisting of at least five different posters. Orders are taken by the publisher. The cost per series is 5 US Dollars plus packaging and postage charges (via sea route).

Unterschrift/Signature:

Wolfgang Weingart/Basel:

Mehrdeutige Zeichen-Felder

Arbeiten aus den Jahren 1965 und 1967.

The pictures of the Syrian desert from a bird's-eye view have been taken by the author in 1966.

Ein Beitrag
zur experimentellen
Typographie

Translated from the German original into English and French by Dr. Otfried R. Deubner, Berne.

How Can One Make Swiss Typography?

Theoretical and practical typographic results
from the teaching period 1968-1976 at the School of Design Basle.

*

Fourth Reproduction

The manuscript and visual material

(* as of April 1976)

were for lectures given during the years 1972 and 1973 at selected colleges and universities in the United States, Switzerland and West Germany.

(*The text and especially the visual material will undergo slight changes with respect to the most recent work results).

First German Edition: 28.1.1972|7 Cop. — **Second German Edition: 29.3.1972**|25 Cop. — **Third German Edition: 30.12.1972**|60 Cop. — **Fourth German Edition: 20.2.1973**|50 Cop. — **Fifth German Edition: 19.10.1973**|30 Cop. **Sixth German Edition: 1.4.1976**|100 Cop.

First English Edition: 23.9.1972|50 Cop. — **Second English Edition: 30.12.1972**|35 Cop. **Third English Edition: 19.10.1973**|30 Cop. — **Fourth English Edition: 1.4.1976**|100 Cop.

Manfred Maier

Die Grundkurse an der Kunstgewerbeschule
Basel, Schweiz

1 2 3 4

Haupt

Band 1	Gegenstandszeichnen
	Modell- und Museumszeichnen
	Naturstudien
Band 2	Gedächtniszeichnen
	Technisches Zeichnen/Perspektive
	Schrift
Band 3	Materialstudien
	Textilarbeit
	Farbe 2
Band 4	Farbe 1
	Graphische Übungen
	Räumliches Gestalten

Heft

1	2	3	4	5
6.7	8.9	10	11	12

1972

Heft

1	2	3	4	5
6.7	8.9	10	11	12

1973 Richtlinien für die Klischee-Montage und Druck

W. Weingart :

Die 14 Umschläge für die Typographischen Monatsblätter St. Gallen

1972
1973

Symposium:

Standpunkte zur Typographie.

Eine Veranstaltung der Fachhochschule Darmstadt/Fachbereich Gestaltung und dem Institut für Neue Technische Form mit namhaften internationalen Typographen.

Mathildenhöhe
Olbrichweg 10
61 Darmstadt

Aula der Fachhochschule
Montag 19.November 1990
10 Uhr

WortZeichen	SchriftFelder	BildRäume	:

Blick zurück auf eine sehr persönliche Typographie.

17.Oktober bis 19.November 1990
Montags geschlossen/Ausnahme 19.November
Dienstag bis Samstag 10-18 Uhr
Sonntag 10-13 Uhr

Führung und Diskussion mit Wolfgang Weingart
Sonntag 28.Oktober 1990
10 Uhr

Institut für Neue Technische Form
Mathildenhöhe
Eugen-Bracht-Weg 6
61 Darmstadt

Wolfgang Weingart/Basel

WortZeichen | SchriftFelder | BildRäume :

Blick zurück auf eine sehr persönliche Typographie.

378
379

Einladung zur Eröffnung der Ausstellung

Es war einmal und ist ~~nicht me~~ bisher.

Zur Eröffnung der Ausstellung laden wir Sie und Ihre Freunde sehr herzlich ein
Dienstag 16. Oktober 1990
18 Uhr

Gedanken zur Ausstellung:
Peter von Kornatzki

Wolfgang Weingart, *1941, lernte 1960 das Handwerk des Schriftsetzers. Seit 1968 Lehrer für Typographie an der Schule für Gestaltung Basel, Schweiz. Mitarbeiter der Typographischen Monatsblätter/St.Gallen und Begründer der Periodika 'TM/communication' und 'Wege zur Typographie'. Seit 1972 Vorträge und Seminare über seine Lehrmethodik in der Schweiz, Irland, BRD, Holland, Grossbritannien, Norwegen, Österreich, USA und Kanada. 1974 bis 1986 unterrichtete er während dem 'Yale Summer Program in Graphic Design' in Brissago das Fach Typographie unter der Leitung von Armin Hofmann. Veröffentlichungen in der internationalen Fachpresse. 1980 erscheint im Verlag Arthur Niggli das Buch 'Projekte' mit Ergebnissen aus dem Typographie-Unterricht. Seine Arbeiten wurden mehrfach vom Eidgenössischen Departement des Innern in Bern ausgezeichnet. Weingart ist Mitglied der 'Alliance Graphique Internationale/AGI'. Als Lehrer und Gestalter ist er Autodidakt.

Sammlung Weingart, 1963 und 1964

SONNEN UND MOSCHEEN

12 Kinder=zeichnungen

aus Deutschland, Jordanien [-Israel] und West-Pakistan

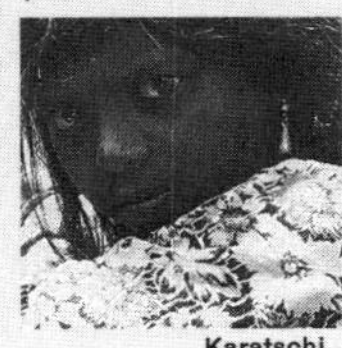

Karatschi

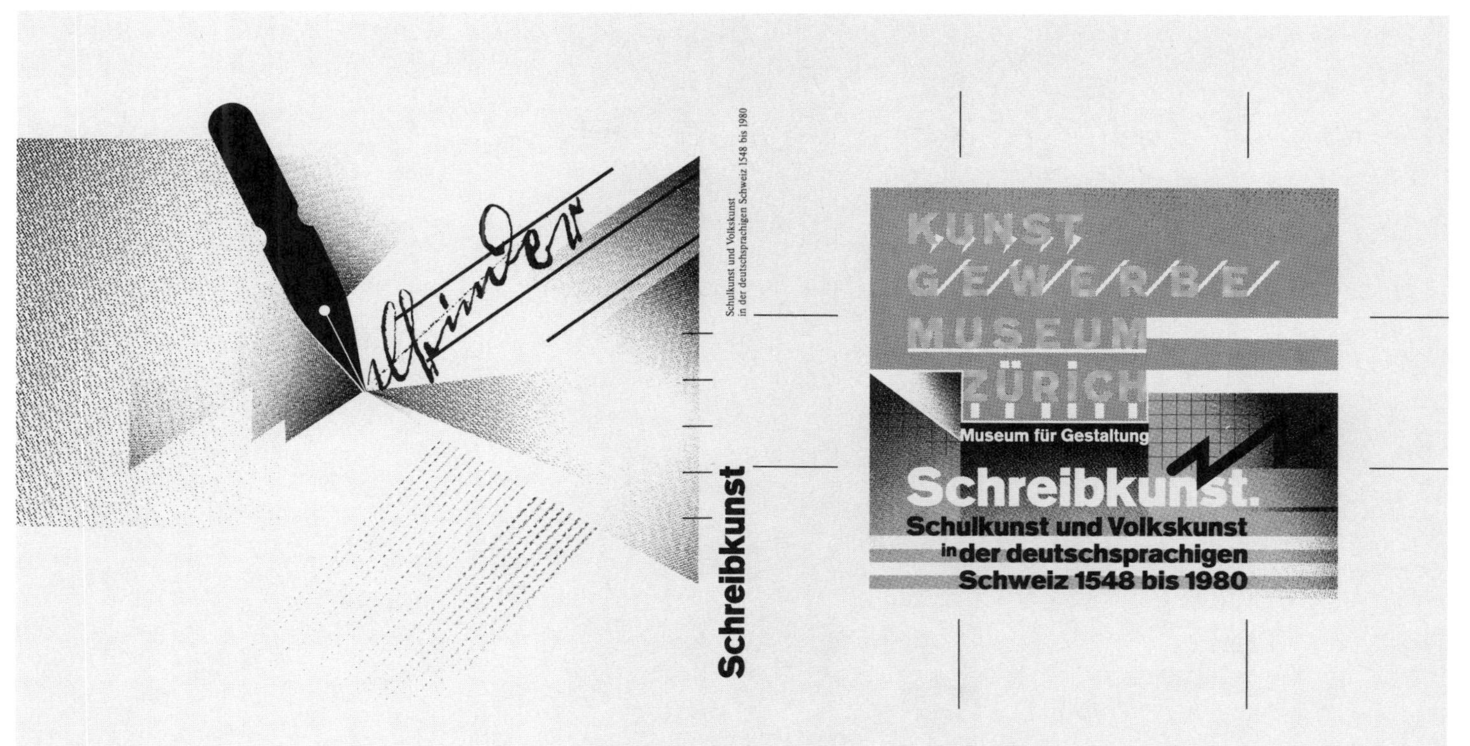

380
381

418-422 Einfache typographische Aufgaben hatten die ähnlichen Schwierigkeiten wie das umfangreichere Zusammenspiel der verschiedenen Filmteile eines Umschlagentwurfes für die japanische Fachzeitschrift *Idea*. Ich hatte keine Auftraggeber, die versuchten, Entwürfe zu verändern. Eine wichtige Vorarbeit waren vorausgegangene Gespräche und die Einigung über das Auswählen der Schriftarten und deren Grössen, Farbe, Papier, Rangordnung der jeweiligen Mitteilungen und mein Vorschlag zur typographischen Gestaltung.

Die ersten typographischen Entwürfe waren Briefbögen,
60-61 Familienanzeigen, Besuchs- und Einladungskarten. Sie entstanden während meiner Lehrzeit oftmals im Geheimen unter dem Tisch oder im Waschraum unserer Druckerei. Sie blieben für immer unvergessliche Erlebnisse.

Mitte bis Ende der neunziger Jahre kam nach dem Handsatz und den Film-Überlagerungen eine weitere Technik hinzu:

Weingart:
My Typography Instruction at the Basle School of Design/Switzerland 1968 to 1985.
Design Quarterly
130

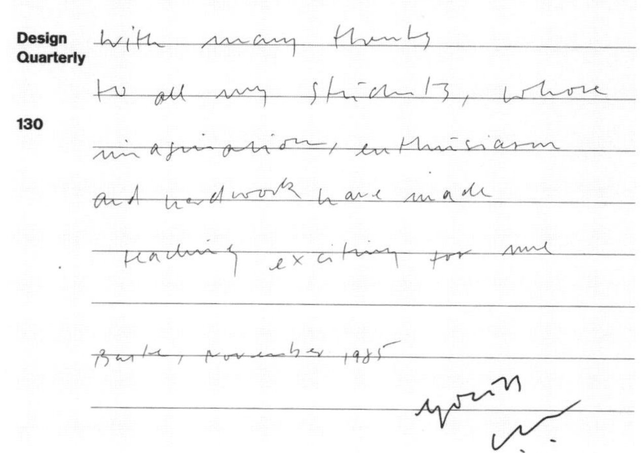

389

Die Möglichkeit der farbigen Vervielfältigung mit Hilfe eines Papierkopiergerätes und einer der Collage ähnlichen Verarbeitung mit der Schere. Durch den Wechsel eines schwarzen, roten, blauen und grünen Farbtoners, verbunden mit der Möglichkeit des Übereinanderkopierens, erhielt ich genügend farbige Vorlagen, um 382 383
damit entwerfen zu können. Der mehrfarbige Umschlag für die *University of California* in Los Angeles war eine der letzten Arbeiten des Übereinanderlegens von farbigen Papieren.

Die Einladung von Helmut Schmid, einen Umschlag für den japanischen Verleger Shigeo Ogawa zu entwerfen, war mit keinen Vorschriften verbunden. Der englische und japanische Text war vorgegeben und der restliche Leerraum offen für die Gestaltung: ‘Japan kannte ich nicht, nur ein wenig aus Bilderbüchern. Ich hatte einige ausgezeichnete Filme aus diesem geheimnisvollen Land gesehen und wusste, dass dort die Sonne früher aufging als bei uns. Ein wunderschöner Berg war mir bekannt und sein Gipfel war mit Schnee überpudert. Die farbige Blütenpracht der Pflanzen musste bezaubernd sein, und ich wusste, dass die Bevölkerung immer wieder von Erdbeben überrascht wurde. Diese Vorstellungen versuchte ich für die Fachzeitschrift *Idea* umzusetzen, verbunden mit der Einbildungskraft, die nichts mit der Wirklichkeit zu tun hatte.

Fortsetzung Seite 386

Babel
2. Bauetappe

Versuch
einer
Orientierung

Art 20'89

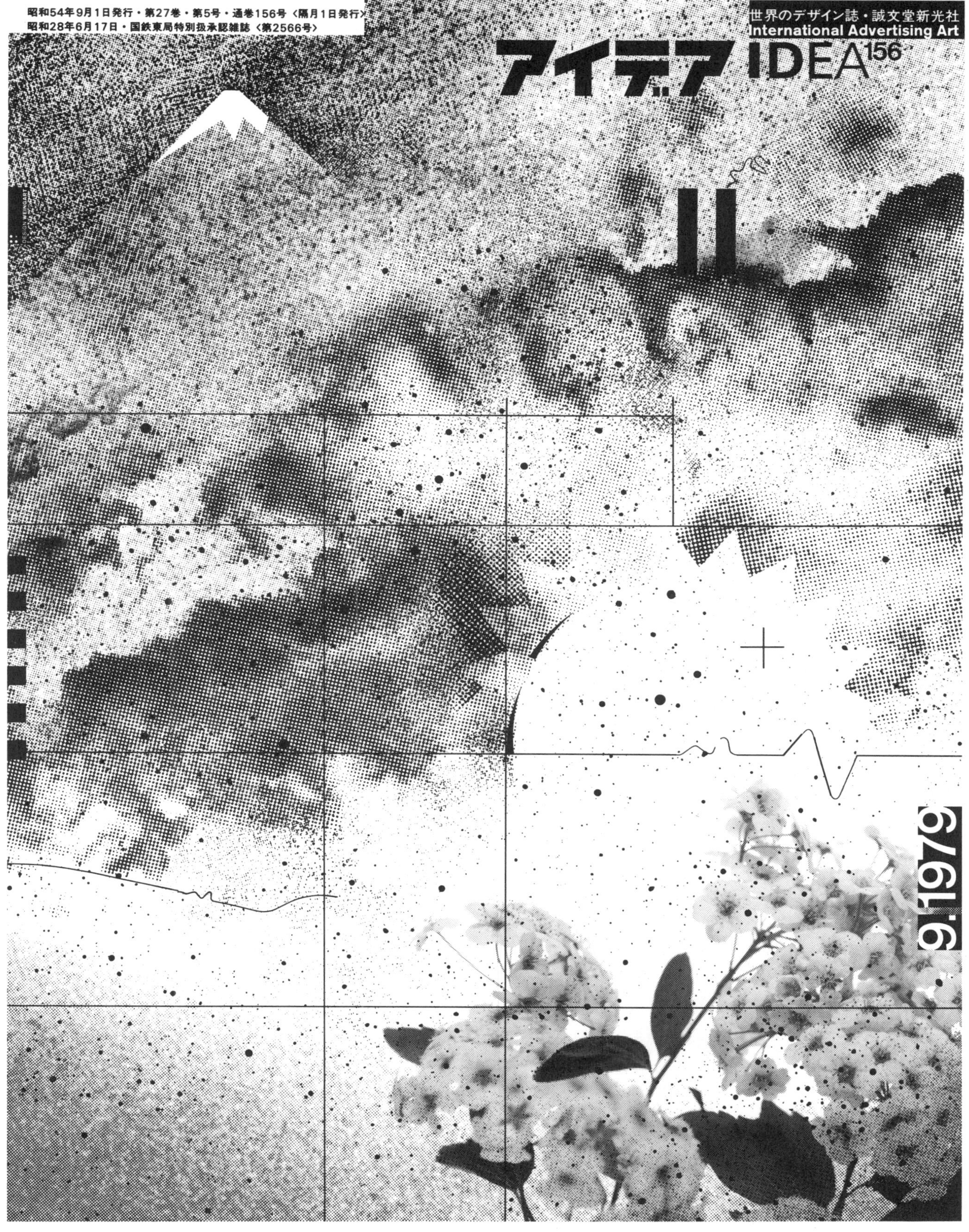

昭和54年9月1日発行・第27巻・第5号・通巻156号〈隔月1日発行〉
昭和28年6月17日・国鉄東局特別扱承認雑誌〈第2566号〉
世界のデザイン誌・誠文堂新光社
International Advertising Art
アイデア IDEA156
9.1979

Wenn es so war, war es ein beglückender Zufall, wenn nicht, so möchte ich mich meiner kindlichen Vorstellungen und Arbeitsweisen wegen entschuldigen.'

Dies war der Begleittext zu meinem Entwurf, den ich mit der Technik der Film-Überlagerung bildhaft umsetzte. Die unterschiedlichsten Teile der Wolken, Punkte, gebogenen und geraden Linien, Tonwerte und Schraffuren kamen aus meiner umfangreichen Filmsammlung. Einen während der Osterferien frisch gepflückten Blütenzweig aus unserem Schulgarten nahm ich mit Hilfe des lithographischen Rasters und unserer Reprokamera unmittelbar auf. Mit diesem einfachen und zeitsparenden Vorgehen konnte ich eine Zusammenarbeit mit einem Fachphotographen umgehen.

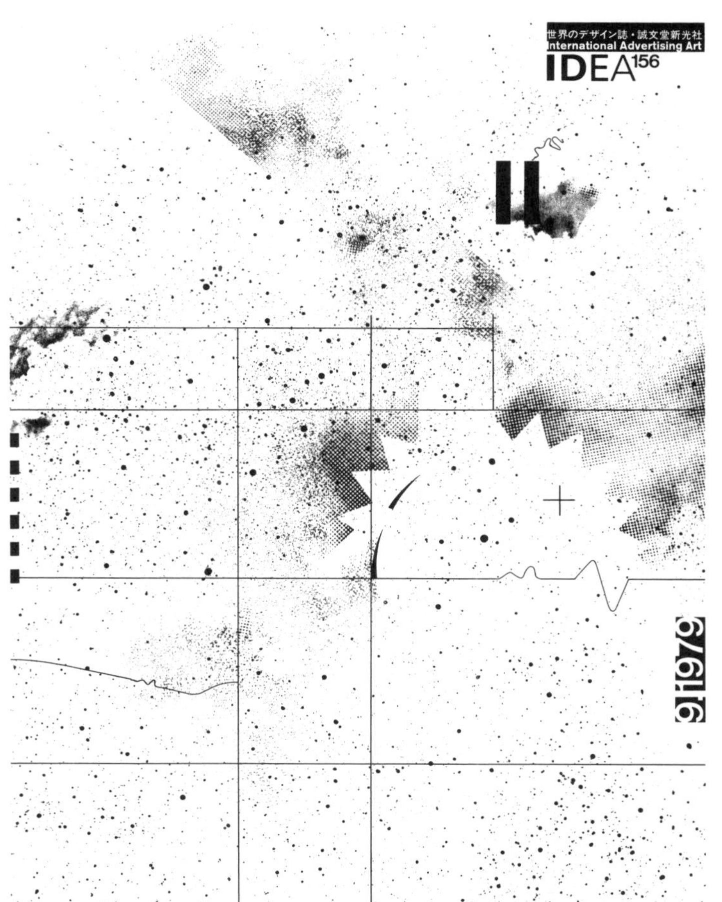

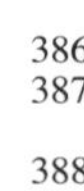

Die vier Beispiele zeigen die notwendigen Einzelteile vor der Film-Überlagerung. Mit dem Übereinanderlegen der Teile hatte ich in der Dunkelkammer mit der Technik des Durchlichtverfahrens auf der Reprokamera einen Negativfilm erstellt. Für die weitere Verarbeitung in der Druckerei war ein seitenverkehrter Positivfilm notwendig.

Cynthia Wayne
Franc Nunoo-Quarcoo

Word+Image:

Swiss Poster Design

1955 1997

Albin O. Kuhn Library & Gallery
University of Maryland/Baltimore County

February 9–April 3, 1998

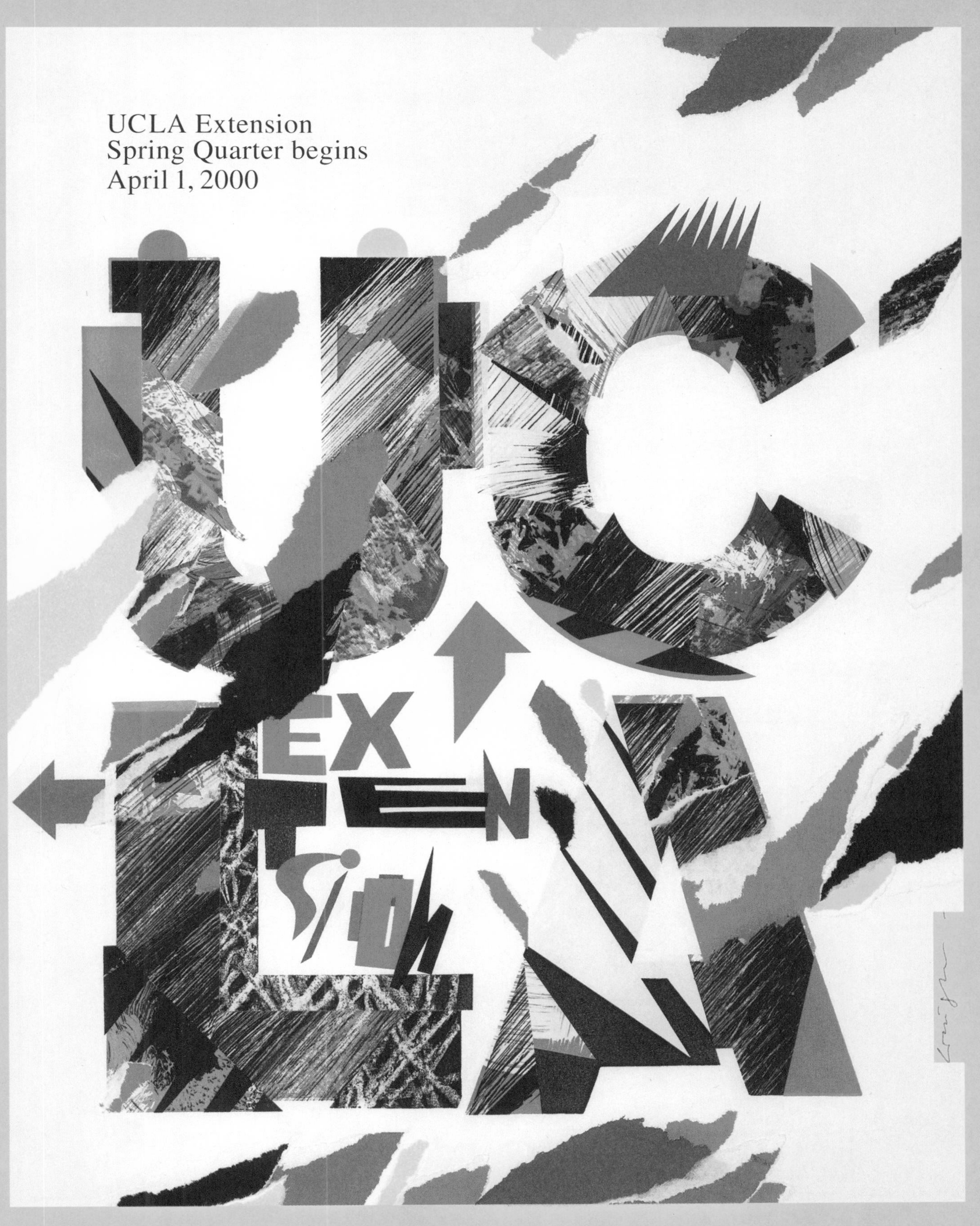
UCLA Extension
Spring Quarter begins
April 1, 2000
EX

Notes
for pages 374 to 389

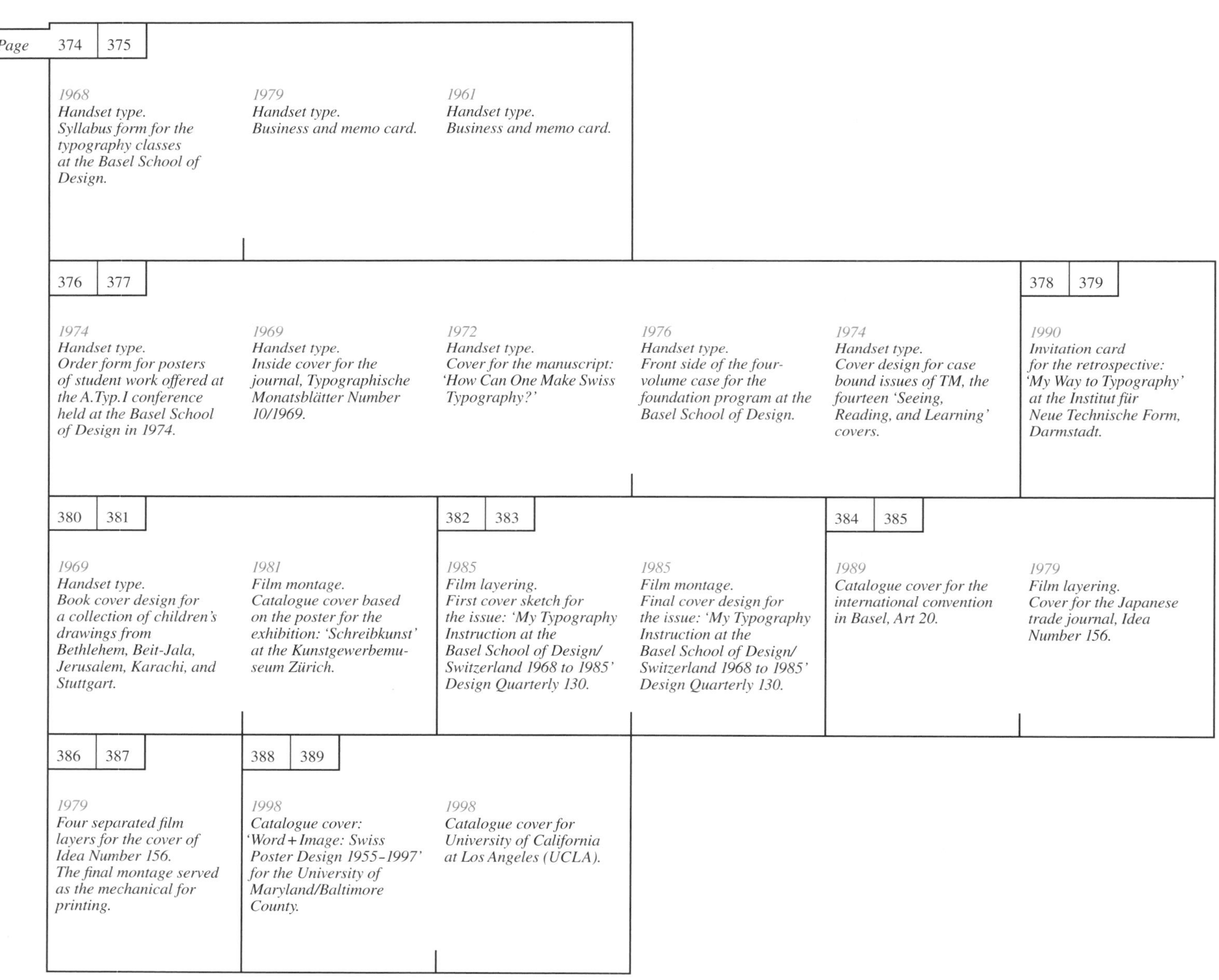

Page 374 | 375

1968
Handset type.
Syllabus form for the typography classes at the Basel School of Design.

1979
Handset type.
Business and memo card.

1961
Handset type.
Business and memo card.

376 | 377

1974
Handset type.
Order form for posters of student work offered at the A.Typ.I conference held at the Basel School of Design in 1974.

1969
Handset type.
Inside cover for the journal, Typographische Monatsblätter Number 10/1969.

1972
Handset type.
Cover for the manuscript: 'How Can One Make Swiss Typography?'

1976
Handset type.
Front side of the four-volume case for the foundation program at the Basel School of Design.

1974
Handset type.
Cover design for case bound issues of TM, the fourteen 'Seeing, Reading, and Learning' covers.

378 | 379

1990
Invitation card for the retrospective: 'My Way to Typography' at the Institut für Neue Technische Form, Darmstadt.

380 | 381

1969
Handset type.
Book cover design for a collection of children's drawings from Bethlehem, Beit-Jala, Jerusalem, Karachi, and Stuttgart.

1981
Film montage.
Catalogue cover based on the poster for the exhibition: 'Schreibkunst' at the Kunstgewerbemuseum Zürich.

382 | 383

1985
Film layering.
First cover sketch for the issue: 'My Typography Instruction at the Basel School of Design/ Switzerland 1968 to 1985' Design Quarterly 130.

1985
Film montage.
Final cover design for the issue: 'My Typography Instruction at the Basel School of Design/ Switzerland 1968 to 1985' Design Quarterly 130.

384 | 385

1989
Catalogue cover for the international convention in Basel, Art 20.

1979
Film layering.
Cover for the Japanese trade journal, Idea Number 156.

386 | 387

1979
Four separated film layers for the cover of Idea Number 156.
The final montage served as the mechanical for printing.

388 | 389

1998
Catalogue cover: 'Word + Image: Swiss Poster Design 1955–1997' for the University of Maryland/Baltimore County.

1998
Catalogue cover for University of California at Los Angeles (UCLA).

Angaben zu den Seiten 374 bis 389

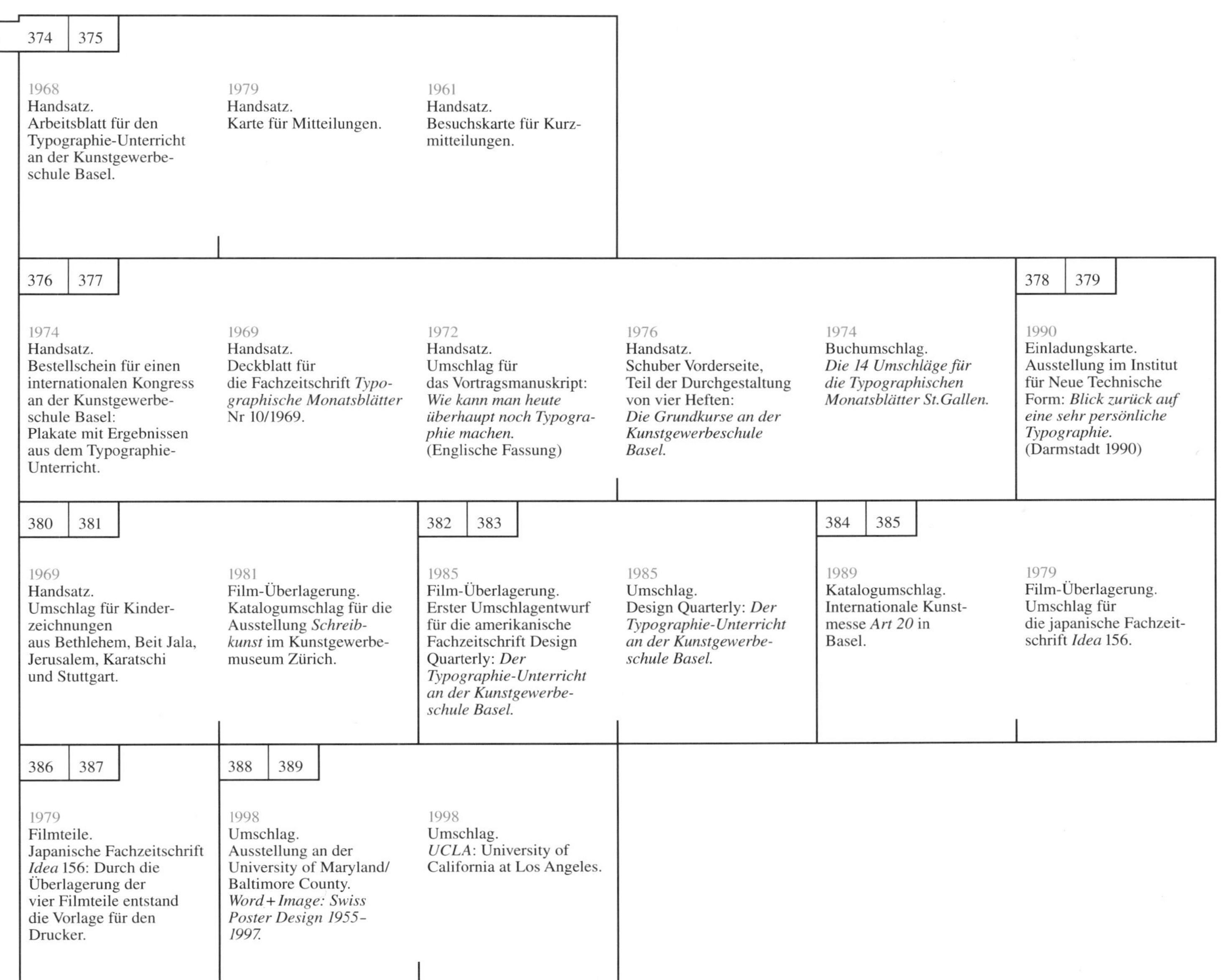

Seite 374 | 375

1968
Handsatz.
Arbeitsblatt für den Typographie-Unterricht an der Kunstgewerbeschule Basel.

1979
Handsatz.
Karte für Mitteilungen.

1961
Handsatz.
Besuchskarte für Kurzmitteilungen.

376 | 377

1974
Handsatz.
Bestellschein für einen internationalen Kongress an der Kunstgewerbeschule Basel:
Plakate mit Ergebnissen aus dem Typographie-Unterricht.

1969
Handsatz.
Deckblatt für die Fachzeitschrift *Typographische Monatsblätter* Nr 10/1969.

1972
Handsatz.
Umschlag für das Vortragsmanuskript: *Wie kann man heute überhaupt noch Typographie machen.*
(Englische Fassung)

1976
Handsatz.
Schuber Vorderseite, Teil der Durchgestaltung von vier Heften:
Die Grundkurse an der Kunstgewerbeschule Basel.

1974
Buchumschlag.
Die 14 Umschläge für die Typographischen Monatsblätter St.Gallen.

378 | 379

1990
Einladungskarte.
Ausstellung im Institut für Neue Technische Form: *Blick zurück auf eine sehr persönliche Typographie.*
(Darmstadt 1990)

380 | 381

1969
Handsatz.
Umschlag für Kinderzeichnungen aus Bethlehem, Beit Jala, Jerusalem, Karatschi und Stuttgart.

1981
Film-Überlagerung.
Katalogumschlag für die Ausstellung *Schreibkunst* im Kunstgewerbemuseum Zürich.

382 | 383

1985
Film-Überlagerung.
Erster Umschlagentwurf für die amerikanische Fachzeitschrift Design Quarterly: *Der Typographie-Unterricht an der Kunstgewerbeschule Basel.*

1985
Umschlag.
Design Quarterly: *Der Typographie-Unterricht an der Kunstgewerbeschule Basel.*

384 | 385

1989
Katalogumschlag.
Internationale Kunstmesse *Art 20* in Basel.

1979
Film-Überlagerung.
Umschlag für die japanische Fachzeitschrift *Idea* 156.

386 | 387

1979
Filmteile.
Japanische Fachzeitschrift *Idea* 156: Durch die Überlagerung der vier Filmteile entstand die Vorlage für den Drucker.

388 | 389

1998
Umschlag.
Ausstellung an der University of Maryland/ Baltimore County.
Word + Image: Swiss Poster Design 1955–1997.

1998
Umschlag.
UCLA: University of California at Los Angeles.

Rudolf Hostettler of St.Gallen, a courageous champion
for the coming generation of designers, was the chief editor of
Typographische Monatsblätter from 1952 to 1981.
Farsighted and generous, Hostettler gave my typographic
ideas a forum that reached beyond Swiss borders. My thirty-year
collaboration with TM began with Number 3/1967,
234-265 M.Thematische Veränderungen, when my long-researched
experiments with the letter M that started in April 1965 were
first published.

Privileged to help shape the content and the editorial concept of the magazine, I was invited to join the board of TM in 1970. With the goal of supporting young designers of all fields whose innovative work deserved exposure, I initiated more than sixty contributions, including call-for-entry designs, cover designs, and from 1972 through 1987, twenty-one supplements for the TM/communication series. From its inception I recommended that this series be published in three languages, German, French, and English, to attract an international readership.

400-412 In 1972 and 1973 I had the chance to design fourteen related covers for TM; I called them Seeing, Reading, and Learning covers. For the typographic interpretations I cited designers from published works or personal correspondence, handset the text, cut shapes in linoleum, and made test prints in black and silver on the letterpress.

Continued on page 397

In Collaboration with the Journal
Typographische Monatsblätter

Since 1967

Zusammenarbeit mit der Redaktion
Typographische Monatsblätter

Seit 1967

Die grafische Landschaft von Christa Zelinsky
The land of graphic design by Christa Zelinsky
L'horizon graphique de Christa Zelinsky

Christa Zelinsky, Zürich

1 **1972**

TM|**communication**

TypoGraphische Modelle

Typo Graphic Concepts

Concepts typoGraphiques

TM|**communication** ist eine internationale Publikationsreihe und erscheint in freier Folge. Publiziert werden Arbeitsergebnisse aus Agenturen, Ateliers, von Graphic-Designern, Pädagogen, Schulen und Wissenschaftlern. In TM|**communication** wird der visuelle und der theoretische Aspekt verschiedenartiger Kommunikationsbereiche behandelt. Die Artikel werden unter verschiedenen Rubriken veröffentlicht, in denen die unterschiedlichen Aspekte thematisch zusammengefasst sind.

TM|**communication** is a series of international supplementary publications that appear irregularly. Published are sequels from agencies, ateliers, graphic designers, teachers, schools and scientists. TM|**communication** is interested in exploring the visual and theoretical aspects of various communications media. Each installment is published under a specific heading; the differenciating aspects are thematically combined.

TM|**communication** est une série internationale de publications et parait irrégulièrement. Les travaux d'agences, d'ateliers, de graphistes-designers, de pédagogues, d'écoles d'art et de scientifiques y sont publiés. TM|**communication** traite de l'aspect visuel **comme** de l'aspect théorique de nombreux domaines de la communication. Les articles sont publiés sous diverses rubriques dans lesquelles les différents aspects sont groupés par thèmes.

Die Laban Kinetographie
Laban Kinetography
La Cinétographie Laban

Suzanne Dessoy, Paris

8 **1973**

TM|**communication**

Zeichen ▶ Systeme

Sign ◀ ▶ Systems

Systèmes de ◀▶ Signes

TM|**communication** ist eine internationale Publikationsreihe und erscheint in freier Folge. Publiziert werden Arbeitsergebnisse aus Agenturen, Ateliers, von Graphic-Designern, Pädagogen, Schulen und Wissenschaftlern. In TM|**communication** wird der visuelle und der theoretische Aspekt verschiedenartiger Kommunikationsbereiche behandelt. Die Artikel werden unter verschiedenen Rubriken veröffentlicht, in denen die unterschiedlichen Aspekte thematisch zusammengefasst sind.

TM|**communication** is a series of international supplementary publications that appear irregularly. Published are sequels from agencies, ateliers, graphic designers, teachers, schools and scientists. TM|**communication** is interested in exploring the visual and theoretical aspects of various communications media. Each installment is published under a specific heading; the differenciating aspects are thematically combined.

TM|**communication** est une série internationale de publications et parait irrégulièrement. Les travaux d'agences, d'ateliers, de graphistes-designers, de pédagogues, d'écoles d'art et de scientifiques y sont publiés. TM|**communication** traite de l'aspect visuel **comme** de l'aspect théorique de nombreux domaines de la communication. Les articles sont publiés sous diverses rubriques dans lesquelles les différents aspects sont groupés par thèmes.

‹Symbolische Konstruktionen›
Symbolic Constructions
Constructions symboliques

Aaron Marcus, Princeton

7 **1973**

TM|**communication**

TypoGraphische Modelle

T y p o Graphic Concepts

Concepts typoGraphiques

TM|**communication** ist eine internationale Publikationsreihe und erscheint in freier Folge. Publiziert werden Arbeitsergebnisse aus Agenturen, Ateliers, von Graphic-Designern, Pädagogen, Schulen und Wissenschaftlern. In TM|**communication** wird der visuelle und der theoretische Aspekt verschiedenartiger Kommunikationsbereiche behandelt. Die Artikel werden unter verschiedenen Rubriken veröffentlicht, in denen die unterschiedlichen Aspekte thematisch zusammengefasst sind.

TM|**communication** is a series of international supplementary publications that appear irregularly. Published are sequels from agencies, ateliers, graphic designers, teachers, schools and scientists. TM|**communication** is interested in exploring the visual and theoretical aspects of various communications media. Each installment is published under a specific heading; the differenciating aspects are thematically combined.

TM|**communication** est une série internationale de publications et parait irrégulièrement. Les travaux d'agences, d'ateliers, de graphistes-designers, de pédagogues, d'écoles d'art et de scientifiques y sont publiés. TM|**communication** traite de l'aspect visuel **comme** de l'aspect théorique de nombreux domaines de la communication. Les articles sont publiés sous diverses rubriques dans lesquelles les différents aspects sont groupés par thèmes.

Die Beschriftung des Flughafens Paris-Roissy
The Signalization of Paris-Roissy
La signalisation de l'aéroport Paris-Roissy

Adrian Frutiger, Paris

12 **1977**

TM|**communication**

Kommunikationsmodelle

Communications Concepts

Modèles de **communication**

TM|**communication** ist eine internationale Publikationsreihe und erscheint in freier Folge. Publiziert werden Arbeitsergebnisse aus Agenturen, Ateliers, von Graphic-Designern, Pädagogen, Schulen und Wissenschaftlern. In TM|**communication** wird der visuelle und der theoretische Aspekt verschiedenartiger Kommunikationsbereiche behandelt. Die Artikel werden unter verschiedenen Rubriken veröffentlicht, in denen die unterschiedlichen Aspekte thematisch zusammengefasst sind.

TM|**communication** is a series of international supplementary publications that appear irregularly. Published are sequels from agencies, ateliers, graphic designers, teachers, schools and scientists. TM|**communication** is interested in exploring the visual and theoretical aspects of various communications media. Each installment is published under a specific heading; the differenciating aspects are thematically combined.

TM|**communication** est une série internationale de publications et parait irrégulièrement. Les travaux d'agences, d'ateliers, de graphistes-designers, de pédagogues, d'écoles d'art et de scientifiques y sont publiés. TM|**communication** traite de l'aspect visuel **comme** de l'aspect théorique de nombreux domaines de la communication. Les articles sont publiés sous diverses rubriques dans lesquelles les différents aspects sont groupés par thèmes.

10 photographische Collagen
10 Photographic Collages
10 collages photographiques

Jan C. Almquist, Philadelphia

19 **1986**

TM|**communication**

PhotoGraphische Modelle

Photo Graphic Concepts

Concepts photoGraphiques

TM|**communication** ist eine internationale Publikationsreihe und erscheint in freier Folge. Publiziert werden Arbeitsergebnisse aus Agenturen, Ateliers, von Graphic-Designern, Pädagogen, Schulen und Wissenschaftlern. In TM|**communication** wird der visuelle und der theoretische Aspekt verschiedenartiger Kommunikationsbereiche behandelt. Die Artikel werden unter verschiedenen Rubriken veröffentlicht, in denen die unterschiedlichen Aspekte thematisch zusammengefasst sind.

TM|**communication** is a series of international supplementary publications that appear irregularly. Published are sequels from agencies, ateliers, graphic designers, teachers, schools and scientists. TM|**communication** is interested in exploring the visual and theoretical aspects of various communications media. Each installment is published under a specific heading; the differenciating aspects are thematically combined.

TM|**communication** est une série internationale de publications et parait irrégulièrement. Les travaux d'agences, d'ateliers, de graphistes-designers, de pédagogues, d'écoles d'art et de scientifiques y sont publiés. TM|**communication** traite de l'aspect visuel **comme** de l'aspect théorique de nombreux domaines de la communication. Les articles sont publiés sous diverses rubriques dans lesquelles les différents aspects sont groupés par thèmes.

Die Haltingerstrasse 14 in Basel
14 Haltinger Street in Basle
La rue de Haltingue 14 à Bâle

Lloyd Miller, New York

18 1984
TM|**communication**

Ausbildungs modelle
Educational Concepts
Modèles d'éducation

TM|**communication** ist eine internationale Publikationsreihe und erscheint in freier Folge. Publiziert werden Arbeitsergebnisse aus Agenturen, Ateliers, von Graphic-Designern, Pädagogen, Schulen und Wissenschaftlern. In TM|**communication** wird der visuelle **und** der theoretische Aspekt verschiedenartiger Kommunikationsbereiche behandelt. Die Artikel werden unter verschiedenen Rubriken veröffentlicht, in denen die unterschiedlichen Aspekte thematisch zusammengefasst sind.

TM|**communication** is a series of international supplementary publications that appear irregularly. Published are sequels from agencies, ateliers, graphic designers, teachers, schools and scientists. TM|**communication** is interested in exploring the visual **and** theoretical aspects of various communications media. Each installment is published under a specific heading; the differenciating aspects are thematically combined.

TM|**communication** est une série internationale de publications et parait irrégulièrement. Les travaux d'agences, d'ateliers, de graphistes-designers, de pédagogues, d'écoles d'art et de scientifiques y sont publiés. TM|**communication** traite de l'aspect visuel **comme** de l'aspect théorique de nombreux domaines de la communication. Les articles sont publiés sous diverses rubriques dans lesquelles les différents aspects sont groupés par thèmes.

Betrachte ich heute die alltäglichen Anzeigen, bekomme ich den Eindruck, dass viele dieser Arbeiten nicht aus mehr bestehen als am Telephon gemacht ohne jegliche Kontrolle darüber, wie zum Beispiel die Typographie und Photographie zusammengefügt wird. Und selten sehe ich den Versuch und die Anstrengung Typographie und Bild in ausserordentlicher Weise kombiniert, wodurch die Aussagekraft verstärkt wirkt. Aus diesem Grund entschied ich mich in diesem Bereich 'mit Bildern zu schreiben' für ein Projekt innerhalb der Typographie-Kurse bei Wolfgang Weingart. Auf diese Möglichkeiten war ich sehr neugierig und gespannt!

Eine Serie von Collagen erschien mir als gute Voraussetzung, meine doch sehr persönlichen Ideen auszuprobieren. Weiterhin wollte ich an etwas arbeiten, dass mir vertraut ist. So wählte ich als naheliegendes Thema meine Wohnung hier in Basel. Als Text habe ich meine Adresse, Haltingerstrasse 14, gewählt und als illustrative Information etwas in oder aus meiner Wohnung. Dies reicht von einem Gegenstand, zum Beispiel einem Reisekoffer, über ein Erlebnis mit einer Katze, die eines Nachts durch mein Fenster kam, bis zur Musik, die ich höre. Und sogar etwas, woran ich mich zurückerinnere, wie an eine Griechenlandreise.
Einfach irgend etwas, egal wie obskur.

Correspondence-Address:
TM|**communication**
c/o Weingart
CH 4001 Basle 1/Switzerland
P. O. Box 2235

Edited by:
André Gürtler
Wolfgang
Weingart

Für das Einsenden von Arbeiten bestehen folgende Bestimmungen: Der Autor verpflichtet sich, seinen Arbeiten einen maschinengeschriebenen Text in deutscher und englischer oder französischer Sprache beizulegen. Bildmaterial und Textmaterial sind druckreif direkt an die Adresse der Herausgeber mit ‹Einschreiben› einzusenden. Für die eingesandten Arbeiten übernehmen die Herausgeber keine Haftung.

WEGE ZUR TYPOGRAPHIE
TYPOGRAPHIC PROCESS
NR. 3

‹Wege zur Typographie› zeigt ausschliesslich didaktische Wege in direktem oder indirektem Zusammenhang mit Typographie. Didaktische Wege wirken auf den Betrachter oft trocken und schulmeisterhaft. Die hier vorliegenden Ergebnisse einer einjährigen Untersuchung von Jeanne Fountain zeigen Arbeiten für das amerikanische Unternehmen ‹DataPlan›. Auffallend ist vor allem das Konzept der Reduktion typographischer Mittel auf ein Minimum, ohne dabei gestalterische Anliegen zu vernachlässigen.

Wir zeigen hier einen Ausschnitt und eine Auswahl aus insgesamt 15 Formularen zum Teil verschiedenster Formate. Das Entwerfen eines neuen Firmenzeichens und die Verwendung von Schwarz und zwei Buntfarben waren ebenso Teil des Auftrags wie der Anspruch der Verwendbarkeit auf verschiedenen Schreibsystemen. So mussten die Formulare gestalterisch und funktional sowohl auf konventionelle Schreibmaschinen wie auch auf das fixe Koordinatensystem des Computers abgestimmt werden.

Die hier abgebildeten Beispiele sind Teile des Manuals von ‹DataPlan›, welches das gesamte Corporate Identity der Computerfirma beinhaltet. Auf der letzten Seite von ‹Wege zur Typographie› zeigen wir die erste Umschlagseite des Manuals.

‹Typographic Process› is a publication series devoted exclusively to didactic studies which are directly or indirectly related to typography. One of the challenges of didactic work is to be clear and thorough while not becoming dry or pedantic. The project on these pages, the result of one year of research by Jeanne Fountain, shows design work for the American firm DataPlan. What is striking above all is the way typographic elements are reduced to a minimum without sacrificing the quality of the design.

We show here a selection from a total of 15 forms in varying formats. The task at hand was to create not only a new corporate symbol using black and two colors, but also to adapt the identity program to a variety of word processing capabilities. Therefore the forms had to be designed to function with a conventional typewriter as well as with the fixed coordinate system of a computer printer.

The examples shown here are part of the DataPlan manual which presents the corporate identity of the computer firm. On the last page of ‹Typographic Process› the cover of the manual is shown.

W.W.

‹Wege zur Typographie› ist eine didaktische Dokumentation. Veröffentlicht werden Arbeiten aus dem Typographie-Unterricht für Graphiker und Typographen an der Kunstgewerbeschule Basel (Schule für Gestaltung).

Contributions to the supplement ‹Typographic Process› are published as an information source documenting research from the Typography Class for Graphic Designers and Typographers at the School of Design Basle/Switzerland.

 Lehrer: W. Weingart

Instructor: W. Weingart

The editorial staff confirmed the feasibility of producing
all fourteen covers. To make an even larger letterpress edition,
the originals were transferred to negative film and
etched in zinc plates. The covers heralded a new direction
for Typographische Monatsblätter. Considered brazen, the covers
were received by readers with outrage, bewilderment,
or highest praise.

Another campaign announced in 1973 was open to
all subscribers – a competition to design ten TM covers for the
upcoming year. Before the project was granted to a single winner 396 397
we published a preliminary cover series as a forerunner that
featured the written proposals of selected contestants.
398 I developed a typographic grid system to unify the essays
and set the text on a manual typewriter.

A special supplement issued in December 1976,
399 Ist diese Typographie noch zu retten, oder leben wir auf dem
Mond? (Is this typography worth supporting, or do we live on the
moon?), was an overview of my work from the previous seven
years. From concept through film preparation I was
able to realize each step of the process in the school darkroom.
As with other projects, this ensured that I could make
design changes or technical improvements up to the final
platemaking stage before printing.

Started in the fall of 1982, Wege zur Typographie (Typographic Process) was conceived as an educational series devoted to typography. It was an opportunity for students in my course, who came to the Basel School of Design from different countries, to document their long-term research projects and to design the page layouts as an integral part of the presentation in English and German.

Nr 3-1974

Typografische Monatsblätter
Schweizer Grafische Mitteilungen
Revue Suisse de l'Imprimerie

3

Der Umschlag, hm... Der Umschlag ist ein weisses Blatt, Format 45,8 cm x 29,7 cm. 5 mm Bund inbegriffen. Dieses Blatt ist aus glänzendem Papier, Aussenseite wie Innenseite. Da die Innenseite, sowohl wie die zweite Umschlagseite, schon immer mit Anzeigen ausgefüllt worden ist, wollen wir sie einmal ausser Betracht lassen - obschon es gut vorstellbar wäre, sie auch zu gestalten. Dass der Umschlag also ganz selbstständig dem Inhalt gegenüber steht, es jdie odkäkst gursum die gokanpliche Tortilierung oenes Ertikulmpen tau bapentieren med ene Masch inne.

Zurück zur Sache. Der Text. Der vorgeschriebene Text lautet wie folgt: Typografische Monatsblätter/Schweizer Grafische Mitteilung/Revue Suisse de l'Imprimerie, Nr.1,2,3,4,5,6.7,8.9,1o,11, 12 und Jahrgang. Dieser Text wird verkürzt auf dem Bund wiederholt: TM/SGM/RSI, Nr.1,2,3,4,5,6.7,8.9,1o,11,12 und der Jahrgang.

Das ist schon sehr viel Material: Papiere, Buchstaben, Druckfarben. Es möge einem Gestalter an sich schon genügen, allein mit diesem Material spielerisch umzugehen, schnobedikket fistuell Gomerickation des nutren, grukoiben und vlacrasten Propilität, so dass dutrin Mischp undere plekten tan. Es mag ihm aber auch nicht genügen, in welchem Fall er den vorgeschriebenen Text, möglichst klein gedruckt, ganz unten in eine Ecke zwingen wird. Wodurch er sich ein grosses, flaches, freies Feld schafft. Auf diesem Feld ist er dann frei ein rojekanies gargles Miurtekon sich wrangzufeilen. Dabit want er Güstlaknufti nu qwonteer sin schlapp Objekt tilt. Herezu gruzzitud en lagrisch manchklirr hegehollte jeuchürne sekt ond frei soll er bleiben. Jne de but, kam er bopend de Bruchtaben on Dapier wlugamensügen. Fäls Euch gefils saraene Sprottelationen jans un jah ned, muez i um Enduldigung fihten od om mehr Ehrgähntnis klehen. Dewenn Euch ne grans backt, könd Ihne svlabadack ne noven Schumschlakk verkeschtalten. Oder: Wie soll man schon wissen was man in einem Jahr oder zwei dann machen möchte? Und wessen wird man fähig sein?

Catherine Hébert
CH 4o57 Basel/Schweiz
Drahtzugstrasse 47

Das ist der 3. prämierte Vorschlag im öffentlichen Wettbewerb für die TM-Umschläge 1974.

C'est le troisième prix du concours public pour la couverture TM 1974.

Third prize entry, 1974 TM cover competition.

TM SGM RSI 12.1976

12 1976 Typografische Monatsblätter | Schweizer Grafische Mitteilungen | Revue suisse de l'Imprimerie
Edition spéciale Décembre 1976

TM | SGM | RSI

Eine Auswahl **bestimmter Arbeiten** Weingarts von 1969 bis 1976. Gedanken und Beobachtungen eines Freundes. Und persönliche Bemerkungen von ihm.

Ist diese Typografie noch zu retten?

Oder leben wir auf dem Mond? Is This Typography Worth Supporting, Or Do We Live On The Moon?

A special selection from the works of Weingart from **1969-1976**. Thoughts and observations of a friend. And personal comments from the author.

0001 **Die Typografie ist noch nicht tot! Sie wirkt zwar heute ein bisschen**
0094 Typography is not dead, yet! But its effect is undoubtedly
blutarm und unentschlossen. Doch im grossen und ganzen ist sie in Ordnung.
apemic and vague. But by and large, it is intact. It is definitely less than ever
0002 **Sie ist zwar weniger denn je eine Gebrauchskunst. Dafür aber steht ihr**
0095 a practical skill. Instead, it endures as an intrinsic necessity.
Gebrauchswert hoch im Kurs.

Typography lives! It is not regarded today with the primacy of
Die Typografie lebt! Sie nimmt sich heute vielleicht nicht mehr so
perhaps 10 or 20 years ago, and is comprehended less as a "picture", but
0003 **wichtig wie vor 10 oder 20 Jahren, versteht sich weniger als Bild, tritt**
0096 rather, more as a "text". Nevertheless, it remains a prominent element of "visual
hinter den Text zurück. Trotzdem ist sie noch immer ein wichtiger Teil ‹visueller
communication": indispensable, and occasionally fresh, even original.
Kommunikation›: überall gefördert, ansehnlich und mitunter sogar noch
Currently: typography is still typography, although less
überraschend originell.
0097 complacent, conceited, and self-confident, than in the late fifties. And,
0004 **Kurzum: die Typografie heute ist noch immer Typografie. Weniger**
correspondingly, more functional, in that it has become completely adjusted
selbstgefällig, selbstbewusst und selbstsicher zwar als noch Ende der
to the rapid methods of mass communication.
fünfziger Jahre. Dafür aber ‹funktionaler›: in den schnellen Verwertungsprozess
0098 This connotes "adapted": adapted to the developments
0005 **der Massenkommunikation voll eingepasst.**
within the composing and print technologies; to the stipulations of an unstable
Das heisst: angepasst. Angepasst an die Erfordernisse neuerer Satz-
market; to the supposedly effective usage by the design profession; and
und Drucktechniken. An die Bedingungen schnell sich verändernder
0099 also adapted to a particularly unpleasant phenomenon of our profession: to design

Fortsetzung des Textes: Seite 4/Innenteil
Continuation of text: Inside/page 14

Nr. 1|1972

1

Typographie realisiert Sprache

mit Hilfe der gebräuchlichen Schriftzeichen, deren Sinn es ist, **Mitteilung**en eines **Sender**s einem **Empfänger** zuzuführen. Wobei unterstellt wird, daß der Sender natürlich zugleich auch Empfänger sein kann.

Manfred Kröplien: 1968

Typographie
ist die Lehre
vom Entwurf von Textdrucksachen,
die für menschliche Wahrnehmung bestimmt
sind und als Kanal im Rahmen einer Kommunikationskette funktionieren.

Kurd Alsleben: 1962

CONCEPTION & DESIGN WEINGART

Typografische Monatsblätter Schweizer Grafische Mitteilungen Revue Suisse de l'Imprimerie

Nr. 3|1972

3

GERHARD MALETZKE: 1963

Unter
Kommunikation
im weitesten Sinne ist die **fundamentale Tatsache** zu verstehen, daß **Lebewesen** mit der Welt in **Verbindung** stehen.

3 Grundfaktoren bilden das Gerüst des Kommunikationsprozesses:

1 eine Person, die etwas aussagt ▶**(Sender)**

2 das Ausgesagte ▶**(Mitteilung)**

3 eine Person, die das Ausgesagte aufnimmt ▶**(Empfänger)**

ALSO: 1 SENDER 2 MITTEILUNG 3 EMPFÄNGER

CONCEPTION & DESIGN WEINGART

Typografische Monatsblätter Schweizer Grafische Mitteilungen Revue Suisse de l'Imprimerie

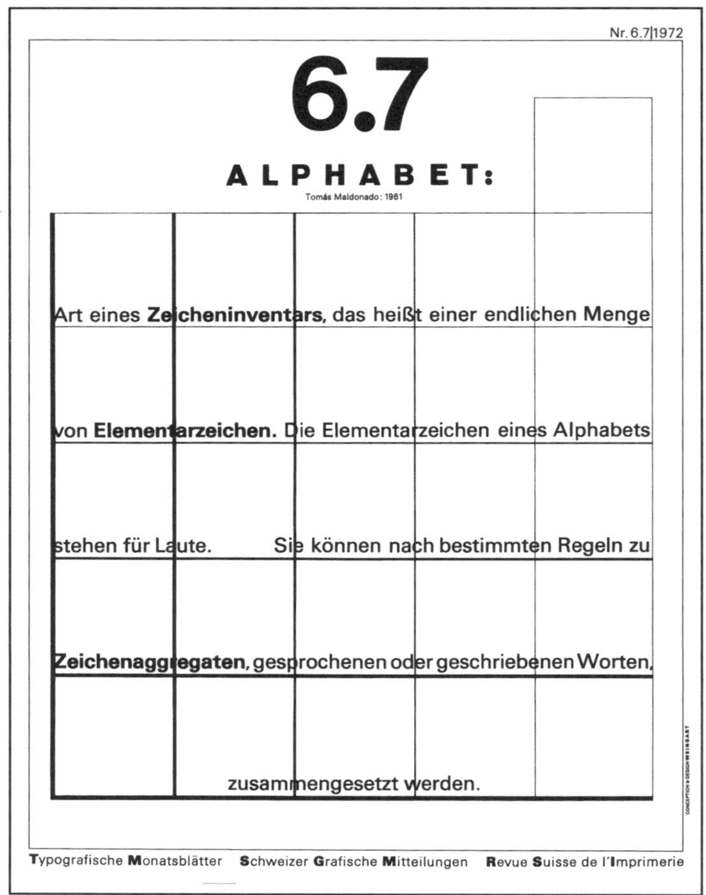

Die über dreissigjährige Mitarbeit bei der Fachzeitschrift *Typographische Monatsblätter* in St.Gallen begann mit dem
234-265 Heft 3/1967: *M. Thematische Veränderungen.* Es entstanden etwa sechzig Beiträge im Auftrag der Beilagenkommission.
115 Sie betrafen das Gestalten von Wettbewerbsausschreibungen und ab 1972 bis 1987 die Reihe *TM/communication* mit einundzwanzig Beiträgen. Sie hatte den Gedanken, Gestalter aus unterschiedlichsten Bereichen zu gewinnen, die bereit waren, ihre Arbeitsergebnisse der Öffentlichkeit zu zeigen.

Die Beilagen waren verbunden mit der Auflage, dass alle Seiten von uns beispielhaft gestaltet wurden. Um eine grössere Verbreitung zu sichern, wurden die Manuskripte je nach der Ausgangssprache in das Deutsche, Englische und Französische übersetzt.

Eine zweite Reihe ab 1982 waren die Ergebnisse aus
dem Typographie-Unterricht an der Kunstgewerbeschule Basel:
Die zweisprachige Beilage *Wege zur Typographie*.
Meine Schülerinnen und Schüler hatten die Gelegenheit, ihre über
eine längere Zeitspanne andauernden Untersuchungen einer
breiteren Öffentlichkeit vorzustellen.

1973 wurde ein Wettbewerb ausgeschrieben, bei dem alle
Gestalter eine Umschlagsreihe für ein Jahr schriftlich beschreiben
konnten. Ich entwarf einen Raster zu den Umschlägen, um den
398 Text der jeweiligen Gewinner in einer Schreibmaschinen- 402 403
schrift darauf abdrucken zu können.

Das Sonderheft, erschienen im Dezember 1976, *Ist diese*
399 *Typographie noch zu retten, oder leben wir auf dem*
Mond?, war ein weiterer Beitrag und Überblick zu meiner typographischen Arbeit dieser Jahre. Das Erstellen der Vorlagen
bis zu den druckreifen Filmen konnte ich in unserer
Dunkelkammer ausführen. Dies gab mir die Möglichkeit, wie bei
vorausgegangenen Aufträgen, Veränderungen bis kurz vor
Druckbeginn gestalterisch weiter zu entwickeln
oder zu verbessern.

Die Durchgestaltung der vierzehn Umschläge für die
TM-Jahrgänge 1972 und 1973 gab mir eine neue Gelegenheit,
die typographischen Erfahrungen und Vorstellungen
zu verfeinern. Es waren Seh-, Lese- und Lern-Umschläge
und ein neuartiger Weg in der Geschichte der *Typographischen*
Monatsblätter mit ihren unterschiedlichen Lesern. Sie waren
verwirrt oder begeistert von der frechen Typographie.

Die Texte wurden Veröffentlichungen oder Briefwechseln ent-
115 nommen. Zu einem TM-Umschlag mit Lehrsätzen von dem
Typographen Jan Tschichold kam es nicht.

Fortsetzung Seite 413

Nr. 8.9|1972

8.9

SCHRIFT:

Tomás Maldonado: 1961

Ein System von visuellen Zeichen zur zeitlichen Fixierung und räumlichen Übertragung von Sprache.

Es gibt 3 Arten von Schriften:

1. Logographie (WORTSCHRIFT)

2. Syllabographie (SILBENSCHRIFT)

3. Phonographie (LAUTSCHRIFT)

CONCEPTION & DESIGN WEINGART

Nr.10|1972

10

KOMMUNIKATION

Tomás Maldonado: 1961

Prozeß der Aussendung, des Empfanges und der Verarbeitung von Informationen, die durch physikalisch, chemisch oder biologisch nachweisbare Signale getragen werden.

Max Bense: 1962

Kommunikation ist eine dreistellige Seinsfunktion in der 3 Etwase, **1.** ein Zeichen, **2.** ein Expedient (Sender), **3.** ein Perzipient (Empfänger) eingesetzt werden müssen, damit die Funktion funktioniert.

Kurd Alsleben: 1962

Sender und Empfänger müssen über einen vollkommenen oder teilweise vollkommenen Zeichenvorrat verfügen, wenn eine Verständigung erreicht werden soll.

CONCEPTION & DESIGN WEINGART

Typografische **M**onatsblätter **S**chweizer **G**rafische **M**itteilungen **R**evue **S**uisse de l'**I**mprimerie

Nr.12|1972

Sprachencharta **:1968**

12

Sprechen:
Sprechen ist das dem Menschen eigene Vermögen, Bewußtseinsinhalte in Worte zu fassen und mit der Stimme auszudrücken.

Sprache:
Sprache ist — allgemein gefaßt — ein System von Wörtern, Wort- und Satzfügungen. Alle, die dieses System kennen und anwenden, werden damit befähigt, Bewußtseinsinhalte mitzuteilen und einander zu verstehen.

Schrift:
Schrift ist konventionelle bildliche Darstellung der Wörter einer Sprache. Damit können Aussagen in dieser Sprache festgehalten und weitergegeben werden.

Grammatik:
Grammatik — im weitesten Sinne — faßt die Formen und Fügungen einer gesprochenen oder geschriebenen Sprache auf jeder Stufe ihrer Entwicklung.

Wert der Sprache: **Jede Sprache ist für die menschliche Gemeinschaft, die sich ihrer bedient, und damit für jeden, der zu dieser Gemeinschaft gehört.**

1. sachlich: Praktisches Werkzeug als Mittel der Aussage und der zwischenmenschlichen Beziehungen.

2. geistig: Intellektuelles und gemüthaftes Erbe von grundlegender geistiger und sittlicher Bedeutung und als solches ein Bestandteil der Menschheitskultur.

3. künstlerisch: Werkstoff, der literarische Kunstwerke möglich macht.

Unersetzbarkeit: **Diese Merkmale sind allen Sprachen gemein, eignen aber jeder von ihnen auf eine besondere und unverwechselbare Art.**

Aus ‹Dokument Nr. 3› der Sprachencharta des Freiburger Instituts. Freiburg|Schweiz

CONCEPTION & DESIGN WEINGART

Typografische Monatsblätter Schweizer Grafische Mitteilungen Revue Suisse de l'Imprimerie

Nr. 2|1973

2

GEORDNETE AUSWAHL VON ZEICHEN AUS EINER KONVENTIONALISIERTEN ZEICHENMENGE MIT DEM ZIEL, DURCH DIE SPEICHERUNG ODER ÜBERTRAGUNG VON ZEICHEN DAS VERHALTEN EINES EMPFÄNGERS ZU BEEINFLUSSEN

NACHRICHT

TOMAS
MALDONADO :1961

CONCEPTION & DESIGN WEINGART

Typografische **M**onatsblätter **S**chweizer **G**rafische **M**itteilungen **R**evue **S**uisse de l'**I**mprimerie

406
407

Nr. 3|1973

3

TEXT:

Zeichenkollektiv, das aus Worten besteht.

Kleinste Bedeutungseinheit, die durch Phoneme (Laute) realisiert wird und die in Sätzen verschoben werden kann.

Zeichenaggregat (Kombination aus mindestens 2 Elementarzeichen), das aus Phonemen beziehungsweise Graphemen besteht.

Kleinste eigenständige, nicht mehr teilbare Schrifteinheit, die für einen Laut steht. Ein Alphabet besteht aus Graphemen.

Tomás Maldonado: 1961

CONCEPTION & DESIGN WEINGART

Nr. 4|1973

4

Henri Friedlaender: 1969

Grundsätzlich ist für mich Typographie: eine **artikulierte** Aussage in eine der Aussage entsprechende artikulierte Form zu fassen. Wichtigstes Element der Artikulierung ist in der Typographie der weiße Raum. **Es gibt nur ‹praxisnahe Typographie› einerseits, andererseits allerlei Anwendungen von typographischen Mitteln, die im Grunde freie Graphik oder psychotherapeutische Mittel oder reines Basteln sind.** **Praxisnahe Typographie, sei es ein Kursbuch, eine Zeitungsanzeige, eine für einen einzigen Menschenverständlich sein sollende Botschaft:**

Wie verschieden auch der Zugang sein muß, immer sollte es ein artikuliertes, gegliedertes Gebilde sein, das entsteht.

Max Bill: 1942

Typographie ist die Gestaltung von Satzbildern. Diese Satzbilder bestehen aus Buchstaben, die sich zu Worten fügen. **Die Verhältnisse und Grössenunterschiede der Buchstaben und der verschiedenen Schriftgrade sind genau festgelegt.** **In keiner kunstgewerblichen Berufsgruppe besteht ein solches Maß von präzisen Voraussetzungen für die Gestaltung wie in der Typographie. Dieses Grundmaterial bestimmt den Charakter der Typographie.**

Laszlo Moholy-Nagy: 1923

Typographie ist ein Instrument der Mitteilung.
Sie muß eine klare Mitteilung in der eindringlichsten Form sein.
Die Lesbarkeit – die Mitteilung darf nie unter einer a priori angenommenen Ästhetik leiden.
Die Buchstabentypen dürfen nie in eine vorbestimmte Form gezwängt werden.

CONCEPTION & DESIGN WEINGART

Typografische **M**onatsblätter **S**chweizer **G**rafische **M**itteilungen **R**evue **S**uisse de l'**I**mprimerie

Nr. 5|1973

5

Typographie ist einem
eindeutigen Zweck verpflichtet,
und zwar der
schriftlichen Mitteilung.

Durch kein Argument
und durch keine Überlegung
kann die Typographie
von dieser Verpflichtung
entbunden werden.

Typography has one plain duty before it and that is to convey information in writing. No argument or consideration can absolve typography from this duty. A printed work which cannot be read becomes a product without purpose.

Das Druckwerk,
das nicht gelesen werden kann,
wird zu einem
sinnlosen Produkt.

La typographie est soumise à un but précis: le message imprimé. Elle ne peut d'aucune manière se libérer de cette sujétion. L'ouvrage imprimé qui ne peut être lu devient un non-sens.

Emil Ruder: 1967

CONCEPTION & DESIGN WEINGART

Typografische Monatsblätter Schweizer Grafische Mitteilungen Revue Suisse de l'Imprimerie

Nr. 6.7|1973

6.7

APRIL GREIMAN[USA*]

28. 1. 1971: ‹ICH EMPFINDE TYPOGRAPHIE›

‹IO SENTO L'ARTE TIPOGRAFICA› ‹SIENTO TYPOGRAFIA›

‹I AM FEELING TYPOGRAPHY›

‹JE SENS LA TYPOGRAPHIE›

CONCEPTION & DESIGN WEINGART

Typografische Monatsblätter Schweizer Grafische Mitteilungen Revue Suisse de l'Imprimerie

Nr. 11|1973

11

KURT SCHWITTERS: 1924

‹THESEN ÜBER TYPOGRAPHIE›

Typo-graphie kann unter Umständen Kunst sein.

CONCEPTION & DESIGN WEINGART

Typografische Monatsblätter Schweizer Grafische Mitteilungen Revue Suisse de l'Imprimerie

Die Umschläge wurden zunächst von mir handgesetzt, die Vollflächen in Linoleum geschnitten und auf der Handdruckpresse mit den Farben Schwarz und Silber angedruckt.

Die Beilagenkommission der *Typographischen Monatsblätter* stimmte in Bern, mit einer Enthaltung, der Ausführung aller vierzehn Umschläge zu. Sie wurden über Negativfilme auf Zinkplatten belichtet und anschliessend geätzt, damit eine höhere Auflage gedruckt werden konnte.

Die Mitgliedschaft in der Beilagenkommission seit Beginn der siebziger Jahre vereinfachte das Durchführen von unterschiedlichen Vorschlägen und ermöglichte es, meine typographischen Vorstellungen über die Schweizer Grenzen hinaus der Fachwelt bekannt zu machen.

Rudolf Hostettler, der Schriftleiter der *Typographischen Monatsblätter* mit Redaktionssitz in St.Gallen, war eine mutige, weitsichtige und grosszügige Persönlichkeit, die sich für den jüngeren Nachwuchs unermüdlich einsetzte.

Notes
for pages 394 to 412

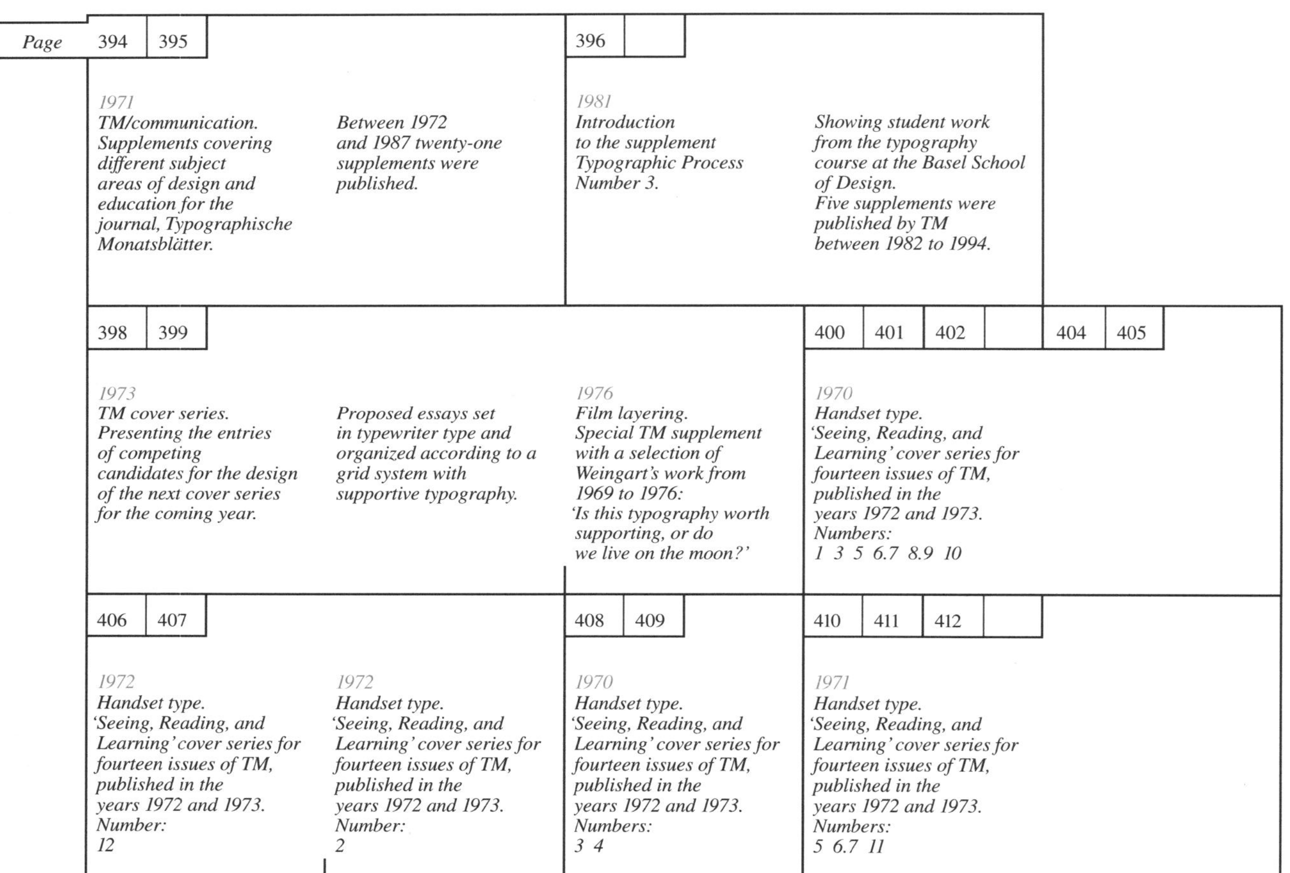

Page	394 395		396	
	1971 *TM/communication. Supplements covering different subject areas of design and education for the journal, Typographische Monatsblätter.*	*Between 1972 and 1987 twenty-one supplements were published.*	*1981* *Introduction to the supplement Typographic Process Number 3.*	*Showing student work from the typography course at the Basel School of Design. Five supplements were published by TM between 1982 to 1994.*

398 399			400 401 402 404 405
1973 *TM cover series. Presenting the entries of competing candidates for the design of the next cover series for the coming year.*	*Proposed essays set in typewriter type and organized according to a grid system with supportive typography.*	*1976* *Film layering. Special TM supplement with a selection of Weingart's work from 1969 to 1976: 'Is this typography worth supporting, or do we live on the moon?'*	*1970* *Handset type. 'Seeing, Reading, and Learning' cover series for fourteen issues of TM, published in the years 1972 and 1973. Numbers: 1 3 5 6.7 8.9 10*

406 407		408 409	410 411 412
1972 *Handset type. 'Seeing, Reading, and Learning' cover series for fourteen issues of TM, published in the years 1972 and 1973. Number: 12*	*1972* *Handset type. 'Seeing, Reading, and Learning' cover series for fourteen issues of TM, published in the years 1972 and 1973. Number: 2*	*1970* *Handset type. 'Seeing, Reading, and Learning' cover series for fourteen issues of TM, published in the years 1972 and 1973. Numbers: 3 4*	*1971* *Handset type. 'Seeing, Reading, and Learning' cover series for fourteen issues of TM, published in the years 1972 and 1973. Numbers: 5 6.7 11*

Angaben zu den Seiten 394 bis 412

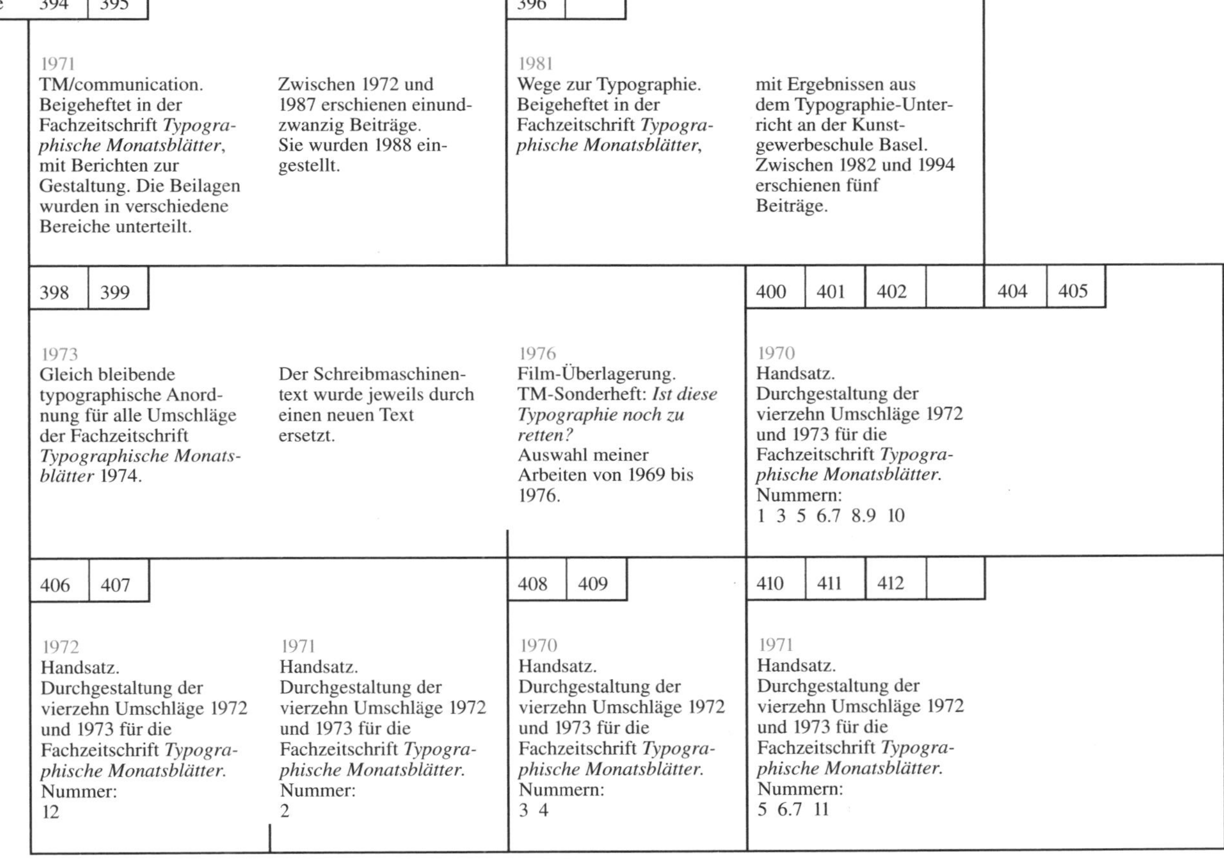

Seite 394 395

1971
TM/communication. Beigeheftet in der Fachzeitschrift *Typographische Monatsblätter*, mit Berichten zur Gestaltung. Die Beilagen wurden in verschiedene Bereiche unterteilt.
Zwischen 1972 und 1987 erschienen einundzwanzig Beiträge. Sie wurden 1988 eingestellt.

396

1981
Wege zur Typographie. Beigeheftet in der Fachzeitschrift *Typographische Monatsblätter*, mit Ergebnissen aus dem Typographie-Unterricht an der Kunstgewerbeschule Basel. Zwischen 1982 und 1994 erschienen fünf Beiträge.

398 399

1973
Gleich bleibende typographische Anordnung für alle Umschläge der Fachzeitschrift *Typographische Monatsblätter* 1974.
Der Schreibmaschinentext wurde jeweils durch einen neuen Text ersetzt.

1976
Film-Überlagerung. TM-Sonderheft: *Ist diese Typographie noch zu retten?*
Auswahl meiner Arbeiten von 1969 bis 1976.

400 401 402 404 405

1970
Handsatz. Durchgestaltung der vierzehn Umschläge 1972 und 1973 für die Fachzeitschrift *Typographische Monatsblätter.*
Nummern:
1 3 5 6.7 8.9 10

406 407

1972
Handsatz. Durchgestaltung der vierzehn Umschläge 1972 und 1973 für die Fachzeitschrift *Typographische Monatsblätter.*
Nummer:
12

1971
Handsatz. Durchgestaltung der vierzehn Umschläge 1972 und 1973 für die Fachzeitschrift *Typographische Monatsblätter.*
Nummer:
2

408 409

1970
Handsatz. Durchgestaltung der vierzehn Umschläge 1972 und 1973 für die Fachzeitschrift *Typographische Monatsblätter.*
Nummern:
3 4

410 411 412

1971
Handsatz. Durchgestaltung der vierzehn Umschläge 1972 und 1973 für die Fachzeitschrift *Typographische Monatsblätter.*
Nummern:
5 6.7 11

The director of the Visual Communication Department asked me to design a brochure for a pilot program in the Basel school. At that time in 1983 our school typeshop was not equipped to set large amounts of text. Composing by hand was time-consuming and sending out for phototypesetting too costly. Computers were not yet used as a design tool, so I bought an electric Olivetti typewriter to solve the problem. Whether with simple or complicated instruments, unity in typographic design is like musical composition: an orchestration of inseparable relationships between individual letters, words, lines, text blocks, and spatial intervals.

Similar in its objective to the educational supplements for TM, the book Projekte was originally planned as a continuing series to publish the work of exceptional students. Financial support for the undertaking waned, however, and the publisher Arthur Niggli printed and distributed the first and only volume in a small edition of four hundred copies.

Projekte presented the research of two students both of whom
combined traditional elements of metal typesetting
with photographic techniques, experimenting with type and
134-135 image on layers of transparent films. The first project by James
Faris, his typographic interpretations of a poem by Stéphane
Mallarmé, was published in TM Number 4/1979.

The second project, inspired by a gate in the Castello Grande of Bellinzona, was the work of Gregory Vines. His photographs, many drawings, and typographic sketches resulted in the design of six final film montages for a TM cover series in 1978.

Continued on page 420

Catalogue and Book Design: Text and Image

1973–1992

Katalog- und Buchgestaltung: Verbindung Text-Bild

1973–1992

Allgemeine Gewerbeschule Basel
Schule für Gestaltung

Fachbereich Visuelle Kommunikation
Höhere Schule für Gestaltung

Eine Informationsschrift über
die Weiterbildung zum Gestalter HFG
Visuelle Kommunikation

1

Winter 1983

2

Ausbildungsziele

Ab Frühjahr 1983 führt die Höhere Schule für Gestaltung Basel für ausgebildete Grafiker und Fachkräfte, welche eine mehrjährige Tätigkeit auf dem Gebiete der visuellen Kommunikation nachweisen können, eine Weiterbildung auf höherer beruflicher Ebene durch.

Der Unterricht wendet sich vor allem an Interessenten, die beabsichtigen:

1. ihre allgemeine, kulturelle und berufsbezogene Bildung zu vertiefen;
2. ihre kreativen und gestalterischen Fähigkeiten zu beleben; Denk- und Arbeitsweise auf einen zeitgemässen Stand zu bringen, besonders in Bezug auf die neuen Reproduktionstechniken;
3. ihr Wissen und Können auf neuentstandene Arbeitsfelder, auf neue Medien und Berufsgebiete auszudehnen;
4. die Spezialisierung eines bestimmten Fachgebietes voranzutreiben;
5. Entdeckungsfreude, Forschungstrieb und experimentelles Arbeiten zu fördern und Abstand zu gewinnen von Routine und Gewohnheit.

3

Ausbildungsstatus

Der Ausbildungsgang ist als höhere berufliche Ausbildung geplant.

Der Status ist vergleichbar mit dem einer Höheren Technischen Lehranstalt.

Dem erfolgreichen Absolventen wird ein eidgenössisch anerkanntes Diplom abgegeben.

Ausbildungsgebiete

Folgende Bereiche der visuellen Kommunikation werden bearbeitet:

allgemeine Grundlagen der Gestaltung

visuelle Orientierung, Information, Fachdidaktik, Werbung, Verpackungsgrafik

Grundlagen und Anwendungsmöglichkeiten der audiovisuellen Medien

dreidimensionales Gestalten, Architekturgrafik.

4

Zulassungsbedingungen

Abgeschlossene Berufsausbildung als Grafiker

oder

abgeschlossene Berufsausbildung in einem visuell-gestalterischen Beruf und mindestens zweijährige Tätigkeit in einem grafikfachbezogenen Bereich, nachgewiesen durch eine Arbeitsmappe mit selbständig entworfenen und ausgeführten Projekten. (Die Reihenfolge der Bedingungen entspricht der Priorität der Zulassungsberechtigung).

Aufnahme

Die Aufnahmekommission, bestehend aus Lehrern der Höheren Schule für Gestaltung, Fachbereich Visuelle Kommunikation, beantragt anhand der unterbreiteten Unterlagen die Aufnahme.

Über die Aufnahme entscheidet auf Grund der Anträge die Direktion.

5

Unterrichtsformen

Praktische Studioarbeit im Fachunterricht;

Vorlesungen, Vorträge, Seminarien; Arbeitsformen, die vermehrt von theoretisch angelegten und wissenschaftlich abgestützten Untersuchungen abgeleitet werden;

Experimentelle Forschungsarbeiten als Versuchsprojekte oder als Aufträge.
Herstellung von entsprechenden Publikationen im Sinne didaktischer Beiträge der Studenten;

Gruppen- und Teamarbeit bei fachübergreifenden Projekten unter Zuzug von Spezialisten;

Bearbeitung von Wettbewerben und Direktaufträgen aus der Praxis.

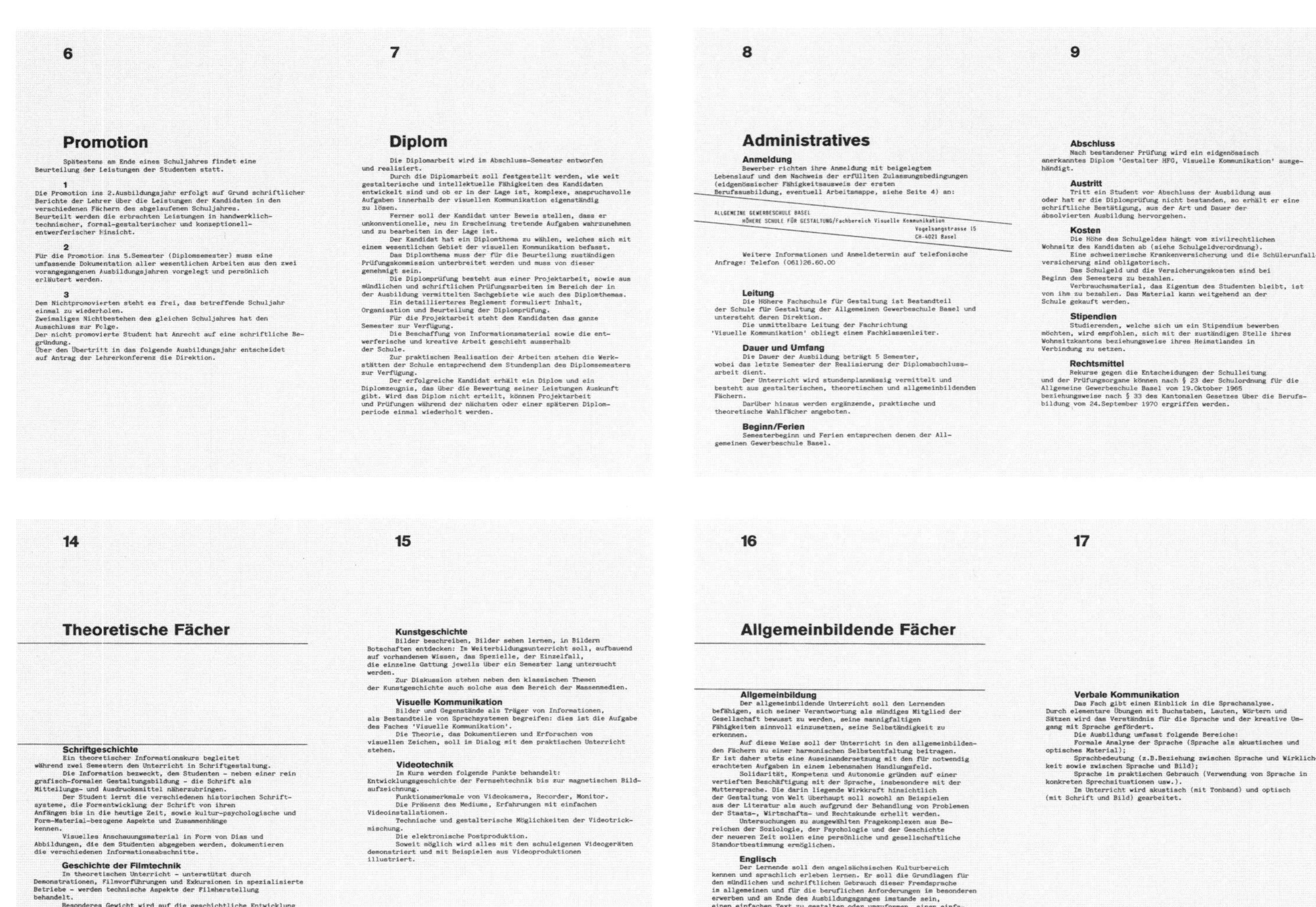

6

Promotion

Spätestens am Ende eines Schuljahres findet eine Beurteilung der Leistungen der Studenten statt.

1
Die Promotion ins 2.Ausbildungsjahr erfolgt auf Grund schriftlicher Berichte der Lehrer über die Leistungen der Kandidaten in den verschiedenen Fächern des abgelaufenen Schuljahres.
Beurteilt werden die erbrachten Leistungen in handwerklich-technischer, formal-gestalterischer und konzeptionell-entwerferischer Hinsicht.

2
Für die Promotion ins 5.Semester (Diplomsemester) muss eine umfassende Dokumentation aller wesentlichen Arbeiten aus den zwei vorangegangenen Ausbildungsjahren vorgelegt und persönlich erläutert werden.

3
Dem Nichtpromovierten steht es frei, das betreffende Schuljahr einmal zu wiederholen.
Zweimaliges Nichtbestehen des gleichen Schuljahres hat den Ausschluss zur Folge.
Der nicht promovierte Student hat Anrecht auf eine schriftliche Begründung.
Über den Übertritt in das folgende Ausbildungsjahr entscheidet auf Antrag der Lehrerkonferenz die Direktion.

7

Diplom

Die Diplomarbeit wird im Abschluss-Semester entworfen und realisiert.
Durch die Diplomarbeit soll festgestellt werden, wie weit gestalterische und intellektuelle Fähigkeiten des Kandidaten entwickelt sind und ob er in der Lage ist, komplexe, anspruchsvolle Aufgaben innerhalb der visuellen Kommunikation eigenständig zu lösen.
Ferner soll der Kandidat unter Beweis stellen, dass er unkonventionelle, neu in Erscheinung tretende Aufgaben wahrzunehmen und zu bearbeiten in der Lage ist.
Der Kandidat hat ein Diplomthema zu wählen, welches sich mit einem wesentlichen Gebiet der visuellen Kommunikation befasst.
Das Diplomthema muss der für die Beurteilung zuständigen Prüfungskommission unterbreitet werden und muss von dieser genehmigt sein.
Die Diplomprüfung besteht aus einer Projektarbeit, sowie aus mündlichen und schriftlichen Prüfungsarbeiten im Bereich der in der Ausbildung vermittelten Sachgebiete wie auch des Diplomthemas.
Ein detaillierteres Reglement formuliert Inhalt, Organisation und Beurteilung der Diplomprüfung.
Für die Projektarbeit steht dem Kandidaten das ganze Semester zur Verfügung.
Die Beschaffung von Informationsmaterial sowie die entwerferische und kreative Arbeit geschieht ausserhalb der Schule.
Zur praktischen Realisation der Arbeiten stehen die Werkstätten der Schule entsprechend dem Stundenplan des Diplomsemesters zur Verfügung.
Der erfolgreiche Kandidat erhält ein Diplom und ein Diplomzeugnis, das über die Bewertung seiner Leistungen Auskunft gibt. Wird das Diplom nicht erteilt, können Projektarbeit und Prüfungen während der nächsten oder einer späteren Diplomperiode einmal wiederholt werden.

8

Administratives

Anmeldung
Bewerber richten ihre Anmeldung mit beigelegtem Lebenslauf und dem Nachweis der erfüllten Zulassungsbedingungen (eidgenössischer Fähigkeitsausweis der ersten Berufsausbildung, eventuell Arbeitsmappe, siehe Seite 4) an:

ALLGEMEINE GEWERBESCHULE BASEL
HÖHERE SCHULE FÜR GESTALTUNG/Fachbereich Visuelle Kommunikation
Vogelsangstrasse 15
CH-4021 Basel

Weitere Informationen und Anmeldetermin auf telefonische Anfrage: Telefon (061)26.60.00

Leitung
Die Höhere Fachschule für Gestaltung ist Bestandteil der Schule für Gestaltung der Allgemeinen Gewerbeschule Basel und untersteht deren Direktion.
Die unmittelbare Leitung der Fachrichtung 'Visuelle Kommunikation' obliegt einem Fachklassenleiter.

Dauer und Umfang
Die Dauer der Ausbildung beträgt 5 Semester, wobei das letzte Semester der Realisierung der Diplomabschlussarbeit dient.
Der Unterricht wird stundenplanmässig vermittelt und besteht aus gestalterischen, theoretischen und allgemeinbildenden Fächern.
Darüber hinaus werden ergänzende, praktische und theoretische Wahlfächer angeboten.

Beginn/Ferien
Semesterbeginn und Ferien entsprechen denen der Allgemeinen Gewerbeschule Basel.

9

Abschluss
Nach bestandener Prüfung wird ein eidgenössisch anerkanntes Diplom 'Gestalter HFG, Visuelle Kommunikation' ausgehändigt.

Austritt
Tritt ein Student vor Abschluss der Ausbildung aus oder hat er die Diplomprüfung nicht bestanden, so erhält er eine schriftliche Bestätigung, aus der Art und Dauer der absolvierten Ausbildung hervorgehen.

Kosten
Die Höhe des Schulgeldes hängt vom zivilrechtlichen Wohnsitz des Kandidaten ab (siehe Schulgeldverordnung).
Eine schweizerische Krankenversicherung und die Schülerunfallversicherung sind obligatorisch.
Das Schulgeld und die Versicherungskosten sind bei Beginn des Semesters zu bezahlen.
Verbrauchsmaterial, das Eigentum des Studenten bleibt, ist von ihm zu bezahlen. Das Material kann weitgehend an der Schule gekauft werden.

Stipendien
Studierenden, welche sich um ein Stipendium bewerben möchten, wird empfohlen, sich mit der zuständigen Stelle ihres Wohnsitzkantons beziehungsweise ihres Heimatlandes in Verbindung zu setzen.

Rechtsmittel
Rekurse gegen die Entscheidungen der Schulleitung und der Prüfungsorgane können nach § 23 der Schulordnung für die Allgemeine Gewerbeschule Basel vom 19.Oktober 1965 beziehungsweise nach § 33 des Kantonalen Gesetzes über die Berufsbildung vom 24.September 1970 ergriffen werden.

14

Theoretische Fächer

Schriftgeschichte
Ein theoretischer Informationskurs begleitet während zwei Semestern den Unterricht in Schriftgestaltung.
Die Information bezweckt, dem Studenten – neben einer rein grafisch-formalen Gestaltungsbildung – die Schrift als Mitteilungs- und Ausdrucksmittel näherzubringen.
Der Student lernt die verschiedenen historischen Schriftsysteme, die Formentwicklung der Schrift von ihren Anfängen bis in die heutige Zeit, sowie kultur-psychologische und Form-Material-bezogene Aspekte und Zusammenhänge kennen.
Visuelles Anschauungsmaterial in Form von Dias und Abbildungen, die dem Studenten abgegeben werden, dokumentieren die verschiedenen Informationsabschnitte.

Geschichte der Filmtechnik
Im theoretischen Unterricht – unterstützt durch Demonstrationen, Filmvorführungen und Exkursionen in spezialisierte Betriebe – werden technische Aspekte der Filmherstellung behandelt.
Besonderes Gewicht wird auf die geschichtliche Entwicklung des Mediums gelegt: Seine Anfänge im 19.Jahrhundert und die Auswirkungen technischer Innovationen auf die Filmproduktionen der letzten achzig Jahre.

15

Kunstgeschichte
Bilder beschreiben, Bilder sehen lernen, in Bildern Botschaften entdecken: Im Weiterbildungsunterricht soll, aufbauend auf vorhandenem Wissen, das Spezielle, der Einzelfall, die einzelne Gattung jeweils über ein Semester lang untersucht werden.
Zur Diskussion stehen neben den klassischen Themen der Kunstgeschichte auch solche aus dem Bereich der Massenmedien.

Visuelle Kommunikation
Bilder und Gegenstände als Träger von Informationen, als Bestandteile von Sprachsystemen begreifen: dies ist die Aufgabe des Faches 'Visuelle Kommunikation'.
Die Theorie, das Dokumentieren und Erforschen von visuellen Zeichen, soll im Dialog mit dem praktischen Unterricht stehen.

Videotechnik
Im Kurs werden folgende Punkte behandelt:
Entwicklungsgeschichte der Fernsehtechnik bis zur magnetischen Bildaufzeichnung.
Funktionsmerkmale von Videokamera, Recorder, Monitor.
Die Präsenz des Mediums, Erfahrungen mit einfachen Videoinstallationen.
Technische und gestalterische Möglichkeiten der Videotrickmischung.
Die elektronische Postproduktion.
Soweit möglich wird alles mit den schuleigenen Videogeräten demonstriert und mit Beispielen aus Videoproduktionen illustriert.

16

Allgemeinbildende Fächer

Allgemeinbildung
Der allgemeinbildende Unterricht soll den Lernenden befähigen, sich seiner Verantwortung als mündiges Mitglied der Gesellschaft bewusst zu werden, seine mannigfaltigen Fähigkeiten sinnvoll einzusetzen, seine Selbständigkeit zu erkennen.
Auf diese Weise soll der Unterricht in den allgemeinbildenden Fächern zu einer harmonischen Selbstentfaltung beitragen. Er ist daher stets eine Auseinandersetzung mit den für notwendig erachteten Aufgaben in einem lebensnahen Handlungsfeld.
Solidarität, Kompetenz und Autonomie gründen auf einer vertieften Beschäftigung mit der Sprache, insbesondere mit der Muttersprache. Die darin liegende Wirkkraft hinsichtlich der Gestaltung von Welt überhaupt soll sowohl an Beispielen aus der Literatur als auch aufgrund der Behandlung von Problemen der Staats-, Wirtschafts- und Rechtskunde erhellt werden.
Untersuchungen zu ausgewählten Fragekomplexen aus Bereichen der Soziologie, der Psychologie und der Geschichte der neueren Zeit sollen eine persönliche und gesellschaftliche Standortbestimmung ermöglichen.

Englisch
Der Lernende soll den angelsächsischen Kulturbereich kennen und sprachlich erleben lernen. Er soll die Grundlagen für den mündlichen und schriftlichen Gebrauch dieser Fremdsprache im allgemeinen und für die beruflichen Anforderungen im besonderen erwerben und am Ende des Ausbildungsganges imstande sein, einen einfachen Text zu gestalten oder umzuformen, einen einfachen Text aus der Muttersprache in die Fremdsprache zu übertragen, im Rahmen des persönlichen, gesellschaftlichen Erfahrungsbereiches ein Gespräch zu führen.

17

Verbale Kommunikation
Das Fach gibt einen Einblick in die Sprachanalyse. Durch elementare Übungen mit Buchstaben, Lauten, Wörtern und Sätzen wird das Verständnis für die Sprache und der kreative Umgang mit Sprache gefördert.
Die Ausbildung umfasst folgende Bereiche:
Formale Analyse der Sprache (Sprache als akustisches und optisches Material);
Sprachbedeutung (z.B.Beziehung zwischen Sprache und Wirklichkeit sowie zwischen Sprache und Bild);
Sprache im praktischen Gebrauch (Verwendung von Sprache in konkreten Sprechsituationen usw.).
Im Unterricht wird akustisch (mit Tonband) und optisch (mit Schrift und Bild) gearbeitet.

Armin Hofmann wrote the introduction for the book Projekte *in longhand. The vigorous character of his handwriting prompted me to make a collage out of it – with restraint. I didn't want to destroy the spontaneity of the handwritten text.*

Since the introduction of printing, the subtle relationship between type and image has presented a persistent problem. As a self-taught graphic designer one of the first times I confronted the difficulty was when planning the page layouts for a TM/communication series, Number 10/1976, that featured Lawrence Bach's abstract photographs, and when designing the catalogue for a jewelry convention in the same year.

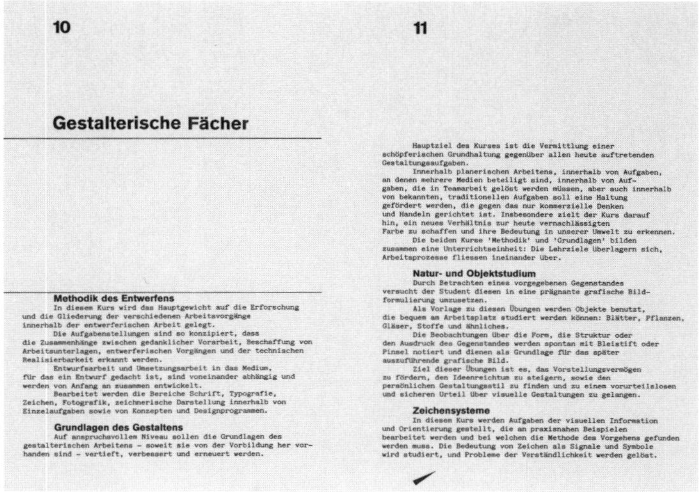

10

Gestalterische Fächer

Methodik des Entwerfens
In diesem Kurs wird das Hauptgewicht auf die Erforschung und die Gliederung der verschiedenen Arbeitsvorgänge innerhalb der entwerferischen Arbeit gelegt.
Die Aufgabenstellungen sind so konzipiert, dass die Zusammenhänge zwischen gedanklicher Vorarbeit, Beschaffung von Arbeitsunterlagen, entwerferischen Vorgängen und der technischen Realisierbarkeit erkannt werden.
Entwurfsarbeit und Umsetzungsarbeit in das Medium, für das ein Entwurf gedacht ist, sind voneinander abhängig und werden von Anfang an zusammen entwickelt.
Bearbeitet werden die Bereiche Schrift, Typografie, Zeichen, Fotografik, zeichnerische Darstellung innerhalb von Einzelaufgaben sowie von Konzepten und Designprogrammen.

Grundlagen des Gestaltens
Auf anspruchsvollem Niveau sollen die Grundlagen des gestalterischen Arbeitens – soweit sie von der Vorbildung her vorhanden sind – vertieft, verbessert und erneuert werden.

11

Hauptziel des Kurses ist die Vermittlung einer schöpferischen Grundhaltung gegenüber allen heute auftretenden Gestaltungsaufgaben.
Innerhalb planerischen Arbeitens, innerhalb von Aufgaben, an denen mehrere Medien beteiligt sind, innerhalb von Aufgaben, die in Teamarbeit gelöst werden müssen, aber auch innerhalb von bekannten, traditionellen Aufgaben soll eine Haltung gefördert werden, die gegen das nur kommerzielle Denken und Handeln gerichtet ist. Insbesondere zielt der Kurs darauf hin, ein neues Verhältnis zur heute vernachlässigten Farbe zu schaffen und ihre Bedeutung in unserer Umwelt zu erkennen.
Die beiden Kurse 'Methodik' und 'Grundlagen' bilden zusammen eine Unterrichtseinheit: Die Lehrziele überlagern sich, Arbeitsprozesse fliessen ineinander über.

Natur- und Objektstudium
Durch Betrachten eines vorgegebenen Gegenstandes versucht der Student diesen in eine prägnante grafische Bildformulierung umzusetzen.
Als Vorlage zu diesen Übungen werden Objekte benutzt, die bequem am Arbeitsplatz studiert werden können: Blätter, Pflanzen, Gläser, Stoffe und ähnliches.
Die Beobachtungen über die Form, die Struktur oder den Ausdruck des Gegenstandes werden spontan mit Bleistift oder Pinsel notiert und dienen als Grundlage für das später auszuführende grafische Bild.
Ziel dieser Übungen ist es, das Vorstellungsvermögen zu fördern, den Ideenreichtum zu steigern, sowie den persönlichen Gestaltungsstil zu finden und zu einem vorurteilslosen und sicheren Urteil über visuelle Gestaltungen zu gelangen.

Zeichensysteme
In diesem Kurs werden Aufgaben der visuellen Information und Orientierung gestellt, die an praxisnahen Beispielen bearbeitet werden und bei welchen die Methode des Vorgehens gefunden werden muss. Die Bedeutung von Zeichen als Signale und Symbole wird studiert, und Probleme der Verständlichkeit werden gelöst.

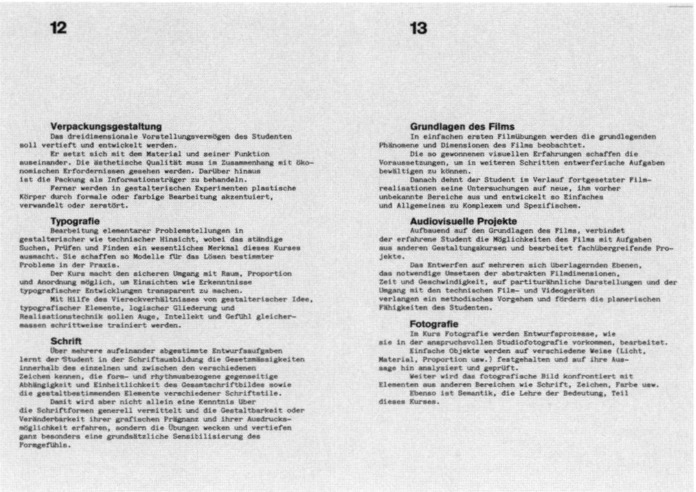

12

Verpackungsgestaltung
Das dreidimensionale Vorstellungsvermögen des Studenten soll vertieft und entwickelt werden.
Er setzt sich mit dem Material und seiner Funktion auseinander. Die ästhetische Qualität muss im Zusammenhang mit ökonomischen Erfordernissen gesehen werden. Darüber hinaus ist die Packung als Informationsträger zu behandeln.
Ferner werden in gestalterischen Experimenten plastische Körper durch formale oder farbige Bearbeitung akzentuiert, verwandelt oder zerstört.

Typografie
Bearbeitung elementarer Problemstellungen in gestalterischer wie technischer Hinsicht, wobei das ständige Suchen, Prüfen und Finden ein wesentliches Merkmal dieses Kurses ausmacht. Sie schaffen so Modelle für das Lösen bestimmter Probleme in der Praxis.
Der Kurs macht den sicheren Umgang mit Raum, Proportion und Anordnung möglich, um Einsichten wie Erkenntnisse typografischer Entwicklungen transparent zu machen.
Mit Hilfe des Viereckverhältnisses von gestalterischer Idee, typografischer Elemente, logischer Gliederung und Realisationstechnik sollen Auge, Intellekt und Gefühl gleichermassen schrittweise trainiert werden.

Schrift
Über mehrere aufeinander abgestimmte Entwurfsaufgaben lernt der Student in der Schriftausbildung die Gesetzmässigkeiten innerhalb des einzelnen und zwischen den verschiedenen Zeichen kennen, die form- und rhythmusbezogene gegenseitige Abhängigkeit und Einheitlichkeit des Gesamtschriftbildes sowie die gestaltbestimmenden Elemente verschiedener Schriftstile.
Damit wird aber nicht allein eine Kenntnis über die Schriftformen generell vermittelt und die Gestaltbarkeit oder Veränderbarkeit ihrer grafischen Prägnanz und ihrer Ausdrucksmöglichkeit erfahren, sondern die Übungen wecken und vertiefen ganz besonders eine grundsätzliche Sensibilisierung des Formgefühls.

13

Grundlagen des Films
In einfachen ersten Filmübungen werden die grundlegenden Phänomene und Dimensionen des Films beobachtet.
Die so gewonnenen visuellen Erfahrungen schaffen die Voraussetzungen, um in weiteren Schritten entwerferische Aufgaben bewältigen zu können.
Danach dehnt der Student im Verlauf fortgesetzter Filmrealisationen seine Untersuchungen auf neue, ihm vorher unbekannte Bereiche aus und entwickelt so Einfaches und Allgemeines zu Komplexem und Spezifischem.

Audiovisuelle Projekte
Aufbauend auf den Grundlagen des Films, verbindet der erfahrene Student die Möglichkeiten des Films mit Aufgaben aus anderen Gestaltungskursen und bearbeitet fachübergreifende Projekte.
Das Entwerfen auf mehreren sich überlagernden Ebenen, das notwendige Umsetzen der abstrakten Filmdimensionen, Zeit und Geschwindigkeit, auf partiturähnliche Darstellungen und der Umgang mit den technischen Film- und Videogeräten verlangen ein methodisches Vorgehen und fördern die planerischen Fähigkeiten des Studenten.

Fotografie
Im Kurs Fotografie werden Entwurfsprozesse, wie sie in der anspruchsvollen Studiofotografie vorkommen, bearbeitet.
Einfache Objekte werden auf verschiedene Weise (Licht, Material, Proportion usw.) festgehalten und auf ihre Aussage hin analysiert und geprüft.
Weiter wird das fotografische Bild konfrontiert mit Elementen aus anderen Bereichen wie Schrift, Zeichen, Farbe usw.
Ebenso ist Semantik, die Lehre der Bedeutung, Teil dieses Kurses.

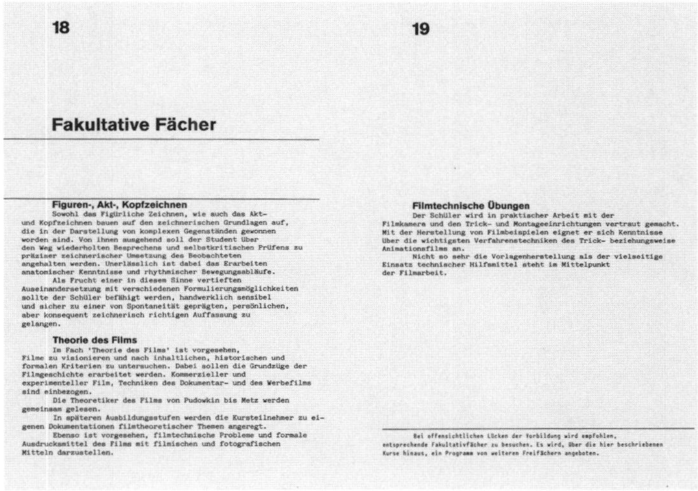

18

Fakultative Fächer

Figuren-, Akt-, Kopfzeichnen
Sowohl das Figürliche Zeichnen, wie auch das Akt- und Kopfzeichnen bauen auf den zeichnerischen Grundlagen auf, die in der Darstellung von komplexen Gegenständen gewonnen worden sind. Von ihnen ausgehend soll der Student über den Weg wiederholten Besprechens und selbstkritischen Prüfens zu präziser zeichnerischer Umsetzung des Beobachteten angehalten werden. Unerlässlich ist dabei das Erarbeiten anatomischer Kenntnisse und rhythmischer Bewegungsabläufe.
Als Frucht einer in diesem Sinne vertieften Auseinandersetzung mit verschiedenen Formulierungsmöglichkeiten sollte der Schüler befähigt werden, handwerklich sensibel und sicher zu einer von Spontaneität geprägten, persönlichen, aber konsequent zeichnerisch richtigen Auffassung zu gelangen.

Theorie des Films
Im Fach 'Theorie des Films' ist vorgesehen, Filme zu visionieren und nach inhaltlichen, historischen und formalen Kriterien zu untersuchen. Dabei sollen die Grundzüge der Filmgeschichte erarbeitet werden. Kommerzieller und experimenteller Film, Techniken des Dokumentar- und des Werbefilms sind einbezogen.
Die Theoretiker des Films von Pudowkin bis Metz werden gemeinsam gelesen.
In späteren Ausbildungsstufen werden die Kursteilnehmer zu eigenen Dokumentationen filmtheoretischer Themen angeregt.
Ebenso ist vorgesehen, filmtechnische Probleme und formale Ausdrucksmittel des Films mit filmischen und fotografischen Mitteln darzustellen.

19

Filmtechnische Übungen
Der Schüler wird in praktischer Arbeit mit der Filmkamera und den Trick- und Montageeinrichtungen vertraut gemacht. Mit der Herstellung von Filmbeispielen eignet er sich Kenntnisse über die wichtigsten Verfahrenstechniken des Trick- beziehungsweise Animationsfilms an.
Nicht so sehr die Vorlagenherstellung als der vielseitige Einsatz technischer Hilfsmittel steht im Mittelpunkt der Filmarbeit.

Bei offensichtlichen Lücken der Vorbildung wird empfohlen, entsprechende Fakultativfächer zu besuchen. Es wird, über die hier beschriebenen Kurse hinaus, ein Programm von weiteren Freifächern angeboten.

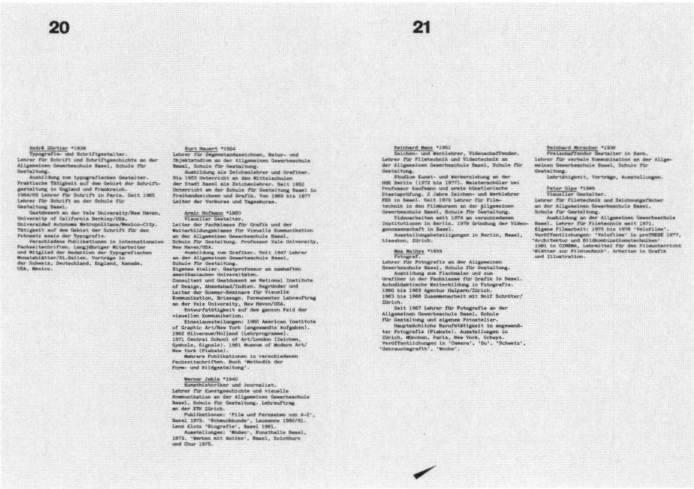

20

André Gürtler *1936
Typografie- und Schriftgestalter.
Lehrer für Schrift und Schriftgeschichte an der Allgemeinen Gewerbeschule Basel, Schule für Gestaltung.
Ausbildung zum typografischen Gestalter. Praktische Tätigkeit auf dem Gebiet der Schriftgestaltung in England und Frankreich. 1964/65 Lehrer für Schrift in Paris. Seit 1965 Lehrer für Schrift an der Schule für Gestaltung Basel.
Gastdozent an der Yale University/New Haven, University of California Berkley/USA, Universidad Autonoma Metropolitana/Mexico-City. Tätigkeit auf dem Gebiet der Schrift für den Fotosatz sowie der Typografie.
Verschiedene Publikationen in internationalen Fachzeitschriften. Langjähriger Mitarbeiter und Mitglied der Redaktion der Typografischen Monatsblätter/St.Gallen. Vorträge in der Schweiz, Deutschland, England, Kanada, USA, Mexico.

21

Posing a similar challenge, Peter Olpe, a designer and builder of pinhole cameras, requested that I design a small book for him. It included his sketches and construction drawings, prototype cameras, and a range of his photographs.

Considerations for the booklet design were: the square page with its exact geometric center suggesting a lens, the relative proportioning of the black-and-white photographs to suggest nearness or distance, the interaction of margins and image content, and sparse typography. On the cover, parallel to the idea of a pinhole, the initial O was a lucky letter in the author's last name.

22

Max Schmid *1921

Visueller Gestalter.
Lehrer für Grafik, Zeichensysteme und Verpackungsgestaltung an der Allgemeinen Gewerbeschule Basel, Schule für Gestaltung.

Berufliche Ausbildung im Atelier des Grafikers Fritz Bühler und während 7 Jahren dessen Mitarbeiter. 1947 bis 1970 Gestalter in der chemischen Industrie und verantwortlicher Leiter des visuellen Erscheinungsbildes der J.R.Geigy AG Basel.

Studienaufenthalte in Italien, USA und Japan. Mehrere europäische und internationale Auszeichnungen für Verpackungsgestaltung. Seit 1964 Lehrtätigkeit an der Schule für Gestaltung Basel.

Seit 1970 selbständiger Grafiker.

Peter Stettler *1939

Kunstmaler, Radierer.
Lehrer für Figürliches-, Akt- und Kopfzeichnen an der Allgemeinen Gewerbeschule Basel, Schule für Gestaltung.

Ausbildung an der Kunstgewerbeschule Basel 1954 bis 1962. Figürliche Kompositionen in Öl, Dispersion, Radierung, Zeichnung.

Ausstellungen:

Eidgenössisches Stipendium/Bern, 4.Internationale Grafikausstellung/St.Moritz, Gewerbemuseum Winterthur, Wolfsberg und Orell Füssli/Zürich, Kunsthalle und Kunstmuseum Basel, Cité Internationale des Arts/Paris, Bollag/Frauenfeld, Art 1.70 und Art 5.74/Basel, Musée d'art et d'histoire/Genf, Alte Kanzlei/Zofingen, Kunstverein/Binningen, Sandoz/Basel.

Peter von Arx *1937

Visueller Gestalter, Filmschaffender.
Lehrer für Film- und TV-Grafik an der Allgemeinen Gewerbeschule Basel, Schule für Gestaltung.

Ausbildung als Grafiker-Lithograf in Zürich und als Grafiker in der Fachklasse für Grafik/Basel. Autodidaktische Weiterbildung in Film. Eigenes Entwurfsatelier.

Arbeitsgebiete: Schriftgrafik, Plakat, angewandter Animationsfilm, experimenteller Kurzfilm.

Lehrtätigkeit in Lithografie und Offset, Schrift, Farbe. 1968 Gründung der Kurse für Animationsfilm und Filmgrafik an der Allgemeinen Gewerbeschule Basel, Schule für Gestaltung.

Filme: Lego/AHAHA/Titel/Fraktur/Links-Rechts/Marsch/Selbstportrait/Informationsfilme über die Filmausbildung 'Film und Design'.

Referate und Filmvorführungen in der Schweiz, Deutschland, USA, Mexico. Arbeitsseminar an der Universidad Autonoma Metropolitana/Mexico-City.

Mehrere Publikationen in Fachzeitschriften. 1983 Buch 'Film und Design', Verlag Paul Haupt/Bern.

Wolfgang Weingart *1941

Lehrer für Typografie an der Allgemeinen Gewerbeschule Basel, Schule für Gestaltung.

Lernte das Handwerk des Schriftsetzers. Seit 1968 Lehrer für Typografie an der Schule für Gestaltung Basel. Seminare und Vorträge seiner Lehrmethodik in der Schweiz, BRD und den USA.

Veröffentlichungen in der Fachpresse. 1980 erschien im Arthur Niggli Verlag das Buch 'Projekte' mit Ergebnissen aus dem Typografie-Unterricht in Basel. Weingart ist Mitglied der Organisation 'Alliance Graphique Internationale', AGI.

23

Notizen

24

Die typographische Anordnung einer täglichen Drucksache, die mit Hilfe einfacher oder anspruchsvoller Werkzeuge erstellt wurde, veränderte nicht ihren gestalterischen Ausdruck. Die Broschüre für den Fachbereich Visuelle Kommunikation an der Kunstgewerbeschule Basel wurde mit einer Schreibmaschine geschrieben und bestätigte, dass für eine übersichtlich gestaltete Mitteilung die Beschaffenheit des Satzgerätes unwichtig war. Das herkömmliche Wissen und Anwenden der Spannungsverhältnisse zwischen Schriftzeichen,
Linien und dem Format waren an diesem Druckbeispiel 422 423
gewährleistet und ablesbar.

Das Buch *Projekte* war als eine fortlaufende Reihe vorgesehen. Die Beilage *Wege zur Typographie*, den *Typographischen Monatsblättern* beigeheftet, hatte den gleichen Gedanken wie *Projekte*: Ausgewählte Arbeiten aus meinem Typographie-Unterricht der Fachwelt vorzustellen. Im ersten Band waren es Ergebnisse zweier Schüler.

Den Vertrieb der kleinen Auflage übernahm der Verleger Arthur Niggli. Eine Fortführung dieser Reihe war aus Kostengründen nicht mehr möglich. Beide Projekte wurden mit
134-135 Hilfe der Überlagerung lithographischer Filme in der Dunkel-
kammer und an einem Leuchttisch erstellt.

Die erste collagenartige Untersuchung von James Faris war die typographische Veränderung eines Gedichtes des französischen Dichters und Künstlers Stéphane Mallarmé.

Die zweite Arbeit war ein umfangreicherer Beitrag von Gregory Vines. Er hatte die Veränderung eines Tores im Castello Grande von Bellinzona untersucht. Seine Arbeiten fanden 1978 ihre Anwendung in den sechs Umschlägen der *Typographischen Monatsblätter*.

Fortsetzung Seite 432

Projekte.

Weingart:
Ergebnisse aus dem Typographie-Unterricht an der Kunstgewerbeschule Basel, Schweiz.

Projekt I	James Faris. Werkzeug, Arbeitsmethode: Eine ‹typographische› Bildkonfrontation in 26 Collagen.	Vorwort von Armin Hofmann
Projekt II	Gregory Vines. Das Tor in Bellinzona: Ideen, Skizzen, Entwürfe. Die 6 Umschläge für die ‹Typographischen Monatsblätter› 1978.	

Projects.

Weingart:
Typographic Research at the School of Design Basle, Switzerland.

Project I	James Faris. Tool, Process, Sensibility: Images of Typography in 26 Collages.	Introduction by Armin Hofmann
Project II	Gregory Vines. The Gate in Bellinzona: Ideas, Sketches and Designs. The 6 Covers for the ‹Typographische Monatsblaetter›, 1978.	

Verlag Arthur Niggli AG

©1979 by Weingart

Distributed by Verlag Arthur Niggli AG CH 9052 Niederteufen/Switzerland

Niggli Limited Publishers

ISBN 3 7212 0126 4

Printed and manufactured in Switzerland

Volume 1

Projekte

Projects

Verlag Arthur Niggli AG

424
425

I
hope that
this is the
end!

Gegen abend
Gewitter-Möglichkeit

Showers
towards evening

Vorwort

Der Frage, welche Bedeutung die Erfindung des Buchdrucks in der geschichtlichen Entwicklung Europas gehabt hat, ist man nie sorgfältig nachgegangen. Erst heute, wo die neuen Kommunikationstechniken auf ihre Wirkung hin untersucht werden, beginnen wir zu ermessen, wie sehr jede politische Veränderung unter anderem auch davon abhängt, wie die Mitteilungstechnik eingesetzt wird, welche Formulierungsmöglichkeiten in ihr stecken. Ereignisse, Erlebnisse, Einsichten, Ideen, Utopien u.s.w. erhalten Kraft und Ausstrahlung durch die Art und Weise wie sie geformt und weitergegeben werden.

Wenn bei der herkömmlichen Art, vervielfältigte Botschaften auszusenden, der gestalterisch-formale Raum durch die Technik des Setzens und Reproduzierens noch eingeschränkt war, eröffnen uns die neuen Mitteilungstechniken viel direktere und spontanere Möglichkeiten, an den Mitmenschen heran zu kommen. Man kann sagen, dass wir in Bezug auf die visuell wahrnehmbare Kommunikation am Beginn eines neuen Zeitalters stehen.

Wolfgang Weingart leistet im Bereich der gedruckten Mitteilung Pionierarbeit. Er ist einer jener wenigen Gestalter, die die Typoszene in Bewegung gebracht haben.

von der Praxis her als Masstab an den Lernenden herangetragen wurde, in der eigenen Werkstatt zu leisten. Er hat die Bedeutung der 'Schule' erkannt.

Mit Wolfgang Weingart führt eine weitere Lehrerpersönlichkeit die neuere basler Typotradition von Tschichold über Ruder hinein in die Neuzeit.

Armin Hofmann

Introduction

The significance of the invention of printing in European history has never been carefully examined. Only today, with the study of the effects of new communication media, have we begun to realize how much all political change depends upon, among other things, how these techniques are employed and their potential for formulation.
Events, insights, ideas, utopias etc. gain and emit power through their manner of formulation and transmission.

Where with traditional means of reproduction and transmission the formal design space of the message was still limited by typesetting and printing technology, new communications techniques offer us more direct and spontaneous possibilities for reaching our fellow man. With regard to visual communication it can be said that we stand at the beginning of a new age.

In the field of print communication Wolfgang Weingart is a pioneer.
He is one of few typographic designers to have set the typographic scene in motion. For years his teaching work at the School of Design Basle has revolved around the question of how one teaches typography in a time where, in essence, lead type is completely non-existant. With the point and pica system's obsolescence, what are the new bases for design? What is the state of the image in a system which technologically no longer distinguishes between typographic and photographic? Anyone having carefully followed Weingart's work over recent years, discovers with surprise that here something seems to be succeeding, something which since the beginning of printing has always presented a problem: the relationship between letterform and image – no longer as painfully opposed forces, but instead as the expression of a unity.

Pedagogically as well, W.W. breaks new ground. Instead of an 'industrialized' teaching, (which superficially would seem best suited to the new technology), he reembraces a form written off as antiquated, the master/apprentice principle. With small student groups he produces work intended to stand as models for this new typography.
He attempts that which the profession in times gone by always set forth as a fundamental rule in teaching the student, to produce the work within the workshop. He has recognized the meaning of 'school'.

In Weingart a further teaching personality carries on the new Basle typographic tradition from Tschichold, through Ruder and into the new age.

Armin Hofmann

Die Lochkameras von Peter Olpe

Ausstellung
in der Buchhandlung 'das Labyrinth'
Basel/Nadelberg 17

19. November 1992 bis 2. Januar
1993

Inhalt

Zusammenfassend wurden die Untersuchungen des umgesetzten Gedichtes von Stéphane Mallarmé im Heft 4/1979 der gleichen Fachzeitschrift veröffentlicht.

Armin Hofmann schrieb von Hand ein Vorwort für das Buch *Projekte*. Die drei Seiten entwarf ich am gleichen Mittag: Seine unruhige, ausdrucksstarke Handschrift gab mir den unmittelbaren Anreiz, daraus eine Collage zu entwerfen, ohne beim Zerschnipseln und Überlagern seiner Wörter die Ausstrahlungskraft zu verändern.

Das Zusammenspiel von Schriftzeichen und Bild in ein vorgegebenes Format war für mich eine andauernde Prüfungsaufgabe. Einige Beilagen der *TM/communication* gaben mir die Gelegenheit, diese Erfahrungen zu verfeinern.

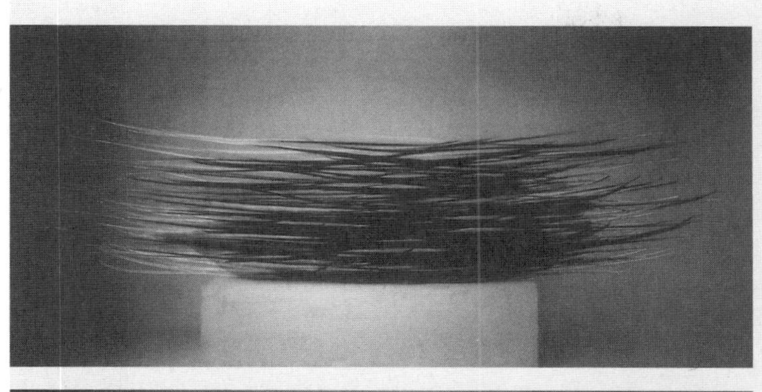

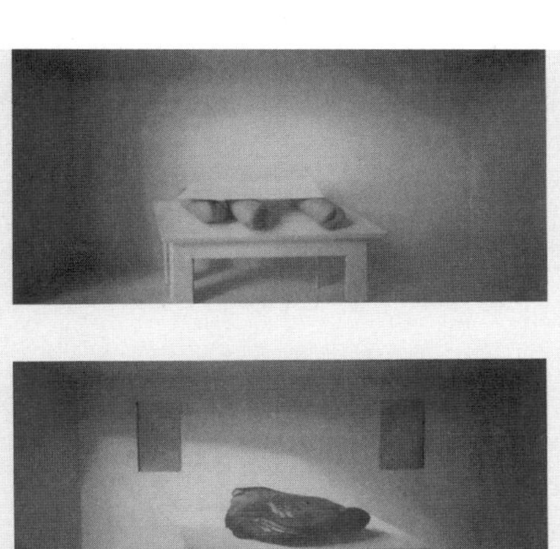

432
433

Ein bezeichnendes Beispiel dieser Herausforderung war die Ausgabe mit photographischen Arbeiten des in Philadelphia/USA lebenden Lehrers Laurence Bach, erschienen in dem Heft 10/1976 der *Typographischen Monatsblätter*.

Eine vergleichbare Aufgabe stellte mir Peter Olpe mit der Herausgabe einer kleinen Broschüre über seine selbst entworfenen und gebauten Lochkameras. Die Gestaltung der Seiten hatte ich dem Bau und dem Äusseren seiner Kameras angeglichen. Die bewussten weissen Abgrenzungen zwischen den einzelnen Abbildungen unterstützten die Einheit der Broschüre zwischen typographischer Anordnung, Bild und dem gegebenen Format.

Die gleichen Grundsätze galten auch für einen Schmuck-
462 katalog, der in Verbindung mit einer Sonderausstellung während
der internationalen Schmuckmesse an der Mustermesse
1976 in Basel den Besuchern verteilt wurde.

Exposition spéciale **Kreativer Schmuck** présentée sous le patronage de la Commission fédérale des Arts appliqués.

Special Exhibition **Creative Jewelry** presented under the patronage of the Federal Commission for Applied Arts.

Sonderschau **Kreativer Schmuck**

durchgeführt unter dem Patronat der Eidgenössischen Kommission für angewandte Kunst

Komitee

- **Niklaus Morgenthaler**
  Direktor der Kunstgewerbeschule Basel
  Präsident der Eidg. Kommission für angewandte Kunst

  Nicolas Bouvier
  Photograph, Vizepräsident der Eidg. Kommission für angewandte Kunst

Experten

- **Dr. Fritz Falk**
  Leiter Schmuckmuseum Pforzheim

  Ernst A. Heiniger
  Filmproduzent

  Hermann Jünger
  Goldschmied, Prof. Kunstakademie München

  Günter Kraus
  Goldschmied

  Dr. F. Walthard
  Generaldirektor Schweizer Mustermesse

  Othmar Zschaler
  Goldschmied

- **Michel Mamie**
  Prokurist Schweizer Mustermesse

Verantwortlich für die Organisation

▼

In the majority of jewelry represented at the exhibition – despite and at the same time because of deliberate and thoroughly-considered choice of materials employed – the actual materialistic value of that which goes to make a given piece is of secondary importance. Of primary concern is the designer's attention to form, since it is form which serves as the means for allowing him to realize his own personal intention. Unusual combinations of materials, among which are such modern ones as fiberglass and steel in combination with gold and precious stones, are often the modern jewelry designer's prerequisites for representation of his concept of «creative jewelry».

It is not preciousness in a materialistic sense which inspires the designer to production of personal jewelry; his attitude is deeply grounded in an artistic conception which enables him to create, through free choice of materials and forms, whatever motivates him artistically. A whole realm of possibilities for free representation stands open to the designer working in his own studio, responsible for his own work. The freedom of an individual working intellectually and artistically is the foundation upon which he creates and ultimately realizes his potential.

Against this background the exhibition «Creative Jewelry», under the auspices of the Swiss Industries Fair Basle is of great significance. In no sense can or is the exhibit intended to display work so absolutely finalized as to be impervious to criticism; the proper task of this special showing is to demonstrate the possibilities of a new design realm and to simultaneously afford a glimpse into new artistic design possibilities unfolding today.

Teilnehmerverzeichnis — Liste des participants — List of participants

	Name / Nom / Name	Land	Pays	Country	Seite / Page / Page	
1	ULRIKE BAHRS	DEUTSCHLAND	ALLEMAGNE	GERMANY	12	13
2	GIJS BAKKER & EMMY VAN LEERSUM	NIEDERLANDE	PAYS-BAS	NETHERLANDS	14	15
3	CÉSAR BALDACCINI	FRANKREICH	FRANCE	FRANCE	16	17
4	UWE BÖTTINGER	DEUTSCHLAND	ALLEMAGNE	GERMANY	18	19
5	WILHELM BUCHERT	DEUTSCHLAND	ALLEMAGNE	GERMANY	20	21
6	CLAUS BURY	DEUTSCHLAND	ALLEMAGNE	GERMANY	22	23
7	JOAQUIM CAPDEVILA	SPANIEN	ESPAGNE	SPAIN	24	25
8	BARBARA CARTLIDGE	ENGLAND	GRANDE-BRETAGNE	GREAT BRITAIN	26	27
9	ANTON CEPKA	CSSR	CSSR	CSSR	28	29
10	PIERRE DEGEN	ENGLAND	GRANDE-BRETAGNE	GREAT BRITAIN	30	31
11	FLORICA FARCASU	RUMÄNIEN	ROUMANIE	ROUMANIA	32	33
12	PETER FAUSER	SCHWEIZ	SUISSE	SWITZERLAND	34	35
13	ARLINE M. FISCH	USA	ETATS-UNIS	USA	36	37
14	ANA FONT	SPANIEN	ESPAGNE	SPAIN	38	39
15	ANTON FRÜHAUF	ITALIEN	ITALIE	ITALY	40	41
16	YASUKI HIRAMATSU	JAPAN	JAPON	JAPAN	42	43
17	ELISABETH KODRÉ & HELFRIED KODRÉ	OESTERREICH	AUTRICHE	AUSTRIA	44	45
18	THERESE KÜNZLI	DEUTSCHLAND	ALLEMAGNE	GERMANY	46	47
19	OTTO KÜNZLI	DEUTSCHLAND	ALLEMAGNE	GERMANY	48	49
20	JENS-RÜDIGER LORENZEN	DEUTSCHLAND	ALLEMAGNE	GERMANY	50	51
21	CATHERINE MANNHEIM	ENGLAND	GRANDE-BRETAGNE	GREAT BRITAIN	52	53
22	BRUNO MARTINAZZI	ITALIEN	ITALIE	ITALY	54	55
23	FRIEDRICH MÜLLER	SCHWEIZ	SUISSE	SWITZERLAND	56	57
24	KARL-HEINZ REISTER	ITALIEN	ITALIE	ITALY	58	59
25	GEORG SEIBERT	DEUTSCHLAND	ALLEMAGNE	GERMANY	60	61
26	PETER SKUBIC	OESTERREICH	AUTRICHE	AUSTRIA	62	63
27	JOSEF SYMON	OESTERREICH	AUTRICHE	AUSTRIA	64	65
28	BERNHARD SCHOBINGER	SCHWEIZ	SUISSE	SWITZERLAND	66	67
29	MARIE VANKOVA-KUCHYNKOVA	CSSR	CSSR	CSSR	68	69
30	MARCI ZELMANOFF	USA	ETATS-UNIS	USA	70	71

DEUTSCHLAND

ALLEMAGNE **G**ERMANY

20

JENS-RÜDIGER LORENZEN
* 1942

D 56 WUPPERTAL 2
ALTESTRASSE 12

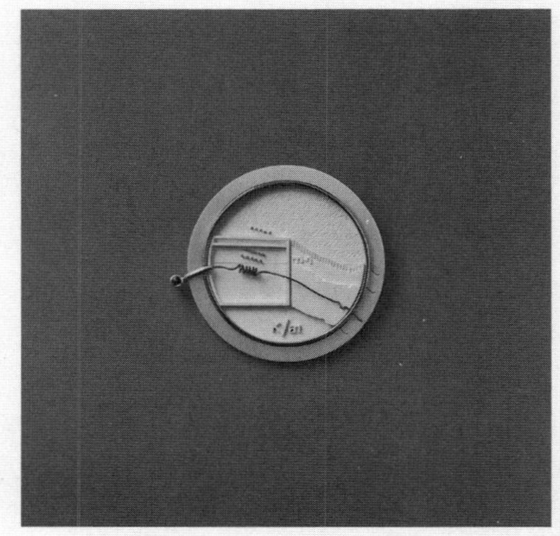

20

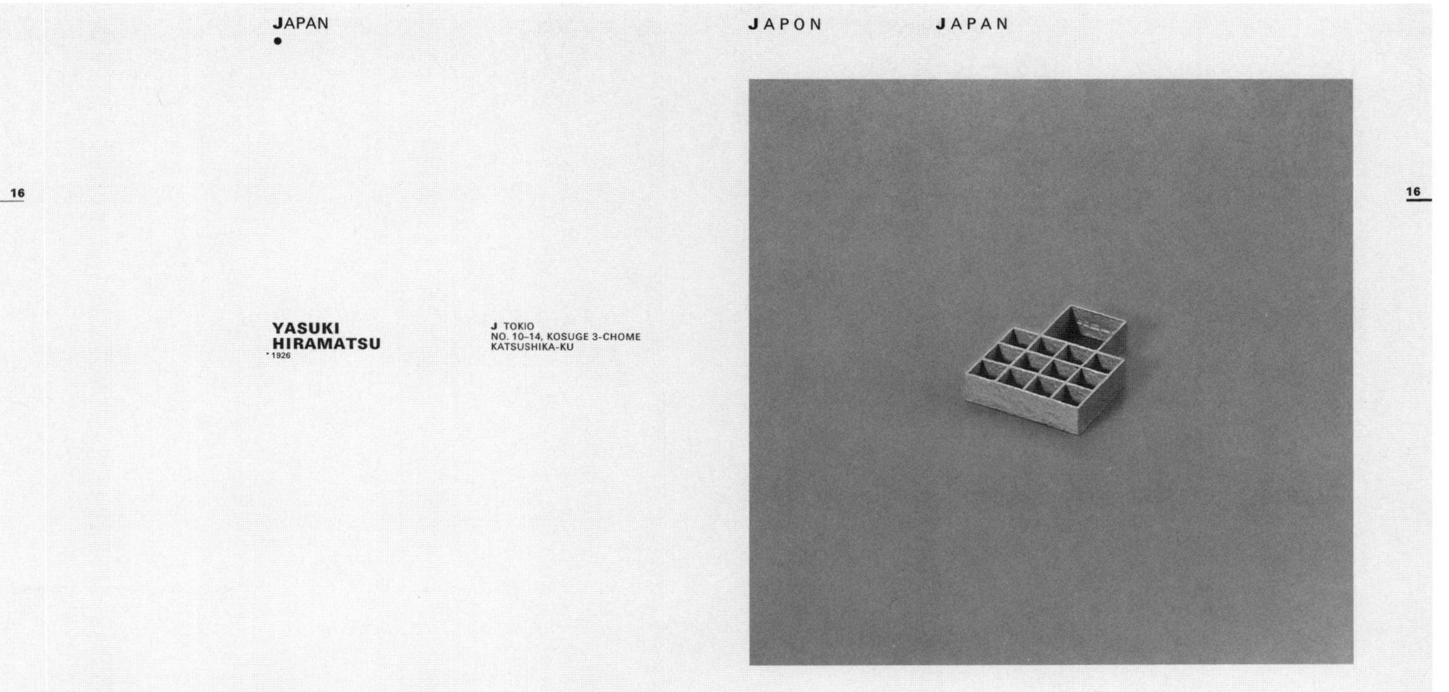

JAPAN
●

JAPON JAPAN

16

YASUKI
HIRAMATSU
* 1926

J TOKIO
NO. 10–14, KOSUGE 3-CHOME
KATSUSHIKA-KU

16

42

43

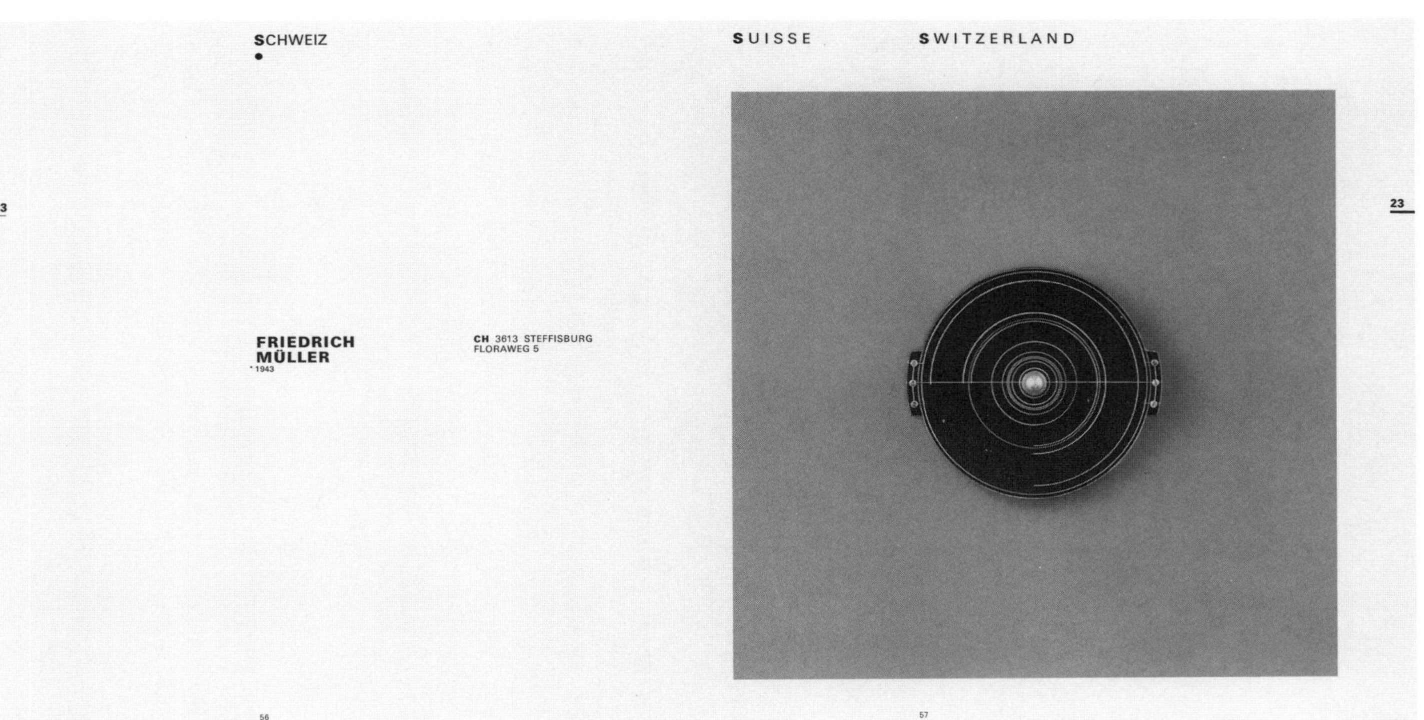

SCHWEIZ
●

SUISSE SWITZERLAND

23

FRIEDRICH
MÜLLER
* 1943

CH 3613 STEFFISBURG
FLORAWEG 5

23

56

57

Notes
for pages 418 to 435

Page	Notes
418, 419, 420, 421, 422	*1983* *Brochure cover and inside spreads. General information on the Visual Communication Department at the Basel School of Design.*
424, 425, 426, 427, 428, 429	*1979* *Cover design and inside spreads for* Projekte. *Typographic research at the Basel School of Design published by Arthur Niggli.* *Two double-page spreads with the introduction by Armin Hofmann.*
430, 431, 432, 433	*1992* *Cover design and four double-page spreads with photographs and constructions of pinhole cameras.*
434, 435	*1973/74* *Brochure for a special exhibition at the Mustermesse Basel, Creative Jewelry 1974.*

Angaben
zu den Seiten 418 bis 435

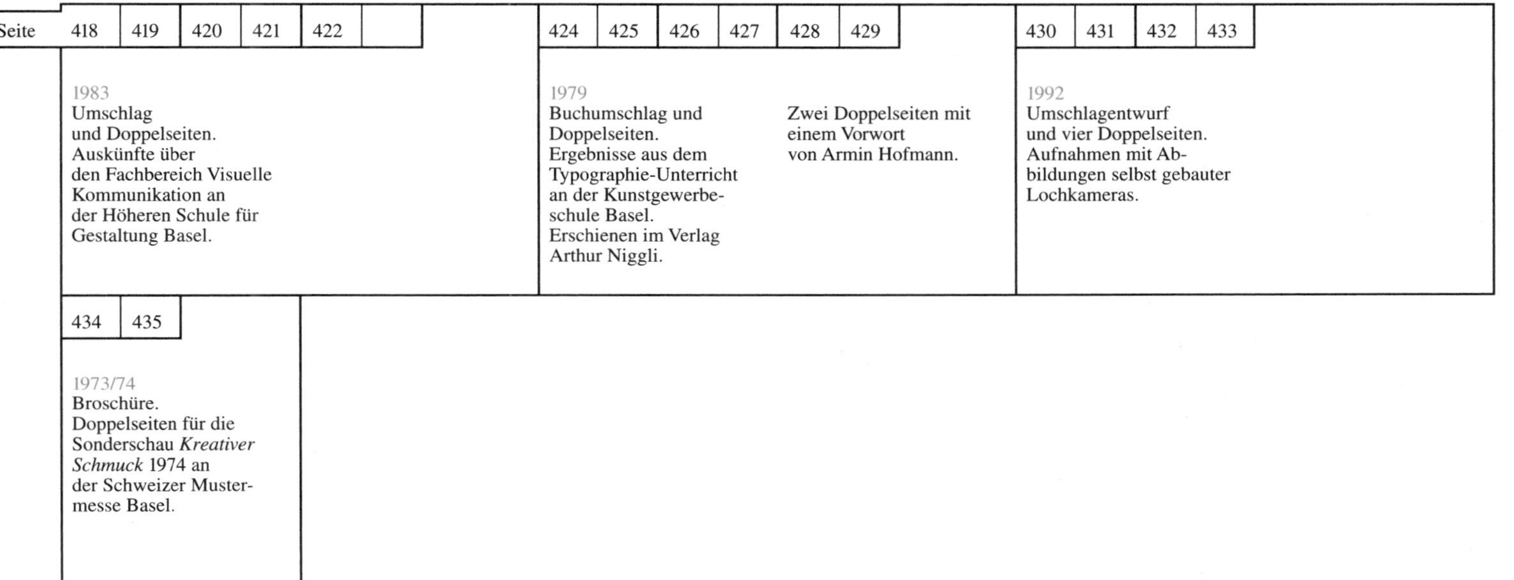

Seite 418 | 419 | 420 | 421 | 422

1983
Umschlag
und Doppelseiten.
Auskünfte über
den Fachbereich Visuelle
Kommunikation an
der Höheren Schule für
Gestaltung Basel.

424 | 425 | 426 | 427 | 428 | 429

1979
Buchumschlag und
Doppelseiten.
Ergebnisse aus dem
Typographie-Unterricht
an der Kunstgewerbe-
schule Basel.
Erschienen im Verlag
Arthur Niggli.

Zwei Doppelseiten mit
einem Vorwort
von Armin Hofmann.

430 | 431 | 432 | 433

1992
Umschlagentwurf
und vier Doppelseiten.
Aufnahmen mit Ab-
bildungen selbst gebauter
Lochkameras.

434 | 435

1973/74
Broschüre.
Doppelseiten für die
Sonderschau *Kreativer*
Schmuck 1974 an
der Schweizer Muster-
messe Basel.

The first project for the Mustermesse Basel (Swiss Industries Fair) was the result of a student competition. The director of the Mustermesse, the director of the Basel School of Design, and the advertising department for the convention center agreed to venture a gamble: to work together with selected teachers and several students of our design school.

The assignment was to design a worldformat poster for the annual convention with the motto 'Colorful Switzerland, Lively Switzerland.' A condition for the overall poster was that its visual theme could be applied to a wide range of other promotional items. The effect of the winning poster had a surprising consequence: the Board of Directors requested that we form a student team not only to produce the poster, but to design, in four languages, all other printed pieces for the advertising campaign.

Working together with three students we produced the worldformat poster and divided the remaining applications: smaller versions of the poster adapted for different countries, multicolored brochures, catalogue covers, promotional stickers, stationery, and the customary postal stamp.

For many months beside regular classes, the typeshop functioned like a design office, an ideal combination between school and practice.

Basel was a long-standing venue for the international convention, Art. For its tenth consecutive year the director of the Mustermesse decided to completely revamp the design of its existing and confusing catalogue.

In Cooperation with the Swiss Industries Fair Basel

1979–1981

Zusammenarbeit mit der Schweizer Mustermesse Basel

1979–1981

Register zum Inhalt	Contents' Register
Points de repère	Rubriche del contenuto

Ausstellerverzeichnis
Répertoire des exposants
Index of Exhibitors
Elenco degli espositori
1

Künstlerverzeichnis
Répertoire des artistes
Index of Artists
Elenco degli artisti
2

Bildseiten
Pages illustrées
Illustrated pages
Pagine illustrate
3

Nachtrag
Supplément
Supplement
Supplemento
4

This was my first practical assignment for an international audience. Because the three-hundred-page catalogue for Art was the primary information source for the fair and a compendium to the contemporary art scene, it had to satisfy two important objectives: readable at a glance for every age and easy to follow in four languages.

The key concept was the organization of the catalogue around four main sections: Index of Exhibitors, Index of Artists, Illustrated pages, and Supplement. Each section was differentiated by its own typographic element that appeared on the edges of the pages, also visible as a register when the catalogue was closed.

Continued on page 444

Titelseite	Schweizer Mustermesse Basel
Typografische Konzeption	W. Weingart/Basel
Layout Bildteil	Aldo Codoni/Basel
Photolithos	Schwitter AG/Basel
Satz und Druck	Gustav Gissler, Offsetdruck/Basel
Einband	Buchbinderei Grollimund AG/Reinach BL

Sekretariat
Internationale Kunstmesse Basel CH-4021 Basel
Art 11'80 Telefon 061-26 20 20
p.A. Schweizer Mustermesse Telex 62 685 fairs ch

Schadenersatz für fehlerhafte, unvollständige oder nicht erfolgte Eintragungen und Anzeigen ist ausgeschlossen. Für den Inhalt der Eintragungen und Anzeigen ist der Aussteller als Auftraggeber verantwortlich.

© Art
Internationale Kunstmesse Basel

Ausstellerbeirat

Exhibitors' Advisory Board

Conseil consultatif des exposants

Comitato di espositori

Schweiz	**Dr. Peter Lotz**	Vorsitz	Basel
	Ernst Beyeler	Galerie Beyeler	Basel
	Trudl Bruckner	Galerie Riehentor	Basel
	Pablo Stähli	Galerie Stähli	Zürich
	Willy Jäggi (Bücher)	Buchhandlung Jäggi	Basel
Deutschland	**Kenda Bargera**	Galerie Bargera	Köln
	Folker Skulima	Galerie Skulima	Berlin
	Hartmut Stöcker	Galerie Art in Progress	München
Italien	**Lucio Amelio**	Modern Art Agency	Napoli
Spanien	**Juana de Mordó**	Galeria Juana de Mordó	Madrid
Frankreich	**Denise René**	Galerie Denise René	Paris
	Karl Flinker	Galerie Flinker	Paris
Holland	**Will Hoogstraate**	Galerie d'Eendt	Amsterdam
Belgien	**Isy Brachot**	Galerie Isy Brachot	Bruxelles
Grossbritannien	**Annely Juda**	Annely Juda Fine Art	London
Österreich	**John Sailer**	Galerie Ulysses	Wien
Amerika, Canada,	**Robert Elkon**	Robert Elkon Gallery	New York
Südamerika	**Leo Castelli**	Gallery Leo Castelli	New York
Israel	**Herbert Goldman**	Goldman's Art Gallery	Haifa
Korrespondierendes Mitglied	**André Emmerich**	Gimpel-Hanover & André Emmerich Galerien	Zürich, London, New York

Dr. F. Walthard	Präsident Art 11'80 Generaldirektor Schweizer Mustermesse Basel	Basel
G. E. Kindhauser	Kaufmännischer Direktor Schweizer Mustermesse Basel	Basel
Dr. E. M. Bammatter	Vizedirektor Schweizer Mustermesse Basel	Basel
Anita Kaegi	Sekretariat Art 11'80 Schweizer Mustermesse Basel	Basel

The exhibitor guarantees the exhibits are genuine works and by the artists to whom they are attributed.

Official Information

Duration of the Fair	12-17 June 1980
Place	Halls 10-17, 20 of the Swiss Industries Fair, Basle
Opening hours	10 a.m. until 8 p.m.
Entrance Tickets	Day ticket SFr. 6.- (one admission), day ticket SFr. 9.- (several admissions on one day and one admission into KAM), permanent pass SFr. 25.-, evening ticket from 6.00 p.m. SFr. 4.- (one admission), schoolchildren and students (on presentation of legitimation card) SFr. 4.- (one admission), guided school classes SFr. 2.- per person (one admission).
Information	Hall 10, phone 061-26 20 20, telex 62 685 fairs ch
Cloakroom	In front of Entrance hall 10
Bank-Change	Swiss Bank Corporation, hall 10, phone 061-26 74 04
Air Travel Service	Swissair, Passengers flight reservation, phone 061-22 54 80
	Booking office at the fair, hall 10, phone 061-26 33 44
Rail-way Information	SBB, hall 24, phone 061-26 10 10
Rent-a-Car Service	Avis Rent-a-Car, hall 10, Telefon 061-26 90 30
Forwarding Agents	Danzas AG, Basle, hall 10, phone 061-26 50 35/36
	MAT Transport AG, Basle, hall 10, phone 061-26 74 01/02/03, telex 64 770
	Roba AG, Basle, hall 10, phone 061-26 74 05/06/07, telex 64 780
Customs Office	Hall 10, phone 061-26 77 24
Accommodation	Central Accommodation Office Basle, CH-4021 Basle, phone 061-26 77 00, telex 62 982 lits ch
	During the Fair in the Art Building
First-aid post	Hall 13, phone 061-26 20 20, int. 388
Post, telephone, telegraph, telex	Post Office Basle 21, Entrance from Fair Square, phone 061-26 30 30
	and counter in hall 10 (also on Saturday/Sunday)
Kindergarten	Hall 20, open daily from 2 p.m.-6 p.m., phone 061-26 20 20
Restaurants	Building C:
	Treize Etoiles, hall 11, phone 061-26 72 71
	Art-Restaurant, hall 12, phone 061-26 73 05
	Coffee Shop, hall 16, phone 061-26 48 97
	Café Boulevard, court yard, phone 061-26 73 06
	Building A:
	Mustermesse-Restaurant with Grillroom and Rôtisserie, phone 061-32 76 50
Glass and frame service	André Frey, hall 10, phone 061-26 84 29
	Shop: Altkircherstrasse 17, 4054 Basle, phone 061-38 72 96
Plan of the Halls	At the beginning of the catalogue

L'autenticità l'originalità delle opera esposte sono garantite dell'espositore.

Informazioni generali

Durata della Mostra	Dal 12 al 17 giugno 1980
Luogo	Padiglioni 10-17, 20 della Fiera Campionaria Svizzera, Basilea
Orario d'apertura	Tutti giorni dalle ore 10 alle 20
Biglietti d'ingresso	Biglietto giornaliero Fr. 6.- (un solo ingresso), biglietto giornaliero Fr. 9.- (più ingressi nello stesso giorno e un solo ingresso alla KAM), tessera permanente Fr. 25.-, biglietto serale a partire dalle ore 17.00 Fr. 4.- (un solo ingresso), scolari e studenti (dietro presentazione della carta d'identità) Fr. 4.- (un solo ingresso), visite guidate di scolaresche a persona Fr. 2.- (un solo ingresso).
Informazioni	Padiglione 10, telefono 061-26 20 20, telex 62 685 fairs ch
Guardaroba	Davanti del padiglione 10
Banca-Cambio	Società di Banca Svizzera, padiglione 10, telefono 061-26 74 04
Servizio viaggi aerei	Swissair, Riservazione passageri unicamente, telefono 061-22 54 80
	Sportello alla fiera, padiglione 10, telefono 061-26 33 44
Corrispondenze ferroviarie	FFS, padiglione 24, telefono 061-26 10 10
Noleggio auto	Avis Rent-a-Car, padiglione 10, telefono 061-26 90 30
Spedizioniere	Danzas SA, Basilea, padiglione 10, telefono 061-26 50 35/36
	MAT Trasporti SA, Basilea, padiglione 10, telefono 061-26 74 01/02/03, telex 64 770
	Roba SA, Basilea, padiglione 10, telefono 061-26 74 05/06/07, telex 64 780
Ufficio doganale	Padiglione 10, telefono 061-26 77 24
Alloggiamento	Ufficio centrale degli alloggi, CH-4021 Basilea, telefono 061-26 77 00, telex 62 982 lits ch
	Durante la Mostra nell'edificio d'Art
Servizio sanitario	Padiglione 13, telefono 061-26 20 20, int. 388
Posta, telefono, telegrafo, telex	Ufficio postale Basilea 21, ingresso piazzale della Fiera, telefono 061-26 30 30
	E sportelli nel padiglione d'ingresso 10 (aperti anche sabato/domenica)
Giardino d'infanzia	Padiglione 20, aperto tutti giorni dalle ore 14 alle 18, telefono 061-26 20 20
Ristoranti	Edificio C:
	Treize Etoiles, padiglione 11, telefono 061-26 72 71
	Art-Ristorante, padiglione 12, telefono 061-26 73 05
	Caffè, padiglione 16, telefono 061-26 48 97
	Caffè Boulevard, cortile rotondo, telefono 061-26 73 05
	Edificio A:
	Mustermesse-Ristorante con Grillroom e Rôtisserie, telefono 061-32 76 50
Servizio vetro e incorniciatura	André Frey, padiglione 10, telefono 061-26 84 29
	Negozio: Altkircherstrasse 17, 4054 Basilea, telefono 061-38 72 96
Pianta dei padiglioni	Vedi le prime pagine del catalogo

art	17.323	**Gruner + Jahr Verlag AG + Co.** D-2000 Hamburg 36 Postfach 302040
Artes Plasticas	10.207	**Multiple de Publicaciones S.A.** «Artes Plasticas» E-Barcelona 15, Valencia, 74 -entlo. 4a
Artes Visuales	10.103	**Artes Visuales** Museo de Arte Moderno Chapultepec, Mexico 5, D.F., Mexico Paseo de la Reforma y Gandhi
Artforum	10.208	**Artforum International, Inc.** New York, N.Y. 10021, USA 667 Madison Avenue
Art in America	10.107	**Art in America** New York, N.Y. 10022, USA 850 Third Avenue
Artistes	10.206	**Artistes** Belim S.à.r.l. F-75015 Paris 39, Rue de Fondary
Art News	10.105	**Art News** New York City, N.Y. 10017, USA 122 East 42nd Street
Batik	10.106	**Batik** Revista de arte E-Barcelona 12 Avenida Principe Asturias, 16
Bolaffi Arte	10.202	**Bolaffi Arte** Bolaffi & Mondadori Spa I-10123 Torino Via Cavour 17F
Connaissance des Arts	10.204	**Connaissance des Arts** 1003 Lausanne 9, Chemin des Charmettes
Du	10.201	**du-Verlag Conzett + Huber AG** CH-8048 Zürich Postfach, Baslerstrasse 30
File/Fuse	10.104	**Am Art Metropole** Toronto M5V 1W2, Canada 217 Richmond Street West
Flash Art	10.110	**Giancarlo Politi** I-20131 Milano Via Donatello 36
Kunstbeeld	10.111	**Samson Verlag B.V.** NL-2400 MA Alphen an den Rijn P.O. Box 4
Kunstmagazin	10.002	**ABP Alexander Baier-Presse** D-6500 Mainz Postfach 1308
Kunst-Nachrichten	10.003	**Edition Kunstkreis** im Ex Libris Verlag AG CH-8023 Zürich Postfach
Opus	17.224	**Georges Fall** F-75014 Paris 15, Rue Paul Fort
Parachute	10.205	**Parachute** Montréal, Canada Succursalen C.P. 730
+ -o	10.102	**+ -o** B-1320 Genval-Lac 13, Avenue Th. Roosevelt
Staeck-Brief	10.001	**Galerie Edition Staeck** D-6900 Heidelberg 1 Ingrimstrasse 3

Kunstzeitschriften **Revues d'art** **Art Reviews** **Riviste d'arte**

Ausstellerverzeichnis	Index of Exhibitors
Répertoire des exposants	**Elenco degli espositori**

Ausstellerverzeichnis
Répertoire des exposants
Index of Exhibitors
Elenco degli espositori

1

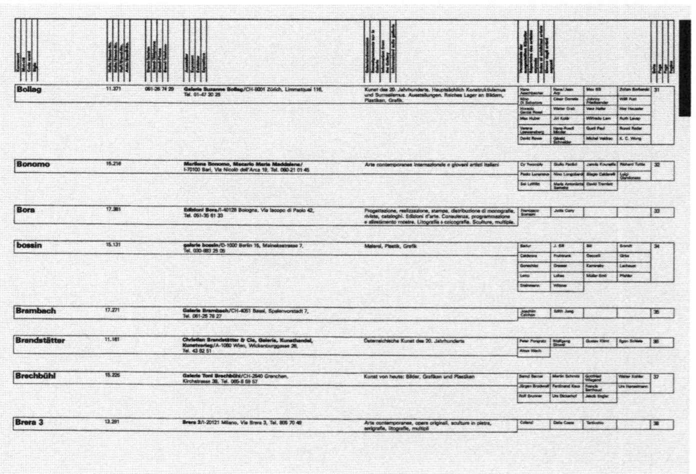

Exhibitor	Stand	Tel.	Address	Information	Artists	Page
Bollag	11.371	061-26 74 29	**Galerie Suzanne Bollag**/CH-8001 Zürich, Limmatquai 116, Tel. 01-47 20 25	Kunst des 20. Jahrhunderts. Hauptsächlich Konstruktivismus und Surrealismus. Ausstellungen. Reiches Lager an Bildern, Plastiken, Grafik.	Hans Aeschbacher, Hans/Jean Arp, Max Bill, Nino Di Salvatore, César Domela, Johnny Friedlaender, Horacio Garcia Rossi, Max Huber, Wifredo Lam, Michel Veldrac, K. C. Wong	31
Bonomo	15.216		**Marilena Bonomo, Macario Maria Maddalena**/I-70100 Bari, Via Nicolò dell'Arca 19, Tel. 080-21 01 45	Arte contemporanea internazionale e giovani artisti italiani	Cy Twombly, Giulio Paolini, Jannis Kounellis, Richard Tuttle, Nino Longobardi, Sol LeWitt, David Tremlett	32
Bora	17.381		**Edizioni Bora**/I-40128 Bologna, Via Iacopo di Paolo 42, Tel. 051-35 61 33	Progettazione, realizzazione, stampa, distribuzione di monografie, riviste, cataloghi. Edizioni d'arte. Consulenza, programmazione e allestimento mostre. Litografia e calcografia. Sculture, multiple.		33
bossin	15.131		**galerie bossin**/D-1000 Berlin 15, Meinekestrasse 7, Tel. 030-883 25 05	Malerei, Plastik, Grafik		34
Brambach	17.271		**Galerie Brambach**/CH-4051 Basel, Spalenvorstadt 7, Tel. 061-25 76 27		Edith Jung	35
Brandstätter	11.161		**Christian Brandstätter & Cie, Galerie, Kunsthandel, Kunstverlag**/A-1080 Wien, Wickenburggasse 26, Tel. 43 82 51	Österreichische Kunst des 20. Jahrhunderts	Gustav Klimt, Egon Schiele	36
Brechbühl	15.225		**Galerie Toni Brechbühl**/CH-2540 Grenchen, Kirchstrasse 38, Tel. 065-8 59 57	Kunst von heute: Bilder, Grafiken und Plastiken	Ferdinand Kaus, Rolf Brunner, Jakob Engler	37
Brera 3	13.291		**Brera 3**/I-20121 Milano, Via Brera 3, Tel. 805 70 48	Arte contemporanea, opere originali, sculture in pietra, serigrafie, litografie, multipli		38

Ausstellerverzeichnis	**Index of Exhibitors**
Répertoire des exposants	**Elenco degli espositori**

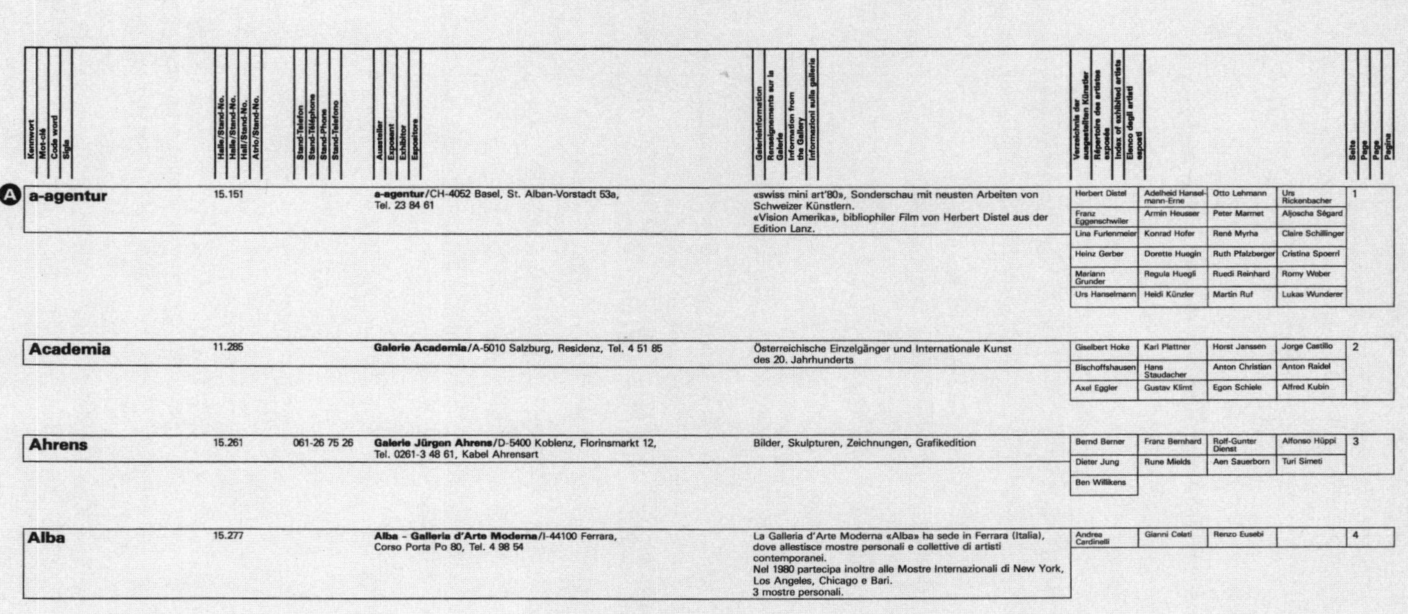

Kennwort / Mot-clé / Code word / Sigla	Halle/Stand-No. / Halle/Stand-No. / Hall/Stand-No. / Atrio/Stand-No.	Stand-Telefon / Stand-Téléphone / Stand-Phone / Stand-Telefono	Aussteller / Exposant / Exhibitor / Espositore	Galerieinformation / Renseignements sur la Galerie / Information from the Gallery / Informazioni sulla galleria	Verzeichnis der ausgestellten Künstler / Répertoire des artistes exposés / Index of exhibited artists / Elenco degli artisti esposti	Seite / Page / Page / Pagina
A **a-agentur**	15.151		**a-agentur**/CH-4052 Basel, St. Alban-Vorstadt 53a, Tel. 23 84 61	«swiss mini art'80», Sonderschau mit neusten Arbeiten von Schweizer Künstlern. «Vision Amerika», bibliophiler Film von Herbert Distel aus der Edition Lanz.	Herbert Distel, Adelheid Hanselmann-Erne, Otto Lehmann, Urs Rickenbacher, Franz Eggenschwiler, Armin Heusser, Peter Marmet, Aljoscha Ségard, Lina Furlenmeier, Konrad Hofer, René Myrha, Claire Schillinger, Heinz Gerber, Dorette Huegin, Ruth Pfalzberger, Cristina Spoerri, Mariann Grunder, Regula Huegli, Ruedi Reinhard, Romy Weber, Urs Hanselmann, Heidi Künzler, Martin Ruf, Lukas Wunderer	1
Academia	11.285		**Galerie Academia**/A-5010 Salzburg, Residenz, Tel. 4 51 85	Österreichische Einzelgänger und Internationale Kunst des 20. Jahrhunderts	Giselbert Hoke, Karl Plattner, Horst Janssen, Jorge Castillo, Bischoffshausen, Hans Staudacher, Anton Christian, Anton Raidel, Axel Eggler, Gustav Klimt, Egon Schiele, Alfred Kubin	2
Ahrens	15.261	061-26 75 26	**Galerie Jürgen Ahrens**/D-5400 Koblenz, Florinsmarkt 12, Tel. 0261-3 48 61, Kabel Ahrensart	Bilder, Skulpturen, Zeichnungen, Grafikedition	Bernd Berner, Franz Bernhard, Rolf-Gunter Dienst, Alfonso Hüppi, Dieter Jung, Rune Mields, Aen Sauerborn, Turi Simeti, Ben Willikens	3
Alba	15.277		**Alba – Galleria d'Arte Moderna**/I-44100 Ferrara, Corso Porta Po 80, Tel. 4 98 54	La Galleria d'Arte Moderna «Alba» ha sede in Ferrara (Italia), dove allestisce mostre personali e collettive di artisti contemporanei. Nel 1980 partecipa inoltre alle Mostre Internazionali di New York, Los Angeles, Chicago e Bari. 3 mostre personali.	Andrea Cardinelli, Gianni Celati, Renzo Eusebi	4

442
443

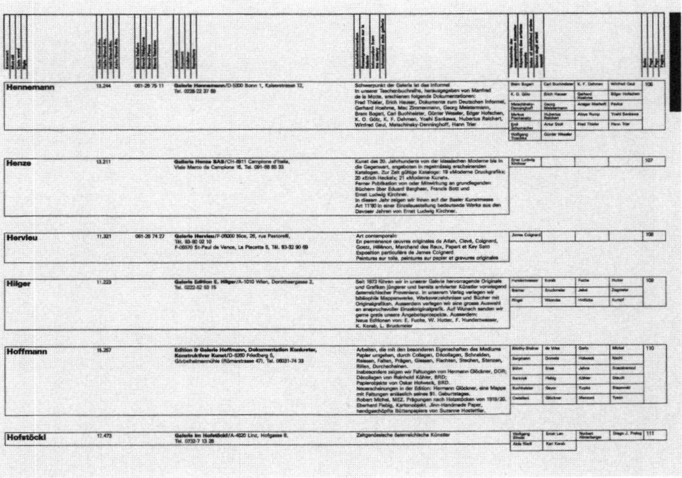

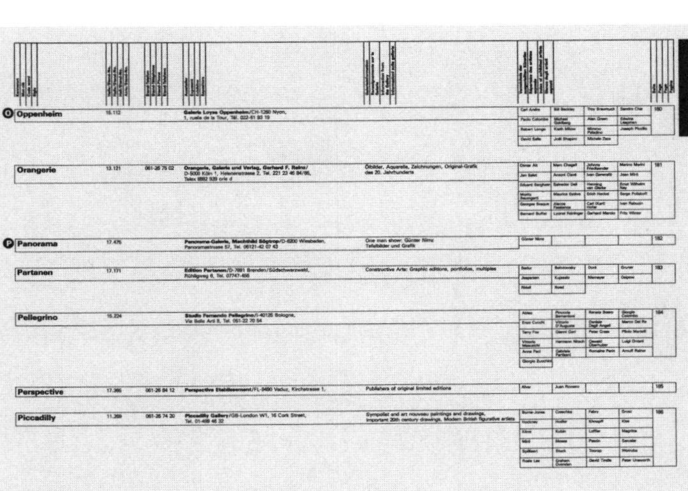

Künstlerverzeichnis	Index of Artists
Répertoire des artistes	Elenco degli artisti

Künstlerverzeichnis
Répertoire des artistes
Index of Artists
Elenco degli artisti
2

I planned the typographic grid system according to the nature of the text matter, mostly charts, lists or cross-references, designed representative spreads in full, and determined standards and specifications for bulk typesetting of the pages.

The success of the catalogue proved to me that I had the discipline to manage complex and systematic typographic design, as well as making my crazy and more experimental work.

The theme of the eighteenth Didacta/Eurodidac convention was educational materials, teaching aids, and related equipment. The director of the Mustermesse thought that a teacher would be a logical choice as designer. For the collage I used photographs of students working and drawing on the

Künstlerverzeichnis	Index of Artists
Répertoire des artistes	Elenco degli artisti

444
445

blackboard, parts of objects in the classroom, diagrams, grids, and construction drawings. The commission included ads for publicity, business forms, brochures, a postal stamp, and the worldformat poster.

Österreich

Autriche

Austria

Austria

Sonderausstellung Halle 14

Exposition spéciale Halle 14

Special Exhibition Hall 14

Esposizione speciale Padiglione 14

Die Zusammenarbeit mit der Schweizer Mustermesse Basel entstand durch einen Wettbewerb unter der Schülerschaft unserer Schule. Die beiden Direktoren und die Werbeabteilung der Messe entschieden sich für einen ungewöhnlichen Weg: Einmal mit der Basler Kunstgewerbeschule für eine bestimmte Zeit für die grösste Jahresmesse zusammenzuarbeiten.

Es war zunächst die Aufgabe, ein Plakat für die jährlich wiederkehrende Mustermesse zu entwerfen, um herauszufinden, welches sich in Verbindung mit dem Leitspruch für 1980 auf allen Werbedrucksachen, *Farbige Schweiz, Lebendige Schweiz,* eignet.

Der erste Plakatpreis hatte seine Auswirkungen: Es war eine Bedingung, das Aussehen aller Drucksachen dem Entwurf des Plakates anzupassen. Dazu kam der überraschende Wunsch der Messe, dass eine von uns zusammengestellte Arbeitsgruppe die Gestaltung aller Drucksachen übernimmt.

Einige Monate arbeitete ich zusammen mit drei Schülern an den unterschiedlichsten Drucksachen. Der Auftrag, jeweils in vier Sprachen gesetzt, wurde eingeteilt in das Entwerfen von Klein- und Grossplakaten, mehrfarbigen Werbeprospekten, Katalogumschlägen, Klebern und einem Postmessestempel. Die Schulsetzerei wurde für Monate – neben dem wöchentlichen Unterricht – zu einer festen Einrichtung von Schule und praktischer Anwendung des Gelernten.

Die internationale Kunstmesse *Art* wurde zum zehnten Mal 1980 in den Hallen der Schweizer Mustermesse durchgeführt. Die Messeleitung erteilte einen Auftrag mit der Auflage, den bisherigen Katalog grundlegend zu überdenken und neu zu gestalten. Der Werbeleiter hatte sich für mich entschieden: Ich nahm die umfangreiche Arbeit an.

18th Didacta exhibits in Basel:

❶
General School Equipment and Subject-Room Fittings
General school equipment (e.g. lighting, black-out fittings, cleaning equipment, dispensing machines for school catering and accessories)
Office equipment, equipment for information work (administration, organisation, documentation)
Room dividers, seating systems for large rooms, etc.
Kindergarten and school furniture
Subject-room fittings
Blackboards and accessories
Equipment for information and media centres
Musical instruments and music cupboards
Sports apparatus
School kitchens and domestic schools,
Handicrafts lessons
Equipment for apprentice workshops

❷
Materials for Daily Use
Stationary and office supplies
Materials for handicrafts and art work (painting, modelling, wood-work, etc.)
Materials for technical classes
Laboratory supplies
Audio-visual material (e.g. film stock blank tapes and video tapes, chemicals for photographic work)
Materials for professional training and further training
Materials for school kitchens and domestic schools

❸
Equipment for Demonstrations and Experiments
Equipment for teachers' demonstrations and experiments
Equipment for pupils' experiments and practical work
Scales and measuring equipment
Optical instruments (e.g. magnifying glasses, microscopes, telescopes)

❹
Collections and Models
Collections of fossils, stones and minerals
Technological collections
Specimens
Models and globes

❺
Wall Maps, Pictures, Adhesive Boards and Accessories
Wall maps
Wall pictures, picture boards, friezes, reliefs
Adhesive boards (stell, magnetic, flannel, cork, burrfixing boards, etc.)
Accessories for adhesive boards

❻
Audio-Visual and Electronic Educational Materials: Hardware
Audio equipment
Record players, tape and cassette recorders, dictating machines
Language teaching systems
Radio sets, Hi-fi systems, sound studios
Video equipment and television systems
Cameras, electronic film scanners
Picture recording and reproduction equipment (VTR, VCR)
Monitors, television sets, Telecine projectors
Studio installations for public and school television
Projection equipment
Slide projectors
Episcope, epidiascope
Overhead projectors
Film projectors
Phototechnic equipment (taking pictures, developing and reproducing pictures)
Audio-visual accessories (e.g. microphones, lenses, slide and film viewers, projection screens, sound recording equipment, media cupboards)
Non-computerized apparative teaching systems
Electronic data processing systems for teaching purposes
Other audio-visual or electronic teaching

❼
Audio-Visual and Electronic Educational Materials: Software
Records, tapes
Autodidactic material for teaching in the language laboratory
Video tapes, video cassettes, picture disks
Slides, picture series with sound-tracks
Transparencies, transparent models
Films
Multi-media packets and audio-visual programmes
Programmes for computer-aided teaching

❽
Books, Periodicals and Didactic Games
Reference works and dictionaries
Specialized literature (including periodicals)
Plain texts, illustrated and art volumes, printed music
Text-books, atlases, exercise-books
Printed teaching programmes and context material
Picture books, children's and adolescents' books
Didactically structured material
Didactic games and learning construction elements

❾
Miscellaneous
School catering
Sportswear
School clothing
School hygiene and health services
Aids for the handicapped
Course of instruction

Didacta fait école.

Importance:

Qui ignore encore ce qu'est Didacta? Demandez à un instituteur, un directeur d'école, un politicien responsable de l'enseignement ou un spécialiste de la formation interne, demandez à un expert en technologie didactique, à une jardinière d'enfants, à des pédagogues et à des sociologues, à des écoliers, à des étudiants et à des parents s'intéressant aux problèmes scolaires, la réponse ne se fera pas attendre: la Foire du matériel didactique.

Didacta, la Foire internationale du matériel didactique, jouit d'une excellente réputation mondiale auprès des exposants comme auprès des visiteurs. Ce n'est pas sans raison qu'elle est devenue la plus importante et la plus grande foire spécialisée pour le matériel didactique et la technologie de l'enseignement.

Développement:

Le succès de Didacta repose sur des années de minutieux travail constructif de l'Association européenne des fabricants de matériel didactique, de l'Eurodidac, du DLV et des organisations responsables de la bonne marche de cette foire. Sur la base des expériences faites jusqu'ici, plus de 700 exposants sont attendus à Bâle pour la 18e Didacta. Ils seront répartis sur quelque 26000 m² de surface de stands, par groupes professionnels, et pourront compter sur plus de 70000 visiteurs qualifiés de 80 pays.

But:

Le but de Didacta est d'apporter une utile contribution dans trois secteurs:

premier:
favoriser un contact optimal entre fabricants, marchands et utilisateurs de matériel didactique;

deuxième:
outre les questions matérielles et économiques, remettre en discussion, sur le plan actuel, le thème de l'école par des séminaires, des journées d'information, des présentations spéciales et d'autres manifestations favorisant les contacts;

troisième:
stimuler les échanges internationaux d'expériences sur toutes les questions scolaires par des réunions, la mise à disposition des locaux et des programmes appropriés.

Marche à suivre:
des exposants toujours plus nombreux font de bonnes expériences, à l'intérieur de leur stand, avec ce qu'il est convenu d'appeler les workshops. Si vous en prévoyez un, nous sommes prêts à en mentionner le thème dans notre programme imprimé des manifestations.

Avantages du lieu:

La 18e Didacta se tient à Bâle pour la 4e fois, ceci à la suite d'une décision des membres d'Eurodidac d'organiser régulièrement cette foire dans une autre ville d'Europe.

La dernière Didacta tenue à Bâle, la 14e (1976), a montré que cette ville offrait des conditions excellentes aux fabricants de matériel didactique non seulement sur le plan intérieur mais également à l'échelon mondial.

Bâle possède un aéroport international, des gares suisse, française et allemande, et des jonctions directes avec le réseau des autoroutes européen, pour ne rien dire d'une organisation dynamique et efficace en matière de foires.

Die Didacta macht Schule.

Bedeutung:

Wer weiss nicht, was die Didacta ist? Fragen Sie einen Lehrer, einen Schuldirektor, einen für das Erziehungswesen verantwortlichen Politiker, einen Spezialisten für interne Ausbildung, fragen Sie einen Fachmann für Unterrichtstechnologie, Kindergärtnerinnen, Pädagogen und Soziologen, aber auch Schüler, Studenten und Eltern, die sich für schulische Belange interessieren: Die Antwort «Lehrmittelmesse» lässt nicht auf sich warten.

Didacta, die internationale Lehrmittelmesse, geniesst weltweit bei Ausstellern wie Besuchern einen ausgezeichneten Ruf. Nicht ohne Grund hat sie sich zur bedeutendsten und grössten internationalen Fachmesse für Lehrmittel und Unterrichtstechnologie entwickelt.

Entwicklung:

Der Erfolg der Didacta beruht auf jahrelanger sorgfältiger Aufbauarbeit des Verbandes Europäischer Lehrmittelfirmen, Eurodidac sowie des DLV und der jeweils für die Durchführung verantwortlichen Messeorganisationen.

Mehr als 700 Aussteller werden aufgrund der bisherigen Erfahrungswerte zur 18. Didacta in Basel erwartet. Sie werden sich auf eine Totalstandfläche von rund 26000 m², gegliedert nach Sachgruppen, verteilen und können mit über 70000 qualifizierten Besuchern aus 80 Ländern rechnen.

Zielsetzung:

Zielsetzung der Didacta ist es, auf drei Ebenen wertvolle Beiträge zu leisten.

Erstens:
Voraussetzungen für den optimalen Kontakt zwischen Lehrmittelherstellern, -händlern und -verbrauchern schaffen.

Zweitens:
Neben der materiellen, wirtschaftlichen Ebene das Thema Schule in aktueller Weise ins Gespräch bringen. Durch Seminarien, begleitende Fachtagungen, Sonderschauen und kontaktschaffende Veranstaltungen.

Drittens:
Den internationalen Erfahrungsaustausch in allen Fragen des Schulwesens intensivieren. Durch geeignete Anlässe, Räumlichkeiten und Programmgestaltung.

Hinweis:
Immer mehr Aussteller machen mit sogenannten Workshops innerhalb ihres Ausstellungsstandes gute Erfahrungen. Falls Sie einen solchen Workshop planen, sind wir gerne bereit, Ihr Workshopthema in unserem gedruckten Veranstaltungsprogramm aufzuführen.

Standortvorteile:

Die 18. Didacta findet nunmehr zum vierten Mal in Basel statt. Dies nach einer unter den Eurodidac-Mitgliedern vereinbarten Regelung, die Lehrmittelmesse regelmässig in einer andern europäischen Stadt durchzuführen.

Die letzte in Basel durchgeführte 14. Didacta (1976) hat gezeigt, dass der Standort Basel nicht nur für Binnenmärkte, sondern vor allem für exportinteressierte Lehrmittelhersteller ausgezeichnete Voraussetzungen auf weltweiter Basis bietet.

Basel hat einen internationalen Flughafen, einen schweizerischen, französischen und deutschen Bahnhof, direkten Anschluss an das europäische Autobahnnetz und nicht zuletzt eine dynamische und leistungsfähige Messeorganisation.

Meine erste Aufgabe war es, sich in die Welt unterschiedlicher Benützer hineinzuversetzen. Die offenen Fragen
nach Herkunft und Alter wurden zu einem wichtigen Teil der
typographischen Vorarbeit. Für die unterschiedlichen Katalogteile
musste ein einfacher Schlüssel zu einem schnellen und
sicheren Finden von Hinweisen und Auskünften wie Offizielle
Mitteilungen, Ausstellerverzeichnis, Künstlerverzeichnis,
Bildseiten und Nachtrag gefunden werden.

Ein erster Entwurf entstand in zwei Stunden auf dem Papier,
die weiteren Seiten ergaben sich aus einem angelegten 450 451
Grundraster. Dieser Auftrag blieb, neben den freieren Arbeiten,
eine Bewährungsprobe für das Lösen einer gut lesbaren und
anspruchsvollen typographischen Aufgabenstellung.

Die achtzehnte *Didacta/Eurodidac* war eine internationale
Lehrmittelmesse, die in regelmässigen Abständen, 1981 in
Basel, durchgeführt wurde. Der Auftrag zog sich vom Poststempel
über Geschäftspapiere, Zeitungsanzeigen und Broschüren bis
484 zum Weltformatplakat. Die Schweizer Mustermesse
hatte die ausgefallene Vorstellung, einen Lehrer einer Kunstgewerbeschule einzuladen: Es war eine Lehrmittelmesse.
Der Auftrag war mit wenigen Bedingungen verbunden, und ich
konnte meine verschiedenen Vorstellungen, ohne sie
verändern zu müssen, anwenden.

The Exhibitic
Programme f

❶

General School Equipment and Subject-room fittings

1.1 General school equipment (e.g. lighting, black-out fittings cleaning equipment, dispensing machines for school catering and accessories)
1.2 Office equipment, equipment for information work (administration, organisation, documentation)
1.3 Room dividers, seating systems for large rooms, etc.
1.4 Kindergarten and school furniture
1.5 Subject-room fittings
1.6 Blackboards and accessories
1.7 Equipment for information and media centres
1.8 Musical instruments and music cupboards
1.9 Sports apparatus
1.10 School kitchens and domestic schools Handicrafts lessons
1.11 Equipment for apprentice workshops

❷

Materials for Daily Use

2.1 Stationary and office supplies
2.2 Materials for handicrafts and art work (painting, modelling, wood-work, etc.)
2.3 Materials for technical classes
2.4 Laboratory supplies
2.5 Audio visual material (e.g. film stock blank tapes and video tapes, chemicals for photographic work)
2.6 Materials for professional training and further training
2.7 Materials for school kitchens and domestic schools

❸

Equipement for Demonstrations and Experiments

3.1 Equipment for teachers' demonstrations and experiments
3.2 Equipment for pupils' experiments and practical work
3.3 Scales and measuring equipment
3.4 Optical instruments (e.g. magnifying glasses, microscopes, telescopes)

❹

Collections and Models

4.1 Collections of fossils, stones and minerals
4.2 Technological collections
4.3 Specimens
4.4 Models and globes

❺

Wall Maps, Pictures, Adhesive Board and Accessories

5.1 Wall maps
5.2 Wall pictures, picture boards, friezes, reli
5.3 Adhesive boards (stell, magnetic, flannel, cork, burrfixing boards, etc.)
5.4 Accessories for adhesive boards

n

or Didacta 81:

❻

Audio-visual and Electronic Educational Materials: Hardware

6.1 Audio equipment
6.1.1 Record players, tape and cassette recorders, dictating machines
6.1.2 Language teaching systems
6.1.3 Radio sets, Hi-fi systems, sound studios
6.2 Video equipment and television systems
6.2.1 Cameras, electronic film scanners
6.2.2 Picture recording and reproduction equipment (VTR, VCR)
6.2.3 Monitors, television sets, Teleciné projectors
6.2.4 Studio installations for public and school television
6.3 Projection equipment
6.3.1 Slide projectors
6.3.2 Episcope, epidiascope
6.3.3 Overhead projectors
6.3.4 Film projectors
6.4 Phototechnic equipment (taking pictures, developing and reproducing pictures)
6.5 Audio-visual accessories (e.g. microphones, lenses, slide and film viewers, projection screens, sound recording equipment, media cupboards)
6.6 Non-computerized apparative teaching systems
6.7 Electronic data processing systems for teaching purposes
6.8 Other audio-visual or electronic teaching materials

❼

Audio-visual and Electronic Educational Materials: Software

7.1 Records, tapes
7.2 Autodidactic material for teaching in the language laboratory
7.3 Viedeo tapes, video cassettes, picture disks
7.4 Slides, picture series with sound-tracks
7.5 Transparencies, transparent models
7.6 Films
7.7 Multi-media packets and audio-visual programmes
7.8 Programmes for computer-aided teaching

❽

Books, Periodicals and Didactic Games

8.1 Reference works and dictionaries
8.2 Specialized literature (including periodicals)
8.3 Plain texts, illustrated and art volumes, printed music
8.4 Text-books, atlases, exercise-books
8.5 Printed teaching programmes and context material
8.6 Picture books, children's and adolescents' books
8.7 Didactically structured material
8.8 Didactic games and learning construction elements

❾

Miscellaneous

9.1 School catering
9.2 Sportswear
9.3 School clothing
9.4 School hygiene and health services
9.5 Aids for the handicapped

18.
Internationale Lehrmittelmesse

24.–28.3.1981
Basel/Schweiz

Provisorisches Ausstellerverzeichnis

(abgeschlossen am 31. Juli 1980)

Liste provisoire des exposants

(arrêtée au 31 juillet 1980)

Provisional list of exhibitors

(as on July 31, 1980)

Elenco provvisorio degli espositori

(al 31 luglio 1980)

A – Z

Die bis zum 31. Juli 1980 angemeldeten 494 Aussteller aus 25 Ländern haben bei der Didacta-Messeleitung mehr als 20000 m² Netto-Standfläche bestellt. Ebenfalls sind die Flächen für verschiedene Sonderschauen und Gemeinschaftsstände verschiedener Länder fest reserviert.

Wenn auch Sie einen Stand an der grössten und bedeutendsten Lehrmittelmesse der Welt haben möchten, so zögern Sie nicht: schreiben Sie uns oder telefonieren oder telexieren Sie ganz einfach an Herrn G. F. Kindhauser, Sachbearbeiter für die 18. Didacta.

The 494 exhibitors from 25 countries who had registered by July 31, 1980, have booked more than 20000 m² net stand area from the Didacta management. Space for various special displays and common stands for various countries is also reserved.

If you would like to have a stand at the largest and most important educational materials fair in the world, do not hesitate, simply write to us or telephone or telex our Mr. G. F. Kindhauser, 18th Didacta.

Les 494 exposants de 25 pays annoncés jusqu'au 31 juillet 1980 ont retenu auprès de la direction de la Foire Didacta plus de 20000 m² de surface nette des stands. Les surfaces pour différentes démonstrations spéciales ainsi que pour des stands collectifs de différents pays sont également réservées ferme.

Si vous désirez obtenir un stand à la plus grande et la plus importante foire des moyens didactiques du monde, n'hésitez pas davantage: écrivez ou téléphonez ou encore envoyez un télex tout simplement à Monsieur G. F. Kindhauser, notre collaborateur compétent pour la 18e Didacta.

I 494 espositori, che al 31 luglio 1980, hanno già dato la loro adesione e che provengono da 25 paesi, hanno ordinato alla direzione della Didacta complessivamente oltre m² 20000 di superficie. Riservate sono anche le superfici destinate a diverse mostre speciali e stands collettivi di diversi paesi.

Se volete uno stand alla più grande e più importante Fiera del materiale didattico del mondo, non esitate: scriveteci o semplicemente telefonate al Signor G. F. Kindhauser, 18ª Didacta.

Adresse:
Sekretariat 18. Didacta
Postfach, CH-4021 Basel/Schweiz
Telefon 061 26 20 20
Telex 62 685 fairs ch

Adresse:
Secrétariat de la 18e Didacta
Case postale, CH-4021 Bâle/Suisse
Téléphone 061 26 20 20
Télex 62 685 fairs ch

Address:
Secretariate of the 18th Didacta
P.O. Box, CH-4021 Basel/Switzerland
telephone 061-26 20 20
telex 62 685 fairs ch

Indirizzo:
Segreteria 18ª Didacta
Casella postale, CH-4021 Basilea/Svizzera
telefono 061 26 20 20
telex 62 685 fairs ch

A

Abodia, A. Bonacker KG	Bremen	D
ACE Entreprises Ltd.	Taipei	TW
Aecherli AG	Volketswil	CH
Almqvist & Wiksell Education	Stockholm	S
Alpa Marketing SA	Villars-sur-Glâne	CH
Apple Computer Inc.	Cupertino	USA
Arbeitsgemeinschaft Schweizerischer Schulbuchverleger	Zürich	CH
Arbeitskreis österreichischer Schulbuchverleger	Wien	A
Arboris-Verlag, J.-D. Godet	Bern	CH
Archon Press Ltd.	Ipswich	GB
Argonag AG	Affoltern	CH
Argus Communications	Harlow	GB
Arm AG	Biglen	CH
Arnold Publishers Ltd., E.	London	GB
Arnold & Son Ltd., E. J.	Leeds	GB
Art Craft Products	Brentford	GB
Asco	Juziers	F
Audiotronics International	North Hollywood	USA
Audio-Visual AG	Basel	CH
Auditek Oy	Turku	SF
Auer Verlag, L.	Donauwörth	D
Aulehla, Dr. E.	Gräfelfing	D
Australian Department of Overseas Trade	Bern	CH
Auzouk Ets., Dr.	Paris	F

B

Baerlocher AG	Zürich	CH
Barth	Schorndorf	D
Barthelmes & Co. KG, A.	Tuttlingen	D
Basler Eisenmöbelfabrik AG	Sissach	CH
Bauer Kassenfabrik AG	Rümlang	CH
Baumann E. C.	Kulmbach	D
Bayerischer Schulbuchverlag	München	D
BC Inventar A/S	Ballerup	DK
B & C Elektronik	Dortmund	D
Beltz Verlag Weinheim–Basel	Basel	CH
Benzinger Verlag	Köln	D
Berge SA, Ets.	Wissous	F
Bestpel Impex Ltd.	Stanmore	GB
Betriebswirtschaftlicher Verlag Dr. Th. Gabler GmbH	Wiesbaden	D
Bibliografisches Institut	Mannheim	D
Biblioteksförlaget AB	Stockholm	S
Binney & Smith Ltd.	Bedford	GB
Bischoff's Erben AG, U.	Ulisbach	CH
Blaukreuzverlag Bern	Bern	CH
Bliss S.r.l.	Settimo Milanese	I
Bodmer Ton AG	Einsiedeln	CH
Borbe-Wanner AG	Dietikon	CH
Bordas-Dunod	Paris	F
Bosch GmbH, R.	Stuttgart	D
Botta & C. SDF, F. A.	Firenze	I
BP Educational Service	London	GB
Bretford Manufactoring Comp.	Schiller Park	USA
Brevillier-Urban AG	Wien	A
Brevskolan	Stockholm	S
Brio Lek & Lär	Osby	S
British Educational Equipment Association	London	GB
BT Batsford	London	GB
Buch Service Basel	Basel	CH
Buchner Verlag, C. C.	Bamberg	D
Buehler-Met AG	Basel	CH
Bundesinstitut für Berufsbildung	Berlin	D
Burckhardt-Haus-Laetere Verlag	Gelnhausen	D
Burdett Ltd., N.	West Bridgford	GB

C

Calig Verlag GmbH	München	D
Calwer Verlag	Stuttgart	D
Cambridge University Press	Cambridge	GB
Canon Optics SA	Zürich	CH
Caran d'Ache	Genève	CH
Caspar B.	Vuitebœuf	CH
Cassell Ltd.	London	GB
CBT-Centre Publications	Colchester	GB
Chambers Ltd., W. & R.	Edinburgh	GB
Childcraft Toys International Ltd.	Jerusalem	IL
Christophorus Verlag	Freiburg i. B.	D
Cite S.A.S.	Napoli	I
Cito AG	Basel	CH
CLE International	Paris	F
Coated Specialities Ltd.	Basildon	GB
Cochranes of Oxford	Oxford	GB
Colin A.	Paris	F
Colorvald S.A.S.	Valdagno/Vicenza	I
Columbus Verlag Oestergaard GmbH, P.	Weinstadt	D
Comerint SpA	Roma	I
Commodore AG	Basel	CH
Community Playthings	Robertsbridge	GB
Conatex GmbH, Dipl.-Ing. L. Colbus	St. Wendel	D
Consu-Marketing	Morges	CH
Coomber Eletronic Equipment Ltd.	Worcester	GB
Copyfax International Inc.	Söderström	S
Cornelson-Velhagen & Klasing Verlags GmbH & Co. KG	Bielefeld	D
Coronet Instructional Media	Chigaco	USA
Cova R.	Oetwil a. L.	CH
Crüwell Verlag, W.	Dortmund	D
Cybervox Ltd.	Byfleet	GB

D

Da-Lite Screen Company Inc.	Warsaw	USA
Danese SNC, B.	Milano	I
Degener GmbH, W.	Hannover	D
Denoyer-Geppert Company	Chicago	USA
Department of Education and Science	London	GB
Deutscher Taschenbuch Verlag GmbH & Co. KG	München	D
Didacta Italia	Torino	I
Didalab	Buc	F
Didatec Sperl GmbH	Buchholz	D
Die Keure	Brugge	B
Diesterweg M.	Frankfurt	D
Dijkstra's Uitg. Zeist BV	Zeist	NL
Dimmler AG, F.	Zürich	CH
Don Bosco Verlag	München	D
Drake Educational Associates Ltd.	Cardiff	GB
Dukane Corp.	St. Charles	USA
Dümmler Verlag, F.	Bonn	D
Dürrsche Buchhandlung, Verlag	Bonn	D

E

Eberhard AG, M.	Weesen	CH
Econ Verlag	Düsseldorf	D
E. Co. S. Didattica	Roma	I
Educational Insights	Compton	GB
Ehrenwirt Verlag	München	D
Eibe Eichinger H.	Röttingen	D
Elettronica Veneta S.r.l.	Motta di Livenza	I
Elite Optics Ltd.	Cardiff	GB
Elna SA	Genève	CH
Embru-Werke	Rüti	CH
Emco-Maier & Co.	Hallein	A
Encyclopaedia Britannica	Düsseldorf	D
Encyclopaedia Britannica	Spreitenbach	CH
Engler M.	Hombrechtikon	CH
Enström AB, C.	Spanga	S
Erler-Zimmer-Modelle KG	Lauf	D
ESA Creative Learning Ltd.	Harlow	GB
Eschenbach Optik GmbH	Zürich	CH
ESL Bristol Ltd.	Yate/Bristol	GB
ES Perry Ltd.	Gosport	GB
Esselte Map Service	Stockholm	S
Esselte Studium AB	Stockholm	S
Euromex Mikroskope GmbH	Arnhem	NL
Europa-Lehrmittel, Verlag, Nourney, Vollmer & Co. oHG	Wuppertal	D
Experimenta KG, Gambke GmbH & Co.	Berlin	D
Expert Verlag	Grafenau	D

F

Faber-Castell A. W.	Stein b. Nürnberg	D
Faber GmbH, E.	Neumarkt/Opf.	D
FEDE	Solothurn	CH
Festo-Maschinenfabrik	Esslingen	D
Finabuch SA, Ed. Transalpines	Breganzona	CH
Finken Verlag	Oberursel/Ts	D
Fischer-Taschenbuch-Verlag	Frankfurt	D
Fischer-Werke, A. Fischer GmbH & Co. KG	Tumlingen	D
FOC-Escolar	Lissabon	P
Folex-Biotest GmbH	Wien	A
Folex-Biotest Ltd.	Birmingham	GB
Folex-Biotest S. à r. l.	Vélizy	F
Folex-Biotest-Schleussner Inc.	Moonachie	USA
Folex Dr. H. Schleussner AG	Zürich	CH
Folex S.r.l.	Trezzano sul Naviglio	I
Foucher-Viscodact	Vincennes	F
Frank GmbH, Dr.	Heppenheim	D
Francke-Verlag	Bern	CH
Frankonius-Verlag GmbH	Limburg	D
Friedrich Verlag GmbH & Co. KG	Seelze	D

G

Ganz & Co., Audiovisual	Zürich	CH
GBR Educational Ltd.	Enfield	GB
Geha-Werke GmbH	Hannover	D
Geographische Verlagsgesellschaft Velhagen & Klasing u. H. Schroedel	Berlin	D
G.I.E. Edutec	Angoulême	F
Girardet Verlag, W.	Essen	D
Glorex Bastelservice E. Gloor	Kölliken	CH
Goldmann Verlag	München	D
Gonge ApS	Braband	DK
Gonis-Werke	Berlin	D
Goula SA	Barcelona	E
Grabosch T.	Herford	D
Graumann GmbH & Co. KG	Baden-Baden	D
Griffin & George Ltd.	Wembley	GB
Gröner K.	Ulm	D
Groos Verlag, J.	Heidelberg	D
Güller T.	Orselina	CH
Gutmann KG, K.	Unterkirnach	D

H

Hadü-Hagemann Lehrmittel GmbH	Düsseldorf	D
Hahn & Kolb	Stuttgart	D
Handwerk und Technik Verlag GmbH	Hamburg	D
Hanser Verlag, C.	München	D
Harrap & Co. Ltd., G.	London	GB
Harris Ltd., Ph.	Shenstone	GB
Haupt Verlag, P.	Bern	CH
Havo BV	Ermelo	NL
Hawe Hugentobler & Vogel	Bern	CH

Heathkit' GmbH	Dreieich	D
Heckler & Koch GmbH	Oberndorf/N.	D
Heinemann Educational Books	London	GB
Heinrich K. W.	Schenkelberg/Ww.	D
Heintze & Blanckertz	Frankfurt	D
Helbling AG, Edition	Volketswil	CH
Herder Verlag GmbH & Co. KG	Freiburg	D
Herion-Werke KG	Fellbach	D
Hertel & Reuss GmbH	Kassel	D
Hinnen Spielplatzgeräte AG	Alpnach-Dorf	CH
Hirschgraben-Verlag	Frankfurt	D
Hirt Verlag, F.	Kiel	D
Hodder & Stoughton	Sevenoaks	GB
Hohenloher Spezialmöbelwerk Schaffitzel GmbH & Co.	Oehringen	D
Hohner AG, M.	Trossingen	D
Holt, Rinehart & Winston	New York	USA
Homberg & Brusius KG	Idar-Oberstein	D
HPS System Technik GmbH	Essen	D
Huber & Co., Verlag	Bern	CH
Huber Verlag, M.	Ismaning	D
Hueber-Holzmann Verlag	Ismaning	D
Hug & Co., Musikverlag	Zürich	CH
Hulton Educational Publ. Ltd.	Amersham	GB
Hunziker AG	Thalwil	CH

I

Iika Förlagsprodukter AB	Malmö	S
ILO Publications	Genève	CH
Independent Publishers Services	Volcano	USA
Institut Cartographique	Brüssel	B
Institut für den wissenschaftlichen Film	Göttingen	D
Institut für Film und Bild in Wissenschaft und Unterricht	Grünwald	D
Institut für Weltkunde in Bildung und Forschung	Flachsland	D
Interdiözesane Katechetische Kommission	Luzern	CH
Interkantonale Lehrmittelzentrale	Luzern	CH
Intermed-Export-Import, Aussenhandelsbetrieb	Berlin	DDR
International Society for Educational Information Inc.	Tokyo	J
Interstudy	Basel	CH
Interzeag AG	Schlieren	CH
Intona, G. Schamberger & Co.	Uster	CH
Invet Didattica S.p.A.	Torino	I
Invicta Plastics Ltd.	Oadby	GB
Ip Lehr- und Experimentiersysteme GmbH	Tettnang	D
Iseli & Co. AG	Schötz	CH
ISI Impianti S.p.A.	Genova	I
Iskra	Ljubljana	YU
Israel Export Institute	Tel-Aviv	IL

J

Jäggi Buchhandlung	Basel	CH
Jünger Verlag	Offenbach/Main	D
Junior Books Ltd.	Grangemouth	GB

K

Kaufmann Verlag, E.	Lahr	D
Keramisches Institut AG	Konolfingen	CH
Kern & Co. AG	Aarau	CH
Kindermann & Co. GmbH	Ochsenfurt	D
Kirzdörfer A.	Inzlingen	D
Klett Verlag, E.	Stuttgart	D
Klose H.	Bodenfelde	D
Knickmann G. H.	Hamburg	D
Knobel E.	Zug	CH
Knox International Inc.	Wood Dale	USA
König & Co.	Beltheim	D
Kontrast Verlag GmbH	Kassel	D
Körting GmbH & Co., G.	Grassau	D
Kösel Verlag	München	D
Kostri O. + M.	Baar	CH
Krabbe-System	Tjaereborg	DK
Kröncke KG, Dr. H.	Hannover	D
Kronen-Verlag Erich Cramer GmbH	Hamburg	D
Krüss A.	Hamburg	D
Kullmann AG, W.	Basel	CH
Kultura	Budapest	H
Kümmerly + Frey AG	Bern	CH
Kunze W.	Calw	D
Kunzelmann Edition	Adliswil	CH

L

Labimex	Warschau	PL
Lab-Volt Systems Buck Eng.	Farmingdale	USA
Lachappelle AG	Kriens	CH
Ladybird Books Ltd.	Leicestershire	GB
Langenscheidt KG	München	D
Lany Fax AB	Solna	S
Lara SA	Moraquis	F
La Scuola S.p.A. Editrice	Brescia	I
Lasy GmbH	Friedrichsdorf	D
Läufer-Werk Schwerdt & Renner	Hannover	D
Layeled Doron	Petha Tivka	IL
Learning Development Aids	Wisbech	GB
Lego-System A/S	Billund	DK
Lehrmittelverlag des Kantons Zürich	Zürich	CH
Leismann GmbH, H.	Saarbrücken	D
Lekolab Kanalsystemet AB	Göteborg	S
L.E.P. Philip Burdel	Genf	CH
Lexika Verlag	Weil	D
Leybold-Heraeus GmbH	Köln	D
Liber Educational Division	Malmö	S
Lieder J.	Ludwigsburg	D
Liesegang Edition	Düsseldorf	D
Link KG, Johs., Sonor Percussion	Berleburg	D
List Verlag GmbH & Co. KG	München	D
Longman Group Ltd.	Harlow	GB
Lucas-Nülle GmbH & Co. KG	Kerpen	D
Luchterhand Verlag, H.	Neuwied	D
Ludoval AG	Zollikofen	CH
Lüdi & Cie. AG	Flawil	CH

M

Macmillan Publishers Ltd.	Basingstoke	GB
Maey GmbH, Prof. Dr.	Bonn	D
Maier Verlag, O.	Ravensburg	D
Malinverno P.	Malnate	I
Malmberg BV	s'Hertogenbosch	NL
Manz Verlag	München	D
MAP Dr. Poehler GmbH & Co. KG	Ober-Mörlen	D
MARO	Schaesberg	NL
Materialstelle für Freizeit und Jugendarbeit	Luzern	CH
Mauser-Werke	Oberndorf	D
MBM Lehrmittel & Verlagsgesellschaft	Hofheim a.T.	D
Memo AG	Glattbrugg	CH
Merkuria, AHU	Prag	CS
Merricks Sicomo Ltd.	Ashford	GB
Messerli AG, A.	Glattbrugg	CH
Metallarbeiterschule Winterthur	Winterthur	CH
Mettler Instrumente AG	Greifensee	CH
Metzler-Verlag	Stuttgart	D
Meutenhoff Educatief	Amsterdam	NL
Microlem Dr. G. Fontana & Co.	Milano	I
Milliken Publishing Company	St. Louis	USA
Modern English Publications Ltd.	London	GB
Modulex A/S	Billund	DK
Müller K. H.	Stuttgart	D
Multi-Contact AG	Allschwil	CH
Munz M.	Welzheim	D
Murray J.	London	GB
Murri & Co., A.	Münsingen	CH

N

Naef K.	Zeiningen	CH
Nathan F., Editions	Paris	F
National Textbook Company	Skokie	USA
Natur och Kultur	Stockholm	S
Nelson & Son Ltd., Th.	Walton-on Thames	GB
Neuland & Co.	Eichenzell	D
Neva Dr. Vatter GmbH	Geislingen	D
Nienhuis Montessori BV	Zelhem	NL
Nonn KG, F., Stuttgarter Buchdienst	Gilching	D
Noord-Ned. Stempel- & Leermiddelenfabriek BV	Groningen	NL

O

Oehlgass	Sexau	D
Oeschger AG	Kloten	CH
Oestergaard J., Welt im Raum	Schorndorf-Weiler	D
Ohaus Scale Corporation	Frankfurt	D
Oldenburg Verlag GmbH, R.	München	D
Oltronix Labor AG	Biel	CH
Olympia Werke AG	Wilhelmshaven	D
Omnium Pédagogique SA	Rueil-Malmaison	F
Opticart Verlag C. Weigang	Neubiberg	D
Orell Füssli Verlag	Zürich	CH
Organisator Verlag AG	Zürich	CH
Otava Publishing Company Ltd.	Helsinki	SF
Oxford University Press	Oxford	GB

P

Paini G. B.	Brescia	I
Pano-Produktion AG	Zürich	CH
Paravia	Torino	I
Pastorini Spielzeug AG	Zürich	CH
Patmos-Verlag GmbH	Düsseldorf	D
Pel International Ltd.	Oldbury Warley	GB
Pelikan-Informationstechnik	Königslutter	D
Penguin Books Ltd.	Harmondsworth	GB
Pentel GmbH	Hamburg	D
Perrot SA	Biel	CH
Perthes J.	Darmstadt	D
Petraglio & Co. AG	Biel	CH
Pfister-Leuthold AG	Zürich	CH
Philip & Tacey Ltd.	Andover	GB
Philips AG	Zürich	CH
Phywe AG	Göttingen	D
Pierron Entreprise SA	Sarreguemines	F
Post & Kriegel GmbH	Dossenheim	D
Precision Tool & Instrument Co. Ltd.	Liss	GB
Pro Infirmis	Zürich	CH
Projectina Nord AB	Stockholm	S
Pro-Spiel	Schinznach-Dorf	CH

Q

Qualetron Pty	Cleveland	ZA
Quelle & Meyer Verlag	Heidelberg	D

R

Rabo A.p.S.	Fakse	DK
Racher & Co. AG	Zürich	CH
Rahmqvist AG, E.	Wallisellen	CH
Realton GmbH & Co. KG	Euskirchen	D
Reclam Ph. jun.	Ditzingen	D
Reeves & Dryad, Reckitt & Colman Leisure Ltd.	Wealdstone	GB
Rehberg, EMS, L. Rehberg	Ditzingen	D
Reitmeier GmbH, D.	Korbach	D
Revox Ela AG	Regensdorf	CH
Rex Rotary International Corp. A/S	Birkeroed	DK
Rhône-Poulenc-Systèmes	Paris	F
Roggwiler H.	Hedingen	CH
Rolf Leermiddelen BV	Ochten	NL
Ronninger Regal- und Stahlbau GmbH	Hamm	D
Rot-Gelb-Grün Verlag	Braunschweig	D
Rotring-Werke Riepe KG	Hamburg	D
Rowney & Co. Ltd., G.	Bracknell	GB
Rowohlt Taschenbuch Verlag GmbH	Reinbek	D
Rudolf-Steiner-Schule der Schweiz und Bund der freien Waldorfschulen Deutschland	Basel	CH
Rüegg E.	Oberweningen	CH

S

Sabe, Verlagsinstitut	Zürich	CH
Saco SA	Neuchâtel	CH
Salle Verlag, O.	Frankfurt	D
Sanyo, Spitzer-Mileger	Basel	CH
Sappl P.	Kufstein	A
Sati AG, Audio-Visuel	Saint-Maurice	CH
Sauer M., Ets., Pinceaux Raphael	Saint-Brieuc	F
Sauerländer Verlag	Aarau	CH
Scandidact	Humlebaek	DK
Science Research Associate Inc.	Chicago	USA
S.E.A.D.A. S.r.l.	Solaro	I
S.E.I.	Torino	I
Semadeni AG	Ostermundigen	CH
Sewy-Schreibtafeln	Schwarzenburg	CH
Siemens AG	Erlangen	D
Sigma GmbH & Co. KG	Hamburg	D
Singer Education Systems	Rochester	USA
Sjobus (Irmco BV)	Dorst	NL
Skano AG	Aarau	CH
Skolförlaget Gävle AB	Gävle	S
Slide Centre & Focal Print	London	GB
Söderström W.	Helsinki	SF
Sommer M.	Coburg	D
Sony Overseas SA	Baar	CH
Spielbrett Löhrer & Co. AG	Basel	CH
Spitzer Electronic AG	Oberwil	CH
Sussex Publications Ltd.	Devizes	GB
Sutcliff Impact Ltd.	Ossett	GB

Schaffstein Verlag	Dortmund	D
Schahl GmbH, R.	Pullach	D
Scheidegger AG	Zürich	CH
Schimmel GmbH, W.	Braunschweig	D
Schlitt GmbH & Co., K.	Frankfurt	D
Schofield & Sims Ltd.	Fenay Bridge	GB
Scholaquip Industries Ltd	Holmes Chapel	GB
Schöningh Verlag, F.	Paderborn	D
Schott's Söhne Musikverlag, B.	Mainz	D
Schreiber Verlag GmbH, J. F.	Esslingen	D
Schroedel Verlag KG, H.	Hannover	D
Schulthess Polygraphischer Verlag	Zürich	CH
Schwabe & Co. AG	Basel	CH
Schwan-Stabilo Schwannhäuser GmbH & Co.	Nürnberg	D
Schwann, Pädagogischer Verlag GmbH	Düsseldorf	D
Schweizer Computer Club	Luzern	CH
Schweizerische Radio- und Fernsehgesellschaft	Bern	CH
Schweizerischer Kaufmännischer Verein, Verlag	Zürich	CH

STA Simulation + Teaching Aids AG	Uster	CH
Städtler Mars GmbH & Co.	Nürnberg	D
Stäheli & Co. Buchhandlung, K.	Zürich	CH
Stampfli Dr. Ch.	Gümligen	CH
Standaard Uitgeverij	Antwerpen	B
Standard Elektrik Lorenz AG	Pforzheim	D
Stegeland Förlag AB, L.	Göteborg	S
Steinmeier Woodtoys BV i.o.	Valkenswaard	NL
Stillitron	London	GB
Ströher & Erdmann GmbH & Co. KG	Düsseldorf	D

T

Talens AG	Dulliken	CH
Tandberg A/S	Bogerud	N
Taskmaster Ltd.	Leicester	GB
Technicolor	Costa Mesa	USA
Technische Lehrmittelzentrale Dipl.-Ing. A. Kutschelis	Unna	D
Technolab SA	Aarau	CH
Technowa GmbH	Neuss	D
Telex Communications Inc.	Saint-Denis	F
Telova Zürich AG	Zürich	CH
Terco AB	Skärholmen	S
Tesa SA	Renens	CH
Teubner GmbH, B. G.	Stuttgart	D
THD Manufactoring	Peacehaven	GB
Thepra-Lehrmittel GmbH & Co. KG	Teningen	D
Times Newspapers Ltd.	London	GB
TLS Boczek GmbH	Düsseldorf	D
TLV-Verlag Schaarschmidt GmbH	Zell u. A.	D
Transart Ltd.	Godmanchester	GB
Trenomat GmbH & Co., KG	Wuppertal	D
Trimann Ltd.	Amington	GB
Tschudin & Heid AG	Waldenburg	CH

U

Ullstein Verlag GmbH	Berlin	D
Umschau Verlag Breidenstein GmbH	Frankfurt	D
Unilab Ltd.	Blackburn	GB
Uni-Taschenbücher GmbH	Stuttgart	D

V

Vandenhoek & Ruprecht	Göttingen	D
Velber-Verlag GmbH	Seelze	D
Vereinigung Kantonaler und Kommunaler Lehrmittel, Schul- und Büromaterialverwalter	Liestal	CH
Verlag Gruppenpädagogischer Literatur	Wehrheim	D
Verlagsgruppe Athenäum	Königsstein	D
Verlagsring Religionsunterricht	Köln	D
Versluys Uitg. BV, W.	Amsterdam	NL
Videor Technical E. Hartig KG	Rödermark	D
Vivishop P. & Ch. Gratwohl	Lausanne	CH
Voest-Alpine AG	Linz	A
Vogel Verlag GmbH, H.	München	D
Vogel Verlag, H.	Wilhelmshaven	D
Vogel-Verlag	Würzburg	D
Volley-Sportartikel GmbH	Hamburg	D

W

Wagner AG, G.	Zürich	CH
Wagner Visuell	Zürich	CH
Waldner GmbH	Dübendorf	CH
Ward Lock Educational Ltd.	London	GB
Weidmann's Erben, Hch.	Glattbrugg	CH
Weidmann & Sohn	Zollikon	CH
Wepf & Co.	Basel	CH
West-Systembau W. Stein	Dortmund	D
Westermann Verlag GmbH & Co., G.	Braunschweig	D
Weyel International	Haiger	D
Weyel Plan-Systeme	Giessen	D
Wild + Leitz AG	Zürich	CH
Wilson & Garden Ltd.	Kilsyth	GB
Wirtschaft und Handel AG	Unterägeri	CH
Wissner GmbH, K.	Bensheim	D
Wolters-Noordhoff BV	Groningen	NL

Z

Zenon GmbH	Kehl	D
Zesar AG	Biel	CH
Zurmühle AG, H. W.	Richterswil	CH

Es lohnt sich auch für Sie, an der 18. Didacta teilzunehmen.

Il vaut la peine, pour vous aussi, de participer à la 18e Didacta.

Vale proprio la pena partecipare alla 18^{a} Didacta.

It is also worth-while for you to participate at the 18th Didacta.

Notes for pages 440 to 455

Page	
440, 441, 442, 443, 444, 445	*1979* Double-page spreads. Official catalogue for the international convention, Art 11/1980.
446, 447	*1980* Double-page spread. Official catalogue for the international convention, Art 11/1980, special exhibition on Austrian artists.
449	*1980* Brochure for a convention on teaching aids, 18th Didacta/Eurodidac: Visitor Information.
450, 452, 453	*1980* Folder for a convention on teaching aids, 18th Didacta/Eurodidac: Program Information.
454, 455	*1980* Four panels of a folded brochure for a convention on teaching aids, 18th Didacta/Eurodidac: List of Exhibitors.

Angaben
zu den Seiten 440 bis 455

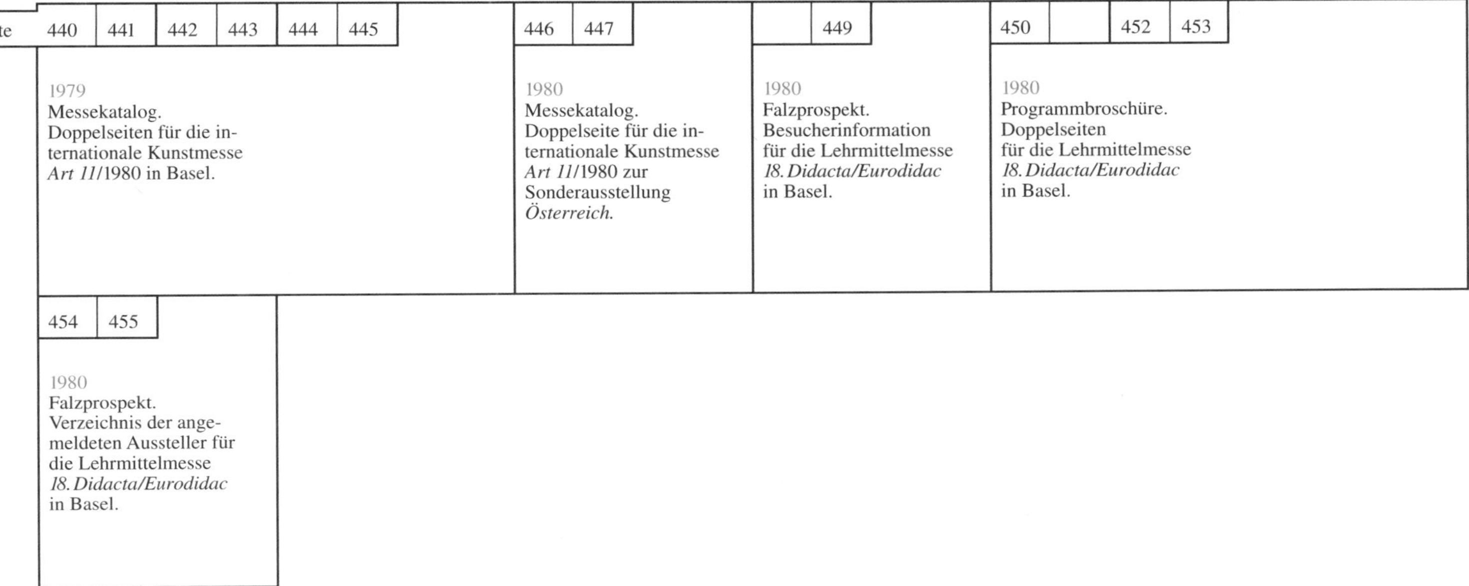

Seite
440
441
442
443
444
445
1979
Messekatalog.
Doppelseiten für die internationale Kunstmesse *Art 11*/1980 in Basel.
446
447
1980
Messekatalog.
Doppelseite für die internationale Kunstmesse *Art 11*/1980 zur Sonderausstellung *Österreich.*
449
1980
Falzprospekt.
Besucherinformation für die Lehrmittelmesse *18. Didacta/Eurodidac* in Basel.
450
452
453
1980
Programmbroschüre.
Doppelseiten für die Lehrmittelmesse *18. Didacta/Eurodidac* in Basel.
454
455
1980
Falzprospekt.
Verzeichnis der angemeldeten Aussteller für die Lehrmittelmesse *18. Didacta/Eurodidac* in Basel.

456
457

458
459

For the student newspaper at Merz Academy in Stuttgart I designed my first poster in 1958, a single version executed with a spray technique. Just having turned eighteen, resolved to present it to the Irish airlines whose silk-screened travel posters I greatly admired, I went to Dublin and offered my design free of charge to the advertising department of Aer Lingus. My pride was crushed when they rejected it.

It wasn't until years later in Basel that I began to receive commissions to design posters. The size varied according to purpose, from a small handheld broadside to the large-scale worldformat. A former American student from Kent State University asked me to design a poster for an exhibition of his photography in 1975 and to print it as a limited letterpress edition. I crossed out the typography until almost illegible by running silver bars over the words. It symbolized my sudden apathy for metal type and the beginning of a breakthrough in which I erased the past.

Another poster announced a special exhibition during the Jewelry Fair at the Mustermesse Basel in 1976. The design focused on the word Jewelry in three languages, including ornamental elements from the typecase with a silver background printed on yellow paper.

Silver, also yellow and orange, were my favorite colors.
I realized why in 1970 when I visited the designers for
the Olympic games in Munich who had used these colors for that
year's program. Yellow and orange, also the colors of Baden,
29-31 evoked my childhood memories when I lived in the
Castle of Salem at the end of the forties.

Selected Posters

1975–1990

Ausgewählte Plakate

1975–1990

When the Duke of Baden was at home, the regional flag was raised in his honor; its brilliant colors furled in the breeze. Yellow-orange-yellow. I thought it was beautiful against the blue sky.

In the middle of the seventies I finally finished with lead type for good and turned my attention toward transparent lithographic materials. In 1977 I was invited to participate in a competition. Each year the Swiss Federal Department of Home Affairs in Bern invited selected designers to submit two separate posters for a scholarship in applied art for both the German-speaking and French-speaking parts of Switzerland: Eidgenössisches Stipendium für angewandte Kunst and Bourse fédérale des beaux-arts.

466-467 These were the first posters I designed for worldformat with superimposed films. My submission was not selected by the jury, but the sketches are shown in this section. Not winning the competition reminded me of being graded in school. I never submitted any more of my work to win prizes and never entered another competition. A false proof of capability, winning competitions or awards is not a measure of achievement. A true feeling of success comes about as one learns to compete with oneself and develops naturally.

My posters have two distinguishing characteristics:
482-483 an irregular, wide border that holds the individual images
together, framing the composite picture, and rough, fragmented
490-491 dot screens. The low resolution of the screens reveals
500-501 the photomechanical process, unseen in most reproductions that
simulate a smooth continuous tone: this is the interesting
aspect of the posters' graphic quality. I discovered the effect
by accident.

Like the pixel of an electronic transmission, the dot of a photomechanical screen is the invisible, yet essential, building unit of an entire process. When shifting and superimposing screen films with the copy camera, I recognized during certain movements, the intrinsic aesthetic quality of the dot.

134 I invented a method to fabricate unlimited dot structures and patterns, a mother-father system, from two single standard screens: a twenty-percent line screen and a graduated gray tone screen. The layering of these textures developed into the trademark of my posters. 460 461

Since 1919 Kunstkredit of Basel city, a state-sponsored organization, has held an annual competition in support of the arts open to all citizens of the city. Local works of art are selected by a jury and publicly displayed for three weeks in the halls of the Mustermesse.

From 1977 through 1983 I made seven call-for-entry world-format posters for Kunstkredit. The Weltformat is an exclusively Swiss poster size, B4 90.5 cm x 128 cm, roughly 36 by 50 inches. A poster was first printed in this format in 1913, designed by the painter Emil Cardinaux, and standardized on the instigation of Karl Wilhelm Bührer.

Continued on page 464

Thema: Schmuck.

Sonderschau auf der Mustermesse Basel 1976

Die Eidgenössische Kommission für angewandte Kunst hat unter anderem auch die Aufgabe, Zusammenhänge aufzudecken, die zum besseren Verständnis der Entstehung der Dinge führen, mit denen wir täglich zusammenleben.

In Zusammenarbeit mit der Schweizer Mustermesse veranstaltet sie im Jahre 1976 in Basel die Ausstellung **Thema: Schmuck.**

Es handelt sich nicht um einen Wettbewerb bei dem Preise verliehen werden, vielmehr um eine Sonderschau, um auf die persönliche Leistung und Experimentierfreudigkeit auch jüngerer und unbekannter Goldschmiede aufmerksam zu machen. Der Anreiz zur Beteiligung an dieser Ausstellung soll in der Auseinandersetzung mit vernachlässigten Möglichkeiten des Schmuckes liegen.

In der Mitte der fünfziger Jahre begannen einige Goldschmiede nach neuen Wegen des Schmuckmachens zu suchen.

Unabhängig voneinander entwickelten sie eine jeweils sehr persönliche Formensprache, die den Schmuck nicht als materielles Wertobjekt, sondern als Möglichkeit einer künstlerischen Aussage wieder ernst nahm.

Die Brosche als ein Schmuckstück, dessen Form am wenigsten durch die Funktion bestimmt wird, war deshalb das bevorzugte Thema.

Die Resultate dieser Entwicklung, die in den letzten 15 Jahren wohl die meisten Goldschmiede beeinflusste, wurden immer wieder auf vielen Ausstellungen gezeigt.

1974 veranstaltete die Eidgenössische Kommission für angewandte Kunst zusammen mit der Mustermesse Basel eine erste Sonderschau unter dem Titel «Kreativer Schmuck», deren Objekte weitgehend nach diesem Prinzip der Persönlichkeit, der individuellen Handschrift ausgesucht waren.

Die Ausstellung zeigte damit einen Querschnitt dessen, was in den letzten Jahren entstanden war. Zugleich machte sie aber auch deutlich, dass jede künstlerische Entwicklung einen Höhepunkt hat, der nicht beliebig wiederholbar ist.

Die Kommission glaubt deshalb, dass es nicht sehr sinnvoll wäre, die für das Jahr 1976 wiederum gemeinsam von der Eidgenössischen Kommission für angewandte Kunst und der Mustermesse geplante zweite Ausstellung **Thema: Schmuck** vom 24. April bis 3. Mai 1976 nach dem gleichen Prinzip aufzubauen.

Die Kommission ist vielmehr der Meinung, dass eine Ausstellung nicht nur Rückblick einer stattgefundenen Entwicklung sein muss, sondern dass sie auch Unterbewertetes aufwerten, Vergessenes in Erinnerung bringen und neue Tendenzen aufspüren sollte. Sie könnte damit Anregungen für die geben, die die Dinge machen und für die, die sie sehen und benutzen.

Speziell für die nächste Ausstellung im Rahmen der Mustermesse 1976 denkt das Organisationskomitee an eine Art von Schmuck, der durch die Entwicklung der letzten Jahre zwangsläufig in den Hintergrund getreten ist:
Der Schmuck, der eng mit dem Körper verbunden ist,
❶ bei dem nicht der Objekt-Miniaturcharakter primär ist, sondern der ornamentale Zusammenhang mit der Trägerin oder dem Träger,
❷ der nicht als einmaliges Kunstobjekt verstanden werden möchte, sondern als ein Objekt das für den Träger einen symbolischen, amulettartigen oder magischen Charakter haben kann,
❸ und seinen schmückenden-dekorativen Wert durch eine Reduzierung auf einfache Formelemente oder die formale Betonung der Funktionselemente erreicht.

Die Ausstellung soll deshalb nicht nach einzelnen Goldschmiedepersönlichkeiten zusammengestellt werden, sondern nach **vier**, heute denkbaren Themen von Schmuckmöglichkeiten, die ihrerseits wieder durch Photobeispiele in einen historischen Zusammenhang gestellt werden.

1. Kopf
Kopfspange
Ohrring
Haarring
Stirnring

2. Hals
Anhänger
Kette
Halsschmuck

3. Körper
Spange
Nadel
Brosche
Gürtel
usw.

4. Arm und Hand
Armschmuck
Oberarm/Unterarm
Ring
Kombination von Finger- und Armschmuck

Die Mitglieder des Komitees für die Sonderschau **Thema: Schmuck,** Basel 1976, sind:

Niklaus Morgenthaler
Direktor der Kunstgewerbeschule Basel
Präsident der Eidgenössischen Kommission für angewandte Kunst

Nicolas Bouvier, Photograph
Vizepräsident der Eidgenössischen Kommission für angewandte Kunst

Dr. Fritz Falk
Leiter Schmuckmuseum Pforzheim

Ernst A. Heiniger
Filmproduzent, Zürich

Hermann Jünger
Goldschmied
Professor Akadamie der bildenden Künste, München

Günter Kraus
Goldschmied, Pforzheim

G. E. Kindhauser
Kaufmännischer Direktor Schweizer Mustermesse, Basel

Dr. F. Walthard
Generaldirektor Schweizer Mustermesse, Basel

Othmar Zschaler
Goldschmied, Bern

Sekretariat des Komitees:
Michel Mamie
Prokurist Schweizer Mustermesse, Basel

Zur Beteiligung an dieser Ausstellung ist jeder eingeladen, der sich mit der Gestaltung von Schmuck beschäftigt. Die Interessenten sind gebeten, ihre schriftliche Anmeldung bis zum 15. Mai 1975 an folgende Adresse einzureichen:

Schweizer Mustermesse
Abteilung Uhren- und Schmuckmesse
Postfach
CH-4021 Basel/Schweiz

Weitere Informationen werden den Angemeldeten danach geschickt. Für die Auswahl sind die vorher angeführten Kriterien massgebend, wobei die formale Qualität, die von der Art der Ausführung nicht zu trennen ist, ausschlaggebend sein wird. Für das verwendete Material bestehen keine Einschränkungen. Für den Fall, dass es Ihnen und uns gelingen sollte, eine wirklich exemplarische Auswahl zusammenzubringen, wird in Betracht gezogen, diese Ausstellung nach ihrer Präsentation an der Mustermesse 1976 entweder in Form einer Wanderausstellung zu konzipieren oder als Publikation einem breiteren Interessentenkreis zugänglich zu machen.

Thème: Le bijou.

Exposition spéciale à la Foire Suisse d'Echantillons, Bâle, 1976

La Commission fédérale des Arts appliqués a entr'autres pour mission de nous faire comprendre l'importance de la naissance des choses avec lesquelles nous vivons.

En collaboration avec la Foire Suisse d'Echantillons, elle organise pour 1976 à Bâle, l'exposition **Thème: Le bijou.**

Il ne s'agit pas d'un concours où seront distribués des prix, il s'agit bien plus d'une exposition spéciale présentant au public les résultats du travail et surtout des expériences des bijoutiers, aussi de jeunes bijoutiers encore peu connus. L'intérêt principal d'une participation à cette exposition résidera dans la redécouverte de certains aspects négligés du bijou.

Dès les années cinquante, nombre de bijoutiers cherchaient les bases d'une conception nouvelle du bijou.

Indépendamment l'un de l'autre, ils développèrent un langage de formes très personnel sans voir dans le bijou un objet d'une grande valeur matérielle mais une possibilité de s'exprimer artistiquement.

La broche, bijou dont la forme est si peu limitée par la fonction était pour cette raison l'objet préféré.

Les résultats de ces changements, qui ont beaucoup influencé la dernière génération de bijoutiers, furent déjà souvent exposés en de nombreux endroits.

En 1974, la Commission fédérale des Arts appliqués organisait en collaboration avec la Foire Suisse d'Echantillons la première exposition spéciale sous le titre «Kreativer Schmuck». Les travaux exposés avaient été choisis en grande partie pour leur expression artistique marquée par la personnalité du créateur.

Cette exposition montrait bien le travail accompli dans les dernières années. Par contre, elle attirait notre attention sur le fait qu'une grande époque dans un domaine de l'art ne peut guère être prolongée ou reprise à volonté.

Pour ces raisons, la commission organisant pour 1976 la deuxième exposition spéciale, **Thème: Le bijou** en collaboration avec la Commission fédérale des Arts appliqués et la Foire Suisse d'Echantillons ne voudrait pas travailler sur les mêmes bases. De fait, elle croit qu'une exposition ne doit pas seulement montrer les résultats de recherches terminées mais qu'elle doit exposer des travaux insuffisamment appréciés, présenter d'une façon nouvelle des aspects oubliés de la création du bijou et surtout essayer de définir les nouvelles tendances créatrices. L'exposition ainsi conçue serait stimulante pour les artistes comme pour les spectateurs.

A l'occasion de la prochaine exposition au sein de la Foire Suisse d'Echantillons, le comité d'organisation désire présenter le bijou qui, de par l'évolution de ces dernières années est passé au second plan:
Le bijou faisant corps avec son porteur,
❶ le bijou dont le caractère d'objet miniature n'est plus primordial, mais plutôt la relation ornementale avec la porteuse ou le porteur,
❷ le bijou qui n'est pas vu comme une œuvre d'art unique, mais comme un objet ayant un caractère magique, une importance symbolique, voire la puissance d'une amulette pour son porteur,
❸ le bijou qui prend sa valeur décorative d'une réduction à des éléments formels simples ou d'une accentuation des éléments fonctionnels.

Ainsi, le concept de l'exposition ne se basera pas sur quelques noms de bijoutiers bien connus mais sur **quatre** thèmes aujourd'hui imaginables de la création du bijou. Ces thèmes seront également illustrés par des exemples historiques (photos).

1. La tête
Bandeau pour la tête
Boucles d'oreilles
Anneaux pour les cheveux
Bandeau pour le front

2. Le cou
Collier
Chaînette
Bijoux pour le cou

3. Le corps
Bracelet
Agrafe
Broche
Ceinture
etc.

4. Les bras et les mains
Bijoux pour le bras et l'avant-bras
Bagues et anneaux
Combination de bijoux pour les doigts et les bras

Suit la liste des membres du comité pour l'exposition spéciale **Thème: Le bijou** à Bâle en 1976:

Niklaus Morgenthaler
Directeur de l'Ecole de Design de Bâle
Président de la Commission fédérale des Arts appliqués

Nicolas Bouvier, Photographe
Vice-Président de la Commission fédérale des Arts appliqués

Dr. Fritz Falk
Directeur du musée de la bijouterie à Pforzheim

Ernst A. Heiniger
Réalisateur de cinéma, Zurich

Hermann Junger
Bijoutier
Professeur à l'Académie des Beaux-Arts de Munich

Günter Kraus
Bijoutier à Pforzheim

G. E. Kindhauser
Directeur Commercial de la Foire Suisse d'Echantillons, Bâle

Dr. F. Walthard
Directeur-Général de la Foire Suisse d'Echantillons Bâle

Othmar Zschaler
Bijoutier à Berne

Secrétaire du Comité:
Michel Mamie
Procuriste de la Foire Suisse d'Echantillons, Bâle

Quiconque s'occupe de création de bijoux est invité à participer à cette exposition. Les personnes intéressées sont priées de s'inscrire par écrit d'ici le 15 mai 1975 à l'adresse suivante:,

Foire Suisse d'Echantillons
Foire de l'Horlogerie et de la Bijouterie
Case Postale
CH-4021 Bâle/Suisse

Les personnes inscrites recevront ensuite des informations plus détaillées. Les éclaircissements donnés plus haut, tout comme la qualité et la façon du travail valent comme critères de sélection. Il n'y a aucune restriction quant au choix du matériel. Si nous pouvons, avec votre aide, monter une exposition présentant un choix de travaux vraiment exemplaires, nous essayerons soit de la présenter en différentes villes après la Foire Suisse d'Echantillons de Bâle, soit d'en faire une publication susceptible de toucher un plus large public.

Theme: Jewelry.

Special Exhibition at the Swiss Industries Fair Basle, 1976

The Federal Commission for Applied Arts has, among other tasks, that of illuminating those relationships which lead to a better understanding of the things which surround us in daily life.

In cooperation with the Swiss Industries Fair, the Federal Commission is planning an exhibition in Basle. This will take place in 1976 and will be entitled **Theme: Jewelry.**

The special exhibition will not be concerned with promoting competition and the awarding of prizes. Rather, it will be concerned with recognizing the personal achievement and experimental joy of, among others, younger and lesser-known jewelry makers. The incentive to participate in this exhibition should lie in the opportunity to deal with previously neglected aspects of jewelry.

During the mid 1950's some goldsmiths began the search for new ways of making jewelry.

Independent of one another, they developed at times a very personal "language" of form. It was a language in which jewelry was once again considered a vehicle for new artistic expression, not simply an object of material value.

Because the brooch was the kind of jeweled piece whose form was least determined by function, it emerged as the preferred theme among jewelry designers.

The results of this development – a process which influenced the majority of goldsmiths over the past fifteen years – have been displayed repeatedly at numerous exhibitions since.

In 1974 the Federal Commission for Applied Arts together with the Swiss Industries Fair Basle, presented its first special exhibition, "Creative Jewelry". Objects were selected primarily with their artists' personality and individual style in mind.

The exhibition displayed a cross-section of work which had been created in previous years. At the same time it underscored the fact that every artistic development reaches a culmination point, a stage which cannot be attained again simply at will.

The commission is therefore of the opinion that its 1976 joint exhibition with the Industries Fair (**Theme: Jewelry,** April 24 to May 3, 1976) would be less meaningful if organized according to the same principle as its 1974 presentation.

The Federal Commission believes that an exhibition should provide more than a retrospective of past developments. It should also serve to place a higher value on previously undervalued work, to recall forgotten work, to trace new tendencies, new directions. An exhibition can thus stimulate those whose work is displayed as well as those who come to view the work and use it.

For its next exhibition, due to take place in conjunction with the 1976 Swiss Industries Fair, the organizational committee is giving special consideration to a type of jewelry which has been relegated to the background during recent developments:
Jewelry which is closely associated with the body,
❶ which does not primarily emphasize its precious quality but rather its ornamental connection to the wearer,
❷ which is not meant to be viewed as a unique work of art, but as an object which can impart to the wearer a symbolic, charmlike, or magical quality,
❸ and which achieves its jeweled-decorative value because of its reduction to the simplest formal elements or to the formal accentuation of functional elements.

The exhibition will not be organized around individual jewelry makers' personalities but around **four** topical themes. These themes will treat the possibilities of jewelry and will in turn be depicted in historical context through photographic examples.

1. Head Jewelry
Headbands
Hairbands
Hair Clips
Earrings

2. Neck Jewelry
Pendants
Chains
Necklaces

3. Body Jewelry
Clasps
Pins
Brooches
Belts
etc.

4. Arm and Hand Jewelry
Armlets/Bracelets
Rings
Combinations of Finger and Arm Jewelry

Members of the Committee for the Special Exhibition **Theme: Jewelry,** Basle 1976, are the following:

Niklaus Morgenthaler
Director, Basle School of Design
President, Federal Commission for Applied Arts

Nicolas Bouvier
Photographer
Vice-President, Federal Commission for Applied Arts

Dr. Fritz Falk
Director, Pforzheim Jewelry Museum, Germany

Ernst A. Heiniger
Film Producer, Zurich

Hermann Jünger
Goldsmith
Professor, Fine Arts Academy, Munich

Günther Kraus
Goldsmith, Pforzheim

G. E. Kindhauser
Commercial Director, Swiss Industries Fair, Basle

Dr. F. Walthard
General Director, Swiss Industries Fair, Basle

Othmar Zschaler
Goldsmith, Bern

Michel Mamie
Secretary, Committee for the Special Exhibition
Clerk, Swiss Industries Fair, Basle

All who are engaged in the design of jewelry are cordially invited to participate in this exhibition. Those interested in doing so are asked to submit written applications to the following address by May 15, 1975:

Swiss Industries Fair
European Watch, Clock and Jewelry Fair
P.O. Box
CH-4021 Basle/Switzerland

They will then receive further information by return mail. The criteria stated previously will generally determine which pieces are to be exhibited. Formal quality, indivisable from the manner in which a piece of jewelry is executed, will be the decisive factor. No restrictions will be placed on materials used. Should we and our participants succeed in establishing a truly exemplary collection of work, we plan to reconceive the special exhibition following its presentation at the 1976 Swiss Industries Fair. It will then take the form either of a travelling exhibit or a publication geared to a wide audience.

John

GlaGola

Exhibition of

Photography

February 22-29, 1976

Kent

Student

Center

Kent

Ohio

DESIGN WEINGART
PRINTED IN BASLE/SWITZERLAND

462
463

By 1914 the Swiss Poster Advertising Company had designed a cohesive display system with coordinated outdoor metal framework and advertising pylons for mounting the large-scale posters. Prior to this posters were taped up or glued down on walls, scattered about, and often displayed in isolated sections of the city.

The worldformat is an impressive, if not somewhat intimidating scale. The first of my posters printed in this size was for Kunstkredit. The ever-present challenge of transforming separate collage elements into a unified whole in combination with the monumental worldformat proportion proved to be a further learning experience.

Doing and teaching were never separate activities for me, partially because my workplace, the typeshop, and the classroom share the same space. I also believe that my personal commissions were of educational value to design students.

468 I endeavored to design the first 'Kunstkredit' poster in full-size, made up of single film elements, fixed to a film base, then transferred by the offset lithographer directly to the printing plate. With subsequent posters I reduced my working size, collaging the original type and images on a film carrier measuring around 12 by 18 inches, and made final adjustments after the working design was enlarged by the lithographer to worldformat size. This technique of making the mechnical greatly simplified the working procedure.

483 Commissions for museums and other cultural organizations followed. The poster 'Schreibkunst' (the Art of Writing) announced an exhibition in Zurich. Requiring around forty days from sketch to camera-ready artwork, this poster was one of those that I insisted on reprinting at my own expense.

When I first saw it printed in final size, the larger-than-life pen nib was a disaster. For the reprinted version I replaced the naturalistic photo with a simple graphic silhouette of the pen.
381 *For the exhibition catalogue I used the main poster elements as a collage on the front and back covers.*

484 *The poster theme for the eighteenth Didacta/Eurodidac at the Mustermesse convention center represented an everyday classroom environment: a student working on the light table, the teacher at a blackboard, stacks of printing papers*
on wooden skids. I photographed the images using a Polaroid 464 465
and manipulated them in the darkroom.

The transition from hot-metal typesetting to photomechanics fundamentally transformed my work. Gregory Vines, a former student, wrote: 'He pursues an idea until he is sure if it works or not. In the manner of Gutenberg, typesetter, printer, and inventor Weingart realizes his publications or posters from beginning to end by himself. He chooses to be involved in the entire process, from the concept to the preparation of the film montage for the printer. One reason for this is that he finds new directions by doing the work himself. When looking through the copy camera or while developing film, new ideas and possibilities become evident, even mistakes trigger fascinating possibilities.'

485 *Published by Birkhäuser,* The Swiss Poster 1900–1983 *was the first comprehensive volume to document the traditional, historical, and political role of artist-designed posters in Switzerland. I was asked to design the book's cover and a related worldformat poster.*

AUSSTELLUNG
Eidgenössisches Stipendium für angewandte Kunst 1978
Berner Ausstellungs-zentrum im Eisstadion Allmend
18. Februar
-19. März
Geöffnet:
Täglich von 10-12 und 14-18 Uhr.
Donnerstag 19.30-21 Uhr. Sonntag 10-12 Uhr. Eintritt frei

Designed by Emil Cardinaux and printed in 1908, the 'Matterhorn' poster for the Zermatt tourist office marked the beginning of the Swiss poster as the most influential form of advertising and communication. The public demand and popularity of Cardinaux's 'Matterhorn' before and after the First World War induced the leading Zurich printer, Wolfensberger, to print a deluxe edition.

In commemoration I was obliged to include an image of the Matterhorn mountain. There were two other restrictions: I had to use Times New Roman for both the cover and the poster, and no full-size color proof would be possible before the actual printing run.

Continued on page 470

KUNSTHALLE BASEL

KUNSTKREDIT

1976/77 Wettbewerbe, Aufträge und Ankäufe des Staatlichen Kunstkredits

Eintritt frei

Öffnungszeiten:

Montag bis Samstag
10–12 und 14–18 Uhr

Sonntag
10–12 und 14–17 Uhr

Führungen: Dienstag
und Freitag 20.15 Uhr

Ausstellung
7. bis 30. Mai 1977

Druck: Wassermann AG/Basel

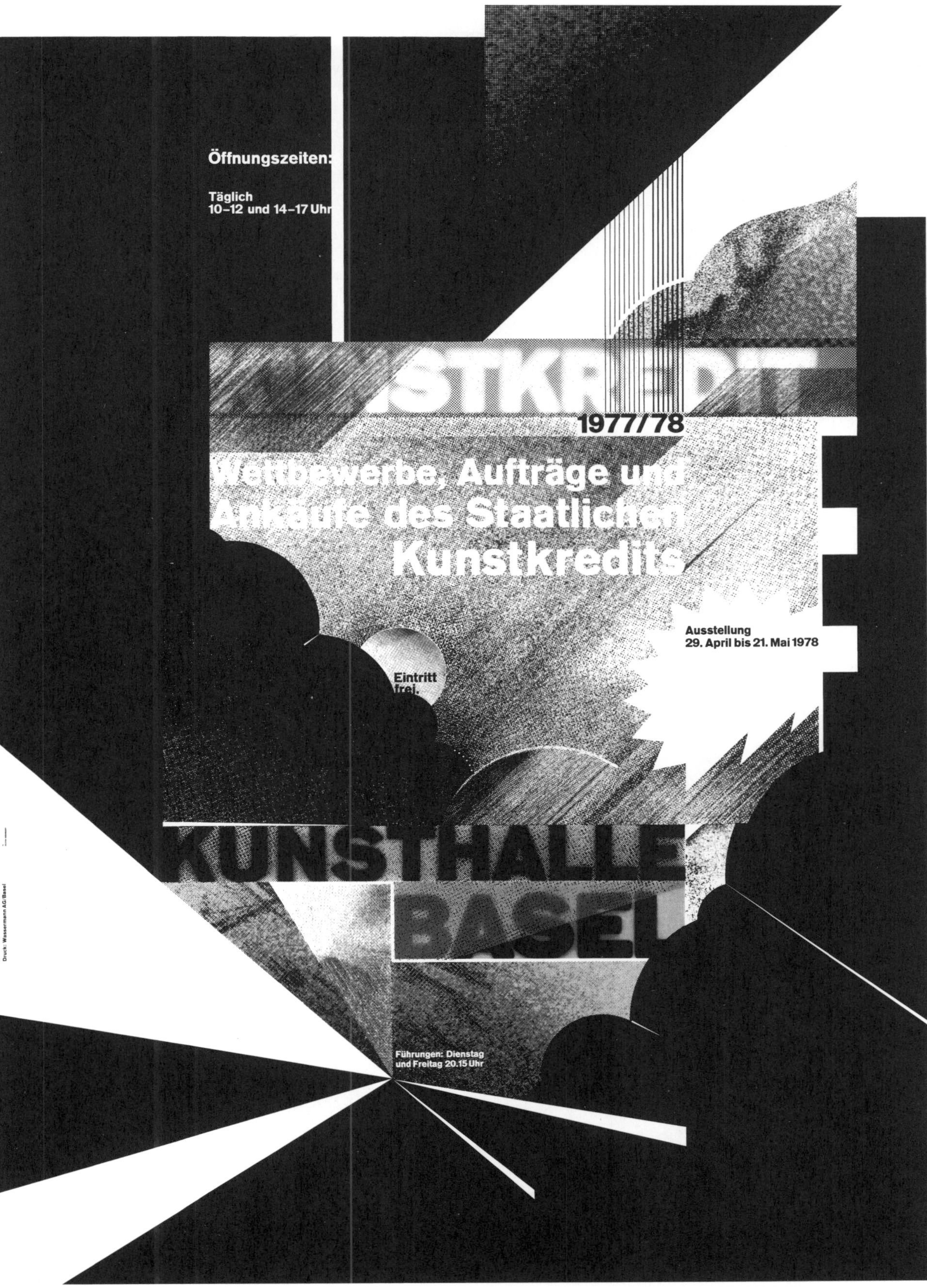
Öffnungszeiten:
Täglich
10–12 und 14–17 Uhr
1977/78
Wettbewerbe, Aufträge und
Ankäufe des Staatlichen
Kunstkredits
Ausstellung
29. April bis 21. Mai 1978
Eintritt
frei.
KUNSTHALLE
BASEL
Führungen: Dienstag
und Freitag 20.15 Uhr
Druck: Wassermann AG Basel

468
469

The screen separations for the five-color artwork were complicated, and because the printed outcome was not entirely predictable, this was the most delicate assignment that I had ever attempted. Trusting my judgment that I had made no major errors when preparing the mechanicals in black and white, I could not foresee or control the color interaction of the multilayered dot screens until it was on press.

In 1984 the publisher Birkhäuser, the poster collector and author Bruno Margadant, and the Gewerbemuseum Basel jointly planned an exhibit of Swiss posters based on the book with originals from the author's collection and a few additions from *the museum. The director asked me to create another poster for the exhibit. Instead of designing a completely new poster, I suggested a color variation of the first one using the original film mechanicals.*

I interchanged the color separations, reset the typography, and added or deleted certain details of the illustration. It was exciting to see how the screens changed in expression when printed in a blue version and a red version.

Unlike type composition in lead, I did not have to rely on any outside manufacturing sources to realize my work with the film montage technique. From the sketch to press all aspects of the technical procedure required the same basic materials: film, developer, fix, a copy camera, and ultimately, a metal printing plate.

In comparison to letterpress, the photolithographic process was more flexible because of its simplicity. Freed from the constraints of standard sizes and positionable anywhere on the film in any orientation, typography became unlimited and my work was enriched by this technique.

After more than ten years of working with lithographic
film montage, I started to repeat myself. The last poster designed
505 in this technique was in 1983/84 for an exhibit in Minneapolis
at the Walker Art Center, 'The 20th-Century Poster.'

The assumption that digital or electronic tools would be
the next step in my work was a delusion. My hands and
the tangibility of my materials are the source of my pleasure and
creative inspiration. I am bound to my roots as a craftsman.

The single retrospective exhibition of my work
was sponsored by the Institut für Neue Technische Form, 470 471
directed by Michael Schneider, who donated its exhibition halls
on the Mathildenhöhe in Darmstadt for five weeks in the fall
of 1990: WordMark/TypeField/PictureSpace. I made
506-509 a four-in-one poster, two different posters on both front and back
sides that could be cut in half for mailing. Each poster
was a spoof on type and handwriting with a common headline:
Once upon a time...

On the last day of the exhibition a concluding ceremony
was held in a nearby design school. Invited guest speakers were
Karl Gerstner, Vilém Flusser, and Hans-Rudolf Lutz.
The auditorium was packed and the audience overflowed into
the foyer of the building.

The synthesis of my work was actually the story of my life
in retrospect. I became aware of this after ten months of intense
preparation for the exhibition – the culmination of the
experience is the object in your hands.

*Between us, typographer and reader,
it is my wish to give you pleasure and the courage
to go on.*

Nur
mit Hilfe
technischer
Geräte
ist meine
Bilderwelt
möglich
geworden.

Technical Equipment enabled me to Realize My World of Signs and Pictures.

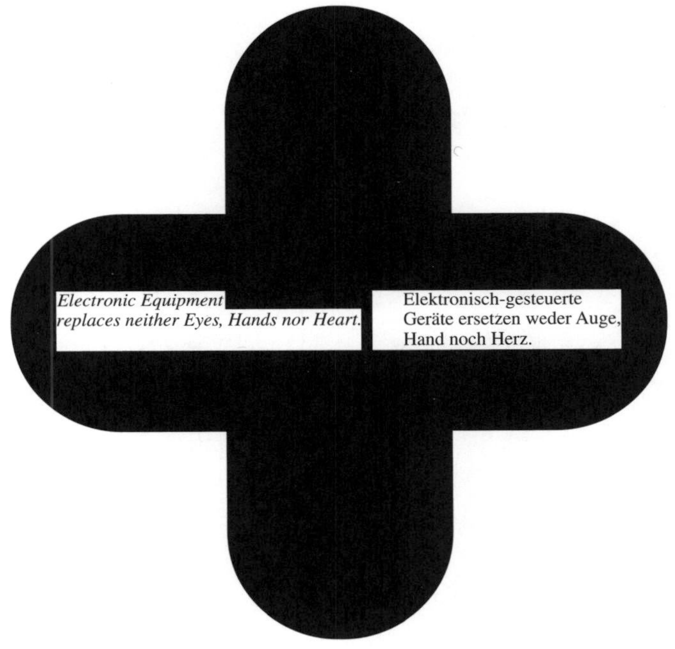
Electronic Equipment
replaces neither Eyes, Hands nor Heart.
Elektronisch-gesteuerte
Geräte ersetzen weder Auge,
Hand noch Herz.

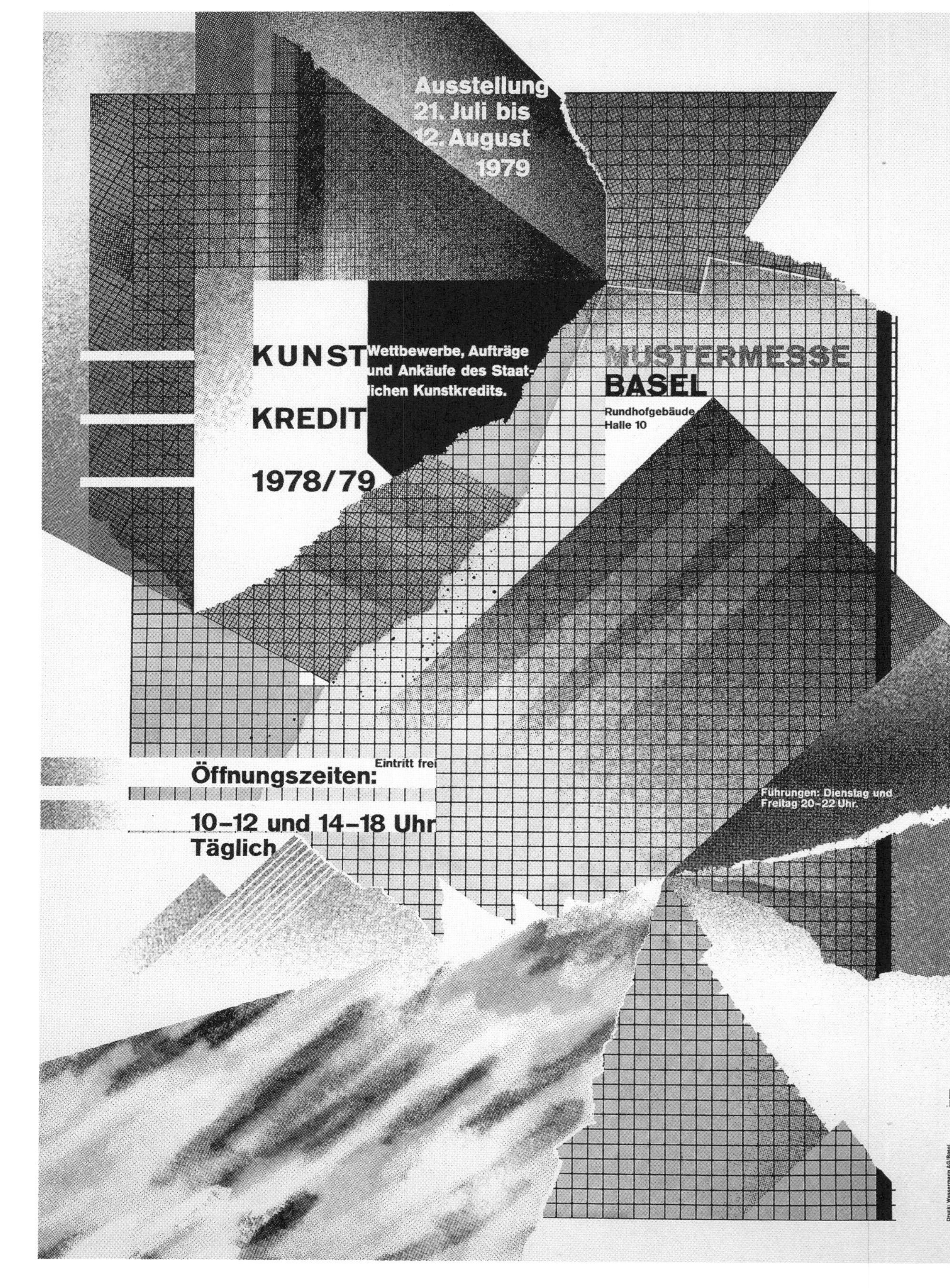
Ausstellung
21. Juli bis
12. August
1979
KUNST
KREDIT
1978/79
Wettbewerbe, Aufträge
und Ankäufe des Staat-
lichen Kunstkredits.
MUSTERMESSE
BASEL
Rundhofgebäude
Halle 10
Eintritt frei
Öffnungszeiten:
10–12 und 14–18 Uhr
Täglich
Führungen: Dienstag und
Freitag 20–22 Uhr.
Druck: Wassermann AG/Basel

UNST
EDIT
1982/83

Öffnungszeiten:
Täglich 10.30–18.00 Uhr

Eintritt
frei.

23. Juli bis 14. August 1983
Montag 1. August geschlossen

Ausstellung
Rundhofgebäude
Halle 10

Mustermesse
Basel

Führungen:
Dienstag und
Freitag
18.15–20.00
Uhr.

Wettbewerbe, Aufträge und Ankäufe

des Staatlichen Kunstkredits

Druck: Wassermann AG/Basel

474
475

KUNST
KREDIT
1981/82
Führungen: Dienstag und Freitag 20–22 Uhr
Öffnungszeiten:
Täglich 10–12 und 14–18 Uhr
24. Juli bis 15. August 1982
Sonntag 1. August geschlossen
Eintritt frei
Druck: Wassermann AG/Basel
Ausstellung
Rundhofgebäude
Halle 10
Mustermesse
Basel
Wettbewerbe, Aufträge und Ankäufe
des Staatlichen Kunstkredits

Mustermesse Basel
Rundhofgebäude/Halle 10

KUNST KREDIT 1980/81

Ausstellung
25. Juli bis 16. August 1981

Öffnungszeiten:
Täglich 10–12 und 14–18 Uhr
Samstag 1. August geschlossen

Führungen: Dienstag und Freitag 20–22 Uhr

Wettbewerbe, Aufträge und Ankäufe des Staatlichen Kunstkredits.

Eintritt frei

Die ersten Plakate entstanden 1958 in meiner Ausbildungszeit an der Merz-Akademie. Es waren mit einer Spritztechnik erstellte, einfarbige Einzelentwürfe für eine Schülerzeitschrift. 1959, gerade achtzehn Jahre alt geworden, hatte ich die Absicht, die Werbeabteilung der irischen Fluggesellschaft Aer Lingus in Dublin zu besuchen und ihnen meine Plakatentwürfe zu zeigen. Ihre im Siebdruck gedruckten grossformatigen Plakate beeindruckten mich sehr. Meine Hoffnungen waren vergeblich: Die Werbeabteilung der Luftfahrtgesellschaft lehnte meine nach Irland mitgebrachten Plakatentwürfe ab.

Viele Jahre später erhielt ich in Basel Aufträge, Plakate in verschiedenen Grössen zu entwerfen. Eines der ersten war für eine Sonderschau während der Schmuckmesse an der Schweizer Mustermesse Basel 1976 in drei Sprachen bestimmt. Der gestalterische Gedanke stand unmittelbar in einem Zusammenhang mit dem Wort Schmuck. Ich versuchte, in der jeweiligen Sprache mit vorhandenen Schmuckstücken aus der Schulsetzerei das Juwelen- und Schmuckhafte anzudeuten. Das Silber, zweimal vollflächig auf gelbes Papier gedruckt, sollte diesen Eindruck noch verstärken.

Ein Schüler der amerikanischen Kent State University hatte 1975 den Wunsch, von mir ein Plakat für die Ausstellung seiner photographischen Arbeiten entwerfen zu lassen und in einer kleinen Auflage auf der Handdruckpresse zu drucken. Die Lesbarkeit wurde mit den in Silber überdruckten fetten Linien bewusst erschwert. Es war ein Anzeichen meiner Unlust und Beginn eines neuen Abschnittes: Das Durchstreichen von etwas Vergangenem – aber immer noch einigermassen lesbar.

Die Farbe Silber wurde neben Gelb und Orange zu meiner Lieblingsfarbe: 1970 wurde ich durch einen Besuch bei

den Gestaltern für die Olympischen Spiele in München,
welche das Silber in allen ihren Drucksachen angewendet hatten,
darauf aufmerksam. Die Farben Gelb und Orange kamen aus
meinen Erinnerungen, als ich bis Ende der vierziger
29-31 Jahre in einem Schloss wohnte. War der Markgraf nicht verreist,
wurde sein Landsitz mit einer prächtigen Fahne beflaggt. Kam ein
Wind auf, zeigte sie sich in aller Schönheit in den badischen
Landesfarben Gelb-Orange-Gelb.

Mitte der siebziger Jahre war die Abkehr von weiteren
Untersuchungen im Bleisatz abgeschlossen und das Entdecken und 478 479
Arbeiten mit der Transparenz der lithographischen Film-Über-
lagerung machten mich neugierig.

1977 hatte ich mich an einem Wettbewerb beteiligt.
Das schweizerische Departement des Innern vergab jährlich an
eingeladene Gestalterinnen und Gestalter zwei B4-Plakataufträge:
Eidgenössisches Stipendium für angewandte Kunst und für
die welsche Schweiz *Bourse fédérale des beaux-arts*.
Es waren meine ersten Plakatentwürfe, die mit der Technik der
Film-Überlagerung hergestellt wurden. Die Jury in Bern
entschied sich für eine andere Arbeit.

Wettbewerbe waren für mich immer Fähigkeitsausweise. Sie erinnerten an meine Unfähigkeiten als Schüler. Ich verschickte keine Arbeitsproben an Prämierungen, noch nahm ich an weiteren Wettbewerben teil. Die Bestätigung für das Richtige einer Arbeit war nicht durch das Teilnehmen an ausgeschriebenen Wettbewerben messbar oder ablesbar: Die Bestätigung war eine ständige Beharrlichkeit, an sich zu arbeiten.

Meine Plakate hatten zwei unverkennbare Besonderheiten:
482-483 Sie waren meist umrandet von einem unregelmässig breiten
Rahmen. Die Umrandung hielt den Entwurf mit seinen einzelnen
Teilen als ein Ganzes zusammen. Der lithographische
490-491 Rasterpunkt war in seiner Auflösung auffallend grob und ein
500-501 zusätzlicher wichtiger Gestaltungsbestandteil. Die ungewöhnliche
Grobauflösung machte eine Offenheit sichtbar, Tonwerte
nicht vorzutäuschen. Diese entstanden aus zwei Grundrastern:
134 Einem Film von hell nach dunkel verlaufend und
einem Tonwertraster von zwanzig Prozent. Durch die Überlagerung der Filme entstand eine unerwartete Werkspur. Sie wurde, zusammen mit der Gestaltung, ein wesentlicher Teil des Entwurfes und wurde zum auffallenden Markenzeichen.

Diese Werkspur zeigte gegenteilige Ähnlichkeiten
im Bildaufbau elektronisch-gesteuerter Geräte: Sie versteckten die
Pixel durch die hohe Auflösung der Bildschirme, und nur bei
506 einer Vergrösserung wurden sie sichtbar. Beide Techniken hatten
ihre eigenen Werkspuren: Versteckt durch die Elektronik,
ohne Vergrösserung sichtbar in meinen Arbeiten.

Der Staatliche Kunstkredit von Basel-Stadt war seit 1919 eine kunstfördernde staatliche Einrichtung, die jedes Jahr öffentliche Wettbewerbe an die Bürger der Stadt ausschrieb. Ein Preisgericht wählte die Arbeiten aus, die zu einer

Ausführung weiter empfohlen wurden. Die Ergebnisse wurden während drei Wochen in der Kunsthalle Basel, später in den Hallen der Schweizer Mustermesse der Öffentlichkeit vorgestellt, verbunden mit mehreren Führungen.

Von 1977 bis Mitte 1983 entstanden sieben Plakate im Weltformat = 90.5 cm mal 128 cm. Die Vereinheitlichung dieses ausgefallenen Formates wurde von Karl Wilhelm Bührer kurz vor dem Ersten Weltkrieg für die gesamte Schweiz vorgeschlagen. Die B4-Plakate hatte die Allgemeine Plakatgesellschaft
1914 mit grossem Erfolg an die Litfass-Säulen und Plakatgerüste 480 481
angeschlagen. Plakate im Weltformat hingen kurz vor diesem Jahr vereinzelt an den Schweizer Wänden.

Ein vom Preisgericht ausgewähltes Plakat des Berner Malers Emil Cardinaux für die Landesausstellung in Bern wurde 1913 in einer hohen Auflage angeschlagen, und das B4-Plakat begann sich durchzusetzen: Es war das erste Plakat in diesem Format.

Die Breite, Höhe und das ausgeglichene Verhältnis dieses grosszügigen Formates waren für mich stetig ein Erlebnis und die andauernde Überprüfung, alle Gestaltungsteile in einen abgestimmten Einklang zu bringen. Die daraus gewonnenen technischen und gestalterischen Erfahrungen konnte ich in den Typographie-Unterricht immer wieder mit einbeziehen.

Die ersten Plakate für den Staatlichen Kunstkredit hatte
468-469 ich aus einzelnen Filmteilen auf eine 1:1-Trägerfolie aufgeklebt.
Sie wurden in der Druckerei auf Zinkplatten belichtet und für den Offsetdruck weiterverarbeitet. Später waren es 30 cm mal 45 cm grosse Filme, die ich beim Lithographen auf Weltformat hoch vergrösserte. Dieses andere Vorgehen vereinfachte meine Arbeitsweise.

Fortsetzung Seite 493

Herbert Bayer

Das künstlerische Werk 1918–1938

GEWERBE
MUSEUM
BASEL

2. Juli–29. August 1982

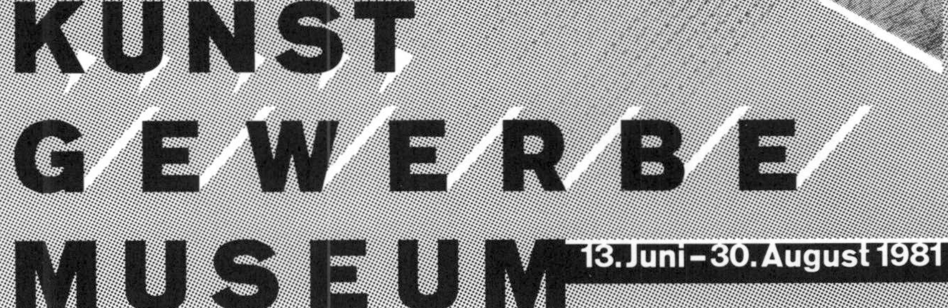

KUNST
GEWERBE
MUSEUM
ZÜRICH
13. Juni – 30. August 1981
Ausstellungsstrasse 60
Museum für Gestaltung
Schreibkunst.
Schulkunst und Volkskunst
in der deutschsprachigen
Schweiz 1548 bis 1980
Öffnungszeiten:
Di-Fr 10-18 Uhr
Mi 10-21 Uhr
Sa/So 10-12, 14-17 Uhr
Montag geschlossen
Druck: Wassermann AG/Basel
DESIGN WEINGART

482
483

24.–28.3.1981
Basel/Schweiz
18.
Internationale Lehrmittelmesse
18.
DIDACTA
EURODIDAC

1900
–1983
Bruno
Margadant
L'affiche suisse
Das Schweizer Plakat
Birkhäuser Verlag
Basel
Bei Ihrem Buchhändler
erhältlich

484
485

L'affiche
suisse

1900
–1983

Das
Schweizer Plakat The
Swiss Poster

Birkhäuser

L'affiche suisse 1900–1983

Das Schweizer Plakat

The Swiss Poster

Birkhäuser

488
489

490
491

Das Schweizer Plakat

Birkhäuser

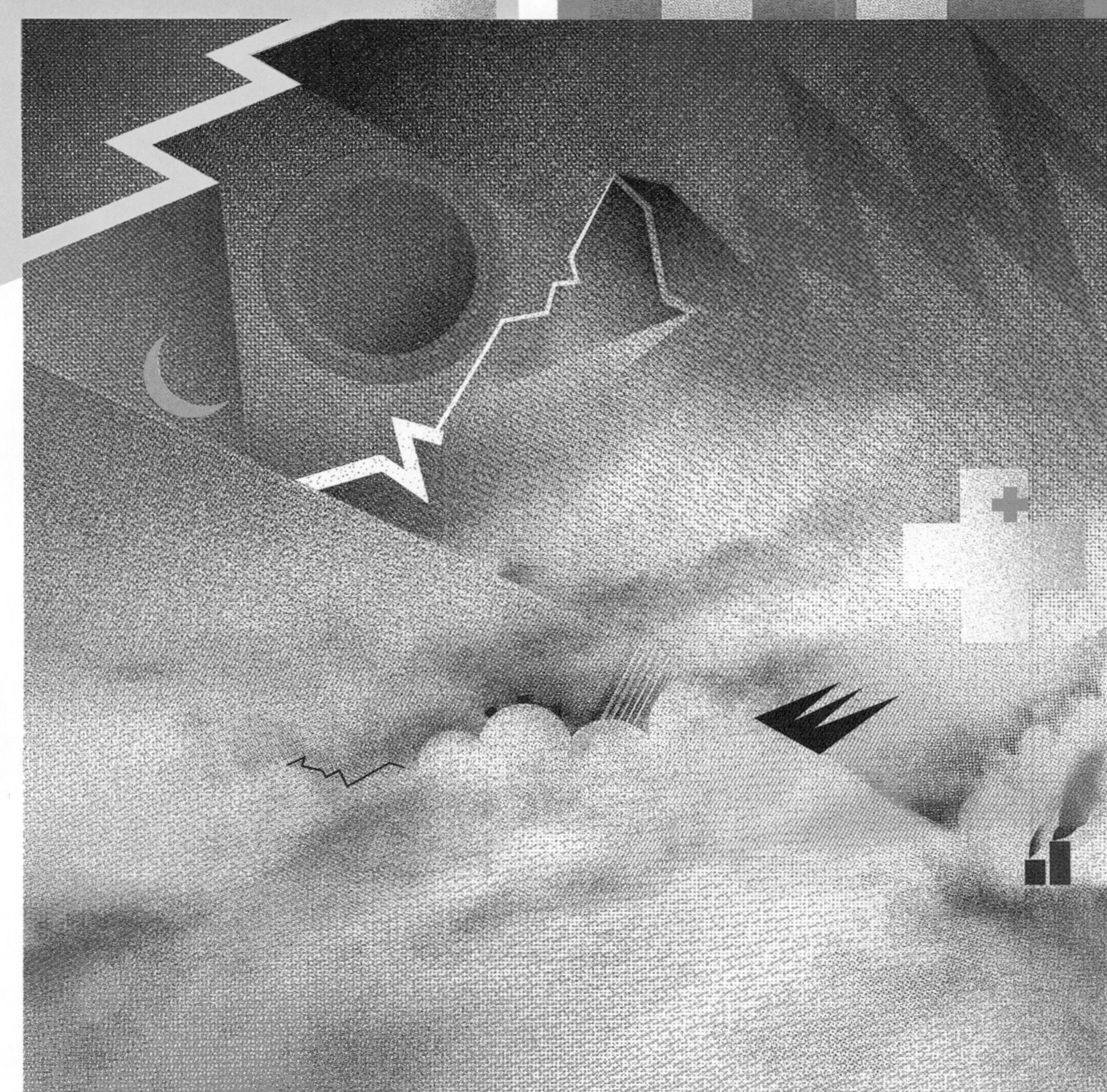
Das
Schweizer Plakat
1900–1984
24. Januar – 11. März 1984
Gewerbemuseum Basel
Museum für Gestaltung

Es kamen weitere Aufträge anderer kultureller Einrichtungen
hinzu. Der Aufwand für das Schreibkunstplakat, vom Entwurf bis
zum druckfertigen Film, ergab etwa vierzig Arbeitstage.
Es war eines der Plakate, die ich nach dem Druck überarbeitete,
um sie auf eigene Kosten nochmals nachdrucken zu lassen.
Der Anlass war die übergrosse Schreibfeder. Sie war mir zu natur-
getreu abgebildet. Für den Neudruck ersetzte ich die Feder in
gleicher Grösse durch einen vollflächigen Umriss.
Zur Schreibkunst-Ausstellung im Kunstgewerbemuseum
381 Zürich erschien ein Katalog. Wenige Teile des Plakates übernahm 492 493
ich für die Gestaltung der Vorder- und Rückseite, um das Aussehen der beiden Arbeiten zu vereinheitlichen.

Der Entwurf für die achtzehnte *Didacta/Eurodidac*
in den Hallen der Schweizer Mustermesse war ein bezeichnendes
Ergebnis meiner Arbeitsweise: Die Schülerin am Arbeitstisch,
den Lehrer an der Tafel, die Holzkiste aus einer Druckerei
und die weiteren Teile habe ich mit einer Polaroidkamera aufge-
nommen und sie in der Dunkelkammer bearbeitet.

Der Wechsel vom Bleisatz in die Dunkelkammer wurde
in der typographischen Anordnung offensichtlich. Die stufenlose
Veränderung mit Hilfe des Negativfilmes und einer einfachen
466-467 475 Reprokamera, das Einbauen von gerasterten Wörtern und
Zeilen in die Plakate hatten die Vorteile dieser Technik bestätigt.
58-61 273-279 Meine weiteren Entwürfe und der technische Arbeitsablauf
veränderten sich durch dieses Vorgehen grundlegend.

Gregory Vines, ein ehemaliger Schüler, schrieb ein Vorwort: 'Er verfolgt seine Vorstellungen, bis er herausgefunden hat, ob sie durchführbar sind oder nicht. Wie damals der Erfinder des Buchdrucks, Johannes Gutenberg, führt er seine Aufträge selber aus. Er zieht es vor, am ganzen Arbeitsvorgang beteiligt zu sein. Einer der Gründe ist, dass er beim Arbeiten auf neue Möglichkeiten stösst, und während er auf die Mattscheibe seiner Reprokamera schaut oder einen Film entwickelt, bieten sich ihm neue Anregungen an. Nichts wird dem Zufall überlassen. Er verfolgt seine Vorstellungen, bis er herausgefunden hat, ob der Entwurf durchführbar ist oder nicht.'

Der Birkhäuser-Verlag beschloss, zusammen mit dem Buchumschlag *Das Schweizer Plakat*, ein Plakat zu drucken. Es war die Absicht, an den Plakatgestalter und Künstler Emil Cardinaux zu erinnern. Die Verlagsleitung stellte drei Bedingungen: Das Matterhorn als auffallendes Merkmal in die Gestaltung miteinzubeziehen. Das Buch und das Plakat mussten in der Schrift Times gesetzt werden. Der letzte Wunsch war ein fünffarbiger Entwurf ohne grossformatigen Andruck.

Emil Cardinaux war einer der ersten Schweizer Gestalter, der die neuen Möglichkeiten nutzte, mit Plakaten zu werben. Er entwarf 1908 sein bekanntes Matterhornplakat für den Verkehrsverein Zermatt. Die vielen Anfragen und die

Beliebtheit des Plakates veranlassten die bekannte Zürcher Plakatdruckerei Wolfensberger, noch vor dem Ersten Weltkrieg eine Neuauflage auf besserem Papier zu drucken.

Es war mein schwierigster Auftrag, das Druckergebnis ungeklärt, und die Vorstellung, keinen Fehler gemacht zu haben, war stark in mir verankert. Die Bestätigung war das Ergebnis beim Besuch während des Druckens im Maschinensaal.

Das Neue an dieser Filmmontagetechnik war, dass nicht
wie im Bleisatz die Einzelteile bei den Schriftgiessereien bestellt
werden mussten. Die Bestandteile waren für das Erstellen 494 495
einer druckreifen Vorlage Film, Entwickler, Fixierer, 496 497
Reprokamera und die Metalldruckplatte. Verglichen mit dem
Bleisatz war es eine offene und anpassungsfähige Beweglichkeit.
Die Schrift hatte ihren vorgegebenen Masstab verloren
und konnte sich unbegrenzt auf einem Film umher bewegen.

Die Arbeiten aus dem Plakatbuch wurden 1984,
mit wenigen Ergänzungen, im Gewerbemuseum Basel in einer
Ausstellung gezeigt. Die Direktion beauftragte mich mit dem Entwurf des Plakates. Ich vertauschte die Filme untereinander,
492 und es entstand *Das Schweizer Plakat* in einer roten Fassung,
485 das sich von der ersten blauen Fassung stark unterschied.

Die Plakate wiederholten sich in ihrer Aussage,
und zu Beginn der achtziger Jahre entwarf ich die letzte Arbeit
in dieser Technik. Es war das B4-Plakat für eine Plakatausstellung
505 1984 für das Walker Art Center in Minneapolis. Der Druck
war einfarbig und die Gestaltung freigestellt: Das Arbeiten mit
den Film-Überlagerungen war für mich abgeschlossen.

Fortsetzung Seite 504

Dienstag
4-17 Uhr
Montag
geschlossen

498
499

500
501

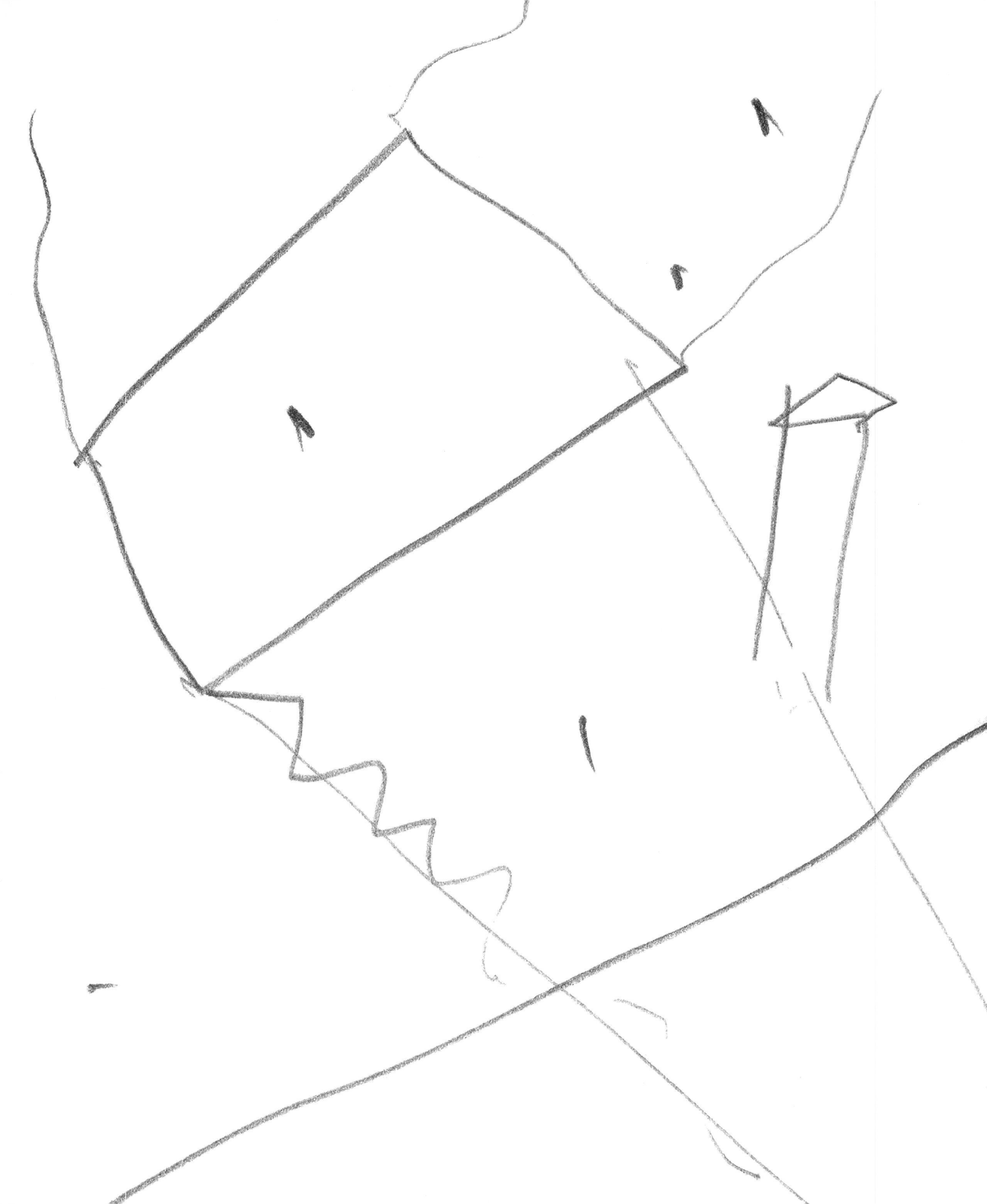

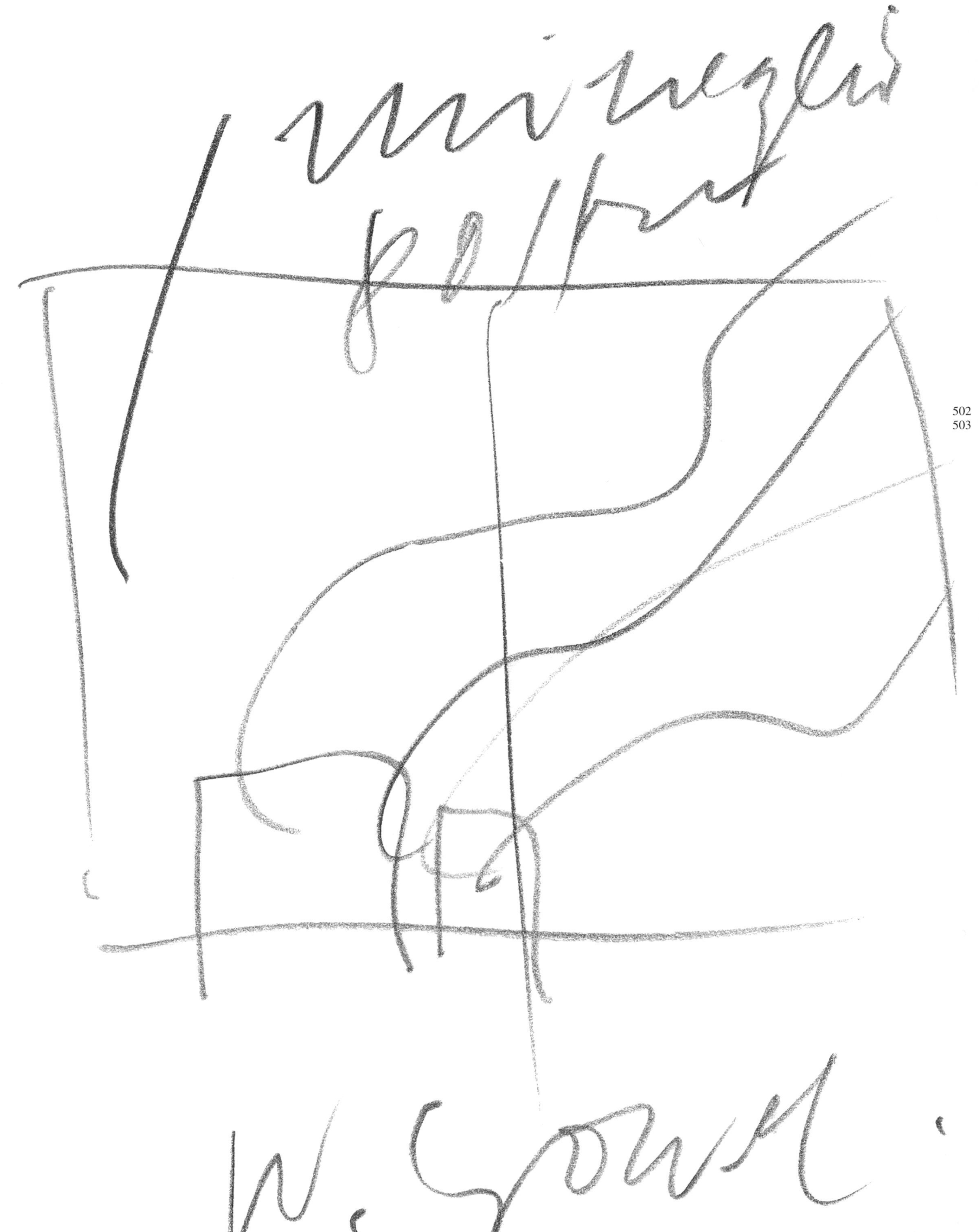

Meine feste Überzeugung, dass mit elektronisch-gesteuerten Arbeitsgeräten neue und andere gestalterische Wege möglich sind, war eine Fehleinschätzung und Selbsttäuschung.

Im Oktober 1990 fand die erste umfangreiche Ausstellung
378-379 auf der Mathildenhöhe in Darmstadt statt. Das nach dem
Krieg gegründete *Institut für Neue Technische Form* mit seinem Leiter Michael Schneider gab die grosszügigen Ausstellungsräumlichkeiten für vier Wochen frei, um meine Arbeiten einer breiteren Öffentlichkeit vorstellen zu können. Ich entwarf ein Viererplakat mit Vorder- und Rückseite mit den Überschriften WortZeichen, SchriftFelder, BildRäume: Es war einmal und ist ~~nicht mehr~~ bisher. Beide Seiten hatten je zwei nebeneinander gestellte Plakate und waren für den Postversand teilbar.

Der letzte Ausstellungstag wurde in den Räumlichkeiten der Fachhochschule Darmstadt/Fachbereich Gestaltung mit einer Tagung über Gestaltung abgeschlossen. Vortragende wie Karl Gerstner, Vilém Flusser und Hans-Rudolf Lutz aus Zürich trugen dazu bei, dass der Hörsaal von Gästen überfüllt war.

Der Aufbau, Ablauf und Abbau dieser Ausstellung waren wichtige Vorarbeiten für die vorliegende Werkübersicht.

Walker Art Center
Minneapolis
Major funding for
the exhibition was provided by
Champion International Corporation
and the National Endowment
for the Arts.
12 May
through 15 July 1984
The
20th-Century
Poster
:Design of the Avant-Garde

Wolfgang Weingart/Basel

WortZeichen | SchriftFelder | BildRäume :

Blick zurück auf eine sehr persönliche Typographie.

Führung und Diskussion mit Wolfgang Weingart
Sonntag 28. Oktober 1990
10 Uhr

Institut für Neue Technische Form
Mathildenhöhe
Eugen-Bracht-Weg 6
61 Darmstadt

(06151)4.80.08

17. Oktober bis 19. November 1990
•Montags geschlossen
Dienstag bis Samstag 10-18 Uhr
Sonntag 10-13 Uhr

Ausnahme: 19. November•

Es
war
einmal
und ist
~~nicht me~~
bisher.

Dies ist die *Erste von vier Interpretationen* des Ausstellungstitels 'Es war einmal und ist ~~nicht me~~ bisher', gedruckt im A0-Format und ergänzt durch 26 Abbildungen typographischer Arbeiten aus der Ausstellung, herausgegeben vom Institut für Neue Technische Form: *Mein Computer schreibt am liebsten so konstruktivistisch-eckig, weil er weiss, wie gerne ich diese Schrift und ihre gebaute Eigenart habe.*

Symposium:

Standpunkte zur Typographie.

Eine Veranstaltung der Fachhochschule Darmstadt/Fachbereich Gestaltung und dem Institut für Neue Technische Form mit namhaften internationalen Typographen.

Mathildenhöhe
Olbrichweg 10
61 Darmstadt

Aula der Fachhochschule
Montag 19. November 1990
10 Uhr

Wolfgang Weingart/Basel

WortZeichen | SchriftFelder | BildRäume :

Blick zurück auf eine sehr persönliche Typographie.

Führung und Diskussion mit Wolfgang Weingart
Sonntag 28. Oktober 1990
10 Uhr

Institut für Neue Technische Form
Mathildenhöhe
Eugen-Bracht-Weg 6
61 Darmstadt

(06151)4.80.08

17. Oktober bis 19. November 1990
• Montags geschlossen
Dienstag bis Samstag 10–18 Uhr
Sonntag 10–13 Uhr

Ausnahme: 19. November •

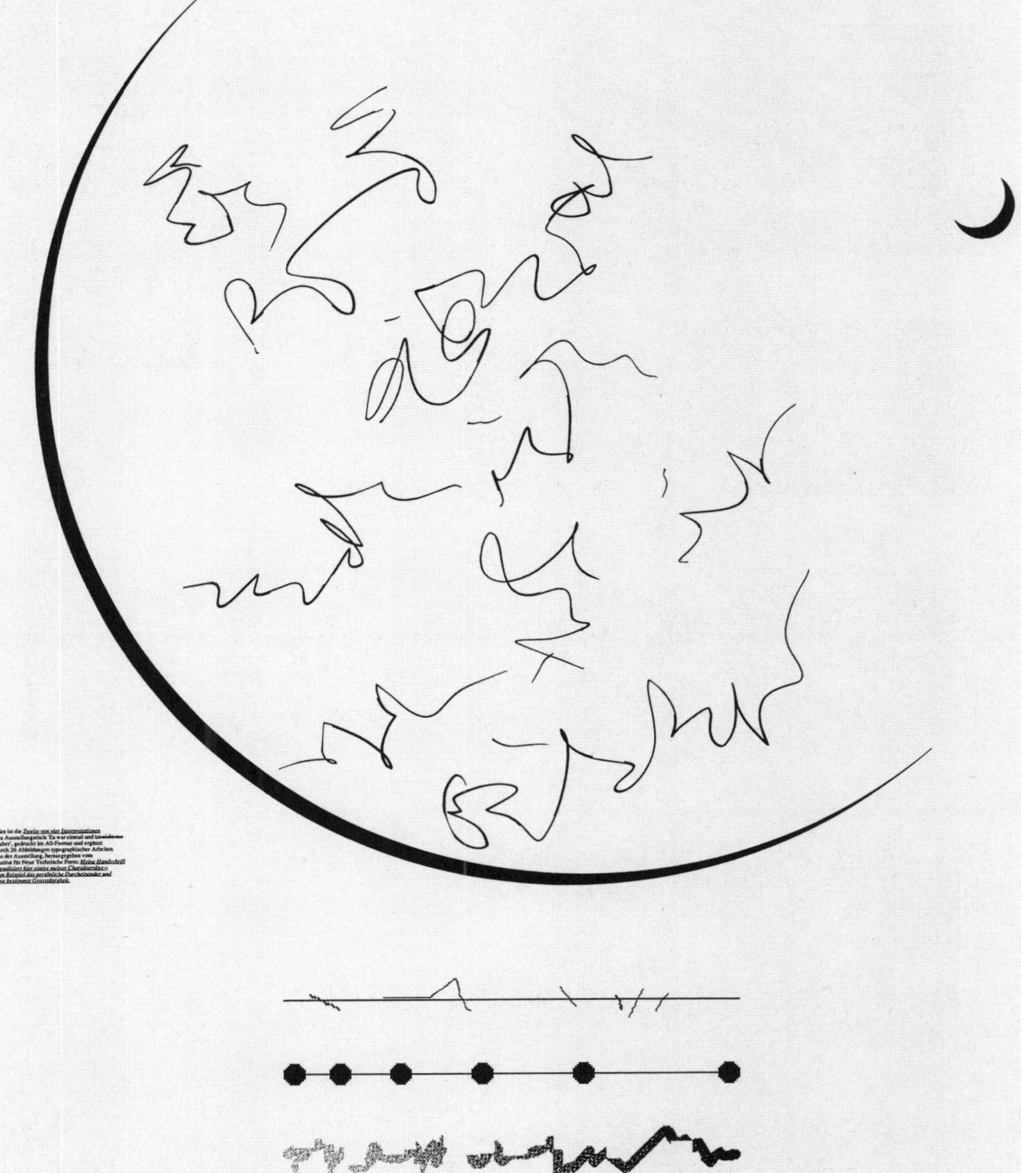

Dies ist die *Zweite von vier Interpretationen* des Ausstellungstitels 'Es war einmal und ist nicht wie bisher', gedruckt im A0-Format und ergänzt durch 26 Abbildungen typographischer Arbeiten aus der Ausstellung, herausgegeben vom Institut für Neue Technische Form: *Meine Handschrift signalisiert hier einige meiner Charakterzüge – zum Beispiel das persönliche Durcheinander und eine bestimmte Grosszügigkeit.*

Symposium:

Standpunkte zur Typographie.

Eine Veranstaltung der Fachhochschule Darmstadt/Fachbereich Gestaltung und dem Institut für Neue Technische Form mit namhaften internationalen Typographen.

Mathildenhöhe
Olbrichweg 10
61 Darmstadt

Aula der Fachhochschule
Montag 19. November 1990
10 Uhr

Wolfgang Weingart/Basel

WortZeichen SchriftFelder BildRäume :

Blick zurück auf eine sehr persönliche Typographie.

Führung und Diskussion mit Wolfgang Weingart
Sonntag 28. Oktober 1990
10 Uhr

Institut für Neue Technische Form
Mathildenhöhe
Eugen-Bracht-Weg 6
61 Darmstadt

(06151)4.80.08

17. Oktober bis 19. November 1990
•Montags geschlossen
Dienstag bis Samstag 10-18 Uhr
Sonntag 10-13 Uhr

Ausnahme: 19. November•

Dies ist die *Dritte von vier Interpretationen* des Ausstellungstitels 'Es war einmal und ist ~~[illegible]~~ bisher', gedruckt im A0-Format und ergänzt durch 26 Abbildungen typographischer Arbeiten aus der Ausstellung, herausgegeben vom Institut für Neue Technische Form: *Meine Handschrift symbolisiert hier die Schrift, die ich schreiben werde, wenn ich einmal 92 Jahre alt geworden bin – woran ich aber nicht glaube.*

Symposium:

Standpunkte zur Typographie.

Eine Veranstaltung der Fachhochschule Darmstadt/Fachbereich Gestaltung und dem Institut für Neue Technische Form mit namhaften internationalen Typographen.

Mathildenhöhe
Olbrichweg 10
61 Darmstadt

Aula der Fachhochschule
Montag 19. November 1990
10 Uhr

Wolfgang Weingart/Basel

WortZeichen SchriftFelder BildRäume :

Blick zurück auf eine sehr persönliche Typographie.

Führung und Diskussion mit Wolfgang Weingart
Sonntag 28. Oktober 1990
10 Uhr

Institut für Neue Technische Form
Mathildenhöhe
Eugen-Bracht-Weg 6
61 Darmstadt

(06151)4.80.08

17. Oktober bis 19. November 1990
•Montags geschlossen
Dienstag bis Samstag 10–18 Uhr
Sonntag 10–13 Uhr

Ausnahme: 19. November•

Es. war: einmal

und ist, nicht me

bisher.

Dies ist die *Vierte von vier Interpretationen* des Ausstellungstitels 'Es war einmal und ist ~~nicht me~~ bisher', gedruckt im A0-Format und ergänzt durch 26 Abbildungen typographischer Arbeiten aus der Ausstellung, herausgegeben vom Institut für Neue Technische Form: *Meine Setzkästen wissen genau, dass ich seit über 30 Jahren nur die originale Akzidenz-Grotesk aus der Berliner Schriftgiesserei Berthold geliebt und leidenschaftlich genutzt habe.*

Symposium:
Standpunkte zur Typographie.

Eine Veranstaltung der Fachhochschule Darmstadt/Fachbereich Gestaltung und dem Institut für Neue Technische Form mit namhaften internationalen Typographen.

Mathildenhöhe
Olbrichweg 10
61 Darmstadt

Aula der Fachhochschule
Montag 19. November 1990
10 Uhr

508
509

Notes
for pages 462 to 489

Page 462 463

1975
Poster for a special exhibition at the Mustermesse Basel: 'Jewelry 1976'

1975
Handset type. Poster for a student at Kent State University announcing an exhibition of his photography.

466 467

1977
Film layering. German version of the poster design submitted for a competition sponsored by the Swiss Department of Home Affairs Bern. (Not produced)

1977
Film layering. French version of the poster design submitted for a competition sponsored by the Swiss Department of Home Affairs Bern. (Not produced)

468 469

1977
Film layering. Worldformat poster for the city organisation in support of the arts: 'Kunstkredit Basel 1976/77' (First worldformat poster)

1978
Film layering. Worldformat poster for the city organisation in support of the arts: 'Kunstkredit Basel 1977/78'

474 475

1979
Film layering. Worldformat poster for the city organisation in support of the arts: 'Kunstkredit Basel 1978/79'

1983
Film layering. Worldformat poster for the city organisation in support of the arts: 'Kunstkredit Basel 1982/83'

476 477

1982
Film layering. Worldformat poster for the city organisation in support of the arts: 'Kunstkredit Basel 1981/82.

1981
Film layering. Worldformat poster for the city organisation in support of the arts: 'Kunstkredit Basel 1980/81.

482 483

1982
Film layering. Worldformat poster for the Gewerbemuseum Basel: 'Herbert Bayer'

1981
Film layering. Worldformat poster for the Kunstgewerbemuseum Zürich: 'Schreibkunst'

484 485

1980/81
Film layering. Worldformat poster for the convention on teaching aids: '18th Didacta/Eurodidac'

1982
Film layering. Worldformat poster for the publisher Birkhäuser: 'The Swiss Poster 1900–1983' (Blue version)

An image of the Matterhorn mountain was included in the poster to commemorate Emil Cardinaux.

486 487

1982
Section from 'The Swiss Poster 1900–1983' showing the complete halftone film of a crumpled tissue, and the cropped area for the silhouette of the Matterhorn mountain.

Determined by the Matterhorn image, all visual aspects of composition were layered and organized on the repro camera.

Film separation: blue.

488 489

Film separation: red.

Film separation: yellow.

Angaben
zu den Seiten 462 bis 489

Seite		
462	1975 Plakat für die Sonderschau *Thema: Schmuck* 1976 an der Schweizer Mustermesse Basel.	
463	1975 Handsatz. Plakat für einen Architekturstudenten an der Kent State University.	
466	1977 Film-Überlagerung. Plakatentwurf, deutsche Fassung, für einen Wettbewerb des Schweizerischen Departements des Innern Bern. (Nicht ausgeführt)	
467	1977 Film-Überlagerung. Plakatentwurf, französische Fassung, für einen Wettbewerb des Schweizerischen Departements des Innern Bern. (Nicht ausgeführt)	
468	1977 Film-Überlagerung. Mein erstes Plakat im Weltformat für den Staatlichen Kunstkredit Basel 1976/77.	
469	1978 Film-Überlagerung. Plakat im Weltformat für den Staatlichen Kunstkredit Basel 1977/78.	
474	1979 Film-Überlagerung. Plakat im Weltformat für den Staatlichen Kunstkredit Basel 1978/79.	
475	1983 Film-Überlagerung. Plakat im Weltformat für den Staatlichen Kunstkredit Basel 1982/83.	
476	1982 Film-Überlagerung. Plakat im Weltformat für den Staatlichen Kunstkredit Basel 1981/82.	
477	1981 Film-Überlagerung. Plakat im Weltformat für den Staatlichen Kunstkredit Basel 1980/81.	
482	1982 Film-Überlagerung. Plakat im Weltformat für das Gewerbemuseum Basel: *Herbert Bayer.*	
483	1981 Film-Überlagerung. Plakat im Weltformat für das Kunstgewerbemuseum Zürich: *Schreibkunst.*	
484	1980/81 Film-Überlagerung. Plakat im Weltformat für die internationale Lehrmittelmesse 1981: *18. Didacta/Eurodidac* an der Schweizer Mustermesse Basel.	
485	1982 Film-Überlagerung. Plakat im Weltformat für den Birkhäuser-Verlag in Basel: *Das Schweizer Plakat 1900-1983.* (Blaue Fassung)	Bedingung war, das Matterhorn als auffallendes Merkmal in die Gestaltung mit einzubeziehen.
486	1982 Filmteile. *Das Schweizer Plakat 1900-1983.* Aus einem zerknüllten Papiertaschentuch ergab sich die Vorlage für den Matterhornumriss.	Wichtigster Bestandteil des Plakatentwurfes, um während der Film-Überlagerung die neuen Teile in der Dunkelkammer mit- und untereinander zu verbinden.
487	Farbauszug: Blau	
488	Farbauszug: Rot	
489	Farbauszug: Gelb	

Notes
for pages 490 to 520

490 491

1982
Detail of film layers.
'The Swiss Poster 1900–1983'
(100% original size)

492

1983
Film layering.
Worldformat poster for the publisher Birkhäuser:
'The Swiss Poster 1900–1983'
(Red version)

496 497

Around 1985
Scraps from trimmed posters recycled as new collage elements.

498 499

1983/84
Detail of film layers.
'The 20th-Century Poster'

500 501

1983/84
Detail of film layers.
'The 20th-Century Poster'
(87% original size)

502 503

1983
Sketchbook drawing.

505

1983/84
Film layering.
Worldformat poster for Walker Art Center in Minneapolis:
'The 20th-Century Poster'

506 507 508 509

1990
Four-in-one poster for the retrospective:
'WordMark/TypeField/Picture/Space'
at the Institut für Neue Technische Form in Darmstadt.

520

1966
Stone relief of an eagle with a laurel branch from the grounds of the Temple Baal Shamin in Palmyra.
(Second century AD)

Angaben zu den Seiten 490 bis 520

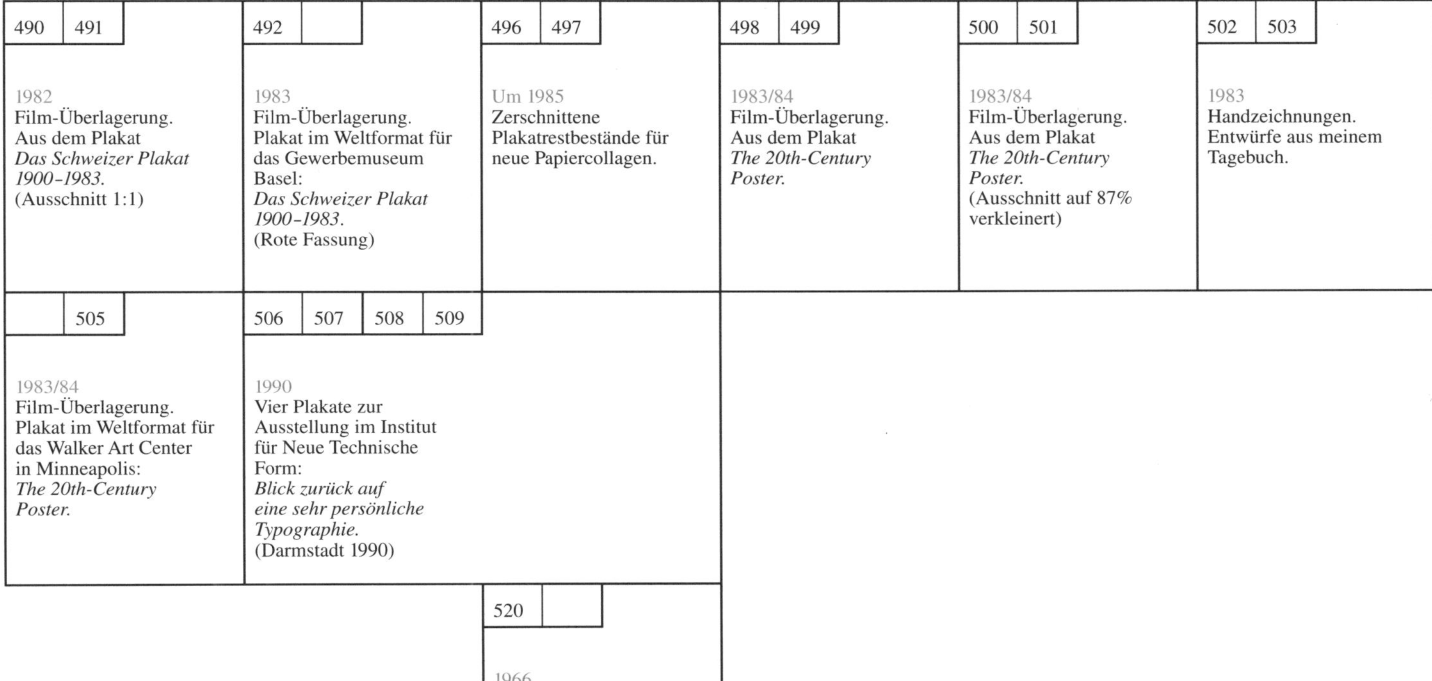

490
491
1982
Film-Überlagerung.
Aus dem Plakat
Das Schweizer Plakat
1900–1983.
(Ausschnitt 1:1)
492
1983
Film-Überlagerung.
Plakat im Weltformat für
das Gewerbemuseum
Basel:
Das Schweizer Plakat
1900–1983.
(Rote Fassung)
496
497
Um 1985
Zerschnittene
Plakatrestbestände für
neue Papiercollagen.
498
499
1983/84
Film-Überlagerung.
Aus dem Plakat
The 20th-Century
Poster.
500
501
1983/84
Film-Überlagerung.
Aus dem Plakat
The 20th-Century
Poster.
(Ausschnitt auf 87%
verkleinert)
502
503
1983
Handzeichnungen.
Entwürfe aus meinem
Tagebuch.
505
1983/84
Film-Überlagerung.
Plakat im Weltformat für
das Walker Art Center
in Minneapolis:
The 20th-Century
Poster.
506
507
508
509
1990
Vier Plakate zur
Ausstellung im Institut
für Neue Technische
Form:
Blick zurück auf
eine sehr persönliche
Typographie.
(Darmstadt 1990)
520
1966
Adler mit Lorbeerzweig.
Tempelbezirk des
Baal Shamin in Palmyra.
(Zweites Jahrhundert
nach Chr)

512
513

Lectures and Seminars outside Europe

Vorträge und Kurse ausserhalb Europas

1972	Philadelphia	Philadelphia College of Art[•]
	Columbus	Ohio State University
	Cincinnati	University of Cincinnati[•]
	Princeton	Princeton University
	New Haven	Yale University[•]
	Providence	Rhode Island School of Design
1973	Providence	Rhode Island School of Design[•]
	Boston	Boston University
	New York	Pratt Institute
	New York	Cooper Union
	Princeton	Princeton University
	Cincinnati	University of Cincinnati[•]
	Columbus	Ohio State University[•]
1975	Pittsburgh	Westinghouse Corporate Design Center
1977	Philadelphia	Philadelphia College of Art
1981	Raleigh	North Carolina State University
	Cincinnati	University of Cincinnati
	Bloomfield Hills/MI	Cranbrook Academy of Art
	Melville/NY	Mergenthaler Linotype Company
	Philadelphia	Philadelphia College of Art
	Purchase/NY	State University of New York at Purchase
	Providence	Rhode Island School of Design[•]
1982	New Haven	Yale University
1984	Providence	Rhode Island School of Design
	Zeeland/MI	Herman Miller Design Department
	Pittsburgh	Carnegie Mellon University[•]
	Baltimore	Maryland Institute College of Art
	Chicago	STA/Society of Typographic Arts and the Art Institute of Chicago
	Minneapolis	Minneapolis College of Art and Design
	Los Angeles	California Institute of the Arts and AIGA at the Pacific Design Center[•]
	Los Angeles	Otis Art Institute of Parsons School of Design
	Richmond/VA	Virginia Commonwealth University
	Raleigh	North Carolina State University
	Ames/IA	Iowa State University
	Providence	Rhode Island School of Design
	New Haven	Yale University
	New York	Cooper-Hewitt Museum
1985	Cupertino/CA	Apple Computer, Inc./Design Department
1986	San Francisco	Landor Associates
	New Haven	Yale University[•]
	Purchase/NY	State University of New York at Purchase
	Boston	AIGA at Boston University
	San Francisco	AIGA at California College of Arts and Crafts
	Philadelphia	Moore College of Art and Design
	Houston	University of Houston
	Chicago	STA/Society of Typographic Arts
	Raleigh	North Carolina State University[•]
1987	Pittsburgh	Carnegie Mellon University
	Philadelphia	Philadelphia College of Art University of the Arts
	Irvine/CA	University of California *Perspectives 87*

1988	Pasadena/CA	Art Center/College of Design
	Los Angeles	Otis Art Institute of Parsons School of Design
	Huntington/WV	Marshall University *Influences 3*
	Pittsburgh	Carnegie Mellon University[•]
	Washington/DC	Corcoran School of Art
	Washington/DC	American University
	Kalamazoo/MI	Western Michigan University
	Monterey/CA	*The Computer and the Road to Design Excellence*
	Philadelphia	Philadelphia College of Art University of the Arts[•]
	Toronto	Society of Graphic Design of Canada
	Toronto	Ontario College of Art and Design
	Halifax	Nova Scotia College of Art and Design
	New Haven	Yale University
1989	Mountain View/CA	Adobe Systems Incorporated
	Palo Alto/CA	Next, Inc.
	Santa Clara/CA	Experiment: Ninth International Calligraphy Conference
1991	Miami/FL	South Florida Chapter AIGA at New World School of the Arts
	Austin/TX	University of Texas at Austin
	Mexico City	Auditorio del Museo Franz Mayer
	Puebla/Mexico	Auditorio del Museo Amparo
	Cholula/Mexico	Universidad de las Américas
	San Diego	San Diego State University
	Valencia/CA	California Institute of the Arts
	Pasadena/CA	Art Center/College of Design
	San Jose/CA	San Jose State University
	Portland/OR	Pacific Northwest College of Art at Portland Art Museum
	Seattle	AIGA/University of Washington
	Vancouver	GDC/Simon Fraser University and Emily Carr College of Art and Design at Fletcher Challenge Lecture Theater
	Calgary	Alberta College of Art
	Denver	Art Directors Club of Denver
	Athens/OH	Ohio University
	Portland/ME	Maine College of Art
1992	Wellington/NZ	Wellington Polytechnic/School of Design[•]
	Wellington/NZ	The Designers Institute of New Zealand at the National Library Auditorium[•]
	Hobart	The Australian Graphic Design Association Centre for the Arts
	Melbourne	The Australian Graphic Design Association Rialto Towers
	Canberra	The Australian Graphic Design Association University of Canberra
	Sydney	The Australian Graphic Design Association Sydney Opera House
	Brisbane	The Australian Graphic Design Association Riverside Centre Auditorium
	Adelaide	The Australian Graphic Design Association The Grand Hotel/Glenelg
1993	Portland/ME	Maine Summer Institute in Graphic Design 1993 at Maine College of Art[•]
	Boston	Ligature
1994	Portland/ME	Maine Summer Institute in Graphic Design 1994 at Maine College of Art[•]

1995	Toronto	Buntin Reid and James River Corporation at the Design Exchange
	Toronto	University and College Designers Association at the Design Exchange
	North Billerica/MA	Curriculum Associates, Inc. at the Chelmsford Radisson Hotel
	Portland/ME	Maine Summer Institute in Graphic Design 1995 at Maine College of Art•
	São Paulo	Associação dos Designers Grafícos at the Museu da Casa Brasileira and the Museu de Arte de São Paulo•
1996	Los Angeles	Otis Art Institute of Parsons School of Design
	San Francisco	California College of Arts and Crafts
	San Francisco	MetaDesign West
	San Jose/CA	San Jose State University
	Portland/ME	Maine Summer Institute in Graphic Design 1996• at Maine College of Art
1997	Portland/ME	Maine Summer Institute in Graphic Design 1997 at Maine College of Art
1998	Portland/ME	Maine Summer Institute in Graphic Design 1998 at Maine College of Art

•
Lecture and Seminar
Vortrag und Kurs

Lectures and Seminars in Europe

Vorträge und Kurse in Europa

1972	Olten	Buchherstellertreffen der Schweizer Verlage
	Darmstadt	Fachhochschule
		Fachbereich Gestaltung
	West-Berlin	Akademie der Künste
1973	St.Gallen	Handsetzervereinigung
	Luzern	Schule für Gestaltung
	Zürich	Handsetzervereinigung
	Bern	Handsetzervereinigung
	Basel	Schule für Gestaltung
	München	Typographische Gesellschaft München
1974	Brissago	Yale Summer Program in Graphic Design•
1975	Mannheim	Fachhochschule
		Fachrichtung Design
	Zürich	Atelier Joseph Müller-Brockmann
1976	Luzern	Schule für Gestaltung
	Brissago	Yale Summer Program in Graphic Design•
1977	Brissago	Yale Summer Program in Graphic Design•
1978	Bern	ASG/Arbeitsgemeinschaft Schweizer Graphiker
1979	Zürich	Schule für Gestaltung
	Brissago	Yale Summer Program in Graphic Design•
	Basel	Schweizerischer Werkbund
1980	Brissago	Yale Summer Program in Graphic Design•
1981	Brissago	Yale Summer Program in Graphic Design•
1982	Brissago	Yale Summer Program in Graphic Design•
	Basel	Direktorenkonferenz
		der Schweizer Schulen für Gestaltung
1983	Brissago	Yale Summer Program in Graphic Design•
	Amsterdam	Gerrit Rietveld Academy
		AGI Student Seminar
1984	Essen	Universität Essen
		Fachbereich 4
	Brissago	Yale Summer Program in Graphic Design•
	Zürich	Linotype-Symposium *Typographie der Gegenwart*
1985	London	London University
		Institute of Education
1986	Brissago	Yale Summer Program in Graphic Design•
1987	Freiburg/Brsg	BDW/Deutscher Kommunikationsverband
	München	Typographische Gesellschaft München
	Bürgenstock	AGI/Alliance Graphique Internationale
	Amsterdam	Symposium Design 1987
	Konstanz	BDW/Deutscher Kommunikationsverband
1988	Oslo	Norske Grafiske Designere
	München	Siemens Design Center
	Bremen	Hochschule für Künste
		5. Forum Typographie
	Offenbach/M	Hochschule für Gestaltung
	Kassel	Gesamthochschule Kassel
		Fachbereich Visuelle Kommunikation
1989	Bern	Typographische Vereinigung Bern
	Basel	Schule für Gestaltung
	Wien	Hochschule für angewandte Kunst
	Brissago	Yale Summer Program in Graphic Design•
	Essen	Fachtagung des Bundesverbandes Druck
	Zürich	Gewerkschaft Druck und Papier
		Tag der Typographie
1990	Dublin	National College of Art and Design•
	Zofingen	Ringier Journalistenschule
	Stuttgart	Merz-Akademie
		Fachhochschule für Kommunikationsdesign
	La Tour-de-Peilz	Art Center Europe/College of Design
	Basel	Schule für Gestaltung
1991	Zürich	Eidgenössische Technische Hochschule Zürich
	London	Seventeenth Icograda Student Seminar
	Chislehurst/GB	Ravensbourne College of Design
		and Communication
	Leipzig	Hochschule für Graphik und Buchkunst
	Brissago	Yale Summer Program in Graphic Design•
	Schwäbisch Gmünd	Fachhochschule für Gestaltung
1992	Kopenhagen	Danmarks Designskole
		Department of Graphic Design
	Bremen	Hochschule für Künste
		Fachbereich Bildende Kunst•
	Brissago	Yale Summer Program in Graphic Design•
	Cambridge/GB	The Monotype Conference 1992
	Freiburg/Brsg	BDW/Deutscher Kommunikationsverband
	Budapest	8th A.Typ.I. Working Seminar
	Stuttgart	Forum Typographie
		Arbeitskreis Baden-Württemberg
	London	CSD/STD/TC *Windows on European Graphic Design*
1993	Bern	Gewerkschaft Druck und Papier•
		und Schule für Gestaltung Bern
	Reykjavik	FIT/Association of Icelandic Graphic Designers•
	Glasgow	Glasgow School of Art•
	Brissago	Yale Summer Program in Graphic Design•
1994	Kassel	Universität Gh Kassel
		Fachbereich Kunst
	Brissago	Yale Summer Program in Graphic Design•
1995	Karlsruhe	Staatliche Hochschule für Gestaltung
	Brissago	Yale Summer Program in Graphic Design•
	Lausanne	Ecole romande des arts graphiques
		Cinquième journée romande de la typographie
1996	Brissago	Yale Summer Program in Graphic Design•
1998	Catena di Villorba/I	Fabrica/Benetton

Publications on Typography

Beiträge zur Typographie

1963 Druckspiegel Nr 7/Stuttgart:
gedanken neben bildern für die typografie

1965 Form und Technik Nr 1/Stuttgart:
Sechs Schriftkreise

1966 Gebrauchsgraphik Nr 1/München:
Kinderzeichnungen aus Pakistan

Druckspiegel Nr 3/Stuttgart:
Anwendungen und Buchstabenbilder für die Typographie

1967 Typographische Monatsblätter Nr 3/St.Gallen:
M. Thematische Veränderungen

1970 Typographische Monatsblätter Nr 1/St.Gallen:
Mehrdeutige Zeichen-Felder. Ein Beitrag zur experimentellen Typographie

Typographische Monatsblätter Nr 11/St.Gallen:
Austypographie

1972 Lecture Weingart:
How Can One Make Swiss Typography?
Wie kann man heute überhaupt noch Typographie machen

Typographische Monatsblätter/St.Gallen:
TM-Cover 1 3 5 6.7 8.9 10 12

Typographische Monatsblätter/St.Gallen:
TM/communication Nr 3 = TM 11

1973 Typographische Monatsblätter/St.Gallen:
TM-Cover 2 3 4 5 6.7 10 11 12

Typographische Monatsblätter Nr 5/St.Gallen:
2 open TM competitions

Typographische Monatsblätter/St.Gallen:
TM/communication Nr 5 = TM 3
TM/communication Nr 7 = TM 10

Typographische Monatsblätter Nr 10/St.Gallen:
Why and how TM-covers for 1972 and 1973 came to be

1974 Typographische Monatsblätter/St.Gallen:
TM-Cover 1 2 3 4 5 6.7 10 11 12

Typographische Monatsblätter Nr 4/St.Gallen:
TM-Cover Design Competition 1975 and 1976

Typographische Monatsblätter/St.Gallen:
TM/communication Nr 10 = TM 12

A.Typ.I Working Seminar/Basel:
Posters 1–5 Typography Classes at the Basel School of Design

1976 Typographische Monatsblätter/St.Gallen:
TM-Cover 12

Typographische Monatsblätter Nr 12/St.Gallen:
Is This Typography Worth Supporting, Or Do We Live On The Moon?

1977 Typographische Monatsblätter/St.Gallen:
TM/communication Nr 13 = TM 6.7
TM/communication Nr 14 = TM 12

1978 Idea Nr 146/Tokyo:
The 15 Covers for the Swiss Magazine Typographische Monatsblätter

1979 Typographische Monatsblätter/St.Gallen:
TM-Cover 3

Niggli Limited Publishers/Niederteufen:
Projekte/Projects
Typographic Research at the Basel School of Design

Typographic Nr 12/London:
The Typography of Wolfgang Weingart

1980 Idea/Tokyo:▪
typography today

1983 Van Nostrand Reinhold Company/New York:▪
A History of Graphic Design

ABC Verlag/Zurich:▪
Top Graphic Design with 18 AGI Designers

Graphis Nr 227/Zurich:
A Typographic Rebel

Watson-Guptill Publications/New York:▪
Graphic Design Career Guide

1985 Van Nostrand Reinhold Company/New York:▪
Typographic Design

High Quality Nr 3/Heidelberg:▪
Spiegel-Spiegelungen

Walker Art Center and MIT Press/Cambridge:
Design Quarterly 130
My Typography Instruction at the Basel School of Design
1968 to 1985

Robundo Publishers/Tokyo:▪
Japan Typography Annual 1985

1986 Typographische Monatsblätter/St.Gallen:
TM/communication Nr 19 = TM 1

Typographische Monatsblätter Nr 5/St.Gallen:
a correspondence prompted by the japan typography annual

1987 Octavo Nr 4/London:
How Can One Make Swiss Typography?

1988 Graphics World Nr 71/Maidstone:
Talking Type

1989 ABC Verlag/Zurich:▪
Basic Typography by Ruedi Rüegg

MIT Press/Cambridge:▪
Typographic Communications Today

1990 Step-By-Step Graphics Nr 2/Peoria IL:▪
Designer's Guide to Typography
Teaching Sensitivity to Type

Emigre Nr 14/Berkeley:▪
Heritage

High Quality Nr 16/Heidelberg:
Wolfgang Weingart's Work

1991 Design Report Nr 16/Frankfurt:
Unausgeglichen, wie ich bin/Ein Gespräch mit Wolfgang Weingart

Eye Nr 4/London:
Reputations: I'm a maker, not a thinker

1992 Laurence King Publishing/London:▪
20th Century Type

1994 Cantz Verlag/Ostfildern:▪
Wo der Buchstabe das Wort führt

Benteli-Werd Verlags AG/Zurich:▪
Who's Who in Graphic Design

1996 Larousse-Bordas/Paris:▪
Typographie du plomb au numérique

1998 Word + Image/Univerisity of Maryland/Baltimore County:▪
Interview with Wolfgang Weingart

Casabella Nr 655/Milan:
Weingart and his Students

Communication Arts Nr 2/Palo Alto:
Wolfgang Weingart

Könemann Publishers/Cologne:▪
Typography when who how

1999 Allworth Press/New York:▪
Looking Closer Nr 3
How Can One Make Swiss Typography?

AIGA Journal of Graphic Design Nr 2/New York:▪
Basel, The Computer and Its Consequences.
An Interview with Wolfgang Weingart/Introduction by Armin Hofmann

▪
Essays, articles, or interviews
Kurzbeiträge

Notes on the Book

In the late 1970s, the Kunstgewerbeschule Basel was renamed Schule für Gestaltung Basel. Since that time, as a consequence of the higher status accrued to art and design schools by the federal government of Switzerland, its name has undergone numerous revisions. For this reason the author has preferred to use the traditional name, the Kunstgewerbeschule.

The school's historical significance has also rendered this German version familiar to many English-speaking readers, and it therefore appears intermittently in the translation. In most cases, however, for the sake of clarity or in specific reference to the school's current international program, the officially designated equivalent of Schule für Gestaltung Basel, the Basel School of Design, is used in the English text.

The book is divided into ten sections.

Sections A B C: Discovery, Quest, Insight
An overview of Weingart's personal and artistic development beginning with his childhood in the 1940s. The pictorial material in the first three sections either serves to illustrate the text, or is intended to convey a visual narrative.

Sections 1 through 6:
Six selected independent projects that amplify recurring themes, long-term experiments, and the invention of unconventional techniques.

Section 7:
Practical applications that correspond to the experiences described in the preceding sections. In the left-hand margins of Sections 1 through 7, a cross-reference is provided indicating related material that appears elsewhere in the book.

All of the design examples, photographs, typographic quotes, and drawings are the work of the author unless otherwise obvious or annotated. A representative selection of work by students from Weingart's typography course appears at the end of Section C.

Anmerkungen zum Buch

Im fortlaufenden Text wurde der Name *Kunstgewerbeschule Basel* verwendet. Ende 518
der siebziger Jahre wurde sie zur Schule für Gestaltung, später kamen weitere, dem 519
schweizerischen Hochschulstatus angeglichene Bezeichnungen hinzu. Wir haben uns
für die Erste entschieden. 520

Während der Vorbereitungen zu diesem Buch wurde die Bezeichnung *Hochschule für Gestaltung und Kunst Basel* offiziell eingeführt.

Das vorliegende Buch besteht aus zehn Teilen:

A Entdecken, B Suchen, C Finden: Erlebnisse und Entwicklungen, die mit den vierziger Jahren beginnen.

Teile 1 2 3 4 5 6: Die aus den vorangegangenen Teilen A, B und C entstandenen Entdeckungen und Erkenntnisse, aufgeteilt in sechs selbstgestellte Aufgaben über längere Zeitabschnitte.

Teil 7: Anwenden der Erfahrungen aus den Teilen A bis 6.

Das Bildmaterial in A, B und C steht zu den fortlaufenden Texten, oder es dient als eine freie Abfolge.

Die zehn Teile bestehen aus gestalterischen Ergebnissen, photographischen Aufnahmen, Zeichnungen, teilweise auf die Typographie bezogenen Gedankensätzen und einem kurz gehaltenen Einblick in den Basler Typographie-Unterricht des Verfassers.

Die Teile 1 bis 7 sind mit Marginalien versehen. Sie beziehen sich auf die Abbildungen in dieser Werkübersicht.